L'authentique
de la
Médecine Prophétique

Ibn Al-Qayyim

Authentification basée sur les ouvrages de

Shaykh
Muhammad Nâsir Ad-Dîn Al-Albânî

Shaykh
ᶜAbd Al-Qâdir Al-Arnâ'ût

Traduction : Dr. Nabil Aliouane
Relecture : Bureau des traductions des éditions Tawbah

2ème édition

Editions Tawbah

www.tawbah.fr

Email: salafs@gmail.com

ISBN : 978-2-916457-24-6
Dépôt légal : 08/09

بسم الله الرحمن الرحيم

Préface de l'éditeur

Louange à Allah Seigneur de l'univers. Qu'Allah couvre d'éloges et salue notre Prophète Muhammad, ainsi que sa famille, ses Compagnons et tous ceux qui emprunteront sa voie jusqu'au Jour de la Rétribution.

Il est des ouvrages qui traversent les époques, sont redécouverts à chaque génération et ne cessent d'apporter leur flot de connaissances et de sagesses. Il en est ainsi de l'ouvrage de l'éminent savant, l'océan de science, la montagne de sagesse, l'imam, Shaykh Al-Islâm Ibn Qayyim Al-Jawziyyah (691-751H) : *Zâd Al-Ma*ᶜ*âd* qui constitue, comme l'indique le titre, les provisions de celui qui voyage vers l'au-delà et chemine sur les sentiers de la vie pour revenir vers son Seigneur et Créateur. Cet ouvrage constitue en toute vérité les provisions du croyant dans son voyage vers l'au-delà car il décrit de la meilleure manière qui soit la voie du Prophète (ﷺ), la manière dont il se comportait, non seulement en ce qui touche aux adorations mais également à la vie de tous les jours, afin que le croyant puisse à tout moment s'inspirer et tirer force de la voie de son bien aimé. Ibn Al-Qayyim réussit le tour de force d'écrire ce qui est à la fois une des meilleures biographies du Prophète (ﷺ) jamais écrite et un des plus illustres livre de *Fiqh*, et de lier ces deux sciences de la manière la plus subtile et la plus agréable qui soit. Ce que le noble lecteur tient en ses mains n'est donc qu'un seul et unique chapitre de cette œuvre sublime, consacré à la médecine.

On peut trouver étrange que l'on traite à la fois de médecine et de religion, mais il en est ainsi de la religion d'islam qui n'a rien omis de la vie du croyant : pas une chose sans qu'on ne trouve dans le Coran et la Sunna la meilleure des voies, ainsi Allah (ﷻ) dit :

مَّا فَرَّطْنَا فِي ٱلْكِتَٰبِ مِن شَيْءٍ

« ***Nous n'avons rien omis dans le Livre.*** »[1]

Ainsi, Ibn Al-Qayyim nous exposera de quelle manière on trouve dans le Coran les principes fondamentaux de la médecine, et de quelle manière le Prophète (ﷺ) les a appliqués et exposés dans sa Sunna. C'est donc l'attachement aux Textes qui a fait des musulmans les précurseurs de la médecine moderne. Cela apparaît clairement dans les propos des pieux prédécesseurs, parmi lesquels l'imam As-Shâfiᶜî (رحمه الله) qui dit : « La science

---

[1] Sourate ***Al-An*ᶜ*âm*,** v.38.

est de deux types : la science du *Fiqh* pour la religion, et la science de la médecine pour le corps, tout autre chose n'est que discussion d'assemblée. »[1] Il dit également : « N'habite pas dans un pays où tu ne trouves pas un savant qui te réponde au sujet de ta religion, et un médecin qui t'informe concernant l'état de ton corps. »[2] Lui, ainsi que d'autres savants musulmans, ont accordé une grande importance à l'étude de la médecine, et ils ont blâmé le fait que les musulmans s'en détournent, ainsi As-Shâfiʿî dit : « Les gens ont négligé deux choses : la médecine et la langue arabe. »[3] Il dit encore en reprochant aux musulmans d'avoir délaissé la médecine : « Ils ont perdu le tiers de la science et l'ont confié aux juifs et aux chrétiens. »[4] La médecine est donc d'une importance capitale pour les musulmans, une nécessité absolue dont il ne faut pas se détourner, et il en souligne une fois encore l'importance en disant : « Je ne connais pas, après le licite et l'illicite, de science plus noble que la médecine, mais les Gens du Livre nous ont dominé en cela. »[5]

L'homme étant composé d'un corps et d'une âme, l'islam a accordé à chacun son importance et a exposé les maux dont ils pouvaient faire l'objet, ainsi que la manière de s'en protéger ou de s'en défaire. En islam, la santé du corps est donc une nécessité fondamentale dans la vie des gens, c'est pourquoi le musulman est appelé à accorder de l'importance à sa propre santé mais aussi à la santé de la société toute entière, ceci afin que la société musulmane reste forte. Cela ne peut se réaliser qu'à travers les enseignements du Messager d'Allah (ﷺ) concernant la médecine car nous verrons que la santé englobe à la fois la santé du corps et la santé du cœur, et que seule la science des Prophètes qu'est la Révélation réunie ces deux choses à la perfection.

La médecine du Prophète (ﷺ) n'est pas semblable à celle des médecins, car sa médecine est certaine, formelle et divine, elle émane de la Révélation, de la prophétie et de la perfection de la raison. Alors que la médecine des autres, ou de la plupart d'entre eux, n'est que conjectures, suppositions et expériences. On ne nie pas que la médecine prophétique ne profite pas à beaucoup de malades, mais elle n'est efficace que pour celui qui l'accepte, croit en la guérison à travers elle, et la reçoit avec une parfaite croyance et soumission. Si ce Coran qui contient la guérison de ce qui est dans les poitrines, n'est pas reçu ainsi, il n'est pas une guérison pour les poitrines de

[1] *Manâqib As-Shâfiʿî* (2/114).
[2] *Manâqib As-Shâfiʿî* (2/115).
[3] *Manâqib As-Shâfiʿî* (2/116).
[4] *Manâqib As-Shâfiʿî* (2/116).
[5] *As-Siyar* (10/57).

ce qu'elles contiennent comme maladies. Plus encore il ne fait qu'ajouter souillure et maladie aux hypocrites. Alors que dire de la médecine du corps ? La médecine prophétique ne convient qu'aux corps bons, tout comme le Coran ne convient qu'aux âmes bonnes et aux cœurs vivants. L'éloignement des gens vis-à-vis de la médecine prophétique est semblable à leur éloignement vis-à-vis de la guérison par le Coran qui est la guérison utile. Ceci n'est pas dû à un manque dans le remède mais à une nature mauvaise, une corruption et une absence d'acceptation. Et c'est Allah qui accorde le succès.

LES ÉDITIONS TAWBAH

ce qu'elles contiennent comme maladies. Plus encore il ne fait qu'ajouter souillure et maladie aux hypocrites. Alors que dire de la médecine du corps ? La médecine prophétique ne convient qu'aux corps bons, tout comme le Coran ne convient qu'aux âmes bonnes et aux cœurs vivants. L'éloignement des gens vis-à-vis de la médecine prophétique est semblable à leur éloignement vis-à-vis de la guérison par le Coran qui est la guérison utile. Ceci n'est pas dû à un manque dans le remède mais à une nature mauvaise, une corruption et une absence d'acceptation. Et c'est Allah qui accorde le succès. »

LES EDITIONS TAWBAH

Introduction

Voici quelques chapitres profitables concernant la voie du Prophète (ﷺ) dans le domaine de la médecine qu'il a pratiquée et décrite. Nous exposerons ce qu'elle contient de sagesse que la plupart des médecins sont incapables d'atteindre, et leur médecine en comparaison de la sienne est comparable aux remèdes de grand-mères vis-à-vis de leur médecine. Ainsi, nous disons, en cherchant l'aide auprès d'Allah, et en tirant de Lui puissance et force :

La maladie est de deux types : La **maladie du cœur** et la **maladie du corps**. Et toutes deux sont mentionnées dans le Coran.

La maladie du cœur est de deux types : la **maladie des ambiguïtés et du doute**, d'une part, et la **maladie des désirs et du fourvoiement**, d'autre part. Et toutes deux sont mentionnées dans le Coran.

Allah (ﷻ) dit concernant la maladie des ambiguïtés :

فِي قُلُوبِهِم مَّرَضٌ فَزَادَهُمُ اللَّهُ مَرَضًا

« ***Ils ont dans leur coeur une maladie, et Allah laisse croître leur maladie.*** »[1]

وَلِيَقُولَ الَّذِينَ فِي قُلُوبِهِم مَّرَضٌ وَالْكَافِرُونَ مَاذَا أَرَادَ اللَّهُ بِهَٰذَا مَثَلًا

« ***Afin que ceux qui ont le cœur malade et les mécréants disent : Qu'a donc voulu Allah par cet exemple ?*** »[2]

Allah (ﷻ) dit concernant celui qu'on appelle à prendre le Coran pour juge mais qui refuse et se détourne :

وَإِذَا دُعُوا إِلَى اللَّهِ وَرَسُولِهِ لِيَحْكُمَ بَيْنَهُمْ إِذَا فَرِيقٌ مِّنْهُم مُّعْرِضُونَ ﴿٤٨﴾ وَإِن يَكُن لَّهُمُ الْحَقُّ يَأْتُوا
إِلَيْهِ مُذْعِنِينَ ﴿٤٩﴾ أَفِي قُلُوبِهِم مَّرَضٌ أَمِ ارْتَابُوا أَمْ يَخَافُونَ أَن يَحِيفَ اللَّهُ عَلَيْهِمْ وَرَسُولُهُ ۚ بَلْ
أُولَٰئِكَ هُمُ الظَّالِمُونَ ﴿٥٠﴾

---

[1] Sourate *Al-Baqarah*, v.10.
[2] Sourate *Al-Muddaththir*, v.31.

« ***Et quand on les appelle vers Allah et Son messager pour que ce dernier juge entre eux, une partie d'entre eux s'éloignent. Mais s'ils sont dans leur droit, ils viennent à lui, soumis. Ont-ils une maladie dans le cœur ? Ont-ils des doutes ? Ou bien craignent-ils qu'Allah et Son messager soient injustes avec eux ? En fait, ce sont eux les injustes.*** »[1]

Quant à la maladie des désirs, Allah (ﷻ) dit :

يَٰنِسَآءَ ٱلنَّبِيِّ لَسۡتُنَّ كَأَحَدٖ مِّنَ ٱلنِّسَآءِ إِنِ ٱتَّقَيۡتُنَّ فَلَا تَخۡضَعۡنَ بِٱلۡقَوۡلِ فَيَطۡمَعَ ٱلَّذِي فِي قَلۡبِهِۦ مَرَضٞ وَقُلۡنَ قَوۡلٗا مَّعۡرُوفٗا ﴿٣٢﴾

« ***Ô femmes du Prophète ! Vous n'êtes comparables à aucune autre femme si vous êtes pieuses. Ne soyez donc pas complaisantes dans votre langage, afin que celui dont le coeur est malade ne vous convoite pas. Et tenez un langage décent.*** »[2]

Et c'est là la maladie du désir de la fornication, et Allah est plus savant.

[1] Sourate *An-Nûr*, v.48-50.
[2] Sourate *Al-Ahzâb*, v.32.

La maladie du corps

Allah (ﷻ) dit :

لَّيْسَ عَلَى ٱلْأَعْمَىٰ حَرَجٌ وَلَا عَلَى ٱلْأَعْرَجِ حَرَجٌ وَلَا عَلَى ٱلْمَرِيضِ حَرَجٌ

« ***Nul reproche ne sera adressé à l'aveugle, à l'infirme, et au malade pour les obligations qu'ils ne peuvent remplir*** »[1]

La maladie du corps a été mentionnée concernant le pèlerinage, le jeûne, les ablutions, en raison d'un secret magnifique qui montre la grandeur du Coran et le fait qu'il dispense de tout autre livre, pour celui qui le comprend et le médite.

La médecine du corps se base sur trois règles :

1 – La préservation de la santé.

2 – L'abstinence de toute chose nuisible.

3 – L'évacuation de toute substance nocive.

Allah (ﷻ) a mentionné ces trois règles en ces trois versets. Il dit dans le verset du jeûne :

فَمَن كَانَ مِنكُم مَّرِيضًا أَوْ عَلَىٰ سَفَرٍ فَعِدَّةٌ مِّنْ أَيَّامٍ أُخَرَ

« ***Quiconque d'entre vous est malade ou en voyage devra jeûner plus tard un nombre égal de jours.*** »[2]

Il a permis au malade de rompre le jeûne, en raison de sa maladie, de même qu'au voyageur afin de préserver sa santé et ses forces ; afin que le jeûne ne les fasse pas disparaître en voyage. Ceci car sont réunis la pénibilité du mouvement qui entraîne la dissolution [des aliments précédemment ingérés], et l'absence de nourriture venant compenser ce qui a été dissout. C'est pourquoi la force diminue et faiblit. Il a donc permis au voyageur de rompre le jeûne pour préserver sa santé et sa force contre ce qui les affaiblit.

Allah (ﷻ) dit dans le verset du pèlerinage :

فَمَن كَانَ مِنكُم مَّرِيضًا أَوْ بِهِۦٓ أَذًى مِّن رَّأْسِهِۦ فَفِدْيَةٌ مِّن صِيَامٍ أَوْ صَدَقَةٍ أَوْ نُسُكٍ

[1] Sourate ***An-Nûr***, v.61.
[2] Sourate ***Al-Baqarah***, v.184.

« ***Si l'un d'entre vous est malade ou souffre d'une infection de la tête, qu'il se rachète alors par un jeûne, une aumône ou un sacrifice*** »[1]

Il a donc permis au malade, ou celui qui souffre de la tête, en raison de poux, de démangeaisons ou autres, de se raser la tête, en état de sacralisation afin de se débarrasser des vapeurs nocives et viles qui lui ont causé préjudice à la tête en s'accumulant sous les cheveux. En se rasant la tête, les pores s'ouvrent et les matières nocives s'éliminent. De la même manière on va évacuer toute substance dont l'accumulation est nocive.

Les choses dont l'accumulation et l'excès sont nuisibles sont au nombre de dix : le sang lorsqu'il bouillonne, le sperme lorsqu'il s'accumule, l'urine, les selles, les flatulences, le vomis, l'éternuement, le sommeil, la faim et la soif.

L'accumulation de chacune de ces dix choses entraîne une maladie. Allah (ﷻ) a indiqué de se débarrasser du plus facile que sont ces vapeurs congestionnées dans la tête, pour signifier l'évacuation de ce qui est plus difficile, comme c'est là le style du Coran : indiquer à travers ce qui est moindre ce qui est supérieur.

Quant à l'abstinence, Allah dit dans le verset des ablutions :

وَإِن كُنتُم مَّرْضَىٰٓ أَوْ عَلَىٰ سَفَرٍ أَوْ جَآءَ أَحَدٌ مِّنكُم مِّنَ ٱلْغَآئِطِ أَوْ لَٰمَسْتُمُ ٱلنِّسَآءَ فَلَمْ تَجِدُوا۟ مَآءً فَتَيَمَّمُوا۟ صَعِيدًا طَيِّبًا

« ***Si vous êtes malades ou en voyage, ou si l'un d'entre vous revient du lieu où il a fait ses besoins, ou si vous avez eu un rapport sexuel avec vos femmes, et que vous ne trouviez pas d'eau, alors purifiez-vous à l'aide d'une terre pure*** »[2]

Il a donc autorisé au malade de ne pas utiliser de l'eau mais de la terre afin de se prémunir contre une chose nuisible qui pourrait toucher son corps. Cela indique l'abstinence de tout ce qui est nuisible, venant de l'intérieur ou de l'extérieur. Allah (ﷻ) a orienté Ses serviteurs vers les fondements et les règles générales de la médecine, et nous allons mentionner ici la voie du Messager d'Allah (ﷺ) en cela, en montrant que sa voie est la plus parfaite des voies.

---

[1] Sourate *Al-Baqarah*, v.196.
[2] Sourate *An-Nisâ'*, v.43.

Quant à la médecine des cœurs, elle est confiée aux messagers d'Allah – que les éloges et le salut d'Allah soient sur eux – et on ne peut y parvenir qu'à travers eux. La rectitude des cœurs consiste à ce qu'ils connaissent leur Seigneur et Créateur par Ses Noms et Attributs, Ses Actes et Ses Lois ; qu'ils donnent priorité à Sa satisfaction et Son amour ; qu'ils s'éloignent de Ses interdits et Son courroux ; et ils n'ont de véritables santé et vie qu'en cela. On ne peut apprendre cela qu'à travers les Messagers d'Allah. Celui qui pense qu'on peut atteindre la santé du cœur sans les suivre fait erreur, et cela n'est que la vie de son âme bestiale et attachée aux désirs, sa santé et sa force, alors que la vie et la santé de son cœur sont écartées de cela. Celui qui ne distingue pas ces deux choses, qu'il pleure sur la vie de son cœur, car il est parmi les morts, et qu'il pleure sur sa lumière, car il est plongé dans les mers des ténèbres.

La médecine du corps

La médecine du corps est de deux types :

La première est celle sur laquelle Allah a créé les animaux doués de parole et les bêtes. Elle ne requiert pas les soins d'un médecin, comme la manière de remédier à la faim, la soif, le froid et la fatigue, que l'on traite par leur opposé et ce qui les fera disparaître.

La deuxième est celle qui demande réflexion et méditation, comme le moyen de repousser les maladies qui déséquilibrent l'humeur[1] soit vers la chaleur, le froid, la sécheresse ou l'humidité, soit en combinant deux

[1] Pour bien comprendre cet ouvrage, il est nécessaire de savoir que Ibn Al-Qayyim l'écrit alors qu'à son époque la médecine est dominée par **la théorie des humeurs** qui fut l'une des bases de la médecine antique. En médecine, l'humeur désignait les liquides circulant dans l'organisme tels que le sang, la lymphe et la bile. Selon cette théorie, le corps est constitué des quatre éléments fondamentaux, air, feu, eau et terre possédant quatre qualités : **chaud** ou **froid**, **sec** ou **humide**. Ces éléments, mutuellement antagoniques (l'eau, la terre éteignent le feu, le feu fait s'évaporer l'eau), doivent coexister en **équilibre pour que la personne soit en bonne santé**. Tout déséquilibre mineur entraîne des « sautes d'humeur », tout déséquilibre majeur menace la santé du sujet. La santé (de l'esprit ou du corps) varie en fonction de l'équilibre des humeurs dans le corps. Lors d'un **déséquilibre**, quand une humeur l'emporte sur toutes les autres, ou que son influence est excessive, **les maladies physiques et psychiques surviennent**. Les traitements sont donc calculés pour rétablir l'équilibre et les régimes pour le maintenir. Si l'humeur ne peut s'évacuer naturellement (par vomissement, expectoration, saignement de nez, urine ou défécation), on peut avoir recours à des remèdes qui vont la provoquer (purgatifs, saignées).Dans le cas contraire, lorsqu'une humeur fait défaut, on peut y remédier par une nourriture appropriée, ou des exercices. Il faut également bien distinguer ce qui, dans les propos de l'auteur, est basé sur un Texte du Coran et de la Sunna, et ce qui fait référence à l'expérience et aux remèdes connus de l'époque.

d'entre elles. Et ces maladies sont elles-mêmes de deux types : l'une causée par l'ajout d'une substance dans l'organisme ; l'autre par les conséquences de cette substance sur l'humeur après sa disparition

Les maladies causées par la présence effective sont liées à leurs causes, donc il faut avant tout considérer la cause, puis la maladie et enfin le médicament. Ou encore les maladies organiques qui sont celles qui déséquilibrent l'organe que ce soit dans sa forme, sa concavité, son cours, ses aspérités, son lissage, son nombre, sa taille ou son emplacement. Si ces organes sont liés et sains, on nomme cela « jonction », et s'ils quittent cet état d'équilibre, on nomme cela « disjonction ».

Les maladies générales englobent les maladies similaires et les maladies organiques.

Les maladies similaires sont celles qui déséquilibrent l'humeur, et c'est ce déséquilibre qu'on nomme maladie, lorsqu'elle produit effectivement une nuisance palpable. Elles sont réparties en huit genres : quatre simples et quatre composés. Les simples sont : le froid, le chaud, l'humide et le sec ; tandis que les composés sont: le chaud-humide, le chaud-sec, le froid-humide, et le froid-sec.

Ces maladies peuvent être dues à l'ajout d'une substance ou non. Et si la maladie n'est pas nuisible, on la nomme déséquilibre de la santé.

Le corps a trois états : un état normal, un état anormal et un état médian entre les deux premiers. Dans le premier état, le corps est sain. Dans le second, le corps est malade. Dans le troisième, le corps est entre les deux, car on ne passe d'un état contraire à l'autre que par un moyen intermédiaire.

Le corps sort de sa nature, soit en raison d'une cause interne, car il est composé à partir du chaud et du froid, de l'humide et du sec ; soit en raison d'une cause externe, car ce qu'il rencontre peut convenir ou non.

Le mal qui atteint une personne peut être dû à une mauvaise humeur, en raison de son déséquilibre ; à un dommage dans le membre ; à une faiblesse des forces ou esprits qui la maintiennent. Cela est dû à une augmentation ou une diminution dont l'équilibre n'a pas besoin, à la disjonction de ce dont l'équilibre demande la jonction ; à la jonction de ce dont l'équilibre demande la disjonction ; à la dilatation de ce dont l'équilibre demande la contraction ; ou à la sortie d'un organe de sa forme et son emplacement, si bien qu'il se déséquilibre.

Le médecin est celui qui sépare ce dont le rassemblement nuit, rassemble ce dont la séparation nuit, diminue ce dont l'augmentation nuit, ou augmente ce dont la diminution nuit. Ainsi il apporte la santé perdue, ou la préserve sous sa forme et son apparence, tout en repoussant le mal présent par son opposé et contraire. Il le fait sortir ou le repousse par ce qui éloigne la maladie existante par l'opposé et le contraire qui le fait sortir ; ou il le repousse par une abstinence (diète) qui l'empêchera de se produire. Et tu constateras tout cela dans la voie du Messager d'Allah (ﷺ) d'une manière convaincante et suffisante, par la force, la puissance, la grâce et l'aide d'Allah (ﷻ).

Le traitement

Le Prophète (ﷺ) se soignait seul et le commandait à ceux de sa famille ou ses Compagnons frappés par la maladie. Mais, ni lui ni ses Compagnons n'avaient recours à ces remèdes composés, dits pharmacologiques. Leurs remèdes étaient la plupart du temps uniques, et ils pouvaient y ajouter ce qui pouvait le renforcer ou au contraire réduire sa force. C'est là la médecine de la plupart des communautés, de toutes ethnies : arabes, turcs, et bédouins. Seuls les byzantins et grecs utilisaient des remèdes composés. Enfin la plus grande partie de la médecine d'Inde se base sur des remèdes uniques.

Les médecins sont d'accord pour dire que s'il est possible de se soigner par la nourriture, on ne délaisse pas cela pour un médicament. Et s'il est possible d'utiliser un remède unique, on ne délaisse pas cela pour un remède composé. Ils ont dit: « Pour toute maladie qu'on peut vaincre par la nourriture et la diète, on ne doit pas essayer de la vaincre par les médicaments. » Ils ont également dit : « Le médecin ne doit être passionné par la prescription de médicaments. » car si le médicament ne trouve dans le corps aucune maladie à dissiper, ou trouve une maladie à laquelle il ne convient pas, ou s'il convient mais que son dosage est trop important ou que l'administration n'est pas bonne; le médicament s'attaque à la santé et la détruit.

Les médecins experts ne soignent généralement leurs malades que par les remèdes uniques, et ils constituent l'une des trois parties de la médecine. Cela s'explique par le fait que les remèdes sont du même genre que la nourriture, et dans les communautés ou groupes dont la nourriture est essentiellement composée de plats uniques, les maladies sont très rares, et leurs remèdes sont eux aussi uniques. Alors que les habitants des villes dont la nourriture est généralement composée de plats composés (multiples), auront besoin de remèdes composés en raison du fait que leurs maladies sont souvent composées, donc les remèdes composés seront plus efficaces pour eux. Les maladies des bédouins et habitants des déserts sont uniques et on peut les soigner par des remèdes uniques. Et c'est une preuve pour le corps médical.

La supériorité de la médecine prophétique

Nous disons : il est un autre point qui est que la médecine des docteurs en comparaison de la sienne est comparable aux remèdes de grand-mères et aux remèdes coutumiers vis-à-vis de leur médecine, et cela a été reconnu par leurs experts et pontes. Ce qu'ils possèdent de science de la médecine provient pour certains d'entre eux de l'analogie, d'autres de l'expérience, d'autres encore d'inspirations, de rêves et d'intuitions justes, et enfin d'autres encore disent qu'ils en ont pris beaucoup des animaux : en constatant que lorsque les chats dévorent des bêtes venimeuses, ils se dirigent vers la lampe et lapent l'huile afin de se soigner, ou comme les serpents qui sortent de terre les yeux recouverts, se dirigent vers les feuilles *Ar-Râziyânj*[1] pour y frotter leurs yeux, ou encore comme l'oiseau qui s'injecte de l'eau de mer quand sa disposition naturelle est obstruée, et bien d'autres exemples mentionnés dans les principes de la médecine.

Que dire de ceci et d'autres exemples similaires face à la Révélation faite par Allah à Son Messager de ce qui est bénéfique et nuisible ? Leur médecine en comparaison de la Révélation est comparable à ce qu'ils possèdent de science face à ce qu'ont apporté les prophètes. Plus encore, on trouve des remèdes qui guérissent des maladies, auxquels les plus grands médecins ne sont pas parvenus malgré leurs sciences, leurs expériences et analogies. Ce sont les remèdes du cœur et de l'âme, la force du cœur, le fait qu'il se fie à Allah, ait confiance et se tourne vers Lui, la servilité, l'humiliation devant Lui, l'aumône, l'invocation, le repentir et la demande de pardon, la bienfaisance envers les créatures, le secours porté à l'affligé, et le soulagement du malheureux. Ces remèdes ont été expérimentés par des communautés de religions et voies différentes, et ils ont constaté une influence sur la guérison à laquelle ne parvient pas le plus savant des médecins, même avec son expertise et son analogie.

Nous-mêmes, et d'autres, avons expérimenté nombre de ces choses, et avons constaté qu'elles produisent ce qu'aucun remède matériel ne produit. Et plus encore, ces remèdes matériels en comparaison des remèdes prophétiques sont semblables aux remèdes coutumiers face à la médecine. Cela suit la loi de la sagesse divine et n'en sort pas, mais les causes

[1] Nom perse qui désigne les plants d'anis vert.

diffèrent. Lorsque le cœur parvient au Seigneur de l'univers, au Créateur de la maladie et du remède, et Celui qui administre et gère la nature comme Il le veut, il obtiendra des remèdes autres que ceux des cœurs éloignés de Lui et qui s'en écartent. On sait que si l'esprit est fort, de même que l'âme et la nature, ils s'entraident pour repousser et vaincre la maladie. Comment nier que celui dont la nature et l'âme sont fortes, et se réjouit de leur proximité vis-à-vis de leur Créateur, de Sa compagnie, de leur amour pour Lui, et se délectent de Sa mention, Lui attribuent toute force, se tournent vers Lui, cherchent aide auprès de Lui et placent leur confiance en Lui, que tout cela comptera parmi les plus grands remèdes, et lui apportera la force de repousser totalement le mal. Ne nie cela que le plus ignorant des hommes, au voile le plus épais, à l'âme la plus dense, et qui est le plus éloigné d'Allah et de la réalité humaine. Nous mentionnerons - si Allah le veut - la cause par laquelle la lecture de *Al-Fâtihah* a dissipé le mal de celui qui fut piqué [par un scorpion] et qui fut soigné par cette lecture et se leva comme s'il n'avait jamais eu aucune convulsion.

Ce sont là deux formes de médecine prophétique dont nous parlerons - par la volonté d'Allah - en fonction de nos efforts, capacités, et de notre science insuffisante, connaissances légères et marchandise modique. Mais nous demandons à Celui qui possède tout le bien, et nous puisons de Sa grâce, Il est certes le Puissant et le Donateur suprême.

L'incitation à se soigner

Jâbir Ibn ᶜAbd Allah (ﷺ) rapporte que le Prophète (ﷺ) a dit: «*Toute maladie a un remède, si on applique le remède sur la maladie vient la guérison par la permission d'Allah* (ﷻ). »[1]

Abû Hurayrah (ﷺ) rapporte que le Messager d'Allah (ﷺ) a dit : «*Allah n'a pas fait descendre une maladie, sans faire descendre son remède.*»[2]

Usâmah Ibn Sharîk (ﷺ) rapporte : « J'étais auprès du Prophète (ﷺ) lorsque des bédouins arrivèrent et dirent : « Ô Messager d'Allah ! Devons-nous nous soigner ? » Il répondit : « *Oui, ô serviteurs d'Allah, soignez-vous, car Allah* (ﷻ) *n'a pas fait une maladie sans y donner un remède, à l'exception d'une seule.* – Qu'elle est-elle ? – *La sénilité.* »[3] et sous une autre formulation : « *Allah n'a pas fait descendre une maladie sans en faire descendre un remède, connu par certains et ignoré par d'autres.* »[4]

---

[1] Muslim (2204).
[2] Al-Bukhârî (5678).
[3] *Sahîh Abû Dâwud* (3855).
[4] Ahmad (4/278).

Abû Khizâmah rapporte : « Je dis, ô Messager d'Allah ! Les incantations que nous faisons, les remèdes que nous appliquons, et les moyens de protection que nous utilisons repoussent-ils quoi que ce soit de la prédestination d'Allah ? » Il répondit : « *Ils font partie de la prédestination d'Allah.* »[1]

Les causes et leurs conséquences

Ces hadiths impliquent de confirmer l'existence des causes et conséquences, et de déclarer caduque l'avis de ceux qui les nient. On peut penser que sa parole « *Toute maladie a son remède* » est à considérer de manière globale, et qu'elle comprend également les maladies mortelles, et les maladies qu'aucun médecin ne peut soigner. Allah (ﷻ) a fait des remèdes pour les soigner, mais Il les a cachés aux hommes et ne leur a pas donné le moyen d'y parvenir, car les créatures ne connaissent que ce qu'Allah leur fait connaître. Ainsi, le Prophète (ﷺ) a lié la guérison à la rencontre du remède et de la maladie, car tout créature a un contraire, et toute maladie a un remède opposé qui en guérit. Le Prophète (ﷺ) a lié la guérison à la compatibilité de la maladie avec le remède, cela est un degré supérieur à sa simple existence, car si le remède dépasse la maladie dans l'application ou la quantité prescrite, il la déplace vers une autre maladie. Et si la quantité est insuffisante, il ne peut la combattre, et le traitement sera insuffisant.

Si on ne donne pas le remède adéquat ou si le remède n'est pas appliqué sur la maladie, la guérison n'aura pas lieu. De même, si le moment ne convient pas à ce remède, il ne sera d'aucune utilité, ou si le corps n'accepte pas ce remède, qu'il est trop faible pour le supporter, ou qu'il existe quelque chose qui l'empêche d'agir, la guérison n'aura plus lieu, faute de rencontre [entre la maladie et le remède]. Mais lorsque la rencontre se produit, la guérison arrive nécessairement – par la permission d'Allah – et c'est là la meilleure manière de comprendre le hadith.

La deuxième interprétation consiste à dire que le général désigne le particulier, surtout que les sens inclus dans les termes sont beaucoup plus nombreux que les sens visés, et cela est usité dans toutes les langues. Donc le sens serait : Allah n'a pas fait une maladie à laquelle on peut appliquer un remède sans avoir donner ce remède. Donc sont exclues les maladies auxquelles on ne peut appliquer aucun remède. De la même manière qu'Allah dit du vent qu'Il a envoyé sur le peuple de *ᶜÂd* :

[1] At-Tirmidhî (2066), cette chaîne de transmission est qualifiée de faible par Al-Albânî.

تُدَمِّرُ كُلَّ شَيْءٍ بِأَمْرِ رَبِّهَا

« ***Détruisant tout, par ordre de son Seigneur*** »[1]

C'est-à-dire toute chose pouvant être détruite et que le vent peut détruire, et les exemples similaires sont très nombreux.

Celui qui médite la création des contraires dans cet univers : leur opposition, répulsion et domination mutuelles constatera la perfection de la puissance du Seigneur (ﷻ), Sa sagesse, Sa maîtrise parfaite de ce qu'Il a fait, et Son unicité dans la Seigneurie et la domination, alors que tout en dehors de Lui a un contraire et un opposé. Il est-il le riche par essence, et tout en dehors de Lui est dans le besoin par essence.

Se soigner n'est pas contraire à la confiance en Allah

Dans les hadiths authentiques, on mentionne l'ordre de se soigner et le fait que cela n'est pas contraire à la confiance en Allah, de la même manière que le fait de combattre les maux de la faim, la soif, la chaleur, et le froid par leurs opposés. Plus encore, la réalité de l'Unicité n'est réalisée parfaitement qu'en considérant les causes créées par Allah pour impliquer leurs conséquences, dans l'univers et la Législation. Les nier est un dénigrement de la confiance en Allah, de même que l'Ordre et de la sagesse. Cela l'affaiblit, car celui qui renie [le recours aux remèdes] pense que le fait de les délaisser est signe d'une confiance en Allah plus forte. Mais les délaisser est une faiblesse qui s'oppose à la confiance en Allah dont la réalité consiste à ce que le cœur s'appuie sur Allah pour obtenir ce qui sera utile au serviteur d'Allah, dans sa religion et sa vie d'ici-bas, et repousser ce qui nuira à sa religion et sa vie d'ici-bas. Cet appui sur Allah doit être accompagné de la mise en pratique des causes, sinon il reniera la sagesse et la Législation. Donc le serviteur ne doit pas considérer sa faiblesse comme une forme de confiance en Allah, ni sa confiance en Allah comme une faiblesse.

Le traitement et la guérison font partie de la prédestination d'Allah

C'est là une réfutation de ceux qui rejettent le traitement et disent : « Si la guérison est prédestinée, le traitement est inutile ; et de même si elle n'est pas prédestinée. » Ils disent aussi : « La maladie est arrivée par la prédestination d'Allah, et celle-ci ne peut être ni repoussée, ni rejetée. »

---

[1] Sourate ***Al-Ahqâf***, v.25.

C'est cette question qui fut posée par les bédouins au Messager d'Allah (ﷺ), et sache par Allah, Sa sagesse et Ses Attributs, que les nobles Compagnons n'auraient pu poser cette question. Le Prophète (ﷺ) leur a répondu d'une manière convaincante et suffisante en disant : Ces remèdes, incantations et moyens font partie de la prédestination d'Allah, rien ne sort de Sa prédestination, et on repousse Sa prédestination par Sa prédestination. Ce repoussement fait partie de Sa prédestination, et il n'y a aucun moyen de sortir de Sa prédestination, au même titre que le fait de repousser le mal de la faim, la soif, la chaleur, et du froid par leurs contraires, ou de repousser l'ennemi par le djihad. Que ce soit ce qui repousse, ce qui est repoussé ou le repoussement lui-même, tout cela fait partie de la prédestination d'Allah.

On dit à celui qui pose cette question : cela t'impose de pratiquer une cause par laquelle tu obtiendras un bénéfice ou repousseras une nuisance, car si le profit et la nuisance sont prédestinés, il n'est pas impératif qu'ils se produisent ; et s'ils ne sont pas prédestinés, il n'y a aucun moyen qu'ils se produisent. Cela signe la destruction de la religion et de la vie d'ici-bas, et la corruption du monde. Ne dit cela que celui qui repousse et s'oppose à la vérité, et qui mentionne la prédestination pour rejeter l'argument de celui qui voit juste à ce sujet, à l'image des polythéistes qui dirent :

لَوْ شَآءَ ٱللَّهُ مَآ أَشْرَكْنَا وَلَآ ءَابَآؤُنَا

« ***Si Allah avait voulu, ni nous ni nos ancêtres n'aurions associé*** »[1]

لَوْ شَآءَ ٱللَّهُ مَا عَبَدْنَا مِن دُونِهِۦ مِن شَىْءٍ نَّحْنُ وَلَآ ءَابَآؤُنَا

« ***Si Allah avait voulu, nous n'aurions pas adoré quoi que ce soit en dehors de Lui, ni nous ni nos ancêtres*** »[2]

Ils dirent cela pour rejeter la preuve d'Allah contre eux par l'envoi des prophètes.

On peut répondre à celui qui interroge de la sorte en disant : Il existe une troisième partie que tu n'as pas mentionnée et qui est qu'Allah a prédestiné telle et telle chose par cette cause. Ainsi, si tu mets en pratique cette cause, cela se produit, sinon non.

S'il objecte : « S'Il me l'a prédestiné, je le ferais ; sinon, je ne saurais le faire. »

---

[1] Sourate *Al-An^câm*, v.148.

[2] Sourate *An-Nahl*, v.35.

On lui répond : Acceptes-tu cette argumentation de ton esclave, de ton enfant ou de ton servant, s'il rejette ton ordre ou ton interdiction, en s'appuyant sur la prédestination, et te désobéit ? Si tu l'acceptes, ne blâme pas celui qui te désobéit, prend tes biens, diffame ton honneur, et ne respecte pas tes droits. Et si tu ne l'acceptes pas, alors comment peux-tu l'accepter pour rejeter les droits d'Allah sur toi ? On rapporte dans un récit des Gens du Livre que Ibrâhîm l'ami privilégié d'Allah dit : « Seigneur ! D'où provient la maladie? - De Moi. - Et le remède ? - De Moi. - Alors quel est le rôle du médecin ? - C'est un homme à qui on a confié d'ordonner le remède. »

Sa parole : « *Toute maladie a son remède* » renforce l'âme du malade et du médecin, et incite à demander et rechercher ce remède. Car si le malade sent que sa maladie a un remède qui la dissipe, son cœur s'attachera à l'espoir, l'ardeur du désespoir diminuera, et la porte de l'espoir s'ouvrira devant lui. Et lorsque son âme se renforce, sa température naturelle jaillit, et cela renforce les âmes animales, spirituelles et naturelles. Et lorsque ces âmes se renforcent, les forces qu'elles portent se fortifient et elles vainquent et repoussent la maladie. De même, si le médecin sait que cette maladie a un remède, il peut le demander et le rechercher.

Les maladies du corps sont semblables aux maladies du cœur, et Allah n'a pas créé une maladie du cœur sans créer sa guérison par son contraire. Si le porteur de la maladie le connaît et l'emploie, il l'applique sur la maladie de son cœur et le guérit, par la permission d'Allah (ﷻ).

Conduite du Prophète (ﷺ) pour se protéger de l'indigestion, et règles à respecter dans le manger et le boire

On rapporte que le Prophète (ﷺ) a dit : « *L'homme ne remplit pas de récipient pire que le ventre. Il lui suffit quelques bouchées pour se maintenir, mais si cela est nécessaire, qu'un tiers soit pour la nourriture, un tiers pour la boisson et un tiers pour l'air.* »[1]

Les causes des maladies matérielles[2]

Les maladies sont de deux types : des maladies matérielles causées par l'excès d'une matière qui s'est amassée dans le corps jusqu'à nuire à ses actes naturels. Elles constituent la plupart des maladies, et elles sont dues à l'introduction dans le corps d'une nourriture avant la digestion de la précédente, au dépassement de la quantité dont le corps a besoin, à la consommation d'aliments peu utiles et lentement digérés, et à l'abondance d'aliments de composition diverses et variées. Si l'homme remplit son ventre de ces aliments, et prend cette habitude, ils lui causeront différentes maladies, dont les unes guérissent lentement et les autres rapidement. Mais s'il se nourrit avec modération et mange selon ses besoins, en quantité et qualité modérées, cela sera plus bénéfique pour le corps que la grande quantité de nourriture.

Les degrés de l'alimentation

Les degrés de l'alimentation sont au nombre de trois :

Premièrement : le degré du besoin.

Deuxièmement : le degré de la suffisance.

Troisièmement : le degré de l'excédent.

Le Prophète (ﷺ) nous a informés que quelques bouchées suffisaient à se maintenir, pour que la force ne chute pas et ne diminue pas. Si on dépasse cela, il faut manger en remplissant le tiers de son ventre, et laisser l'autre tiers à l'eau et le dernier tiers à l'air. C'est ce qui est de plus utile au corps et au cœur, car si le ventre est plein de nourriture, il n'aura plus la place pour la boisson, et si on y ajoute de la boisson, il n'aura plus de place pour l'air, et ainsi on s'expose à la peine et la fatigue, et on sera comme celui qui porte un lourd fardeau. Cela provoque en plus corruption du cœur, paresse

---

[1] *Sahîh At-Tirmidhî* (2380).

[2] Matérielles, c'est-à-dire liées à la matière.

des organes face aux actes d'obéissance et leur penchant vers les désirs qu'implique la satiété. Ainsi, remplir le ventre de nourriture nuit au cœur et au corps[1].

C'est le cas si cela se produit continuellement ou fréquemment, mais si cela ne se produit que quelques fois, il n'y a aucun mal en cela. Abû Hurayrah (ﷺ) but, en présence du Prophète (ﷺ), du lait jusqu'à dire : « Par Celui qui t'a envoyé avec la vérité, je n'ai plus la place [d'en boire plus]. » et les compagnons ont mangé plusieurs fois en sa présence, jusqu'à être rassasiés.

La satiété exagérée affaiblit donc les forces et le corps, même si elle l'enrichit, car le corps ne se renforce qu'en fonction de la nourriture qu'il accepte, et non de son abondance.

La constitution de l'homme

Puisque l'homme est constitué d'un élément terrestre, aérien et aquatique[2]; le Prophète (ﷺ) a divisé sa nourriture, sa boisson et son air en trois parties.

Si quelqu'un demande où se trouve l'élément de feu ? Nous répondons que c'est une question que les médecins ont évoqué, et ils ont dit qu'il y avait effectivement dans le corps un élément de feu qui est l'un de ses piliers et constituants de base.

D'autres intellectuels, parmi les médecins et autres, les ont contestés en cela en disant qu'il n'y avait pas d'élément de feu dans le corps en argumentant de plusieurs points de vue :

Le premier point de vue est que soit on prétend que cet élément de feu est descendu de l'atmosphère et s'est mêlé avec les éléments aquatiques et terrestres, soit on prétend qu'il est apparu et s'est formé à l'intérieur. Le premier point de vue est exclu de deux points de vue :

Premièrement : Par nature, le feu monte toujours, et s'il était descendu, ce serait uniquement de son centre vers ce monde.

---

[1] L'imam As-Shâficî a dit : « Depuis seize ans, je n'ai pas été repu, à l'exception d'une seule fois que j'ai vomi par la suite ; car la satiété alourdit le corps, durcit le cœur, fait disparaître le discernement, provoque le sommeil et affaiblit face aux adorations. » Rapporté par Ibn Abî Hâtim dans *Âdâb As-Shâficî*, p.106.

[2] Le lecteur gardera à l'esprit que Ibn Al-Qayyim se place dans la continuité de la théorie des humeurs selon laquelle le corps est constitué des quatre éléments fondamentaux, air, feu, eau et terre possédant quatre qualités : chaud ou froid, sec ou humide.

Deuxièmement : Ces éléments de feu devraient nécessairement, en descendant, traverser la sphère du froid rigoureux, et dans ce monde, nous voyons qu'un feu immense peut être éteint par une petite quantité d'eau, et ces petites particules, en passant par la sphère du froid rigoureux, d'un froid d'une extrême grandeur, seraient a fortiori éteintes.

Le deuxième est de prétendre qu'ils ont été formés ici, mais cela est plus éloigné encore de la vérité, car le corps qui devient feu après n'avoir pas été ainsi, était avant cela terre, eau ou air, car les piliers sont uniquement au nombre de quatre. Celui qui est devenu feu était d'abord mêlé et lié avec l'un de ces corps. Et le corps qui n'est pas feu, lorsqu'il est mélangé à de grands corps qui ne sont pas de feu, n'est pas prêt à se transformer en feu, puisque lui-même par essence n'est pas feu, et les corps qui se mêlent à lui sont froids, comment alors, peut-il se transformer en feu ?

Si vous vous demandez : Pourquoi n'y a-t-il pas d'éléments de feu qui transforment ces corps en feu en se mêlant à eux ? **Nous disons** : L'apparition de ces éléments de feu est semblable à ce que nous avons dit précédemment.

Si vous dites : Nous voyons que la chaux aspergée d'eau produit du feu, et que le rayon du soleil dirigé vers le verre produit également du feu, de plus si on frappe une pierre sur le fer, le feu apparaît ; et tout ce feu a été produit par le mélange et cela annule ce que vous avez établi dans la première partie.

Ceux qui réfutent cela ont dit : Nous ne nions pas que la collision violente produise du feu, comme en frappant la pierre sur le fer, ou encore que la force de réchauffement du soleil produise du feu, comme cela se produit avec le verre. Mais nous considérons cela improbable dans les corps des plantes et des animaux, étant donné qu'il n'y a pas dans leurs corps de collision apte à produire du feu, et pas non plus de clarté et de polissage semblables au verre. Comment cela pourrait-il être le cas, alors que le rayon du soleil frappe leur face externe ?

Le deuxième point de vue sur cette question est que les médecins sont unanimes pour dire que le vin vieilli est par nature très chaud. Si cette chaleur provenait des éléments de feu, cela serait impossible, car comment imaginer que éléments de feu infimes puissent subsister longtemps dans des éléments aquatiques dominants, sans s'éteindre, alors que nous voyons d'immenses feux être éteints par une petite quantité d'eau.

Le troisième point de vue est que s'il y avait effectivement dans les animaux et les plantes un élément de feu, il serait vaincu par l'élément aquatique qui y réside, et l'élément de feu serait dominé par lui. Et la domination d'une nature ou d'un principe sur d'autres implique la transformation de la nature du dominé vers celle du dominant. Cela impliquerait nécessairement la transformation de ces infimes éléments de feu vers la nature de l'eau qui est le contraire du feu.

Le quatrième point de vue est qu'Allah (ﷻ) mentionne en de nombreux endroits de Son Livre la création de l'homme. En certains endroits Il informe qu'Il l'a créé à partir d'eau, en d'autres à partir de terre, en d'autres encore par le mélange des deux qu'est la terre glaise, et en d'autres qu'Il l'a créé d'argile sonnante comme de la poterie qui désigne la terre glaise qu'on laisse sécher au soleil et au vent jusqu'à ce qu'elle devienne pareille à de l'argile sonnante comme de la poterie. Mais pas en un seul endroit, Il n'informe qu'Il l'a créé de feu, et au contraire Il en a fait une caractéristique de Iblîs. Il est authentifié que le Prophète (ﷺ) a dit : « *Les anges ont été créés de lumière, les djinns d'un feu sans fumée, et Âdam créé de ce qu'on vous a décrit.* »[1] Cela montre clairement qu'il a été uniquement créé de ce qu'Allah a décrit dans Son Livre, et Il ne nous a pas décrit qu'Il l'ait créé de feu ou qu'il soit composé d'éléments de feu.

Le cinquième point de vue est que tout ce par quoi ils argumentent est la chaleur dans le corps des animaux qui serait un indice d'éléments de feu, alors que cela n'en est pas une preuve. Les causes de chaleur sont plus nombreuses que le feu, elle peut provenir du feu, du mouvement, de la réflexion des rayons, de la température de l'air, et de la proximité du feu à travers la chaleur de l'air également. Et il existe d'autres causes encore, donc la chaleur n'implique pas nécessairement le feu.

Ceux qui prétendent que le feu fait partie des constituants de la nature humaine disent : « Il est connu que lorsqu'on mélange la terre et l'eau, la chaleur est nécessaire afin de les cuire et les mêler, sinon elles ne seraient pas parfaitement mélangées et liées. De même, si on met un grain dans la boue, de façon à ce que l'air et le soleil n'y parviennent pas, il pourrit. » Dans le mélange apparaît un corps chauffant par nature, ou non. S'il apparaît, c'est un élément de feu, et sinon le mélange n'est pas chauffant de nature. Et même s'il chauffe, ce réchauffement est épisodique, et si cette chaleur disparaît, il n'est chaud ni dans sa nature ni sans sa qualité, mais il est totalement froid. Mais il existe des aliments et des remèdes chauds par

[1] Muslim (2996).

nature, et nous avons constaté que leur chaleur vient du fait qu'ils ont une essence de feu.

De même, s'il n'existait pas dans le grain une partie chauffante, cela impliquerait qu'il soit totalement froid, car si la nature implique le froid, et n'est exposée à aucune aide ou opposition, le froid devrait être extrême, et si cela se produisait, il ne sentirait pas le froid, car même si le froid qui lui parvient est extrême, il serait semblable à lui, et aucune chose n'est influencée par son semblable, et si c'est le cas, il ne le ressent pas, et s'il ne le ressent pas, il n'en éprouve aucun mal. Et si la chose est moindre l'absence d'influence est plus grande encore. Ainsi, s'il n'y a pas dans le corps de part chauffante par nature, il ne sentirait pas l'influence du froid et n'en souffrirait pas.

Ils disent : « Cela ne rend caduque que l'avis de ceux qui prétendent que les éléments de feu perdurent au sein de ces mélanges dans leur état et nature de feu, mais nous ne sommes pas de cet avis. Au contraire, nous disons que la forme spécifique se corrompt lors du mélange. »

D'autres disent : Pourquoi ne peut-on pas dire que quand la terre, l'eau et l'air sont mélangés, la chaleur qui les fait mûrir et cuire est celle du soleil et des autres astres. Et lorsque ce mélange est parfaitement à maturité, il est prêt à accepter l'état de combinaison au moyen de la chaleur, que ce soit une plante, un animal ou un métal. Et qu'est-ce qui interdit que la chaleur et le réchauffement qui existent dans les mélanges, ne soient causés par des spécificités et forces qu'Allah (ﷻ) créées au moment du mélange, et non en raison en raison d'éléments de feu effectifs ?[1] Vous ne pourrez jamais réfuter cela, et un groupe de grands médecins l'a reconnu.

Quant à la sensibilité du corps au froid, nous disons que cela indique qu'il existe dans le corps une chaleur et un réchauffement, et qui nie cela ? Mais quelle est la preuve que ce qui réchauffe n'est que le feu ? Même si tout feu chauffe, la réciprocité totale n'est pas vraie, mais son véritable contraire est : parmi ce qui réchauffe figure le feu.

Quant à votre prétention que la forme spécifique du feu se corrompt, la plupart des médecins sont d'avis qu'il perdure sur sa forme spécifique, et prétendre qu'elle se corrompt est faux, comme cela est admis par le

[1] On peut souligner que Ibn Al-Qayyim a vu juste et qu'il pose en quelques termes simples et conformes aux connaissances scientifiques de l'époque les bases de ce qu'on nommera bien plus tard la thermodynamique. Oui, Allah met bien en jeu des spécificités et des forces lors du mélange des corps, porteurs chacun d'une capacité calorifique apte à générer de la chaleur.

meilleur de vos arriérés dans son livre intitulé *As-Shifâ'*[1] qui a démontré que les quatre éléments perdurent sur leur nature dans les mélanges. Et c'est Allah qui accorde le succès.

Les formes de traitement du Prophète (ﷺ)

Il traitait la maladie de trois manières :

Premièrement : par des remèdes naturels.

Deuxièmement : par des remèdes divins.

Troisièmement : en combinant les deux.

Nous mentionnerons ces trois formes en commençant par les remèdes naturels qu'il a décrits et utilisés, puis nous mentionnerons les remèdes divins, et enfin les remèdes combinés.

Ce n'est là qu'une indication que nous faisons, car le Prophète (ﷺ) a été envoyé comme guide, prêcheur à Allah et Son Paradis, pour faire connaître Allah, montrer à la Communauté ce qui Le satisfait et le leur ordonner, de même que ce qui Le courrouce et le leur interdire, nous informer des récits des prophètes et messagers et ce qu'ils ont vécu avec leur communauté, nous informer de la création de l'univers, du commencement et de la résurrection, et du malheur des âmes, de leur bonheur et des moyens d'y parvenir.

Quant à la médecine du corps, cela n'est qu'une chose complémentaire à sa Législation, dont le but est autre, en ce sens qu'on ne l'emploie qu'en cas de besoin, et qu'il est possible de s'en dispenser, même si toutes les énergies et forces s'orientent vers le traitement des cœurs et des âmes, la préservation de leur santé, le repoussement de leurs maladies et leur protection contre ce qui les corrompt, et que cela est le but premier. Car la correction du corps sans correction du cœur n'est d'aucune utilité, alors que la corruption du corps accompagnée d'une correction du cœur n'est qu'une nuisance infime et passagère, suivie de bienfaits éternels et parfaits. Et c'est Allah qui accorde le succès.

---

[1] Il s'agit de Abû ᶜAlî Al-Husayn Ibn ᶜAbd Allah Ibn Sînâ (Avicenne : 370-428H) qui compte parmi ceux qui ont le plus écrit sur la philosophie et la sagesse. Il s'est rendu coupable de nombreux égarements et divagations en lesquels il s'est écarté de la voie de l'islam et que n'agréent pas les savants parmi lesquels figurent Ibn Al-Qayyim, c'est pourquoi il l'a qualifié d'arriéré. Shaykh Al-Islâm Ibn Taymiyyah et Ibn Al-Qayyim ont écrit plusieurs critiques sévères sur ses égarements et divagations.

Première partie

Les remèdes naturels

Le traitement de la fièvre

Ibn ᶜUmar (ﷺ) rapporte que le Prophète (ﷺ) a dit : « *La fièvre, ou la forte fièvre, n'est qu'une émanation de l'Enfer, rafraîchissez-la par l'eau.* »[1]

Ce hadith a posé problème à de nombreux médecins ignorants. Ils l'ont trouvé contraire au remède de la fièvre et son traitement, et nous allons montrer – par la force et la puissance d'Allah – ce qu'il signifie et ce qu'on peut en tirer. Nous disons que les propos du Prophète (ﷺ) sont de deux types : les premiers s'adressant à tous les habitants de la terre, et les deuxièmes étant spécifiques à certains d'entre eux.

Le premier type englobe la plupart de ses propos. Et quant au deuxième, il est semblable à sa parole : « *Ne faites pas face et ne tournez pas le dos à la Qibla pour déféquer ou uriner, mais tournez-vous vers l'est ou l'ouest.* »[2] Ces propos ne concernent pas les gens vivant à l'est ou l'ouest [de la Mecque], ni ceux d'Iraq, mais ceux de Médine ou des régions se trouvant sur sa route, comme les pays du *Shâm*[3] et autres.

Il dit aussi : « *Tout ce qui est entre l'est et l'ouest est une direction pour la prière (Qibla).* »[4] Sachant cela, ces propos concernent spécifiquement les habitants du *Hijâz*[5] et ses alentours où la plupart des cas de la fièvre qui les atteignait étaient des fièvres d'un jour symptomatiques résultant de l'intensité de la chaleur solaire, et l'eau froide est très utile [pour faire tomber la fièvre] en ce cas, en la buvant ou en prenant un bain.

La fièvre est une chaleur étrange qui brûle dans le cœur et se propage, à travers l'âme et le sang dans les artères et les veines, à tout le corps. Elle brûle ainsi d'une manière qui nuit aux fonctions naturelles.

La fièvre est de deux types :

– Symptomatiques : qui surviennent en raison d'une inflammation, d'un mouvement, d'une insolation ou d'une canicule.

---

[1] Al-Bukhârî (5723) et Muslim (2209) C'est une vérité confirmée par les médecins qui conseillent, pour faire tomber la fièvre, de boire régulièrement de l'eau afin de compenser la perte hydrique, et de se rafraîchir en humidifiant la peau ou en prenant un bain.

[2] Al-Bukhârî (144) et Muslim (264).

[3] Ce qui désigne actuellement la Palestine, la Syrie, le Liban, la Jordanie et une partie de la Turquie.

[4] *Sahîh At-Tirmidhî* (344).

[5] Ce qui désigne actuellement la partie Nord-ouest de l'Arabie Saoudite, le long de la mer rouge.

– Maladives : qui se décomposent en trois catégories, et n'apparaît qu'en un endroit avant de se propager à tout le corps.

Si elle est liée à l'âme, on la nomme « fièvre d'un jour », car, elle disparaît généralement dans la journée, et en trois jours tout au plus.

Si elle est liée aux humeurs, on la nomme « fièvre infectieuse », et elle est de quatre types : biliaire, hypocondrique, pituiteuse, et sanguine.

Si elle est liée aux organes solides principaux, on la nomme « fièvre de battement » Et sous ces catégories générales, on trouve de nombreux types de fièvre.

Le corps peut tirer de la fièvre de grands bénéfices que le remède ne peut lui procurer. Très souvent, la « fièvre d'un jour » et « la fièvre infectieuse » peuvent consumer des matières dures qui ne peuvent l'être autrement, ou éliminer une occlusion à laquelle les remèdes purgatifs ne peuvent parvenir

Quant à conjonctivite soudaine ou chronique, la fièvre guérit la plupart de ses cas, d'une manière étonnante et rapide.

Elle est également utile dans les cas d'hémiplégie, de paralysie faciale, de convulsion de réplétion [trop-plein de l'estomac ou d'autres organes], et dans plusieurs maladies résultantes d'un surplus de matières dures.

Un grand médecin m'a dit : « Dans de nombreuses maladies, nous nous réjouissons de la fièvre comme le malade se réjouit de la guérison, car la fièvre est beaucoup plus utile que le remède : elle consume les humeurs et matières corrompues qui nuisent au corps. Lorsqu'elle les a consumées et que le remède les rencontre ainsi, prêtes à quitter le corps, il les en fait sortir. Elle est donc une cause de guérison. »[1]

Sachant cela, on peut penser que le hadith désigne les fièvres symptomatiques qui baissent en s'immergeant dans l'eau froide, ou en buvant de l'eau glacée. Le malade n'aura donc besoin d'aucun autre remède. Ce n'est qu'un état chaud lié à l'âme, donc pour le faire disparaître, il suffit d'amener un état froid qui la diminuera et affaiblira son intensité, sans avoir besoin d'évacuer aucune matière, ou d'attendre une consumation.

---

[1] C'est une vérité désormais établie scientifiquement, la « bonne fièvre » est un processus naturel de défense de l'organisme, et tant qu'elle reste limitée la fièvre n'est pas nuisible. La médecine moderne connaît même tout un pan de recherche consacré à l'hyperthermie : l'augmentation artificielle de la température du corps, pour soigner des douleurs comme les rhumatismes ou autres.

Le hadith peut également désigner l'ensemble des fièvres. Galien[1], le plus grand des médecins, a reconnu que l'eau froide est utile pour la guérison de la fièvre, et il dit au dixième article de son ouvrage *Hîlat ul-Bar'u* : « Si un jeune homme bien portant est atteint lors d'une canicule, d'une très grande fièvre, sans qu'il n'y ait d'inflammation dans ses entrailles, il doit se baigner ou nager dans l'eau froide, et cela lui sera bénéfique. » Il dit aussi: « Nous ordonnons sans cesse cela. »

Ar-Râzî[2] dit dans son livre *Al-Kabîr* : « Si la force est grande et la fièvre intense, la consumation claire, sans inflammation dans le corps et sans hernie, il est bénéfique de boire de l'eau froide. Si le malade est de bonne corpulence, qu'il fait chaud et qu'il a l'habitude d'employer l'eau froide extérieurement, on lui permet de l'utiliser. »

Sa parole : « *La fièvre est une émanation de l'Enfer.* » désigne sa forte intensité et sa propagation, comme lorsqu'il dit : « *La chaleur intense est une émanation de l'Enfer.* »[3], et il y a ici deux points de vue :

Le premier consiste à dire que se sont des exemples réelles de l'Enfer, afin d'avertir les gens et qu'ils en tirent des leçons. Allah (ﷻ) a prédéterminé leur existence par des causes qui les impliquent, de même que le contentement, la joie, le bonheur et la délectation comptent parmi les bienfaits du Paradis qu'Allah a fait exister en ce monde comme une leçon et une preuve, et Il a prédéterminé leur existence par des causes qui les impliquent.

Le deuxième consiste à dire que le sens visé est la comparaison. Ainsi, il a comparé la vigueur et l'intensité de la fièvre à une émanation de l'Enfer, de même qu'il l'a comparée à l'intensité de la chaleur, pour attirer l'attention des gens sur l'intensité du châtiment de l'Enfer. Cette grande chaleur ressemble à son émanation qui désigne la chaleur ressentie à son approche.

[Ibn Al-Qayyim mentionna ensuite deux vocalisations du hadith et indiqua laquelle était la plus authentique]

Concernant sa parole : « *rafraîchissez-la par l'eau* », on trouve deux avis :

---

[1] Médecin grec à l'origine de nombreuses découvertes en anatomie, et qui compte parmi les plus grandes sources des médecins arabes (129-201G). Sa grande popularité est due au fait que son œuvre a été traduite par Hunayn Ibn Ishâq, et elle s'est très rapidement imposée comme un modèle dans tout le monde arabo-musulman.

[2] Abû Bakr Muhammad Ibn Zakariyyâ, surnommé le Galien arabe en raison de sa célébrité. Ses écrits sont très nombreux, il est décédé en 311H.

[3] Al-Bukhârî (533).

Le premier est qu'il s'agit de toute eau, et c'est là l'avis authentique.

Le deuxième est qu'il s'agit de l'eau de *Zamzam*. Ceux qui ont adopté cet avis ont pris pour argument ce que rapporte Abû Hamzah Nasr Ibn ᶜImrân Ad-Duba'î : « Je m'asseyais avec Ibn ᶜAbbâs à la Mecque, et [un jour] je fus pris de fièvre. Il me dit : « Rafraîchis-la par de l'eau de *Zamzam*, car le Messager d'Allah (ﷺ) a dit : « *La fièvre est une émanation de l'Enfer, rafraîchissez-la par l'eau.* » ou « *l'eau de Zamzam.* » Le transmetteur a douté à ce sujet, et s'il avait été sûr, cela aurait concerné les habitants de la Mecque, car cela leur est facile, alors que pour les autres cela se fait avec ce qu'ils trouvent comme eau.

Ensuite, ceux qui pensent qu'il s'agit de toute eau ont divergé sur le sens visé : faire l'aumône d'eau ou l'utiliser ? Ce qui est authentique est qu'il faut l'utiliser, et je pense que celui qui est d'avis qu'il s'agit de l'aumône l'a adopté car l'utilisation de l'eau pendant la fièvre lui a posé problème, et il n'en a pas compris le sens, alors qu'il est bon. Ce sens est que la rétribution dépend de la nature de l'acte, ainsi de même qu'on éteint la flamme de la soif par l'eau froide, Allah éteint la flamme de la fièvre d'une rétribution adéquate. On tire cela de la compréhension et de l'orientation du hadith, quant à son sens, il désigne l'usage de l'eau.

Anas (ﷺ) rapporte que le Prophète (ﷺ) a dit : « *Si l'un d'entre vous souffre de fièvre, qu'on l'asperge d'eau froide, pendant trois jours aux dernières heures de la nuit.* »[1]

Abû Hurayrah (ﷺ) rapporte que le Prophète (ﷺ) a dit : « *La fièvre est une forge de l'Enfer, éloignez-la de vous par l'eau froide.* »[2]

Samurah rapporte que le Prophète (ﷺ) a dit : « *La fièvre est une part de l'Enfer, rafraîchissez-la par l'eau froide.* »[3]

Abû Hurayrah (ﷺ) rapporte qu'on mentionna la fièvre auprès du Messager d'Allah (ﷺ), et un homme l'insulta. Le Messager d'Allah (ﷺ) dit : « *Ne l'insulte pas car elle fait sortir les péchés comme le feu fait sortir les scories du fer.* »[4]

Puisque la fièvre nécessite de s'abstenir des mauvais aliments, et de ne consommer que les aliments et remèdes utiles, cela aide le corps à s'épurer, à rejeter ses résidus et excès, et à le purifier de ses matières mauvaises. La fièvre a sur le corps l'effet du feu sur le fer, en rejetant ses déchets, et en

---

1 *As-Sahîhah* (1301).
2 *Sahîh Ibn Mâjah* (2816).
3 Al-Haythamî dans *Al-Majmaᶜ* (5/94), mais sa chaîne de transmission est faible.
4 *Sahîh Ibn Mâjah* (2810).

épurant sa substance. Elle ressemble ainsi à la forge qui épure le fer, et les médecins du corps connaissent bien sa valeur.

Quant à la purification du cœur de sa souillure et de sa crasse, et le fait qu'elle en sort les choses mauvaises, c'est une chose que les médecins du cœur connaissent bien, ainsi que les en a informés leur Prophète (ﷺ). Mais si on atteint un degré où on désespère de la guérison de la maladie du cœur, ce traitement sera inutile.

La fièvre est donc utile au corps et au cœur, ainsi l'insulter est une injustice et une transgression. Je me suis souvenu, une fois où je fus fiévreux, des propos d'un poète qui l'insultait :

L'expiatrice des péchés m'a rendu visite et est repartie
Malheur à elle en arrivant et en partant
Elle me dit en s'apprêtant à partir
Que veux-tu? Je répondis : que tu ne revienne pas

Je me suis dit : malheur à lui, il a insulté ce que le Messager d'Allah (ﷺ) a interdit d'insulter et s'il avait dit :

L'expiatrice des péchés a rendu visite à son bien-aimé
Bienvenue à elle en arrivant et en partant
Elle me dit en s'apprêtant à partir
Que veux-tu? Je répondis : que tu ne parte jamais

Cela aurait été meilleur et elle l'aurait quitté. [C'est ce qui m'est arrivé], et elle m'a quitté promptement.

On rapporte dans un récit dont je ne connais pas l'authenticité : « La fièvre d'un jour équivaut à une expiation d'une année. » Il y a à ce sujet, deux points de vue :

Le premier est que la fièvre attaque tous les membres et toutes les articulations, qui sont au nombre de 360, donc elle expie pour chaque articulation le péché d'un jour.

Le deuxième est que son effet sur le corps ne se dissipe totalement qu'après un an, comme on l'a dit de la parole du Prophète (ﷺ) : « *Celui qui boit du vin, sa prière ne sera pas acceptée durant quarante jours.* »[1] Car l'effet du vin perdure dans le corps du serviteur, ses veines et ses membres durant quarante jours et Allah est plus savant.

---

[1] *Sahîh Ibn Mâjah* (2738).

Abû Hurayrah (ﷺ) a dit: « Aucune maladie qui me touche ne m'est plus agréable que la fièvre, car elle pénètre chacun de mes membres, et qu'Allah (ﷻ) accorde à chaque membre sa part de la récompense.»

Râfi[c] Ibn Khadîj rapporte que le Messager d'Allah (ﷺ) a dit : « Si l'un de vous est pris de fièvre – qui est une part de l'Enfer – qu'il l'éteigne par l'eau froide et se tienne face à un cours d'eau après l'aube et avant le lever du soleil et dise : « Au Nom d'Allah. Ô Allah, guéris Ton serviteur, et montre la véracité de Ton Messager. » Puis qu'il s'y plonge trois fois, pendant trois jours. S'il guérit [qu'il s'arrête là], sinon qu'il le fasse cinq jours. S'il n'est pas guéri en cinq jours, alors pendant sept ou neuf jours, car elle dépasse rarement neuf jours, par la permission d'Allah. »[1]

Je dis : Cela est utile en été, dans les pays chauds, selon les conditions mentionnées, puisqu'à ce moment l'eau est au plus froid en raison de l'éloignement de sa rencontre avec le soleil, et en raison de l'accroissement des forces récupérées pendant le sommeil, la quiétude de l'instant et la fraîcheur de l'air. Ainsi sont réunies la force des forces en présence et la force du remède qu'est l'eau froide sur la chaleur de la fièvre symptomatique ou la fièvre bénigne, c'est-à-dire celle qui n'est accompagnée d'aucune inflammation, mauvais symptômes, ou matières viciées. L'eau froide l'éteindra, par la permission d'Allah, surtout pendant les jours mentionnés dans le hadith qui sont les jours pendant lesquels surviennent les pics de maladies très virulentes, surtout dans les pays mentionnés, en raison de la fragilité des humeurs de leurs habitants, et leur rapidité de réaction aux remèdes bénéfiques.

Traitement des coliques

Abû Sa[c]îd Al-Khudhrî (ﷺ) rapporte qu'un homme vint trouver le Prophète (ﷺ) et lui dit : « Mon frère se plaint du ventre. » et dans une autre version : « Mon frère souffre de coliques.» Il lui répondit : «*Fais-lui boire du miel.* » L'homme partit puis revint en disant : « Je lui ai fait boire du miel, mais cela n'a servi à rien. », et dans une autre version : « Mais cela n'a fait qu'augmenter ses coliques. » Il revint deux ou trois fois, et à chaque fois il lui répondait : « *Fais-lui boire du miel.* » La troisième ou quatrième fois, il lui dit: « *Allah a dit vrai*[2]*, et le ventre de ton frère a menti.* »[3] Et dans la formulation de Muslim : « La digestion de mon frère est mauvaise, et son estomac est malade. »

---

[1] *Ad-Da[c]îfah* (1339) la chaîne de transmission de ce hadith est faible.

[2] Référence est faite à la Parole d'Allah (ﷻ) : « ***De leur ventre sort un nectar, aux couleurs variées, il contient une guérison pour les gens*** » (*An-Nahl* : 69).

[3] Al-Bukhârî (5684) et Muslim (2218).

Le miel a de nombreux avantages, il évacue les débris des veines, des intestins et autres. Il dissipe les humidités par ingestion ou application (externe), il est aussi utile aux vieillards, aux personnes flegmatiques et à l'humeur froide et humide. Il est nourrissant, facilite les selles, conserve la texture des pâtes et de tout ce qu'on y dépose, fait disparaître le goût des remèdes répugnants, purifie le foie et la poitrine, c'est un diurétique et il convient à la toux glaireuse.

Si on le boit chaud avec de l'essence de rose, il sera utile contre les morsures de bêtes venimeuses et la consommation d'opium.

Si on le boit seul mélangé à de l'eau, il est utile contre la morsure du chien enragé, et la consommation de champignons mortels.

Si on y met de la viande fraîche, il conserve sa fraîcheur durant trois mois, de même, les citrouilles, les concombres, les courges et les aubergines. Il conserve de nombreux fruits pendant six mois. Il conserve également les cadavres des morts, et c'est pourquoi on le nomme l'appelle « le conservateur sûr ».

Si on en barbouille le corps et les cheveux du pouilleux, les poux et lentes seront tués. En plus il favorise la pousse, la beauté et le lissage des cheveux.

Si on en met sur les cils, il illumine l'obscurité du regard.

Si on s'en frotte les dents, il les blanchit, les polit, préserve leur santé et celle de la gencive.

Il dilate les extrémités des veines et fait couler les menstrues.

Le lécher à jeun, dissipe le flegme et nettoie les parois de l'estomac, en évacue les excédents, le réchauffe modérément et dissipe son occlusion. Il agit de même sur le foie, les reins et la vessie, et il est moins nocif pour le foie ou la rate que tout autre aliment sucré.

En plus de cela, il est sûr et peu nuisible. Il peut parfois être nuisible aux gens bilieux, mais la nuisance peut être repoussée par le vinaigre ou autre, il sera donc au final très utile.

C'est un aliment, un remède, une boisson, un sucre, un baume, une réjouissance, et on ne nous a rien créé de meilleur, de semblable ou de proche. Les anciens n'avaient recours qu'à lui, et aucun des livres des anciens ne mentionne le sucre, et ils ne le connaissaient pas, car c'est une chose très récente. Le Prophète (ﷺ) en buvait mélangé avec de l'eau à jeun, et il y a en cela un secret éminent pour la préservation de la santé que ne saisit que l'homme sagace et vertueux et nous mentionnerons cela en évoquant de quelle manière le Prophète (ﷺ) préservait sa santé.

Abû Hurayrah (ﷺ) rapporte que le Messager d'Allah (ﷺ) a dit : « Celui qui lèche du miel trois matin dans le mois ne sera frappé d'aucun grand malheur. »[1]

Dans un autre récit, on trouve : « Attachez-vous aux deux guérisons : le miel et le Coran. »[2] Ainsi, il a réuni la médecine humaine et la médecine divine, la médecine du corps et la médecine de l'âme, le remède terrestre et le remède céleste.

Sachant cela, les coliques de celui à qui le Prophète (ﷺ) prescrit le miel, étaient dues à une indigestion. Il lui ordonna donc de boire du miel, car il évacue les excédents accumulés dans les coins de l'estomac et des intestins, car le miel purifie et évacue les excédents, et l'estomac contenait des mélanges visqueux qui empêchaient la stabilité des aliments. En effet, l'estomac possède des parois semblables à une serviette, si des mélanges visqueux s'y fixent, ils les corrompent, de même que la nourriture. Le remède consiste alors à évacuer ces mélanges, et le miel purifie et compte parmi les meilleurs remèdes à cette maladie, surtout mélangé à l'eau chaude.

La répétition de la consommation du miel contient un sens médical éminent qui est que le remède doit être à la mesure de la maladie, s'il est insuffisant, il ne l'éradique pas totalement ; et s'il dépasse la mesure, il affaiblira et causera un autre tort. Lorsque le Prophète (ﷺ) ordonna [à cet homme] de faire boire du miel à son frère, il lui en donna une quantité insuffisante pour combattre la maladie, ainsi il n'a pas atteint le but. Lorsqu'il l'informa de ce qui était advenu, le Prophète (ﷺ) sut que la quantité prise n'était pas suffisante, et lorsque l'homme revint, il insista sur la nécessité de la répétition jusqu'à parvenir à la quantité suffisante pour combattre la maladie. Et lorsque les prises se sont répétées, il a guéri, par la permission d'Allah.

Considérer la dose des remèdes, leur mode d'application, la force de la maladie et du malade, compte parmi les plus grands principes de la médecine.

---

1 Ibn Mâjah (3450), la chaîne de transmission de ce hadith est faible.

2 Ibn Mâjah (3452), Al-Arnâ'ûṯ explique que la chaîne de transmission du hadith est faible, mais que cela est rapporté authentiquement de Ibn Masᶜûd.

Sa parole : « *Allah a dit vrai, et le ventre de ton frère a menti.* » montre la réalité de l'utilité de ce remède et que le fait que la maladie perdure n'est pas dû à un manque intrinsèque au remède, mais au mensonge du ventre et l'abondance des matières viciées qu'il contient. Il lui a donc ordonné de répéter le remède, en raison de l'abondance des matières viciées.

La médecine du Prophète (ﷺ) n'est pas semblable à celle des médecins, car sa médecine est certaine, formelle et divine, elle émane de la Révélation, de la prophétie et de la perfection de la raison. Alors que la médecine des autres, ou de la plupart d'entre eux, n'est que conjectures, suppositions et expériences. On ne nie pas que la médecine prophétique ne profite pas à beaucoup de malades, mais elle n'est efficace que pour celui qui l'accepte, croit en la guérison à travers elle, et la reçoit avec une parfaite croyance et soumission. Si ce Coran qui contient la guérison de ce qui est dans les poitrines, n'est pas reçu ainsi, il n'est pas une guérison pour les poitrines de ce qu'elles contiennent comme maladies. Plus encore il ne fait qu'ajouter souillure et maladie aux hypocrites. Alors que dire de la médecine du corps ? La médecine prophétique ne convient qu'aux corps bons, tout comme le Coran ne convient qu'aux âmes bonnes et aux cœurs vivants. L'éloignement des gens vis-à-vis de la médecine prophétique est semblable à leur éloignement vis-à-vis de la guérison par le Coran qui est la guérison utile. Ceci n'est pas dû à un manque dans le remède mais à une nature mauvaise, une corruption et une absence d'acceptation. Et c'est Allah qui accorde le succès.

On a émis deux avis concernant la Parole d'Allah (ﷻ) :

يَخْرُجُ مِنۢ بُطُونِهَا شَرَابٌ مُّخْتَلِفٌ أَلْوَٰنُهُۥ فِيهِ شِفَآءٌ لِّلنَّاسِ

« ***De leur ventre sort un nectar, aux couleurs variées, il contient une guérison pour les gens*** »

Quant à savoir si le pronom désignait la boisson ou le Coran ? Ce qui est authentique est que cela désigne la boisson, et c'est l'avis de Ibn Mascûd, Ibn cAbbâs, Al-Hasan, Qatâdah et de la plupart des Compagnons. Car c'est ce qui est mentionné, le contexte l'indique également, et on ne trouve pas mention du Coran dans le verset. Ce hadith authentique « *Allah a dit vrai* » vient le confirmer. Et Allah est plus savant.

Traitement et précautions concernant la peste

ᶜÂmir Ibn Saᶜd Ibn Abî Waqqâ<u>s</u> rapporte qu'il a entendu son père demander à Usâmah Ibn Zayd : « Qu'as-tu entendu du Messager d'Allah (ﷺ) concernant la peste ? » Usâmah répondit : Le Messager d'Allah (ﷺ) a dit: « *La peste est un supplice envoyé à un groupe des Enfants d'Israël et à ceux qui vous ont précédés. Si vous entendez qu'elle se déclare en un endroit, n'y entrez pas. Et si elle se déclare là où vous vous trouvez, n'en sortez pas pour la fuir.* »[1]

Anas Ibn Mâlik (ﷺ) rapporte que le Messager d'Allah (ﷺ) a dit : « *La peste est un martyre pour tout musulman.* »[2]

Linguistiquement, la peste (*At-<u>T</u>âᶜûn*) désigne une forme d'épidémie selon l'auteur de *As-<u>S</u>i<u>h</u>â<u>h</u>*. Pour adeptes de la médecine, cela désigne une inflammation mauvaise et mortelle qui entraîne l'apparition de ganglions très douloureux, le pourtour devient noir, vert ou terne, et cela amène à une ulcération très rapide. Généralement, cela apparaît en trois endroits du corps : l'aisselle, derrière l'oreille au bout du nez, ainsi que dans les chairs molles.

ᶜÂ'ishah (ﷺ) dit au Prophète (ﷺ) : « Nous savons ce que signifie *At-<u>T</u>aᶜn*, mais que signifie *At-<u>T</u>âᶜûn* ? » Il répondit : « *C'est une glande similaire à celle du chameau qui apparaît sur les parties molles et l'aisselle.*»[3]

Les médecins ont dit que si l'abcès apparaissait sur les chairs molles, les parties génitales, derrière l'oreille et au bout du nez, et qu'il est purulent, on nomme cela peste. Et cet abcès est dû à un sang infecté et putréfié, transformé en un élément toxique qui infecte le membre et altère ce qui l'entoure. Il peut suinter du sang et du pus, amener au cœur une substance toxique, et provoquer vomissement, palpitation et évanouissement. Même si cette appellation désigne toute inflammation qui amène au cœur une substance toxique jusqu'à être mortelle, elle désigne spécifiquement celle qui survient dans les glandes, car en raison de sa toxicité, seuls les membres les plus faibles de nature l'acceptent. La plus mauvaise peste est celle qui se déclare sous l'aisselle et derrière l'oreille en raison de sa proximité vis-à-vis des organes principaux. La plus bénigne est la rouge, puis la jaune, alors que la noire n'épargne personne.

---

[1] Al-Bukhârî (3473) et Muslim (2218). C'est ce qui est pratiqué de nos jours concernant les épidémies. On met en place un cordon sanitaire afin d'isoler le lieu d'infection pour éviter que la maladie ne se propage et pour mieux surveiller et soigner les victimes de l'infection.
[2] Al-Bukhârî (5732) et Muslim (1961).
[3] *Irwâ' Al-Ghalîl* (6/72).

Etant donné que les pestes sont nombreuses pendant les épidémies (*Wabâ'*) et les pays en guerre, on l'a nommée également *Wabâ'*, comme l'a dit Al-Khalîl : « L'épidémie (*Al-Wabâ'*) désigne la peste (*At-Ṯâᶜûn*). » On a également dit que cela désignait toute maladie qui s'étendait. Et la vérité est qu'entre l'épidémie et la peste, il existe des généralités et spécificités communes. Toute peste est une épidémie, mais toute épidémie n'est pas une peste. De même les maladies générales sont plus répandues que la peste, qui n'en est qu'une expression. Les pestes sont des abcès, ulcères, inflammations toxiques qui apparaissent aux endroits précités.

Je dis : ces ulcères, inflammations et abcès sont les symptômes de la peste et non la peste elle-même, mais puisque les médecins n'en ont saisi que les signes apparents, ils en ont fait la peste elle-même[1].

Le terme *At-Ṯâᶜûn* (peste) désigne trois choses :

Premièrement : les symptômes apparents mentionnés par les médecins.

Deuxièmement : la mort qui en résulte, et c'est le sens visé dans le hadith : « *La peste est un martyre pour tout musulman.* »

Troisièmement : la cause de cette maladie, et il est rapporté dans le hadith authentique : « *Elle est le résidu d'un châtiment envoyé aux Enfants d'Israël.* », et on rapporte également : « *Elle est une piqûre des djinns.* »[2] ou encore qu'elle était l'invocation exaucée d'un prophète.

Les médecins ne possèdent aucun moyen de repousser ces maladies et leurs causes, de même qu'ils n'ont aucun moyen de la détecter avant. Les prophètes informent de l'Invisible, et les symptômes recensés par les médecins ne rejettent pas que la contagion puisse avoir lieu par l'intermédiaire des âmes, car l'influence des âmes sur la nature, la maladie et la mort est une chose que ne renie que le plus ignorant des hommes concernant les âmes et leur influence sur le corps et la nature. Allah (ﷻ) peut donner à ces âmes un rôle à jouer dans le corps des humains lorsque survient l'épidémie et que l'air est vicié, de même qu'Il leur donne un rôle à jouer lorsque les matières mauvaises dominent et plongent les âmes en un mauvais état, surtout lors de l'éruption du sang, de la bile noire, et du

---

[1] Ibn Al-Qayyim a vu juste en distinguant les symptômes de la maladie, de ses causes et effets. Ce n'est qu'à la fin du 19e siècle qu'on découvrira la bactérie responsable de la peste (le bacille de Yersin) qui passe des animaux à l'homme la plupart du temps par les rats ou les puces. L'abcès décrit correspond en fait au point d'inoculation (la morsure) et à l'invasion par la bactérie des ganglions les plus proches. Quelques fois, le ganglion s'ouvre et on peut guérir de la peste, mais généralement les sujets atteints meurent en quelques jours d'une infection généralisée.

[2] Aẖmad (4/395) qualifié d'authentique par Al-Arnâ'ûṯ.

sperme. Les âmes démoniaques peuvent alors provoquer chez celui qui possède ces symptômes, ce qu'ils ne peuvent faire chez d'autres, si aucun obstacle plus fort ne vient les en empêcher comme la mention d'Allah, l'invocation, l'imploration, la supplication, l'aumône et la récitation du Coran. Cela fera alors descendre des âmes angéliques qui vaincront ces âmes mauvaises, réduiront à néant leur mal et repousseront leur influence.

Nous avons expérimenté, ainsi que d'autres, ceci à d'innombrables reprises, et nous avons constaté que la descente de ces bonnes âmes et leur proximité avait une grande influence pour renforcer la nature, et évacuer les matières mauvaises. Ceci, avant que la maladie ne s'installe et ne domine. Celui qui agit de la sorte ne saurait être atteint ; ainsi celui à qui Allah l'accorde, lorsqu'il ressent les causes du mal, s'empressera vers les causes qui l'en protègeront, et ce sera pour lui parmi les remèdes les plus bénéfiques. Et si Allah (ﷻ) veut exécuter Son décret et Sa prédestination, et qu'Il éloigne Son serviteur du fait de les connaître, se les figurer et les vouloir, il n'en saura rien et ne les désirera pas, afin qu'Allah réalise en lui une chose prédestinée.

Si Allah le veut, nous éclaircirons cela lorsque nous parlerons du traitement par les incantations (*Ar-Ruqyah*) et les protections prophétiques, les formules de rappel, les invocations et les actes de bien. Nous montrerons que leur médecine en comparaison de la sienne est comparable aux remèdes de grand-mères et aux remèdes coutumiers vis-à-vis de leur médecine, comme l'ont reconnu leurs maîtres et pontes. Nous montrerons que la nature humaine est celle qui est la plus influencée par les âmes, et que la force des incantations, protections et invocations surpasse la force des remèdes, au point qu'elles neutralisent même les poisons mortels.

L'altération de l'air est une des causes et raisons effectives de la peste. L'altération de l'essence de l'air provoque la survenue d'une épidémie, et cette altération se traduit par la transformation de son essence vers un état mauvais. Lorsqu'une de deux qualités viles le domine, comme la fétidité, la putréfaction et la toxicité, à tout moment de l'année, même si cela arrive plus souvent à la fin de l'été et en automne, en raison de la concentration d'excédents biliaires nocifs et autres pendant l'été, sans être décomposés à la fin. Et en automne, en raison de la fraîcheur de l'atmosphère qui empêche les vapeurs et excédents de se décomposer, comme c'est le cas en été. Donc, ils sont bloqués, se réchauffent et se putréfient, et c'est ainsi que surviennent les maladies fétides. Surtout si elles rencontrent un corps prêt, capable, mollasse, bougeant peu, et plein de matières, celui-ci échappe rarement à la maladie.

La saison la plus saine est le printemps. Hippocrate[1] dit : «L'automne voit les plus graves et plus mortelles des maladies. Quant au printemps, il est la saison la plus saine, et la mortalité y est la moindre. » Les apothicaires et fossoyeurs avaient pour habitude d'emprunter de l'argent au printemps espérant le rendre en automne, car cette saison est leur printemps, et pour eux la chose la plus réjouissante et la plus attendue. On rapporte dans un hadith : «*Si l'astre se lève, l'infirmité disparaît de tout pays.* »[2] On l'a expliqué par l'apparition des Pléiades[3] (*At-Thurayâ*), l'apparition des plantes au printemps, et ainsi il est dit :

وَٱلنَّجْمُ وَٱلشَّجَرُ يَسْجُدَانِ ٦

« ***Les étoiles et les arbres se prosternent (devant Allah)*** »[4]

Car leur parfaite apparition a lieu au printemps, qui est la saison où toute brouissure[5] disparaît. Quant aux Pléiades, les maladies augmentent au moment de leur apparition à l'aube, et leur disparition. At-Tamîmî[6] a dit dans son livre *Mâdat ul-Baqâ'* : « Les pires moments de l'année, les plus néfastes au corps sont au nombre de deux :

Le premier : la disparition des Pléiades à l'aube.

Le deuxième : leur apparition à l'Est avant le lever du soleil, dans une position de la lune à la fin du printemps. Mais la corruption à leur apparition est moindre que celle qui survient à leur disparition.»

Abû Muhammad Ibn Qutaybah a dit : « On rapporte que les Pléiades n'apparaissent et ne s'éloignent pas sans causer des infirmités aux gens et chamelles. Et leur disparition est plus nocive que leur apparition. »

Le troisième avis sur le hadith - sans doute le meilleur - énonce que l'astre désigne les Pléiades, et que l'infirmité désigne la brouissure des plantes et des fruits en hiver et au début du printemps. On ne craint plus pour eux lorsqu'apparaissent les Pléiades au moment cité. C'est pourquoi le Prophète (ﷺ) a interdit leur commerce avant de s'assurer qu'il sont sains[7].

---

[1] Il compte parmi les plus célèbres médecins grecs antiques. Il donna deux origines à la maladie : l'air et les aliments. Certaines de ses œuvres furent traduites en arabe (-460/-370G)

[2] Rapporté par Abû Nucaym dans « *Târîkh Asbhân* », Al-Arnâ'ût qualifie sa chaîne de transmission d'authentique.

[3] Les Pléiades sont un amas d'étoiles ?

[4] Sourate ***Ar-Rahmân***, v.6.

[5] Dommage que le gèle cause aux végétaux.

[6] Muhammad Ibn Ahmad Ibn Sacîd At-Tamîmî, célèbre médecin herbologue.

[7] Al-Bukhârî (1486) et Muslim (1534).

Précautions contre la peste

Le Prophète (ﷺ) a réuni pour la Communauté par son interdiction d'entrer dans un pays où se trouve la peste, et d'en sortir après qu'elle se soit déclarée, la précaution parfaite. Si on entre dans le pays où la peste s'est déclarée, on s'expose au malheur, on se rend sur le lieu où elle domine, et on se met en péril, ce qui est contraire à la Législation et la raison. Au contraire, éviter d'entrer dans le pays où la peste s'est déclarée est une protection vers laquelle Allah (ﷻ) a orienté, et c'est une protection contre les lieux et airs nuisibles.

Son interdiction de sortir du pays où s'est déclaré la peste contient deux significations :

La première : amener les hommes à se confier à Allah, placer leur confiance en Lui, patienter et agréer Son décret.

La deuxième : ce que les plus grands médecins ont dit : celui qui veut se protéger de l'épidémie doit faire sortir de son corps l'humidité excédentaire, diminuer sa nourriture et s'orienter vers tout ce qui est sec. Il faut éviter l'exercice physique et le hammam, car le corps contient généralement des excédents mauvais et cachés, que l'exercice physique et le hammam peuvent exciter, associer au bon chyme[1], et cela aboutira à une grande maladie. Au contraire, lorsque survient la peste, il faut adopter calme et placidité, apaiser l'excitation des humeurs. Et on ne peut quitter le pays touché par l'épidémie qu'en produisant un effort physique intense qui est très nocif.

Ce sont là les propos des plus grands médecins contemporains. La signification médicale du hadith prophétique apparaît, et cela montre ce qu'il contient comme remède du cœur et du corps.

Si on objecte que les propos du Prophète (ﷺ) : « *n'en sortez pas pour la fuir* » annulent la signification que vous avez citée, n'interdisent ni la sortie pour un but précis, ni le départ du voyageur.

On répond : Personne – médecin ou autre – n'a jamais dit que les gens ne doivent plus bouger pendant l'épidémie de peste, et rester pétrifiés, mais ils doivent diminuer leurs déplacements autant que possible. Celui qui fuit la peste, son déplacement n'a pour but que la fuite, alors que la placidité et le calme sont meilleurs pour son corps et son cœur, et plus

[1] Substance liquide que l'on trouve dans l'estomac, composée d'aliments partiellement digérés, d'eau, et d'autres éléments.

proches de la confiance en Allah (ﷻ) et de la soumission à Son décret. Celui qui ne peut cesser de se déplacer, comme les artisans, les employés, les voyageurs, les chargés des courrier et autres, on ne leur dit pas : cessez complètement vos déplacements, mais uniquement les déplacements qui ne sont pas nécessaires, comme le fait de voyager pour fuir la peste. Et Allah est plus savant.

L'interdiction de pénétrer en un lieu où s'est déclaré la peste contient de nombreuses sagesses :

La première : éviter les causes nuisibles et s'en éloigner.

La deuxième : préférer la sécurité qui est l'essence de la vie et de la Résurrection.

La troisième : ne pas respirer l'air putréfié et corrompu, et ainsi tomber malade.

La quatrième : ne pas être au voisinage des malades atteints, de façon à ne pas être touché par la maladie. On rapporte à ce sujet : « Approcher l'épidémie et les malades amène à la perte. »[1]

La cinquième : protéger les âmes de l'augure et de la contagion, car ces deux choses les influencent, et l'augure retombe sur celui qui la pratique.

En résumé, l'interdiction d'entrer dans le pays touché par la peste est en fait un commandement de prendre garde et de se protéger, et une interdiction de s'exposer aux causes de la perte. L'interdiction d'en fuir est en fait un commandement de placer sa confiance en Allah, de se soumettre et s'en remettre à Lui. Le premier est donc une éducation et un enseignement ; et le deuxième est une soumission et acceptation.

On rapporte que ᶜUmar Ibn Al-Khaṯṯâb se rendit vers le *Shâm*, et rencontra à *Sargh* Abû ᶜUbaydah Ibn Al-Jarrâẖ et ses compagnons. Ils l'informèrent que la peste s'était déclarée dans le *Shâm*, et ils divergèrent. Il dit à Ibn ᶜAbbâs : « Appelle-moi les premiers parmi *Al-Muhâjirîn*. » Ibn ᶜAbbâs dit : « Je les ai appelés, il les consulta et les informa que la peste s'était déclarée dans le *Shâm*. Ils divergèrent eux aussi. Certains dirent : « Tu es sorti pour un but, nous voyons que tu ne dois pas revenir sur ta décision » et d'autres dirent : « Sont avec toi les gens et les Compagnons du Messager d'Allah (ﷺ), nous ne voyons pas que tu les expose à cette épidémie. » ᶜUmar dit : « Laissez-moi. » Puis il dit : « Appelle-moi *Al-Anṣâr* » Je les ai appelés, il les consulta, et ils empruntèrent la même voie

[1] *Ad-Ḏaᶜîfah* (1720), la chaîne de transmission comporte des inconnus.

que *Al-Muhâjirîn* et divergèrent de la même façon. ᶜUmar dit : « Laissez-moi. » Puis il dit : « Appelle-moi les anciens de *Quraysh* qui ont émigré lors de la Libération de la Mecque. » Je les ai appelés à lui, et aucun d'entre eux n'a divergé, ils dirent : « Nous voyons que tu dois faire revenir les gens, et ne pas les exposer à cette épidémie. » ᶜUmar appela les gens et dit : « Je vais me mettre en selle, alors mettez-vous de même en selle. » Abû ᶜUbaydah Ibn Al-Jarrâh dit : « Ô Commandeur des Croyants ! Fuis-tu la prédestination d'Allah (ﷻ) ? » ᶜUmar lui répondit : « Ô Abû ᶜUbaydah, j'espérais qu'un autre que toi prononce ces paroles. Oui, nous fuyons la prédestination d'Allah (ﷻ) vers la prédestination d'Allah (ﷻ). Si tu as des chameaux et que tu arrives dans une vallée à deux versants : l'un fertile et l'autre aride. Si tu les fais paître sur le versant fertile tu les fais paître par la prédestination d'Allah (ﷻ), et si tu les fais paître sur le versant aride, tu les fais paître par la prédestination d'Allah (ﷻ). » Arriva alors ᶜAbd Ar-Rahmân Ibn ᶜAwf qui était absent pour des affaires personnelles, et il dit : « Je possède une science à ce sujet. J'ai entendu le Messager d'Allah (ﷺ) dire: « *Si elle se déclare dans le pays où vous êtes, n'en sortez pas pour la fuir, et si vous entendez qu'elle s'est déclarée dans un pays, ne vous y rendez pas.* »[1]

Traitement de l'hydropisie[2]

Anas Ibn Mâlik rapporte : « Un groupe de bédouin vint de ᶜUraynah et ᶜUkal voir le Prophète (ﷺ) mais ils ne supportèrent pas le climat de Médine, et s'en plaignirent au Prophète (ﷺ) qui dit : « *Prenez des chamelles en aumône et buvez de leur urine et de leur lait.* » Ils le firent et lorsqu'ils furent guéris, ils tuèrent le berger, s'emparèrent des chamelles et combattirent Allah et Son Messager. Le Messager d'Allah (ﷺ) ordonna qu'on les capture. On les amena à lui et il leur coupa les bras et jambes, leur brûla les yeux, puis les laissa au soleil jusqu'à ce qu'ils meurent.

Le mal dont ils souffraient était l'hydropisie. Muslim rapporte qu'ils ont dit : « Médine nous a rendus malades, nos ventres ont gonflé, nos membres ont faibli » et il mentionna la suite du hadith.

L'hydropisie est une maladie matérielle causée par une matière étrange et froide qui pénètre dans les organes, et les fait gonfler. Soit tous les membres apparents, soit les endroits vides chargés de gérer la nourriture et

---

1 Al-Bukhârî (5729) et Muslim (2219).

2 Le terme hydropisie était anciennement employé en français pour désigner tout épanchement de liquide organique dans une cavité naturelle du corps, ou sous la peau. Il pouvait donc être synonyme d'œdème.

les humeurs. Elle est de trois types : gonflement des chairs – et c'est la pire – épanchement dans les cavités, ou sa forme sèche[1].

Etant donné que les remèdes nécessaires au traitement de cette maladie sont des remèdes extérieurs qui provoquent à la fois équilibre et écoulement en fonction de la nécessité, ces qualités sont présentes dans les urines et le lait des chamelles. Le Prophète (ﷺ) leur a ordonné de les boire, car le lait de la chamelle en gestation est utile pour purifier, assouplir, évacuer, atténuer et ouvrir les occlusions, puisqu'elle broute le plus souvent de l'armoise, de l'aurone, du jonc aromatique et d'autres remèdes utiles pour soigner l'hydropisie.

Cette maladie est toujours accompagnée d'une maladie hépatique, seule ou combinée, et la plupart proviennent d'une occlusion. Le lait des chamelles arabes en gestation est bénéfique pour remédier aux occlusions, en raison de ses qualités de désobstruction et d'autres bienfaits mentionnés. Ar-Razi a dit : « Le lait de la chamelle en gestation remédie aux douleurs du foie et la corruption des humeurs. »

Al-Isrâ'ilî a dit : « Le lait de la chamelle en gestation est le plus léger des laits, le plus riche en eau et le moins nourrissant c'est pourquoi il est le meilleur pour assouplir les excédents, relâcher le ventre, et désobstruer les occlusions. Cela est indiqué par son léger goût salé qui provient de la chaleur naturelle animale. Ainsi, c'est un lait convenant tout particulièrement pour assouplir le foie, le désobstruer, et dissiper la fermeté de la rate, s'il est frais. Il est surtout utile en cas d'hydropisie, s'il est employé à la température à laquelle il sort de la mamelle, avec l'urine du jeune chameau sevré qui est chaud en sortant de l'animal. Cela augmente son goût salé, sa décomposition des excédents, et son relâchement du ventre. Si on ne parvient pas à diminuer [le gonflement du ventre] et le relâcher, il faut le faire au moyen d'un remède purgatif. »

L'auteur de *Al-Qânûn*[2] a dit : « Il ne faut pas considérer la prétention que la nature du lait contrarie le traitement de l'hydropisie. Sache que le lait des chamelles est un remède bénéfique, en raison de ce qu'il contient comme faible dissolution et caractéristique. Ce lait est très utile, et si quelqu'un en buvait à la place de l'eau et de la nourriture, il guérirait par lui. Cela a été expérimenté par un groupe envoyé vers les terres bédouines, ils furent contraints à cela et guérirent. L'urine la plus bénéfique est celle du chameau arabe nommé *An-Najîb* (le pur-sang). »

---

[1] Qui se manifeste non pas par un épanchement de liquide mais par l'accumulation d'adhérences.

[2] Livre médical théorique et pratique, écrit par Ibn Sînâ (Avicenne).

Ce récit indique le traitement et la médication, ainsi que la pureté de l'urine des animaux dont la consommation de la chair est licite, car il n'est pas permis d'employer des choses interdites pour se soigner. On ne leur a pas ordonné – malgré leur conversion récente –de laver leur bouche et leurs habits tachés par les urines des chameaux, pour célébrer la prière, alors qu'il n'est pas permis de repousser l'exposé d'une chose lorsque cela est nécessaire.

On peut en tirer que l'on peut tuer et couper les membres d'un groupe de gens en même temps. Que le criminel subit ce qu'il a commis, et eux ont tué le berger, et lui ont crevé les yeux, comme cela a été authentifié dans le *Sahîh Muslim.* Si le criminel doit à la fois subir une peine et l'application de la loi du talion, on les applique en même temps. Le Prophète (ﷺ) coupa leurs mains et pieds en application d'une peine d'Allah pour leur crime et pour avoir assassiné le berger. Si le criminel vole des biens et tue, sa main et son pied doivent être coupés ensemble et il doit être tué. Plus les crimes sont nombreux, plus leurs châtiments sont durs, et eux ont apostasié après avoir embrassé l'islam, ils ont tué, défiguré la victime, volé des biens, et déclaré ouvertement le combat. On en tire également que le jugement s'applique à ceux qui accompagnent les combattants, car il est connu que tous n'ont pas commis le crime, mais ne Prophète (ﷺ) n'a pas interrogé sur cela. L'assassinat entraîne obligatoirement la mort de l'assassin, le pardon [de la famille de la victime] ne l'annule pas, et on ne tient pas compte de l'équivalence. C'est l'avis des gens de Médine et l'un des deux avis de l'imam Ahmad, c'est également l'avis adopté par notre shaykh (Ibn Taymiyyah).

Traitement des plaies

Abû Hâzim rapporte qu'il entendit Sahl Ibn Sacd être interrogé sur la manière dont fut soignée la blessure du Messager d'Allah au jour de la bataille de Uhud, et il répondit : « Son visage fut blessé, sa quatrième dent incisive fut cassée et son casque brisé. » Fatimah, la fille du Messager d'Allah (ﷺ), lavait le sang et cAlî Ibn Abî Tâlib lui versait l'eau dans le bouclier. Lorsque Fatimah vit que le sang ne cessait de couler, elle prit un bout de natte, le brûla jusqu'à ce qu'il devienne cendre, elle l'appliqua sur la blessure, et le sang cessa de couler. »[1] Avec la cendre d'une natte de papyrus[2] qui a un effet puissant sur l'arrêt du saignement, car il contient un actif qui dessèche fortement et pique peu. Si le remède dessèche fortement,

[1] Al-Bukhârî (2911) et Muslim (1790).

[2] La plante qui est utilisée pour fabriquer le papier du même nom

et pique, il agitera et amènera le sang. Cette cendre seule, lorsqu'elle se consume, ou avec du vinaigre, arrête le saignement de nez.

L'auteur de *Al-Qânûn* a dit : « Le papyrus est utile en cas d'hémorragie et l'empêche. Placé sur les plaies récentes, il les cicatrise. Le papier égyptien était autrefois fabriqué à partir de lui, et son humeur est froide et sèche. Sa cendre est utile en cas d'inflammation de la gencive, elle stoppe le saignement, et empêche les plaies ouvertes de s'étendre. »

Traitement par le miel, la saignée et la cautérisation

Ibn ᶜAbbâs (ﷺ) rapporte que le Messager d'Allah (ﷺ) a dit : « *La guérison repose en trois choses : la gorgée de miel, l'incision de la ventouse, et la brûlure du cautère*[1], *mais j'interdis à ma Communauté la cautérisation.*»[2]

Abû ᶜAbd Allah Al-Mâzirî a dit : « Les maladies de réplétion peuvent être sanguines, bilieuses, lymphatiques ou hypocondriques. Si elle est sanguine, la guérison repose dans l'extraction du sang, et si elle est des quatre autres types, la guérison repose dans le purgatif qui conviendra à chacune de leurs humeurs.

Il semble que le Prophète (ﷺ) ait attiré l'attention sur le miel comme purgatif, et *Al-Hijâmah* pour la saignée. Certains ont dit que la saignée (*Al-Fasd*)[3] entrait sous sa parole « *l'incision de la ventouse* ». Et si les remèdes sont inefficaces, la cautérisation est le dernier remède. Le Prophète (ﷺ) l'a mentionnée parmi les remèdes, puisqu'on l'emploie si les humeurs sont plus fortes que les remèdes, et si les remèdes consommés n'ont pas d'effet. Sa parole : « *j'interdis à ma Communauté la cautérisation* » et dans un autre hadith : « *Je n'aime pas être cautérisé* »[4] indique qu'il faut retarder son utilisation jusqu'à y être contraint, et il ne faut pas se presser de la pratiquer, en raison de la douleur intense qu'elle provoque pour repousser

---

[1] Instrument chauffé qui brûle les tissus organiques pour favoriser la cicatrisation.

[2] Al-Bukhârî (5680).

[3] Il faut distinguer *Al-Fasd* et *Al-Hijâmah*. *Al-Fasd* consiste en une ponction sanguine directement dans une veine ou une artère. On introduit une lancette (ou aiguille) dans la veine ou l'artère désirée et on récupère le sang dans des coupelles de tailles définies selon la quantité voulue. *Al-Hijâmah*, nommée parfois saignée capillaire, se décompose en deux pratiques : « sèche » ou « humide ». La première, *Al-Hijâmah* « sèche » consiste en l'application de ventouses sur une partie déterminée du corps afin de drainer le sang concentré sur une partie douloureuse afin de la soulager. Elle est utilisée, par exemple, pour soulager les douleurs musculaires, notamment dans le dos, ainsi que les rhumatismes. La deuxième, *Al-Hijâmah* « humide » se distingue de la première par le fait que cette fois on va pratiquer de légères entailles sur la peau avant l'application des ventouses. Cette fois le sang ne sera plus seulement drainé mais extrait du corps.

[4] Al-Bukhârî (5704) et Muslim (2205).

une douleur qui peut être moindre que la douleur de la cautérisation. » Fin des propos de Al-Mâzirî.

Certains médecins disent que les maladies d'humeur peuvent être soit matérielles soit immatérielles. Les matérielles sont chaudes, froides, humides, sèches ou combinées. Parmi ces quatre, deux agissent : les chaudes et froides ; et deux subissent : les humides et sèches. La domination d'une des deux humeurs qui agissent implique qu'elle soit accompagnée d'une humeur qui subit. Et il en sera de même pour tout mélange dans le corps : il y aura toujours un élément qui agit et l'autre qui subit.

Cela implique que les maladies d'humeur ont pour origine une des deux humeurs dominantes, chaudes ou froides. La parole prophétique mentionne le principe du traitement des maladies qui sont, par exemple, les chaudes et froides. Si la maladie est chaude, on la soigne en faisant sortir le sang, par la saignée (*Al-Fa<u>s</u>d*) ou *Al-<u>H</u>ijâmah*, ce qui évacue la matière et refroidit l'humeur. Si la maladie est froide, on la soigne en la réchauffant, et ceci est présent dans le miel, et s'il est également nécessaire d'évacuer la matière froide, le miel le permet car il consume, découpe, ramollit, évacue et facilite. Ainsi cette matière froide sera évacuée doucement, sans être contraint d'avoir recours à des purgatifs puissants.

Concernant la cautérisation, toute maladie matérielle est soit violente, ainsi elle aboutit rapidement à un des deux pans, donc la cautérisation n'est pas nécessaire ; soit chronique, et le meilleur traitement après l'extraction est la cautérisation sur les membres où elle est autorisée. Car elle ne peut être chronique qu'en raison d'une matière froide, et épaisse qui s'est enracinée dans le membre, corrompt son humeur, et transforme tout ce qui parvient au membre vers son essence, et ainsi le membre s'enflamme. Par la cautérisation on évacue cette matière de l'endroit où elle se trouve par l'extinction de l'élément de feu amené par la cautérisation à cette matière.

Ce noble hadith nous a donc enseigné comment soigner l'ensemble des maladies matérielles, de même que nous avons tiré le remède aux maladies simples de sa parole : « *La forte fièvre est une émanation de l'Enfer, rafraîchissez-la par l'eau.* »

Traitement par *Al-Hijâmah*

Concernant *Al-Hijâmah*, Anas Ibn Mâlik (ﷺ) rapporte que le Messager d'Allah (ﷺ) a dit : « *Pendant mon Voyage Nocturne, je ne suis pas passé devant un groupe sans qu'ils ne me disent : « Ô Muhammad ! Ordonne à ta communauté de pratiquer Al-Hijâmah.* » »[1]

Ibn cAbbas (ﷺ) rapporte dans une autre version de ce même hadith : « *Attache-toi à la pratique de Al-Hijâmah, ô Muhammad !* »[2]

Ibn cAbbâs (ﷺ) rapporte : « Le Prophète (ﷺ) se fit faire une *Hijâmah* et il paya celui qui la lui pratiqua. »[3]

Anas (ﷺ) rapporte que Abû Taybah pratiqua *Al-Hijâmah* au Prophète (ﷺ). Il ordonna qu'on lui donne deux *Sâc* de nourriture, il parla à ses maîtres afin qu'il cessent de trop le charger et dit : « *Le meilleur de vos remèdes est Al-Hijâmah.* »[4]

Ibn cAbbâs rapporte que le Messager d'Allah (ﷺ) a dit : « Quel bon serviteur que celui qui pratique *Al-Hijâmah*. Il évacue le sang, allège le dos et clarifie la vue. » Lorsqu'on éleva le Messager d'Allah (ﷺ), il ne passa pas devant un groupe sans qu'on ne lui dise : « Attache-toi à *Al-Hijâmah*. » Et il dit : « Les meilleurs jours où vous pouvez pratiquer *Al-Hijâmah*, sont les 17e, 19e et 21e jour [du mois lunaire]. Les meilleurs de vos remèdes sont *As-Sacût*, *Al-Ladûd*[5], *Al-Hijâmah*, et *Al-Mashiyy*[6]. » On força le Messager d'Allah (ﷺ) à prendre un remède par le coin de la bouche. Lorsqu'il se remit, il dit : « Qui m'a forcé à prendre ce remède par le coin de la bouche ? – Tout le monde se tut – Que tous ici prenne ce remède en coin de bouche, et je vous regarde, sauf Al-cAbbâs car il n'était pas présent avec vous. »[7]

---

[1] *Sahîh Al-Jâmic* (5671).

[2] *As-Sahîhah* (2263).

[3] Al-Bukhârî (5691) et Muslim (1202).

[4] Al-Bukhârî (5696) et Muslim (1577).

[5] En arabe, les remèdes portent des noms différents selon leur mode d'utilisation. Ainsi, *As-Sacût* désigne ce qui est pris par le nez, et *Al-Ladûd* ce qui est pris du coin de la bouche.

[6] Ce terme désigne tout liquide consommé qui a des vertus laxatives. Il est dérivé du verbe *Mashâ/Yamshî* (marcher) car il amène celui qui le consomme à se rendre fréquemment aux toilettes.

[7] At-Tirmidhî (2053). Al-Arnâ'ût qualifie sa chaîne de transmission de faible, mais des parties de ce hadith sont rapportées dans des hadiths authentiques.

Les bienfaits de *Al-Hijâmah*

Concernant les bienfaits de *Al-Hijâmah*, elle purifie la partie superficielle du corps, plus que la saignée (*Al-Fasd*) qui est meilleure pour les profondeurs du corps. *Al-Hijâmah* extrait le sang de la surface de l'épiderme.

Je dis : la vérité est que *Al-Hijâmah* et *Al-Fasd* diffèrent suivant le temps, le lieu, les âges et les humeurs, les pays chauds, les temps chauds, les humeurs chaudes dont le sang l'individu est à maturité, et en ce cas *Al-Hijâmah* est plus avantageuse que *Al-Fasd*, car le sang mûrit, se liquéfie et se dirige vers la couche superficielle du corps. C'est pourquoi *Al-Hijâmah* parvient à extraire ce que ne peut atteindre *Al-Fasd*, et qu'elle elle est meilleure pour les jeunes et ceux qui ne supportent pas *Al-Fasd*. Les médecins ont établi que *Al-Hijâmah*, dans les pays chauds, était meilleure que *Al-Fasd*. Il est préférable que cela soit pratiqué au milieu du mois ou dans sa deuxième moitié, et plus précisément dans le troisième quart du mois. Au début du mois, le sang ne s'est pas encore agité, à la fin il sera calmé, alors qu'au milieu ou peu après, il sera à son augmentation maximale.

L'auteur de *Al-Qânûn* a dit : « On commande de pratiquer *Al-Hijâmah*, non en début de mois, car les humeurs ne se sont pas encore agitées ; ni même à la fin, car elles auront à ce moment diminué, mais au milieu du mois où les humeurs sont agitées et de volume maximal en raison de l'augmentation de la lumière sur le quartier de lune. On rapporte que le Prophète (ﷺ) a dit : « *Les meilleurs de vos remèdes sont Al-Hijâmah et Al-Fasd.* » et dans un autre hadith : « *Le meilleur remède est Al-Hijâmah et Al-Fasd.* »[1]

Sa parole : « *Le meilleur de vos remèdes est Al-Hijâmah.* » désigne les habitants du *Hijâz* et des pays chauds, car leur sang est très fluide et penche plus vers la surface du corps en raison de l'attraction de la chaleur extérieure, ce qui fait qu'il s'accumule sous la peau, et parce que leurs pores sont larges, et que leurs forces sont défaillantes. Ainsi *Al-Fasd* est plus dangereux pour eux, alors que *Al-Hijâmah* est un drainage qui entraîne une pleine extraction des veines, surtout les veines sur lesquelles on pratique peu souvent *Al-Fasd* et qui en tirent un grand bénéfice.

---

[1] Al-Arnâ'ût montre qu'aucun hadith ne fait mention conjointement des deux, mais que plusieurs hadiths authentiques mentionnent : « *Le meilleur de vos remèdes est Al-Hijâmah.* » (1577).

La saignée (*Al-Fasd*) pratiquée sur l'artère brachiale[1] est utile pour remédier à la chaleur du foie, de la rate, aux inflammations constituées de sang, aux œdèmes pulmonaires, ballonnements, pleurésies[2], et toutes les maladies sanguines survenant du bas du genoux jusqu'à la hanche.

La saignée pratiquée sur l'artère médiane[3] est bénéfique au trop-plein survenant dans tout le corps, s'il est sanguin, de même si le sang s'est altéré dans tout le corps.

La saignée pratiquée sur la veine radiale[4] est bénéfique aux maux de tête et de cou causés par l'abondance ou l'altération du sang.

La saignée pratiquée sur les veines jugulaires externes[5] est utile aux douleurs de la rate, à l'asthme, et aux douleurs au niveau du front.

Al-Hijâmah pratiquée sur la veine jugulaire postérieure[6] est utile aux douleurs du bras et de la gorge.

Al-Hijâmah pratiquée sur les veines occipitales[7] est utile pour les maladies de la tête et de ses différentes parties comme le visage, les dents, les oreilles, les yeux, le nez et le cou, si ces maux sont le résultat de l'abondance, de la corruption du sang, ou des deux.

Anas (ﷺ) rapporte : « Le Prophète (ﷺ) pratiquait *Al-Hijâmah* sur les veines occipitales et la veine jugulaire postérieure. »[8]

Il rapporte également : « Le Prophète (ﷺ) pratiqua *Al-Hijâmah* sur son crâne, alors qu'il était en état de sacralisation, en raison d'une migraine. »[9]

On rapporte également que le Prophète (ﷺ) pratiquait *Al-Hijâmah* à trois endroits : sur la veine jugulaire postérieure, et sur les deux veines occipitales. »

ᶜAlî (ﷺ) rapporte que Jibrîl a révélé au Prophète (ﷺ)*Al-Hijâmah* sur les deux veines occipitales et sur la veine jugulaire postérieure.[10]

---

1 *Al-Bâsilîq* : artère du bras.
2 Œdème au niveau de la plèvre (membrane qui entoure les poumons).
3 *Al-Akhal* : artère du bras.
4 *Al-Qayqâl* : veine du bras.
5 *Al-Wadjayn* : veines du cou.
6 *Al-Kâhil* : située à la base de la nuque entre les épaules.
7 *Al-Akhdaᶜyn* : veines de la partie postérieure du cou. Nombreux sont ceux qui ont été d'avis qu'elles désignaient la même chose que *Al-Wadjayn*, mais il semble qu'elles soient tout de même distinctes.
8 *As-Sahîhah* (908).
9 Al-Bukhârî (6598).
10 Ibn Mâjah (3482), la chaîne de transmission de ce hadith est faible.

Jâbir (ﷺ) rapporte : « Le Prophète (ﷺ) pratiqua *Al-Hijâmah* sur sa hanche en raison d'une douleur. »[1]

Les médecins ont divergé concernant la pratique *Al-Hijâmah* sur le trou occipital [à la base de la nuque] :

Abû Nu^c^aym mentionne dans son ouvrage « La médecine prophétique » un hadith attribué au Prophète (ﷺ) : « Attachez-vous à pratiquer *Al-Hijâmah* sur l'occiput[2], car cela guérit de cinq maladies.»[3] parmi lesquelles il mentionna la lèpre. Et dans un autre hadith : « Attachez-vous à pratiquer *Al-Hijâmah* sur l'occiput, car cela guérit de soixante-douze maladies. »

Certains l'ont acceptée et ont dit qu'elle est utile en cas d'exophtalmie[4] et diverses tuméfactions et maux de l'œil, comme la lourdeur des sourcils et des paupières, et elle est bénéfique à qui la pratique. On rapporte que Ahmad Ibn Hanbal en eut besoin, et pratiqua *Al-Hijâmah* sur les deux côtés de sa nuque, mais pas sur le trou occipital.

Parmi ceux qui l'ont réprouvée figure l'auteur de *Al-Qânûn* qui dit : « Elle entraîne réellement la perte de mémoire, comme l'a dit notre maître et porteur de notre Législation, Muhammad (ﷺ), car la partie postérieure du cerveau est le lieu de la mémorisation, et *Al-Hijâmah* la fait disparaître. »

D'autres l'ont contredit en disant que le hadith n'est pas authentique, et s'il était authentique concernant *Al-Hijâmah*, elle n'affaiblit la partie postérieure du cerveau que si elle est pratiquée sans nécessité. Mais si elle est pratiquée en raison de l'abondance de sang dans cette partie, elle est utile tant du point de vue médical que religieux. Il est authentifié que le Prophète (ﷺ) a pratiqué *Al-Hijâmah* en de nombreux endroits de sa nuque, en fonction de la situation, et il a pratiqué *Al-Hijâmah* en d'autres endroits que la nuque, en fonction du besoin.

La pratique de *Al-Hijâmah* sous le menton est utile pour soulager le mal de dents, du visage et de la gorge, si elle est pratiquée en son temps, et elle purifie la tête et les mâchoires.

---

[1] *Sahîh Abû Dâwud* (3864).
[2] Qui forme la jointure entre la tête et le cou.
[3] Rapporté par As-Suyûtî dans *Al-Jâmi^c^ As-Saghîr*, Qualifié de faible par Al-Arnâ'ût.
[4] Lorsque l'œil déborde de son orbite.

La pratique de *Al-Hijâmah* sur le dos du pied remplace la saignée (*Al-Fasd*) de la veine saphène qui se trouve au niveau de la cheville[1], et elle est utile pour soigner l'ulcère des cuisses et des jambes, le retard de règles, et les démangeaisons au niveau des testicules.

Quant à la pratique de *Al-Hijâmah* au bas de la poitrine, elle est utile contre les abcès, pustules et boutons de la cuisse, de même que les crises de goutte[2], les hémorroïdes, l'éléphantiasis[3] et les démangeaisons du dos.

Moments pour pratiquer *Al-Hijâmah*

Ibn Abbas (ﷺ) rapporte que le Messager d'Allah (ﷺ) a dit : « *Les meilleurs jours où vous pouvez pratiquer Al-Hijâmah, sont les 17e, 19e et 21e jour [du mois lunaire].* »

Anas (ﷺ) rapporte : « Le Messager d'Allah (ﷺ) pratiquait *Al-Hijâmah* sur les veines occipitales et la veine jugulaire postérieure. Et il la pratiquait les 17e, 19e et 21e jour [du mois lunaire]. »

Anas (ﷺ) rapporte que le Prophète (ﷺ) a dit : « *Celui qui veut pratiquer Al-Hijâmah, qu'il cherche les 17e, 19e et 21e jour [du mois lunaire], afin que le sang ne s'agite*[4] *pas au point ce que cela le tue.* »[5]

Abû Hurayrah (ﷺ) rapporte que le Prophète (ﷺ) a dit : « Celui qui pratique *Al-Hijâmah* les 17e, 19e et 21e jour [du mois lunaire], cela sera pour lui une remède contre tous les maux. » C'est à dire, tout mal causé par l'abondance du sang.

Tous ces hadiths sont conformes à l'unanimité des médecins disant que *Al-Hijâmah* pendant la deuxième moitié du mois et les jours qui suivent du troisième quart sont meilleurs que le début ou la fin du mois. Mais si elle est pratiquée en cas de nécessité, elle est bénéfique à tout moment, que ce soit au début ou la fin du mois.

Hanbal rapporte que Abû cAbd Allah Ahmad Ibn Hanbal pratiquait *Al-Hijâmah* à chaque fois que son sang s'agitait, à toute heure.

---

[1] *As-Sâfin* : elle naît sur le dos du pied, puis longe le tendon d'Achille pour remonter vers une veine profonde au creux du genou.
[2] Maladie qui cause de grandes douleurs aux articulations, notamment le gros orteil.
[3] Maladie dont les symptômes sont une augmentation du volume d'un membre ou d'une partie du corps causée par un œdème, qui est épanchement de la lymphe en dehors du système lymphatique.
[4] L'agitation du sang (*Tabayyugh Ad-Damm*) désigne ce que nous connaissons aujourd'hui sous le nom d'hypertension.
[5] *As-Sahîhah* (2747).

L'auteur de *Al-Qânûn* a dit : « Ses temps fixés pendant la journée sont : la deuxième ou troisième heure. Il ne faut pas la pratiquer après le hammam, sauf celui dont le sang est épais et qui doit se rendre au hammam, attendre une heure, puis pratiquer *Al-Hijâmah.* »

Selon eux, il est détestable de pratiquer *Al-Hijâmah* lorsqu'on est repu, car elle peut entraîner une occlusion et d'autres maladies mauvaises, surtout si la nourriture était mauvaise et lourde. Il est dit : « *Al-Hijâmah* à jeun est un remède, après satiété une maladie, et au dix-septième jour [du mois lunaire] une guérison. »

Le choix de ces temps pour la pratique de *Al-Hijâmah* concerne ce qui est fait par sécurité, précaution contre les nuisances et protection de la santé. Mais pour le traitement des maladies, on l'emploie quand cela est nécessaire. Sa parole : « *afin que le sang ne s'agite pas au point ce que cela le tue* » en est la preuve, et nous avons déjà mentionné que l'imam Ahmad pratiquait *Al-Hijâmah* à tout moment où il en ressentait le besoin dans le mois.

Quant au choix des jours de la semaine pour pratiquer *Al-Hijâmah,* Al-Khallâl rapporte dans *Al-Jâmi*ᶜ d'après Harb Ibn Ismâᶜîl : « J'ai demandé à Ahmad : y a-t-il un jour où la pratique de *Al-Hijâmah* est détestable ? Il me dit : « Mercredi et samedi. »

Al-Husayn Ibn Hassân rapporte qu'il demanda à Abû ᶜAbd Allah (l'imam Ahmad) concernant *Al-Hijâmah* : « Quel jour est détestable ? » Il répondit : « Samedi et mercredi » et d'autres disent le vendredi. »

Abû Hurayrah (ﷺ) rapporte que le Messager d'Allah (ﷺ) a dit : «Celui qui pratique *Al-Hijâmah,* mercredi ou samedi, et se voit atteint de vitiligo[1] ou de lèpre, ne doit blâmer que lui-même. »[2]

Al-Khallal rapporte également d'après Muhammad Ibn ᶜAlî Ibn Jaᶜfâr que Yaᶜqûb Ibn Bukhtân leur a dit : « On a interrogé Ahmad à propos de l'épilation et *Al-Hijâmah,* samedi et mercredi, et il a réprouvé cela. Il dit : « J'ai appris qu'un homme avait pratiqué une épilation et *Al-Hijâmah* – c'est-à-dire mercredi – et qu'il fut touché par la lèpre. » Je lui dis : « Comme s'il avait négligé le hadith ? » Il me répondit : « Oui. »

Dans son livre *Al-Afrâd,* Ad-Dâraqutnî rapporte d'après Nâfiᶜ : « ᶜAbd Allah Ibn ᶜUmar me dit : « Mon sang s'agite, cherche-moi quelqu'un pour pratiquer *Al-Hijâmah,* qui ne soit ni un jeune ni un vieillard, car j'ai entendu le Messager d'Allah (ﷺ) dire : « *Al-Hijâmah* augmente la mémoire du

---

[1] Maladie de l'épiderme qui se caractérise par des tâches blanches.
[2] Rapporté par Al-Hâkim (4/409), qualifié de faible par Al-Arna'ût.

mémorisateur et la raison de l'homme sensé, alors pratiquez *Al-Hijâmah* au Nom d'Allah (ﷻ), mais pas jeudi, vendredi, samedi et dimanche. Pratiquez *Al-Hijâmah* plutôt lundi, car la lèpre n'arrive que mercredi. » Ad-Dâraqutnî dit : il est également rapporté par Ayyûb d'après Nâfi[c] et il dit : « Pratiquez *Al-Hijâmah* lundi et mardi, mais pas mercredi.»[1]

Abû Bakrah réprouvait la pratique de *Al-Hijâmah* mardi, et il rapporta que le Messager d'Allah (ﷺ) dit : « Mardi est le jour du sang, au cours duquel il y a une heure où le sang ne coagule pas. »[2]

Les hadiths précédents comportent :

- une recommandation de se soigner,

- une recommandation de pratiquer *Al-Hijâmah* sur différents endroits selon le cas,

- la permission pour celui qui est en état de sacralisation de pratiquer *Al-Hijâmah,* et s'il est besoin de couper des cheveux, cela est permis,

- la permission pour le jeûneur de pratiquer *Al-Hijâmah,* ainsi on rapporte que Messager d'Allah (ﷺ) pratiqua *Al-Hijâmah* alors qu'il jeûnait.[3]

Mais cela rompt-il le jeûne ou non, c'est une autre question. Ce qui est juste est que *Al-Hijâmah* rompt le jeûne, comme cela est rapporté authentiquement du Messager d'Allah (ﷺ), sans aucune protestation. Et le meilleur argument qu'on puisse opposer est le hadith qui montre qu'il a pratiqué *Al-Hijâmah* alors qu'il jeûnait, mais il ne montre que cela ne rompt pas le jeûne qu'après quatre choses :

La première : il s'agissait d'un jeûne obligatoire.

La deuxième : il était résident.

La troisième : il ne souffrait d'aucune maladie qui nécessite la pratique de *Al-Hijâmah.*

La quatrième : ce hadith vient après sa parole : « *Celui qui applique Al-Hijâmah et celui qui se la fait appliquer ont tous deux rompu leur jeûne.* »[4]

---

1 Ibn Mâjah (3487), qualifié de faible par Al-Arna'ût.
2 *Ad-Da[c]îfah* (2251).
3 Al-Bukhârî (1939).
4 *Sahîh At-Tirmidhî* (774).

Si ces quatre postulats sont vérifiés, on peut argumenter par sa pratique pour dire que *Al-Hijâmah* ne rompt pas le jeûne. Sinon, qu'est-ce qui empêche que ce jeûne ait été surérogatoire qu'il est permis de rompre par *Al-Hijâmah* ou autre ? Ou que cela ait été pendant Ramadan, mais en voyage ? Ou aussi, qu'il ait été résident, mais que cela ait été nécessaire de la même manière que la maladie permet de rompre le jeûne ? Ou encore que cela ait été un jeûne obligatoire du mois de Ramadan, alors qu'il était résident, mais que cela soit conforme à la règle de base et que sa parole « *Celui qui applique Al-Hijâmah et celui qui se la fait appliquer ont tous deux rompu leur jeûne.* » ne soit venue après ? Il n'est possible d'affirmer aucun de ces quatre postulats, alors que dire de l'ensemble ?

Cela indique également la permission de payer le médecin ou autre sans contrat de travail, mais en lui donnant le salaire de ses semblables ou ce qui le satisfera.

Cela indique aussi la permission de tirer profit de la pratique de *Al-Hijâmah*, même s'il n'est pas bon à l'homme libre d'en prendre un salaire, sans pour autant que cela lui soit illicite. Le Prophète (ﷺ) lui a donné son salaire et ne lui pas interdit de le dépenser, et le fait qu'il ait qualifié ce salaire de mauvais et comparable au fait qu'il ait dit que l'ail et l'oignon étaient mauvais, sans que cela n'implique qu'ils soient illicites

Cela indique encore qu'il est permis de demander chaque jour un gain déterminé à son servant, en fonction de ses capacités, et que le servant peut disposer de l'excédent. Et si on le lui interdisait, tout ce qu'il gagne serait une imposition (de son maître) et il n'y aurait aucune utilité à en fixer la valeur. Au contraire, l'excédent est considéré comme une chose que son maître lui donne, et il peut en disposer comme il le veut. Et Allah est plus savant.

La ligature des veines et la cautérisation

Jâbir Ibn cAbd Allah (ﷺ) rapporte : « Le Prophète (ﷺ) envoya à Ubayy Ibn Kcab un médecin qui lui ligatura une veine qu'il cautérisa ensuite. »[1]

Lorsque Sacd Ibn Mucâdh fut touché par une flèche à l'artère médiane (au bras), le Prophète (ﷺ) le cautérisa, mais la plaie se tuméfia, donc il le cautérisa de nouveau. »[2]

[1] Muslim (2207).
[2] Muslim (2208).

Sous une autre formulation : « Le Prophète (ﷺ) cautérisa le bras de Sa^c^d Ibn Mu^c^âdh par une flèche fine, puis Sa^c^d Ibn Mu^c^âdh lui-même, ou un autre de ses compagnons, le cautérisa de nouveau. »

Sous une autre formulation encore : « « Un homme des *Ansar* fut touché à l'artère médiane par une fine flèche. Le Prophète (ﷺ) ordonna alors qu'on le cautérise. »

Abû ^c^Ubayd rapporte : « On amena au Prophète (ﷺ) un homme à qui on prescrit la cautérisation, il dit alors : « *Cautérisez-le et appliquez-lui des pierres chauffées.* »[1]

Jâbir (ﷺ) rapporte que le Prophète (ﷺ) l'a cautérisé sur la veine médiane (au bras).

Anas (ﷺ) rapporte qu'on l'a cautérisé pour le soigner de la pleurésie du vivant du Prophète (ﷺ).[2]

Anas (ﷺ) rapporte : « Le Prophète (ﷺ) cautérisa As^c^ad Ibn Zurârah en raison d'une piqûre. »[3]

Et nous avons déjà mentionné le hadith unanimement reconnu authentique : « *Je n'aime pas être cautérisé* » et sous une autre formulation : « *j'interdis à ma Communauté la cautérisation* »

^c^Imrân Ibn Husayn rapporte : « Le Messager d'Allah a interdit la cautérisation. Mais nous avons été éprouvé, nous avons pratiqué la cautérisation, sans réussite et sans succès. »[4]

Al-Khattâbî a dit : « Sa^c^d n'a été cautérisé que pour que le sang de sa plaie coagule, car il craignit d'être touché par une hémorragie et de périr. La cautérisation est utilisée pour cette raison, de la même manière qu'on cautérise celui dont on coupe la main ou le pied. Quant à l'interdiction de la cautérisation, elle consiste à la demander pour rechercher la guérison. On croyait auparavant que si on ne cautérisait pas, on mourrait, c'est pourquoi il leur interdit la cautérisation, en raison de cette intention.

---

1 Ahmad (1/390).
2 Al-Bukhârî (5719).
3 *Sahîh At-Tirmidhî* (2050).
4 *Sahîh Abû Dâwud* ((3865).

On a dit qu'il l'avait interdite à ᶜImrân Ibn Husayn en particulier car il avait une fistule[1] en un endroit dangereux et le Prophète (ﷺ) a interdit de le cautériser. Donc il apparaît que l'interdiction était motivée par la dangerosité de l'endroit. Et Allah est plus savant. »

Ibn Qutaybah a dit : La cautérisation est de deux types :

La première : la cautérisation de l'homme en bonne santé, de peur qu'il ne tombe malade. C'est à propos de ce type qu'on a dit que celui qui la pratiquait ne plaçait pas sa confiance en Allah, car il veut ainsi repousser la prédestination.

La deuxième : la cautérisation de la plaie lorsqu'elle s'infecte, et du membre lorsqu'il est coupé. Et ce type contient la guérison.

Mais si on utilise la cautérisation pour un traitement qui peut être bénéfique ou non, cela est plus proche du caractère réprouvable. »

Dans le hadith des soixante-dix mille qui entreront au Paradis sans jugement, il est dit qu'ils sont : « *ceux qui ne demandent pas qu'on leur pratique de Ruqyah, de cautérisation, ne croient pas en l'augure, et placent leur confiance en leur Seigneur.* »[2]

Les hadiths concernant la cautérisation englobe quatre choses :

Premièrement : sa pratique.

Deuxièmement : son caractère détestable.

Troisièmement : les éloges de celui qui la délaisse.

Quatrièmement : son interdiction.

Et il n'y a aucune contradiction entre elles, par la grâce d'Allah (ﷻ). Sa pratique indique sa permission, et son caractère détestable n'indique pas son interdiction. Les éloges adressés à celui qui la délaisse montre que cela est meilleur. Quant à son interdiction, elle apparaît sous la forme du choix et de la réprobation, ou sous la forme de ce qui n'est pas indispensable, mais qu'on peut pratiquer lorsqu'on craint la survenue d'une maladie. Et Allah est plus savant.

---

[1] Canal anormal qui se forme dans l'organisme et donne passage à une sécrétion naturelle, vers un autre organe ou vers l'extérieur.

[2] Al-Bukhârî (5752) et Muslim (220).

Traitement de l'épilepsie

ᶜAṯâ' Ibn Abî Rabâẖ rapporte que Ibn ᶜAbbâs lui dit : « Veux-tu que je te montre une femme du Paradis ? – Bien sûr. – Cette femme noire est venue trouver le Prophète (ﷺ) et lui dit : « Je fais des crises d'épilepsie et je me découvre, alors invoque Allah pour moi. » Il répondit : « *Si tu veux, tu peux patienter et obtenir le Paradis, et si tu veux je peux invoquer Allah pour qu'Il te guérisse.* » Elle répondit : « Je patienterai, mais je me découvre, donc invoque Allah pour que je ne me découvre plus. » Et il invoqua pour elle. »[1]

L'épilepsie est de deux types : l'épilepsie causée par les mauvais esprits terrestres[2] ; et l'épilepsie causée par les mauvaises humeurs. C'est de ce deuxième type dont les médecins traitent des causes et traitements.

Pour ce qui est de l'épilepsie causée par les esprits, leurs maîtres et intellectuels [les médecins] la reconnaissent sans savoir la repousser ; et ils reconnaissent qu'on la soigne en opposant des esprits nobles, bienfaisants et élevés à ces esprits méchants et mauvais, qui repousseront leurs effets, s'opposeront à leurs actes et les annuleront. Hippocrate mentionna cela dans certains de ses ouvrages, et il donna quelques remèdes à l'épilepsie. Il dit : « Cela n'est utile que pour l'épilepsie causée par les humeurs et la matière. Quant à celle provenant des esprits, ces remèdes ne sont pas efficaces. »

Les médecins ignorants, vils et sots, et ceux qui croient que l'athéisme est une vertu, renient l'épilepsie des âmes et ne reconnaissent pas que les âmes ont une influence sur le corps de celui qui souffre d'épilepsie. Ils n'ont pour eux que l'ignorance, sinon il n'y a rien dans l'art médical qui contredise cela, et les sens et l'existence en témoignent. Leur prétention de la domination de certaines humeurs est vraie, mais pas dans tous les cas.

Les anciens parmi les médecins appelaient cette épilepsie le mal sacré, et ils ont dit : elle est causée par les esprits. Quant à Galien et d'autres, ils ont interprété cette appellation en disant : « Ils l'ont nommée mal sacré car elle siège dans la tête et nuit à la partie sacrée et pure qui se trouve au cerveau. » Cette interprétation vient de leur ignorance au sujet de ces

---

[1] Al-Bukhârî (5652) et Muslim (2265).

[2] Ibn Al-Qayyim fait référence à l'influence des démons et de Satan, et de la capacité qu'ils possèdent à pénétrer le corps de l'homme. C'est un point de croyance sur lequel *Ahl As-Sunnah wa-l-Jamâᶜah* est unanime. Shaykh Al-Islâm Ibn Taymiyyah dit : « Les imams de *Ahl As-Sunnah wa-l-Jamâᶜah* sont unanimes sur le fait que les démons peuvent pénétrer dans le corps de l'homme. » (*Majmûᶜ A-Fatâwâ*, 24/276). Ainsi, l'épilepsie peut être dues à des raisons médicales ou à une possession.

esprits, de leurs règles et de leurs influences. Par la suite, les médecins athées n'ont affirmé que l'existence de l'épilepsie provoquée par les humeurs. Mais celui qui est doué de raison et connaît ces esprits et leurs influences rit de leur ignorance et faiblesse d'esprit.

Le traitement de cette forme d'épilepsie se décompose entre le malade et le soignant.

Premièrement : le malade doit être fort et s'orienter avec véracité vers le Créateur et Initiateur de ces esprits, et la recherche de protection authentique prononcée par le cœur et la langue. C'est un vrai combat, où le combattant n'arrive à vaincre l'ennemi que par deux choses : il faut que la nature de l'arme soit bonne et que le bras qui la brandit soit fort. Si l'une de ces deux choses manque, l'arme ne sera d'aucune utilité. Alors que dire si les deux manquent, si le cœur est vide de l'Unicité d'Allah, de la confiance en Lui, de la piété, de l'orientation vers Lui, et qu'il ne possède aucune arme ?

Deuxièmement : le soignant doit lui aussi posséder ces deux choses, au point que certains soignants n'ont qu'à dire : « Sors de lui !» ou « Au nom d'Allah ! » ou encore : « Il n'y a de force et de puissance qu'en Allah ! » Le Prophète (ﷺ) disait : « *Sors, ô ennemi d'Allah, je suis le Messager d'Allah.* »[1]

Une fois, j'ai vu notre shaykh (Ibn Taymiyyah) envoyer à un épileptique quelqu'un chargé de dire à l'esprit en lui : « Le shaykh te dit : Sors, car cela ne t'est pas permis. » Et le malade se réveillait. Parfois même, il s'adressait directement à lui, et parfois l'esprit pouvait être rebelle, dans ce cas il le faisait sortir par des coups[2] et le malade se réveillait sans ressentir la moindre douleur. Nous et d'autres ont vu cela de lui très souvent. De même qu'il récitait souvent à l'oreille du malade :

أَفَحَسِبْتُمْ أَنَّمَا خَلَقْنَٰكُمْ عَبَثًا وَأَنَّكُمْ إِلَيْنَا لَا تُرْجَعُونَ ﴿١١٥﴾

« ***Pensiez-vous que Nous vous avons créés en vain, et que vous ne seriez pas ramenés devant Nous ?*** »[3]

Il m'a raconté qu'une fois il a récité ce verset à l'oreille du malade, et que l'esprit [qui était de sexe féminin] dit : « Oui. » Il le répéta en haussant la voix, puis il dit : « J'ai pris un bâton, avec lequel j'ai frappé les veines de son cou, jusqu'à ce que mes mains se fatiguent, et aucun de ceux qui étaient présents ne doutaient qu'il [le malade] allait mourir en raison des coups,

---

1 *As-Sahîhah* (1002).
2 Rien d'authentique n'est rapporté du Prophète (ﷺ) à ce sujet.
3 Sourate ***Al-Mu'minûn***, v.115.

alors l'esprit dit : « Je l'aime – Mais lui ne t'aime pas – Je veux accomplir le pèlerinage avec lui – Mais lui ne veut pas accomplir le pèlerinage avec toi. – Par respect pour toi, je le laisse. – Non, mais par obéissance à Allah et Son Messager. – Je sors de lui. » À ce moment le malade se mit assis, se tourna à droite et à gauche et dit : « Qu'est-ce qui m'a amené en présence du shaykh ? » Les gens lui dirent : « Et tous ces coups ? » Il répondit : « Et pourquoi le shaykh m'aurait-il frappé, alors que je n'ai commis aucun péché? » Ainsi, il ne ressentit aucun coup.

Il soignait également en récitant le verset *Al-Kursiyy*, et ordonnait au malade et au soignant de le réciter fréquemment avec les deux sourates de protection (*Al-Falaq* et *An-Nâs*).

En résumé, cette forme d'épilepsie et son traitement ne sont reniés que par celui qui n'a que peu de science, de raison et de connaissance. La plus grande part des dominations des mauvais esprits sur ces gens résulte de leur faible foi, de l'absence dans le coeur et sur la langue de la véritable mention d'Allah, de la recherche de protection, des protections prophétiques et religieuses. Ainsi l'esprit mauvais rencontre cet homme désarmé, voire nu, et il provoque cela en lui.

Si le voile était levé, tu verrais la plupart des âmes humaines terrassées[1] par ces esprits mauvais, captives et conduites où ils le veulent, sans pouvoir refuser ou s'opposer. C'est là la plus grande épilepsie, dont le malade ne se réveille que lorsque l'âme quitte le corps et qu'il voit la réalité des choses. C'est là qu'il verra que c'était lui qui était en vérité pris d'épilepsie[2], et c'est auprès d'Allah que nous recherchons l'aide.

Le traitement de cette forme d'épilepsie, consiste à joindre la raison saine à la croyance à ce qu'ont apporté les Messagers, que le regard et le cœur ne soient tournés que vers le Paradis et l'Enfer, en se rappelant des gens de ce bas monde et ce qu'ils subissent comme châtiments et maux qui tombent sur eux comme la pluie. Ils sont terrassés et ne se réveillent pas, et comme est difficile cette forme d'épilepsie. Mais lorsque le fléau s'est propagé et qu'on n'a plus vu que des épileptiques, cela ne semblait plus étrange et réprouvable, et au contraire c'est son opposé qui l'était.

Si Allah veut le bien pour un serviteur, il se réveille de son épilepsie et regarde les gens de ce monde, frappés d'épilepsie autour de lui, à droite, à gauche, et dans toutes les classes. Certains d'eux sont pris de folie, d'autres se réveillent parfois un peu puis retombent dans la folie. D'autres encore se

---

[1] Terrassées (Ṣarᶜâ) qui a la même racine que l'épilepsie (*As-Ṣarᶜ*)

[2] C'est-à-dire qu'il était en cette vie dans un état second sans s'en apercevoir.

réveillent une fois et sont pris de folie une autre fois. Lorsqu'ils se réveillent, ils agissent tout comme les gens réveillés et sensés, puis l'épilepsie les atteint de nouveau et ils tombent dans la confusion.

L'épilepsie causée par les mauvaises humeurs est une maladie qui empêche partiellement les organes mentaux de fonctionner de bouger et de se dresser. Cela est due à une humeur lourde et visqueuse qui obstrue partiellement les entrées des lobes cérébraux, et ainsi empêche le passage complet et sans aucune interruption des sensations et du mouvement dans le cerveau et les membres. La cause peut aussi être un vent lourd coincé dans les passages de l'esprit, ou une mauvaise vapeur provenant de certains membres, ou d'une matière piquante, ainsi le cerveau se contracte afin de repousser ce qui est nuisible, et cela provoque une contraction de tous les membres. En tel cas, l'homme ne peut rester debout, il tombe à terre et souvent de la bave sort de sa bouche.

Cette maladie est considérée comme étant grave, au regard du moment douloureux, elle peut aussi être considérée comme une maladie chronique, si on considère le temps qu'elle dure ; dont la guérison est difficile, surtout si le malade dépasse les vingt-cinq ans, car cette maladie gît dans son cerveau et particulièrement dans son essence ; et l'épilepsie de ces derniers perdure. Hippocrate a dit : «L'épilepsie perdure chez eux, jusqu'à leur mort. »

Sachant cela, concernant cette femme mentionnée dans le hadith qui était épileptique et se découvrait, on peut croire qu'il s'agissait de cette forme d'épilepsie. C'est pourquoi le Prophète (ﷺ) lui a promis le Paradis pour sa patience sur la maladie, et il invoqua pour qu'elle ne se découvre plus. Il lui a donné le choix entre la patience et le Paradis, et l'invocation pour elle sans garantie ; et elle choisit la patience et le Paradis. Cela montre qu'il est permis de refuser le traitement, que le traitement des âmes par l'invocation et l'orientation vers Allah a un effet que les remèdes des médecins ne peuvent atteindre, et que son effet est plus grand que celui des remèdes du corps. Nous et d'autres, avons expérimenté cela à maintes reprises, et les médecins sensés reconnaissent que l'action des forces psychologiques et leurs effets dans la guérison des maladies sont étonnants. Il n'y a pas plus nuisible pour l'art médical, que ces gens athées, sots et ignorants, et il apparaît que l'épilepsie de cette femme était de cette forme. On peut également penser qu'elle était de la forme des esprits, et que le Messager d'Allah (ﷺ) lui a donné le choix entre la patience sur cela et le Paradis, et l'invocation pour sa guérison ; et elle choisit la patience et la pudeur [en demandant à ne plus se découvrir]. Et Allah est plus savant.

Traitement de la sciatique

Anas Ibn Mâlik (ﷺ) rapporte que le Messager d'Allah (ﷺ) a dit : «*Le remède à la sciatique est la queue grasse d'une brebis arabe, fondue, puis partagée en trois portions consommées à jeun, pendant trois jours.* »[1]

La sciatique[2] est une douleur qui commence dans la jointure de la hanche, descend du côté postérieur de la cuisse, parfois jusqu'au talon. Plus la douleur dure dans le temps, plus elle s'étend dans le corps, et elle affaiblit la jambe et la cuisse.

Ce hadith comprend un sens linguistique et un sens médical :

Son sens linguistique montre qu'il est permis de nommer cette maladie *ᶜIrq An-Nasâ* (nerf sciatique) par opposition à ceux qui interdisent cette appellation en disant que *An-Nasâ* désigne le nerf, et ainsi on désignerait une chose par elle-même, ce qui n'est pas possible.

On répond à cela de deux points de vue :

Premièrement : *Al-ᶜIrq* (le nerf) est un nom plus général que *An-Nasâ* (sciatique). C'est donc une manière de lier ce qui est général à ce qui est spécifique. On dit par exemple « Toute chose ou en partie. »

Deuxièmement : *An-Nasâ* (sciatique) est la maladie qui atteint le nerf, donc ici la liaison est une liaison d'une chose au lieu où elle se produit.

On a dit aussi qu'on l'a nommée ainsi parce que sa douleur fait oublier (*Ansâ*) toute autre chose. Ce nerf s'étend de la jointure de la hanche jusqu'au bout du pied et du talon, du côté extérieur, entre l'os de la jambe et le tendon d'achille.

Quant à son sens médical, nous avons précédemment mentionné que la parole du Messager d'Allah (ﷺ) était de deux types :

Le premier : général, dans le temps, le lieu, les personnes, et les situations.

Le deuxième : spécifique à ces choses ou certaines d'elles, et ce hadith est de ce type. Ses propos sont adressés aux arabes, et aux gens du *Hijâz* et alentours, surtout aux bédouins. Il compte parmi les meilleurs remèdes

---

[1] *As-Sahîhah* (1899).

[2] La sciatique, est une douleur vive ressentie le long du nerf sciatique qui s'étend de la hanche au pied. La douleur atteint principalement la fesse et la cuisse, mais s'étend généralement jusqu'au pied.

pour eux, car cette maladie résulte d'une sécheresse ou d'une matière épaisse et visqueuse, et son traitement nécessite la diarrhée (*Ishâl*). La queue grasse de la brebis possède deux caractéristique : la maturation et le relâchement que requiert cette maladie.

Quant à la brebis arabe, elle se distingue par ses sécrétions minimes, ses proportions réduites, sa nature douce, et la spécificité de son pâturage, car elle broute les herbes chaudes comme l'armoise, l'aurone et d'autres plantes similaires. Lorsque l'animal se nourrit de ces plantes, leur nature se retrouve dans sa chair après avoir été adoucie par la digestion, en leur donnant une humeur plus douce, en particulier la queue grasse. L'effet de ces plantes dans le lait est plus important que dans la chair, mais les propriétés de maturation et de relâchement de la queue grasse ne se trouvent pas dans le lait.

Nous avons précédemment mentionné que les remèdes de la plupart des communautés et des bédouins étaient des remèdes uniques, et c'est aussi ce qu'appliquaient les médecins indiens. Quant aux byzantins et grecs, ils utilisent des remèdes composés. Mais tous sont d'accord que la force du médecin est de soigner le malade au moyen de la nourriture. Si cela n'est pas efficace, il aura recours à un remède unique ; et si cela n'est pas efficace, alors ce qui sera le moins composé.

Nous avons déjà mentionné que les arabes et les gens du désert souffrent généralement de maladies simples, et que les remèdes simples conviennent, en raison de la simplicité de leur nourriture. Quant aux maladies composées, elles naissent généralement de la composition et de la diversité de la nourriture, c'est pourquoi on leur préfère des remèdes composés. Et Allah est plus savant.

Traitement de la constipation

Asmâ' Bint ᶜUmays rapporte que le Messager d'Allah (ﷺ) lui dit : « *Par quoi te relâchais-tu ?* – En utilisant *As-Shubrum*[1]. – *Il est très chaud*[2]. – Puis j'utilisais du séné. – *Si quelque chose devait guérir de la mort, ce serait le séné.* »[3]

ᶜAbd Allah Ibn Umm H̲irâm qui pria avec le Messager d'Allah (ﷺ) en direction des deux Qiblas rapporte que le Prophète (ﷺ) a dit : « *Utilisez le*

---

1 Zilla spinoza, dont le nom commun est pois chiche sauvage.

2 Selon les versions du hadith, le sens est soit : « *Il est très chaud* » ou « *Il est chaud et c'est un laxatif puissant.* » Voir le commentaire de ce hadith dans *Tuh̲fat ul-Ah̲wadhî Bi Sharh̲ Jâmiᶜ At-Tirmidhî.*

3 At-Tirmidhî (2081). Al-Arnâ'ût explique que la chaîne de transmission de ce hadith est faible mais que son sens est confirmé par le hadith suivant.

séné et As-Sanût[1] *qui sont une guérison pour toutes les maladies, sauf As-Sâm. –* Ô Messager d'Allah, qu'est-ce que *As-Sâm* ? *– As-Sâm c'est la mort.* »[2]

Sa parole « *Par quoi te relâchais-tu ?* » signifie comment ramollissais-tu les selles afin qu'elles s'évacuent et ne stagnent pas, retenant ainsi les excréments. C'est pourquoi on a appelé le remède purgatif « *Mashiyy*[3] » car le diarrhéique marche souvent [vers les toilettes] pour satisfaire ses besoins.

On rapporte également : « *Par quoi te relâchais-tu ?* – En utilisant *As-Shubrum.* » qui compte parmi les remèdes purgatifs et qui est l'écorce de la racine d'une plante. Il est chaud et sec du quatrième degré, le meilleur est celui qui est de couleur rougeâtre, léger et fin, comme de la peau roulée. De manière générale, c'est un remède que les médecins conseillent de ne pas utiliser, en raison de sa dangerosité et de son puissant effet laxatif.

Concernant sa parole : « *Il est chaud et c'est un laxatif puissant.* » (*Hâr Jâr*), ou sous une autre formulation : « *Il est très chaud* » (*Hâr Yâr*), on trouve deux avis :

Le premier : (*Hâr Jâr*) signifie que c'est un laxatif puissant, il l'a donc décrit par la chaleur et la puissance de ses propriétés laxatives, et c'est le cas. C'est là l'avis de Abû Hanîfah Ad-Dînawarî.

Le deuxième : qui est l'avis correct est qu'il s'agit d'une suite de mots qui vise l'insistance du sens du premier mot, c'est donc une insistance dans la formulation et le sens, c'est pourquoi la plupart des lettres sont similaires. Ainsi on dit « très bon » en disant (*Hasan Basan*) ou (*Hasan Qasan*), de la même manière qu'on dit [démoniaque] en disant (*Shaytân Laytân*). Ici (*Hâr Jâr*) est du même acabit, bien que *Jâr* porte un autre sens qui est ce qui attire une chose qu'elle atteint en raison de sa chaleur et de son attraction, comme s'il l'arrachait et le retirait. Quant à *Yâr*, c'est soit une autre manière de prononcer *Jâr*, comme lorsqu'on dit gendre : *Sihrî* ou *Sihrîj*, *Sihârî* ou *Sihârîj* ; soit il porte un sens propre.

Quant au séné, c'est une plante qui pousse dans le *Hijâz*, le meilleur est celui de la Mecque, c'est un remède noble, sûr, proche de l'équilibre, chaud et sec du premier degré, qui facilite la sécrétion de la bile jaune et de la bile

---

[1] On trouve plusieurs avis quant à savoir ce que désigne *As-Sanût*, l'avis le plus juste est qu'il s'agit de l'aneth odorant puisqu'on retrouve parmi les usages thérapeutiques de la plante les sens visés par le hadith.

[2] *As-Sahîhah* (1798).

[3] Tiré du verbe *Mashâ/Yamshî*, qui signifie marcher.

noire[1] et renforce le cœur, ce qui constitue une vertu noble de cette plante. Parmi ses propriétés est qu'elle est bénéfique aux cas de mélancolie et de troubles du corps, elle relâche les muscles et active la pousse des poils. Elle est également utile contre les poux, la migraine chronique, la gale, les abcès, les démangeaisons et l'épilepsie. La consommer en infusion chaude est meilleur que de la prendre broyée. On en prend pour une valeur de trois dirhams broyée, et de cinq dirhams en infusion. Et si cela est chauffé avec des fleurs de violette et des raisins secs rouges épépinés, cela est meilleur.

Ar-Râzî a dit : « Le séné et le fumeterre facilitent l'évacuation des humeurs brûlés, et sont utiles dans les cas de gale et de démangeaison. On prend chacun d'eux pour une dose de quatre à sept dirhams.

Concernant la nature de *As-Sanût*, il existe huit avis, ainsi on dit qu'il est :

1 – Le miel.

2 – L'extrait de beurre rance qui sort en bandes noires. Ces deux premiers avis ont été mentionnés par ᶜAmr Ibn Bakr As-Saksakî.

3 – Un grain semblable au cumin cité, comme c'est l'avis de Ibn Al-Aᶜrâbî.

4 – Le carvi.

5 – L'anis vert. Ces deux derniers avis sont mentionnés par Abû H̲anîfah Ad-Dînawarî d'après certains bédouins.

6 – L'aneth odorant.

7 – La datte. Ces deux derniers avis sont mentionnés par Abû Bakr Ibn As-Sûnnî Al-H̲afid̲h̲.

8 – Le miel conservé dans le beurre rance, comme l'a mentionné ᶜAbd Al-Lat̲îf Al-Baghdâdî.

Certains médecins ont dit que cela était le sens le plus conforme et le plus juste, c'est-à-dire le fait de mélanger le séné broyé au miel mélangé au beurre rance, puis lécher le mélange, ce qui sera meilleur que son emploi seul, car le miel et le séné remédient aux dangers du séné et l'aident dans son action laxative. Et Allah est plus savant.

---

[1] Dans la théorie des humeurs, la bile jaune est produite par le foie et la bile noire – qu'on nomme également atrabile – par la rate. L'excès de la première provoque l'anxiété, et la deuxième la mélancolie ou l'hypocondrie.

Ibn ᶜAbbâs rapporte que le Messager d'Allah (ﷺ) a dit : « Les meilleurs de vos remèdes sont *As-Saᶜû<u>t</u>, Al-Ladûd*[1], *Al-<u>H</u>ijâmah*, et *Al-Mashiyy*[2]. »[3] *Al-Mashiyy* désigne ce qui facilite les besoins naturels, ramollit les selles et facilite l'évacuation des excréments.

Traitement des démangeaisons de la peau et de ce qui attire les poux

Anas Ibn Mâlik (ﷺ) rapporte : « Le Messager d'Allah (ﷺ) a permis à ᶜAbd Ar-Ra<u>h</u>mân Ibn ᶜAwf et Az-Zubayr Ibn Al-ᶜAwwâm (ﷺ) de porter de la soie, car ils étaient atteints de démangeaison. »[4]

Sous une autre formulation : « Pendant une expédition, ᶜAbd Ar-Ra<u>h</u>mân Ibn ᶜAwf et Az-Zubayr Ibn Al-ᶜAwwâm (ﷺ) se sont plaints auprès du Messager d'Allah (ﷺ) de souffrir de poux. Il leur permit alors de porter des habits de soie que je les ai vus porter. »

Ce hadith est lié à deux éléments, l'un religieux, l'autre médical :

Du point de vue religieux, la Sunna du Prophète (ﷺ) établit la permission totale aux femmes de porter de la soie, et son interdiction pour les hommes, sauf en cas de besoin et d'intérêt prédominant. Le besoin peut-être le grand froid pendant lequel on ne trouve rien d'autre, ou pas d'autres vêtements. C'est pourquoi il est permis d'en porter en cas de gale, de maladie, de démangeaisons et d'invasion de poux, comme cela est indiqué dans le hadith authentique de Anas.

La permission est le plus juste des deux avis de l'imam A<u>h</u>mad, et As-Shâfiᶜî, puisqu'il n'y a pas à la base de spécification, et que si la permission est donnée à certains individus de la Communauté, elle s'applique à tous ceux qui rencontreront les mêmes causes, puisque la règle s'étend en fonction de sa cause.

Ceux qui l'interdisent disent que les hadiths de l'interdiction sont généraux, et qu'on peut soit penser que les hadiths mentionnant la permission sont spécifiques à ᶜAbd Ar-Ra<u>h</u>mân Ibn ᶜAwf et Az-Zubayr, soit qu'ils s'appliquent également à d'autres. Si les deux cas sont possibles, le

---

[1] En arabe, les remèdes portent des noms différents selon leur mode d'utilisation. Ainsi, *As-Saᶜû<u>t</u>* désigne ce qui est pris par le nez, et *Al-Ladûd* ce qui est pris du coin de la bouche.

[2] Ce terme désigne tout liquide consommé qui a des vertus laxatives. Il est dérivé du verbe *Mashâ/Yamshî* (marcher) car il amène celui qui le consomme à se rendre fréquemment aux toilettes.

[3] At-Tirmidhî (2084), la chaîne de transmission de ce hadith est faible.

[4] Al-Bukhârî (2919) et Muslim (2076).

sens global sera prioritaire. C'est pourquoi un transmetteur du hadith dit : « Je ne sais pas si la permission s'applique à ceux après eux on non ? »

Ce qui est juste est que la permission est générale, car c'est l'usage dans la Législation, tant que la spécificité n'est pas clairement établie et qu'on ne peut y ajouter d'autres que ceux à qui la permission a été donnée en premier lieu. À l'exemple de la parole du Prophète (ﷺ) adressée à Abû Burdah, lorsqu'il lui permit de sacrifier un chevreau [pour le sacrifice du cÎd] : « *Il te sera compté, mais ne le sera pour plus personne après toi.* »[1] Ou à l'exemple de la Parole d'Allah (ﷻ) adressée à Son Prophète (ﷺ) au sujet du mariage de celle qui s'offre à lui :

خَالِصَةً لَّكَ مِن دُونِ ٱلْمُؤْمِنِينَ

« ***Cela t'est réservé à l'exclusion des autres croyants*** »[2]

L'interdiction de la soie est un principe de précaution, c'est pourquoi elle est permise aux femmes, mais aussi [aux hommes] en cas de nécessité et d'intérêt prépondérant. C'est là une règle : ce qui est interdit par principe de précaution est autorisé lors de la nécessité ou de l'intérêt prépondérant ; de la même manière que le regard [porté vers les femmes étrangères] est interdit pour empêcher l'acte [la fornication], mais qu'il est permis selon le besoin et l'intérêt prépondérant ; ou de la même manière que l'accomplissement de la prière surérogatoire a été interdit à certains moments pour empêcher toute ressemblance avec les adorateurs du soleil, mais qu'elle a été permise pour un intérêt prépondérant ; ou encore que l'usure de solde (*Ribâ Al-Fadl*) a été interdite pour empêcher l'usure de crédit (*Ribâ An-Nasî'ah*), mais qu'elle a été permise pour l'intérêt prépondérant comme *Al-cArâyâ*[3]. Nous avons suffisamment évoqué ce qui, dans les vêtements, était licite et illicite dans notre ouvrage : *At-Tahrîr Fîmâ Yahil wa Yahrum Min Libâs Al-Harîr*.

Du point de vue médical, la soie est un remède d'origine animale, car elle provient d'un animal. Elle jouit de nombreux bienfaits et d'une place élevée. Parmi ses propriétés est qu'elle renforce le cœur et le réjouit, et elle est utile dans nombre de ses maladies comme l'abondance de bile noire et les maladies qui en résultent. La soie fortifie la vue, quand on l'emploie comme khôl.

---

[1] Al-Bukhârî (5556) et Muslim (1961).

[2] Sourate ***Al-Ahzâb***, v.50.

[3] Cela désigne les palmiers qu'un propriétaire cède à un pauvre pour une année, mais si ce dernier est contraint de prendre sa valeur estimée en dattes sèches avant que les fruits n'apparaissent, cela n'est pas répréhensible.

La soie brute employée dans l'art médical est chaude et sèche du premier degré, on a dit aussi qu'elle est chaude et humide, et qu'elle est modérée dans l'art médical. Si on la porte, son humeur est de chaleur modérée, elle réchauffe le corps et le corps peut aussi se refroidir en s'en recouvrant.

Ar-Râzî a dit : « La soie est plus chaude que le lin, plus froide que le coton, et elle augmente la chair. Tout habit rêche amincit et durcit l'épiderme, et inversement. »

Je dis : les habits sont de trois types :

Le premier qui chauffe le corps et le réchauffe.

Le deuxième qui le réchauffe mais ne le chauffe pas.

Le troisième qui ni ne chauffe ni ne réchauffe.

Il n'existe pas d'habit qui le chauffe sans le réchauffer, car ce qui le chauffe, a fortiori le réchauffe.

Les habits faits de poil de chameau ou de laine chauffent le corps et le réchauffent. Les habits faits de lin, de soie et de coton réchauffent le corps sans le chauffer. Les habits de lin sont froids et secs, ceux de laine sont chauds et secs, ceux de coton sont de chaleur modérée, et ceux de soie sont plus doux que le coton et moins chauds que lui.

L'auteur de *Al-Manhâj* a dit : « La porter ne chauffe pas comme le coton mais avec modération, et tout habit doux et lisse chauffe moins le corps et aide moins à décomposer ce qui peut l'être. Il est donc préférable de la porter en été et dans les pays chauds. »

Les habits de soie ayant ces propriétés, sans la sécheresse et la rugosité que l'on peut trouver dans d'autres tissus, elle est utile dans les cas de démangeaison, car les démangeaisons ne naissent que de la chaleur, la sécheresse et la rugosité. C'est pourquoi le Messager d'Allah (ﷺ) a permis à Az-Zubayr et ᶜAbd Ar-Rahmân de porter de la soie afin de se soigner les démangeaisons. Les habits de soie sont moins propices à contenir des poux, car leur humeur est contraire à l'humeur qui voit l'apparition des poux.

Quant aux vêtements qui ne réchauffent et ne chauffent pas le corps, ils sont ceux fait de fer, de plomb, de bois, de terre et autre.

Si on demande : Puisque la soie est le vêtement le plus équilibré et celui qui convient le mieux au corps, pourquoi est-elle interdite dans la Législation parfaite et noble qui permet les bonnes choses et interdit les mauvaises ?

On répond à cela en disant : chacun des groupes des musulmans a une réponse à cette question :

Certains vont renier la règle et sa cause, et puisque la règle de la cause est retirée de son fondement, ils n'auront pas à répondre à cette question.

Parmi ceux qui vont confirmer la cause et la règle - et ce sont les plus nombreux - certains répondront en disant que la Législation l'a interdit afin que les âmes patientent sur cela, la délaisse pour Allah, et qu'ainsi elles soient récompensées, surtout qu'elles y trouvent des substituts.

D'autres répondront qu'elle a été créée au départ pour les femmes, comme les bijoux et l'or, et qu'elle fut interdite aux hommes en raison de ce qu'elle comporte comme méfait de ressemblance aux femmes.

D'autres répondront qu'elle est illicite en raison de ce qu'elle provoque comme orgueil, ostentation et vanité.

D'autres aussi répondront qu'elle est illicite en raison de son contact avec le corps qui amène une féminité contraire à la virilité. Donc le fait de la porter suscite dans le cœur des qualités féminines, c'est pourquoi tu constates chez la plupart de ceux qui la portent des caractères de féminité et de mollesse évidents. Même s'ils comptent parmi les hommes à la virilité la plus grande, le port de la soie va nécessairement la diminuer, voire même la faire disparaître.

Celui qui est de nature lourde et est incapable de comprendre cela, qu'il se soumette au Législateur Sage, et c'est pourquoi le plus juste des avis est qu'il n'est pas permis au tuteur d'en habiller le jeune garçon, en raison de ce que cela suscite comme qualités féminines.

Abû Mûsâ Al-Ashcârî rapporte que le Messager d'Allah (ﷺ) a dit : « *Allah a permis aux femmes de ma Communauté la soie et l'or et les a interdits aux hommes.* » et sous une autre formulation : « *Le port de la soie et l'or est interdit aux hommes de ma Communauté, et permis à ses femmes.* »[1]

Hudhayfah (ﷺ) rapporte : « Le Messager d'Allah (ﷺ) a interdit de porter de la soie et du brocart, et de s'asseoir dessus. Il dit : « *Ils sont pour eux ici-bas, et pour vous dans l'au-delà.* » »[2]

---

[1] *Sahîh At-Tirmidhî* (1720).
[2] Al-Bukhârî (5801) et Muslim (2075).

Traitement de la pleurésie[1]

Zayd Ibn Arqam rapporte que le Prophète (ﷺ) a dit : « Soignez-vous de la pleurésie par le costus marin[2] et l'huile. »[3]

Pour les médecins, la pleurésie est de deux sortes : avérée et non avérée :

La pleurésie avérée est un hématome chaud qui apparaît sur le côté [du thorax] au niveau des membranes situées sous les côtes.

La pleurésie non avérée est une douleur semblable à la précédente qui apparaît sur le côté en raison d'air lourd et nuisible qui s'agglomère dans les aponévroses[4] et qui produit une douleur semblable à celle de la pleurésie avérée, si ce n'est que dans ce cas la douleur s'étend, alors que dans la pleurésie réelle, la douleur est centrée.

L'auteur de *Al-Qânûn* a dit : « Elle peut survenir sur la plèvre, les aponévroses, les muscles de la poitrine, les côtes et les alentours, ce sont des œdèmes très douloureux qu'on appelle *Shawsah, Birsâm* ou *Dhât Al-Janb*[5]. Les douleurs dans ces membres peuvent provenir d'autres choses que d'un œdème, comme d'un air lourd, si bien qu'on pense qu'il s'agit d'une pleurésie.

Sache que toute douleur de la plèvre peut être appelée *Dhât Al-Janb* (pleurésie) par dérivation du lieu de la douleur [*Al-Janb* : le côté]. *Dhât Al-Janb* signifie : celle qui survient sur le côté, et ici la douleur du côté. Ainsi, toute douleur de côté, quelle qu'en soit la cause, lui est attribuée. C'est ainsi qu'on doit comprendre les propos d'Hippocrate : « Le hammam est bénéfique à toute personne atteinte de *Dhât Al-Janb.* » C'est-à-dire toute personne souffrant d'une douleur sur le côté, ou au poumon en raison d'une mauvaise humeur, d'une humeur lourde, ou d'une piqûre sans œdème ni fièvre. »

---

[1] Maladie qui se manifeste par un épanchement de liquide entre les deux membranes de la plèvre qui entoure les poumons ou par l'accumulation d'adhérences qui empêchent les poumons de bouger comme ils le devraient.

[2] Costus est en fait le nom désignant une famille de plantes regroupant près de deux cent espèces. Nombreuses parmi elles possèdent des vertus médicinales. Le costus marin, contrairement à ce que son nom pourrait faire croire, ne pousse pas dans la mer, on le nomme aussi costus blanc, par opposition au noir qui est le costus indien.

[3] *Daʿîf At-Tirmidhî* (2079).

[4] Membranes qui entourent les muscles et constituent une séparation entre eux.

[5] Trois termes pour désigner la pleurésie, mais les deux premiers ne sont plus usités.

Certains médecins ont dit que *Dhât Al-Janb* en grec désigne un œdème chaud au niveau de la plèvre, ainsi que l'inflammation de tout organe de l'abdomen, et l'inflammation de cet organe n'a été nommée *Dhât Al-Janb* qu'en raison du fait qu'elle soit chaude.

La pleurésie avérée a cinq symptômes :

1 – Fièvre

2 – Toux

3 – Douleur centrée

4 – Souffle court

5 – Douleurs thoraciques

Le remède mentionné dans le hadith n'appartient pas à ce type, mais au deuxième, causé par un air lourd. Le costus marin qui désigne l'agalloche indien[1] (*Al-ᶜÛd Al-Hindî*), comme cela a été expliqué dans d'autres hadiths ; c'est une forme d'encens, finement broyé, mêlé à l'huile chauffée, avec lequel on frotte l'endroit où se situe cet air lourd, ou qu'on peut lécher. C'est un remède qui convient à ce mal, qui est bénéfique, dissout le mal visé et le fait disparaître, renforce les organes internes et libère l'occlusion. Le bois mentionné possède les mêmes propriétés.

A-Masîhî[2] a dit : « L'agalloche (*Al-ᶜÛd*) est chaud et sec, constipant, il retient le ventre et fortifie les organes internes, chasse les gaz, libère les occlusions, il est utile en cas de pleurésie et fait disparaître l'excédent d'humidité. L'agalloche cité est très bon pour le cerveau. Le costus marin peut être bénéfique en cas de pleurésie avérée, si elle provient d'une humeur lymphatique, surtout au moment de dégradation de la maladie, et Allah est plus savant. »

La pleurésie est une maladie grave. Umm Salamah rapporte : « La maladie du Messager d'Allah débuta chez Maymûnah, et chaque fois qu'il allait mieux, il sortait et dirigeait la prière ; et chaque fois qu'il ressentait une lourdeur, il disait : « Ordonnez à Abû Bakr de diriger la prière. » Sa douleur augmenta au point qu'il perde connaissance. Ses femmes se rassemblèrent auprès de lui, avec son oncle Al-ᶜAbbâs, Umm Al-Fadl Bint Al-Hârith et Asmâ' Bint ᶜUmays. Ils se consultèrent sur le fait de lui administrer un remède par le coin de la bouche, et ils le firent alors qu'il

[1] Couramment appelé : bois d'aigle ou encore encens.

[2] Abû ᶜÎsâ Ibn Yahyâ Al-Jarjânî, médecin sage duquel Ibn Sînâ apprit la médecine, il est décédé en 390H à l'âge de quarante ans.

était toujours inconscient. Lorsqu'il reprit connaissance, il dit : « Qui m'a fait cela ? C'est le fait de femmes venues de là-bas », en indiquant avec de main l'Abyssinie. Umm Salamah et Asmâ' lui avaient administré le remède, et ils dirent : « Ô Messager d'Allah ! Nous avons craint que tu ne sois atteint de pleurésie. – Que m'avez-vous administré ? De l'agalloche indien, avec un peu de safran et quelques gouttes d'huile. – Allah ne m'aurait pas touché de cette maladie. Je me suis décidé à vous administrer à tous ce remède en coin de bouche, sauf mon oncle Al-cAbbâs. »[1]

cÂ'ishah (ﷺ) rapporte : « Nous avons administré un remède en coin de bouche au Messager d'Allah (ﷺ) qui fit signe de ne pas le lui administrer. Nous dîmes : « C'est le dégoût du malade pour le remède. » Lorsqu'il se leva, il dit : « *Ne vous avais-je pas interdit de m'administrer de remède par le coin de la bouche ? Que tous ici prennent ce remède en coin de bouche, et je vous regarde, sauf Al-cAbbâs car il n'était pas présent avec vous.* »[2]

Abû cUbayd a dit : « *Al-Ladûd* désigne ce qu'on administre à une personne d'un côté de la bouche. Cela est tiré du terme les deux versants (*Ladîd*) de la vallée, c'est à dire ces deux côtés. Quant à *Al-Wujûr*, cela désigne ce qui est administré au milieu de la bouche. »

Je dis : *Al-Ladûd* est le remède administré en coin de bouche tandis que *As-Sacûṯ* désigne ce qui est instillé dans le nez.

On peut tirer de ce hadith qu'on punit le criminel de la manière dont il a commis son délit, si cela n'est pas interdit concernant Allah. C'est là ce qui est juste et adopté, en raison de plus d'une dizaine de preuves. Nous les avons mentionnées en un autre endroit, et c'est ce qui est rapporté de Aḫmad et confirmé comme étant l'avis des quatre Califes bien guidés. C'est là l'explication de l'application du talion par la gifle ou le coup mentionnée dans plusieurs hadiths sans aucune opposition, et cela confirme cet avis.

Traitement de la céphalée et de la migraine[3]

On rapporte dans un hadith dont l'authenticité est discutable que lorsque le Prophète (ﷺ) souffrait de céphalée, il couvrait sa tête de henné et disait : « Il est bénéfique en cas de céphalée, par la permission d'Allah. »[1]

---

[1] Rapporté par Ibn Sacd, qualifié de faible par Al-Arnâ'ûṯ, mais son sens est attesté dans des hadiths authentiques rapportés notamment par Al-Bukhârî.
[2] Al-Bukhârî (5712) et Muslim (2213).
[3] La céphalée désigne ce qu'on nomme couramment « mal de tête », comme l'explique l'auteur c'est une douleur diffuse localisée dans la boite crânienne, alors que la migraine est une douleur plus forte généralement localisée sur une moitié du crâne, comme l'indique son étymologie « *hêmikranion* » qui signifie « moitié du crâne ».

La céphalée est une douleur atteignant une partie ou l'ensemble de la tête. Lorsqu'elle touche spécifiquement une moitié du crâne, on l'appelle migraine, et si elle touche la tête entière, on l'appelle [en arabe] *Baydah* ou *Khûdah* (casque), par comparaison au casque de guerre qui recouvre toute la tête. La migraine peut aussi toucher la partie postérieure [région de la nuque] ou antérieure [région du front] de la tête. Elle est de plusieurs types et ses causes sont multiples.

La céphalée est en fait une chaleur de la tête et une protection face à la vapeur qui y tourne en cherchant à s'échapper de la tête, sans pouvoir trouver d'issue. Ainsi, elle la fendille[2], de la même manière que le récipient se fendille lorsqu'on fait chauffer ce qu'il contient et que cela veut s'échapper. Toute chose humide chauffée demande plus d'espace que celui dans lequel elle était. Si cette vapeur se répand dans toute la tête sans pouvoir ni se diffuser ni se décomposer, on l'appelle *As-Sadar*.

La céphalée a plusieurs causes :

La première : la domination d'une des quatre humeurs.

La cinquième[3] : des ulcères gastriques, dont souffre la tête en raison de la liaison nerveuse entre la tête et l'estomac.

La sixième : un air lourd dans l'estomac, et remontant vers la tête en la fendillant.

La septième : une inflammation des veines de l'estomac, dont souffre la tête, en raison du lien entre les deux.

La huitième : le remplissage de l'estomac de nourriture qui descend, mais dont une partie reste crue, ce qui cause douleur et lourdeur de la tête.

La neuvième : après le coït, car le corps se vide, et de l'air chaud y pénètre de manière trop importante.

La dixième : après le vomissement ou l'évacuation, soit en raison d'une trop grande sécheresse, soit en raison de la remontée de vapeurs depuis l'estomac.

La onzième : l'intensité de la chaleur et de l'air chaud.

---

1 Ibn Mâjah (3502), la chaîne de transmission de ce hadith est faible.

2 Du verbe *Sadᶜa/Yasdaᶜ*, dont est tiré le terme céphalée (*Sudâᶜ*)

3 C'est ainsi que l'a écrit l'auteur puisqu'il considère que les quatre humeurs constituent les quatre premières causes.

La douzième : le trop grand froid et la densification des vapeurs dans la tête qui ne peuvent être décomposées.

La treizième : la veille trop longue et le manque de sommeil.

La quatorzième : la pression exercée sur la tête et le port de charges lourdes sur elle.

La quinzième : l'abus de paroles qui affaiblit la force du cerveau.

La seizième : l'abus de mouvements et d'exercices excessifs.

La dix-septième : les éléments psychologiques, comme les angoisses, les soucis, les chagrins, les insufflations, et les pensées mauvaises.

La dix-huitième : la faim intense, car les vapeurs ne trouvent rien à faire, elles s'agglomèrent et remontent vers le cerveau et le font souffrir.

La dix-neuvième : un œdème dans la boite crânienne, si bien que la personne ressent qu'on le frappe avec un marteau sur la tête.

La vingtième : la fièvre, en raison de l'embrasement de la chaleur dans la tête qui provoque une douleur. Et Allah est plus savant.

La migraine est causée par une matière dans les artères de la tête ou celles qui y parviennent. La moitié la plus faible de la tête accueille cette matière qui peut être une vapeur ou une humeur chaude ou froide. Le signe qui la caractérise est le battement des artères surtout si le tempérament est sanguin. Si on les bande et qu'on les empêche de battre, la douleur s'apaise.

Abû Nu^c^aym a mentionné dans son livre « La médecine prophétique », que le Prophète (ﷺ) souffrait de cette forme de migraine et qu'il restait un voire deux jours sans sortir de chez lui. Il rapporta également d'après Ibn ^c^Abbâs (ﷺ) qui dit: « Le Prophète (ﷺ) nous adressa un sermon la tête bandée. »

On rapporte qu'il dit lors de la maladie qui précéda sa mort : « *Oh ma tête !* »[1] et il se bandait la tête pendant sa maladie[2]. Le bandage de la tête est utile en cas de migraine et pour d'autres maux de tête.

Son traitement varie en fonction de son type et de ses causes :

- Par le vomissement.
- Par la consommation de la nourriture.

---

1 Al-Bukhârî (5666).
2 Al-Bukhârî (927).

- Par le calme et la tranquillité.
- Par les bandages.
- Par le rafraîchissement.
- Par le réchauffement.
- En s'éloignant des bruits et mouvements.

Sachant cela, le traitement de la céphalée par le henné mentionné dans ce hadith, est un traitement partiel et non total, c'est à dire le traitement d'une seule forme de céphalée causée par la chaleur ardente, et non par une matière qu'il faut évacuer. En ce cas, l'utilité du henné est claire si on le broie, qu'on le mélange avec du vinaigre, et qu'on l'applique en bandage sur le front. Cela apaisera la céphalée, et cela contient une force qui convient au nerf si on l'applique dessus. Cela apaise les douleurs et n'est pas spécifique aux maux de tête mais convient à tous les membres. Cela contient les membres, et si on l'applique sur l'endroit de l'œdème chaud et inflammé, cela apaise la douleur.

On rapporte que pas une personne n'est venue se plaindre de maux de tête sans que le Prophète (ﷺ) ne lui dise : « *Pratique Al-Hijâmah* » et pas une personne n'est venue se plaindre de douleurs dans les jambes sans que le Prophète (ﷺ) lui dise : « *Applique du henné.* »[1]

Salmâ Umm Râfi[c], la servante du Prophète (ﷺ) rapporte : « Pas une plaie ou piqûre n'atteignait le Prophète (ﷺ) sans qu'il n'applique dessus du henné. »[2]

Les bienfaits du henné

Le henné est froid au premier degré et sec au deuxième degré. La force de cet arbuste et de ses branches est tirée d'une force de dissolution acquise d'un élément aquatique, modérément chaud, et d'une force de rétention acquise d'un élément terrestre et froid.

Parmi ses bienfaits est qu'il dissout et est utile en cas de brûlure causée par le feu. Il contient une force qui convient au nerf, si on l'applique dessus en pansement. Il est aussi bénéfique, si on le mâche, pour les plaies de la bouche, les aphtes et les candidoses[3] qui touchent les enfants. Appliquer un pansement avec du henné est utile dans les œdèmes chauds inflammés, et il a le même effet sur les plaies que la résine de dragonnier de Socotra[4]

---

1 *As-Sahîhah* (2059).
2 *As-Sahîhah* (2059).
3 Qu'on appelle couramment le muguet buccal et se manifeste par des petites tâches blanches sur la langue, à l'intérieur des joues et parfois les gencives.
4 Arbre dont on utilise la résine comme colorant ou pour ses vertus médicinales.

(*Damm Al-Akhawayn*), si on mélange ses fleurs avec de la cire pure et de l'huile de roses, il est utile aux douleurs provoquées par la pleurésie.

Parmi ses propriétés est que lorsque la varicelle débute chez l'enfant, et qu'on applique du henné sur la partie inférieure de ses jambes, ses yeux ne seront pas touchés par les boutons. Cela est authentique et éprouvé, et il n'y a aucun doute sur cela.

Ses fleurs placées dans les plis des habits en laine, les parfumeront et en éloigneront les vers. Si on trempe ses feuilles dans l'eau, puis qu'on les presse, et qu'on en boit la filtration pendant quarante jours, d'une quantité de vingt dirhams par jour accompagnés de dix dirhams de sucre, et qu'on se nourrit de viande d'agneau, cela sera bénéfique en cas d'apparition de la lèpre, en raison d'une de ses propriétés étonnantes.

On raconte qu'un homme avait des ongles fendus et qu'il promit de l'argent à qui le soignerait, mais il ne trouva personne. Un jour, une femme lui prescrit de boire du henné pendant dix jours, mais il n'eut pas le courage de le faire. Puis il fit des infusions de henné qu'il but, il guérit et ses ongles reprirent leur beauté. Si on applique une pâte de henné sur les ongles, cela leur sera bénéfique et leurs rendra leur beauté.

Si on utilise de la pâte de henné mélangée au beurre rance comme pansement pour les œdèmes chauds qui laissent suinter un liquide jaune, cela sera bénéfique. De même que cela sera très utile au traitement de la gale ulcérée et chronique.

En outre, il fait pousser, renforce, et embellit les cheveux. Il renforce la tête, et il est utile en cas d'abcès et de boutons sur les jambes, pieds et sur tout le corps.

Traitement sans contraindre les malades à consommer ce qu'ils détestent comme nourriture et boisson

ᶜUqbah Ibn ᶜÂmir Al-Juhanî (ﷺ) rapporte que le Messager d'Allah (ﷺ) a dit : « *Ne contraignez pas vos malades à manger et à boire, car Allah (ﷻ) les nourrit et les abreuve.* »[1].

De grands médecins ont dit : comme sont nombreux les profits tirés de cette parole prophétique englobant des sagesses divines, surtout pour les

[1] *As-Sahîhah* (727). La plupart des maladies sont accompagnées d'un manque d'appétit, et de fait, contraindre le malade à boire et manger peut lui être nocif en raison de l'indisposition du système digestif. Le malade doit bénéficier d'une nourriture spécifique, et généralement le retour de l'appétit est annonciateur de guérison.

médecins et celui qui soigne les malades. Ceci car lorsque le malade s'abstient de boire et de manger, c'est que sa nature est occupée à combattre la maladie, ou que son désir a diminué, ou encore que sa chaleur interne a faibli. Quoiqu'il en soit, il n'est pas permis de lui donner à manger dans cette situation.

Sache que la faim n'est qu'une demande de nourriture des organes afin de récupérer ce qui est consommé. Les organes les plus hauts tirent des organes les plus bas jusqu'à parvenir à l'estomac, et à ce moment l'individu éprouve une sensation de faim et cherche à manger. En cas de maladie, la nature sera occupée par sa matière, sa consumation et son rejet, plutôt que de chercher nourriture et boisson. Si on contraint le malade à prendre quelque chose, la nature cesse ce qu'elle faisait pour se consacrer à la digestion, au lieu de consumer et rejeter la matière de la maladie. Et ceci sera la cause d'un préjudice pour le malade, notamment en cas de température élevée, ou de chute de la chaleur interne. Ce ne sera qu'ajout de difficulté, et empressement d'une calamité effective. Il ne faut employer, à ce moment et en cette situation, que ce qui préservera et augmentera sa force sans avoir jamais recours à ce qui troublera sa nature. En utilisant ce qui est doux parmi les aliments et boissons, qui ont une humeur modérée. Parmi les boissons, le jus de nénuphar, de pommes, de roses fraîches, et d'autres semblables ; et parmi les aliments les soupes au goût modéré. Il faut également renforcer le malade par des senteurs parfumées adéquates et des nouvelles réjouissantes, car le médecin sert et aide la nature, et ne lui fait pas obstacle.

Sache que le bon sang nourrit le corps, et la lymphe est un sang brut, mal consumé. Si un malade a beaucoup de lymphe dans le corps et pas de nourriture, la nature se tournera vers la lymphe, la consumera et en fera un sang qui nourrira les organes, en se contentant de cela. La nature est la force qu'Allah (ﷻ) a chargée d'administrer le corps, de le protéger, de préserver sa santé, et de le surveiller toute sa vie.

Sache que quelques rares fois, il est nécessaire de contraindre le malade à manger et à boire, dans les maladies qui provoquent confusion mentale. Ainsi, ce hadith est de l'ordre du général spécifié, ou de l'absolu restreint par une preuve. Et la signification du hadith est que le malade peut vivre sans nourriture un temps que la personne en bonne santé ne pourrait supporter.

Sa parole (ﷺ) : « *Allah (ﷻ) les nourrit et les abreuve* » comporte une signification supplémentaire des plus fines mentionnée par les médecins et que ne connaît que celui qui s'intéresse aux cœurs et aux âmes, leurs effets sur la nature du corps, et l'influence qu'en subit la nature, de même qu'inversement ils sont influencés par la nature. Nous voudrions brièvement indiquer cela en disant que si l'âme est occupée par une chose aimée, détestée, ou effrayante, elle ne s'intéresse qu'à cela et délaisse la nourriture et la boisson. Elle ne ressent plus la faim, la soif, voire même le chaud et le froid ; elle se tourne vers elle-même et ne ressent pas même les plus graves douleurs. Toute personne a déjà ressenti cela, ou du moins en partie. Si l'âme ne s'intéresse qu'à ce qui l'envahit, elle ne ressent plus la douleur de la faim.

Si la chose est réjouissante, la joie grandit et remplace la nourriture, la nature en sera repue, ses forces se raviveront et se multiplieront, et le sang circulera dans le corps jusqu'à ce qu'il arrive à sa surface, le visage s'éblouira, et le sang y apparaîtra. Ceci car la joie permet le déploiement du sang du cœur qui se répand dans les veines qui s'en emplissent, et les organes ne demandent pas la nourriture habituelle, car ils désirent ce qui est pour eux et pour la nature plus agréable. Et si la nature trouve ce qu'elle aime, elle le préfère à tout ce qui est moindre.

Si la chose est douloureuse, triste ou effrayante, l'âme s'occupera à la combattre, l'affronter et la repousser plutôt que de chercher à manger. Lorsqu'elle combat, elle est trop occupée pour rechercher nourriture et boisson. Si elle remporte ce combat, ses forces se raviveront et remplaceront ce qu'elle aura manqué de nourriture et boisson. Si elle est vaincue et dominée, ses forces faibliront en fonction de la défaite. Si la guerre avec son ennemi était une compétition, la force, tantôt apparaît et tantôt disparaît.

En résumé, la guerre entre eux est comparable à la guerre entre deux ennemis qui se combattent, la victoire sera au vainqueur, mais le vaincu sera soit tué, soit blessé, soit captif.

Allah (ﷻ) soutient le malade et lui accorde une nourriture supplémentaire à celle mentionnée par les médecins par le sang. Cette assistance dépend de sa faiblesse, sa déférence et son humiliation devant son Seigneur (ﷻ). Cela lui apportera proximité vis-à-vis d'Allah, car l'homme est plus proche de son Créateur lorsque son cœur se brise, et à ce moment la miséricorde de son Seigneur est proche de lui. Si c'est un allié d'Allah, il obtiendra des nourritures du cœur qui renforceront sa nature et raviveront ses forces plus encore qu'au moyen des nourritures du corps. Plus sa foi et son amour pour son Seigneur augmentent, son rapprochement vis-à-vis de Lui, sa joie et sa certitude en son Seigneur, son désir envers Lui et sa satisfaction de Lui et de ce qui provient de Lui ; plus il trouvera en lui-même cette force indescriptible qu'aucun médecin ne peut ni cerner ni atteindre par sa science.

Celui dont la nature est lourde, et dont l'âme ne peut comprendre et attester de cela, qu'il considère l'état de nombre de ceux qui se sont épris des représentations et dont le cœur est plein de l'amour de ce dont ils se sont épris comme représentation, prestige, biens ou science. Et les gens ont vu ces choses étonnantes en eux et chez les autres.

On rapporte que le Prophète (ﷺ) poursuivait son jeûne plusieurs jours durant mais l'interdisait à ses Compagnons en disant : « *Je ne suis pas comme vous, mon Seigneur ne cesse de me nourrir et de m'abreuver.* »[1] Il est évident que cette nourriture et cette boisson ne sont pas la nourriture que l'homme consomme par la bouche, sinon son jeûne ne serait pas continu, il n'y aurait eu aucune différence, et plus encore il n'aurait pas été jeûneur. Mais il a dit : « *mon Seigneur ne cesse de me nourrir et de m'abreuver* » Il a établi une différence entre lui et eux par la continuité du jeûne, et il leur a montré qu'il pourrait faire ce dont ils étaient incapables, et s'il mangeait et buvait par la bouche, il n'aurait pas dit : « *Je ne suis pas comme vous* » Ne comprend cela du hadith que celui qui jouit d'une faible part de la nourriture des âmes et des cœurs, de son effet sur la force, sa revivification, et du fait de s'en nourrir qui comporte un effet supérieur à la nourriture corporelle. Et c'est Allah qui accorde le succès.

Traitement de la pharyngite[2] et utilisation de *As-Sacûṯ*

On rapporte que le Prophète (ﷺ) a dit : « *Les meilleurs de vos remèdes sont Al-Ḫijâmah, et le costus marin. Et ne faites pas souffrir vos enfants par des pressions [sur la gorge] en cas de pharyngite.* »[3]

Jâbir Ibn cAbd Allah (ﷺ) rapporte : « Le Prophète (ﷺ) est entré chez cÂ'ishah alors qu'il y avait chez elle un enfant dont les deux narines saignaient. Il demanda: « *Qu'est-ce cela ?* » Ils répondirent : il souffre de pharyngite ou d'un mal de tête. Il leur dit : « *Malheur à vous, ne tuez pas vos enfants ! Si l'enfant d'une femme souffre de pharyngite ou d'un mal de tête qu'elle utilise de l'agalloche indien, le râpe dans l'eau et le lui instille [dans les narines].* » cÂ'ishah ordonna qu'on applique cela à l'enfant, et il guérit. »[4]

---

[1] Al-Bukhârî (1965) et Muslim (1103).
[2] En arabe *Al-cUdhrah* qui désigne tout mal de gorge, et en particulier l'angine.
[3] Al-Bukhârî (5696) et Muslim (1577).
[4] Aḫmad (3/315) qualifié d'authentique par Al-Arnâ'ûṯ.

Abû ᶜUbayd rapporte de Abû ᶜUbaydah : « *Al-ᶜUdhrah* est une inflammation de la gorge. On a également dit : « *Al-ᶜUdhrah* est un œdème qui apparaît entre l'oreille et la gorge qui touche généralement les enfants. »

Quant à l'utilité de *As-Saᶜût* (l'instillation nasale) d'agalloche râpé cela est dû au fait que *Al-ᶜUdhrah* vient d'une matière sanguine dominée par de la lymphe, plus souvent présente dans le corps des enfants, et le costus dessèche la luette et la relève à sa place. Son utilité peut être due à ses propriétés, car il est utile aux maladies chaudes, ou parfois aux remèdes chauds.

L'auteur de *Al-Qânûn* dit concernant le remède à la descente de luette : « Du costus avec de l'alun et de l'origan. » Le costus marin mentionné dans le hadith est l'agalloche indien (*Al-ᶜUd Al-Hindî*) qui est blanc et sucré et comporte de nombreuses utilités. Dans le passé, les gens soignaient leurs enfants [de la pharyngite] en appuyant sur leur luette ou en leur attachant un instrument (*Al-ᶜAlâq*) pour soulever leur luette. Le Prophète (ﷺ) le leur interdit, et leur indiqua ce qui était meilleur et plus facile aux enfants.

As-Saᶜût désigne ce qui est instillé dans le nez, que ce soit un remède simple ou composé, broyé, tamisé, pétri et séché. Puis on le dissout si besoin est, et on l'instille dans les narines du malade couché sur le dos, avec une chose entre ses épaules afin de les surélever et abaisser la tête, afin que ce qui est instillé parvienne au cerveau et fasse sortir le mal par l'éternuement. Le Prophète (ﷺ) a loué le traitement par *As-Saᶜût* si cela est nécessaire. Abû Dâwud mentionne que le Prophète l'a pratiqué.[1]

Traitement des problèmes cardiaques

Saᶜd (رضي الله عنه) rapporte : « Je suis tombé malade, et le Messager d'Allah (ﷺ) est venu me rendre visite. Il mit sa main entre mes deux tétons au point que je sente sa froideur sur mon cœur, et il me dit: « Tu souffres de problèmes cardiaques, vas chez Al-Hârith Ibn Kaladah de Thaqîf, car il s'adonne à la médecine, et dis-lui de prendre sept dattes de Médine, de les briser avec leur noyau, et de te les administrer en coin de bouche (*Al-Ladûd*). »[2]

Al-Maf'ûd (l'homme cardiaque) est celui qui se plaint du cœur, de la même manière que *Al-Mabtûn* désigne celui qui se plaint du ventre. » Et *Al-Ladûd* désigne ce qui est administré en coin de bouche.

---

[1] *Sahîh Abû Dâwud* (3867).
[2] *Daᶜîf Abû Dâwud* (3875).

Les dattes possèdent des propriété étonnantes pour ce mal, et tout particulièrement les dattes de Médine, notamment [celles qu'on nomme] *Al-ᶜAjwah.* Le fait qu'elles doivent être au nombre de sept est une chose qui doit être abordée par la Révélation.

Saᶜd Ibn Abî Waqqâs̱ rapporte que le Messager d'Allah (ﷺ) a dit : « *Celui qui mange au matin sept dattes [du village] Al-ᶜÂliyah ne sera touché en ce jour ni par le poison ni par la sorcellerie.* » et sous une autre formulation : « *Celui qui mange au matin sept dattes cueillies entre ces deux terres volcaniques*[1] *ne sera touché par aucun poison jusqu'au soir.* »[2]

Les dattes sont chaudes du deuxième degré, et sèches du premier degré. On dit aussi qu'elles sont humides, et aussi modérées. Elles constituent une bonne nourriture, préservant la santé, surtout pour ceux qui ont l'habitude d'en consommer, comme les habitants de Médine et autres. Elles comptent parmi les meilleurs aliments dans les pays froids et chauds dont la température est du deuxième degré, et elles sont meilleures pour eux que pour les habitants des pays froids, en raison de la fraîcheur de l'organisme de leurs habitants, et de la chaleur de l'organisme des gens des pays froids. C'est pourquoi les habitants du *H̱ijâz,* du Yémen et de At-Ṯâ'if et leurs alentours ont l'habitude de se nourrir beaucoup d'aliments [d'humeur] chaude, plus que d'autres, comme les dattes et le miel. Nous les avons vus ajouter à leurs mets dix fois de plus de poivre et de gingembre que les autres, voire plus encore. Ils consomment du gingembre comme les autres mangent des sucreries. J'ai vu certains d'eux en manger comme d'autres grignotent en buvant. Cela leur convient et ne leur cause aucun préjudice en raison de la fraîcheur de leur organisme, et de l'évacuation de la chaleur vers la surface du corps, de la même manière que l'eau des puits est fraîche en été et chaude en hiver. Ainsi, l'estomac consume les aliments lourds en hiver, mais pas en été.

Quant aux gens de Médine, les dattes sont pour eux presque comme le blé pour les autres. Elles sont leur subsistance et leur matière, et les dattes de *Al-ᶜÂliyah* comptent parmi les meilleures de leurs dattes, car elles renforcent le corps, sont d'un goût exquis, et d'une véritable douceur. Les dattes sont à la fois un aliment, un remède et un fruit, elles conviennent à la plupart des corps, renforcent la chaleur interne, et ne produisent pas d'excédents mauvais comme d'autres aliments ou fruits. Plus encore, elles protègent celui qui prend l'habitude d'en consommer de la puanteur et la corruption des humeurs.

---

[1] C'est-à-dire Médine qui est située entre deux terres volcaniques, à l'Est et l'Ouest.
[2] Al-Bukhârî (5768) et Muslim (2047).

Ce hadith est un propos spécifique adressé aux gens de Médine et ses alentours, et nul doute que les lieux ont des spécificités, et de nombreux remèdes sont bénéfiques à un endroit et pas ailleurs. Un remède poussant à cet endroit peut être bon pour une maladie, mais ne pas avoir cette propriété s'il pousse ailleurs en raison de l'influence de la terre ou de l'air ou des deux. La terre a des propriétés et natures dont la diversité est proche de celles de l'homme. De nombreuses plantes peuvent être un aliment dans un pays et un poison mortel dans un autre ; un remède pour les uns et un aliment pour les autres ; un remède pour des maladies chez certains, et un remède pour d'autres maladies chez d'autres ; un remède convenant aux gens d'une région mais pas à d'autres.

Quant au nombre sept, il trouve son explication dans la création et la Législation. Allah (ﷻ) a créé les cieux, les terres, et les jours au nombre de sept. De même, l'homme fut créé en sept phases. Allah a légiféré à Ses serviteurs de tourner sept fois autour de la *Kacbah*, les allers-retours entre *As-Safâ* et *Al-Marwah* sont également au nombre de sept, les lapidations des stèles se fait par série de sept, et les premiers *Takbîr* de la prière du *cÎd* sont également au nombre de sept. Le Prophète (ﷺ) a dit : « *Commandez à vos enfants de célébrer la prière à l'âge de sept ans.* »[1] Lorsqu'il était malade, le Prophète (ﷺ) ordonna qu'on verse sur lui sept outres.[2] Allah (ﷻ) envoya le vent contre le peuple de *cÂd* pendant sept nuits, et le Prophète (ﷺ) demanda à Allah qu'Il l'aide contre son peuple par « sept » comme les sept de Yûsuf.[3] Allah (ﷻ) a comparé ce qui multiplie l'aumône à un grain qui fait pousser sept épis, chaque épi contenant cent grains ; les épis vus par le compagnon de Yûsuf étaient au nombre de sept, et ils les ont semés pendant sept ans, et l'aumône est multipliée jusqu'à sept cent fois, voire plus encore, et ceux qui entreront au Paradis sans jugement dans cette communauté seront soixante-dix mille.

Nul doute que ce chiffre possède des spécificités que d'autres n'ont pas. Le sept rassemble la signification des nombres, dans leur ensemble et leurs spécificités. Le nombre est soit pair, soit impair. Les nombres pairs sont premiers et seconds, de même pour les nombres impairs. Ce sont quatre degrés : pair premier et second, impair premier et second. Ces degrés ne sauraient être moindre que sept qui est un nombre complet qui rassemble les quatre degrés des nombres, c'est-à-dire : pair, impair, premiers et seconds, ce qui signifie pour l'impair : le premier est le nombre

---

[1] *Sahîh Abû Dâwud* (494).
[2] Al-Bukhârî (4442).
[3] Al-Bukhârî (1006).

trois, et le second est le nombre cinq. Le premier pair est le nombre deux, et le second est le nombre quatre.

Les médecins ont accordé une grande importance au nombre sept, surtout dans les maladies de grande fièvre. Hippocrate a dit : Tout en ce monde est composé de sept parties. Les astres sont au nombre de sept, les jours sont au nombre de sept, et l'âge des gens est composé de sept [périodes] : enfant jusqu'à sept ans, puis garçon jusqu'à quatorze ans, puis adolescent, puis jeune homme, puis homme mûr, puis vieillard, puis sénile jusqu'à la fin de l'existence. Et Allah (ﷻ) connaît mieux Sa sagesse, Sa législation, et Sa prédestination dans la spécification de ce nombre. Est-ce ce sens qui est visé ou un autre ?

L'utilité de ce nombre de dattes venant de ce pays, et de cette contrée en particulier contre le poison et la sorcellerie, en empêchant d'en être atteint, est une propriété qui, si elle avait été énoncée par Hippocrate ou Galien, les médecins l'auraient accueillie avec consentement, et soumission, alors que celui qui dit cela n'a pour lui que l'intuition, la conjecture et la supposition. Et les propos de celui dont les paroles ne sont que certitude, affirmation, preuve et révélation sont plus dignes d'êtres accueillis avec acceptation, soumission, et sans aucune objection.

Les remèdes contre les poisons tiennent parfois de leur nature et parfois de leurs propriétés, comme les propriétés de nombreuses pierres, gemmes et corindons[1]. Et Allah est plus savant.

La croyance est la condition indispensable à la guérison

Les dattes mentionnées sont utiles contre certains poisons, donc le hadith appartient à la catégorie du général spécifié. Elles peuvent aussi être bénéfiques, en raison de propriétés de ce lieu ou de ce sol, contre tout poison. Mais il y a ici un point qu'il faut exposer et qui est que la condition pour le remède soit bénéfique est que le malade doit l'accepter, croire à son utilité, et ainsi la nature l'acceptera et s'en aidera pour repousser la maladie. Ceci au point que beaucoup de traitements se suffisent de la croyance, du bon consentement, et de l'acceptation totale. Les gens ont vu en cela des choses étonnantes, car la nature l'accepte avec force, l'âme s'en réjouit, donc les forces se ravivent, le pouvoir de la nature se renforce, la chaleur interne rejaillit, et cela aide à repousser ce qui est nuisible. Au contraire, de nombreux remèdes sont utiles contre des maladies, mais leur effet est annihilé par le manque de croyance du malade en eux, et du fait que la nature ne les accepte pas, ainsi ils n'ont aucun effet.

[1] Gemme désigne une pierre précieuse, et corindon le minéral le plus pur après le diamant.

Considère cela par rapport au plus grand des remèdes, et le plus utile au cœur et au corps, à l'existence et la résurrection, à la vie d'ici-bas et de l'au-delà, qui est le Coran qui est une guérison de toute maladie. Regarde comment il est inutile aux cœurs qui ne croient pas qu'il contient une guérison et une utilité, et plus encore comment il augmente leur maladie. Les maladies du cœur n'ont pas de remède plus efficace que le Coran qui constitue leur guérison parfaite et totale, ne laissant aucune maladie sans la guérir, préservant totalement sa santé, et la protégeant parfaitement contre tout ce qui lui est nuisible. Cependant, l'éloignement de beaucoup de cœurs vis-à-vis du Coran, l'absence de croyance ferme qu'il soit une guérison, l'absence de mise en pratique, et leur détournement vers des remèdes composés par leurs semblables a fait obstacle entre eux et la guérison à travers lui. Les habitudes se sont imposées, le détournement s'est accentué, et les maux et maladies chroniques ont dominé les coeurs. Les gens et les médecins ont été éduqués à soigner leurs semblables par ce que leurs enseignants et ceux qu'ils tiennent en haute estime leur ont établi. , Ainsi, le malheur a pris de l'ampleur, la maladie s'est installée, sont apparues des maux et maladies qu'ils ont été incapables de soigner, et chaque fois qu'ils tentaient de les soigner avec ces nouveaux remèdes, ils empiraient et se renforçaient, ils sont comme le dit [le poète] :

Il est étonnant, et les choses étonnantes sont légion
De voir la proximité de la guérison mais de ne pouvoir y parvenir
Tels des chameaux le désert, mourant de soif
Alors qu'ils portent de l'eau sur leurs dos.

Protection contre les maux des aliments, des fruits, leur amélioration et renforcement de leurs bienfaits

ᶜAbd Allah Ibn Jaᶜfar rapporte : « J'ai vu le Messager d'Allah (ﷺ) manger des dattes fraîches avec du concombre sauvage. »[1]

Les dattes fraîches (*Ar-Rutab*) sont chaudes humides du deuxième degré, elles renforcent l'estomac froid et lui conviennent, elles sont aussi aphrodisiaques, mais leur pourrissement est rapide. Elles donnent soif, troublent le sang, donnent la migraine, engendrent des obstructions, des douleurs de la vessie, et elles sont aussi nuisibles aux dents.

Le concombre sauvage (*Al-Qithâ'*) est froid humide du deuxième degré, il désaltère, ravive les forces en le sentant en raison de son parfum, il éteint la chaleur qui brûle l'estomac ; ses pépins desséchés, broyés, trempés dans

---

1 Al-Bukhârî (5440) et Muslim (2043).

l'eau désaltèrent si on boit le mélange qui est diurétique, et cela est efficace dans les douleurs de la vessie. Si on le broie et le tamise afin de s'en frotter les dents, il les blanchit, et si on broie ses feuilles pour en faire un pansement avec de la pulpe de raisin, cela est efficace contre la morsure du chien enragé.

En résumé, l'un est chaud et l'autre est froid, l'un convient à l'autre et fait disparaître l'essentiel des inconvénients de l'autre, chaque nature s'oppose par son contraire, et repousse son irritation par son opposé. C'est là le fondement de tout traitement et de la préservation de la santé, et plus encore toute la science médicale en est tirée.

Cette pratique et d'autres semblables parmi les aliments et remèdes, les améliore et les équilibre, repousse ce qu'ils contiennent comme natures nuisibles par leur opposé, et cela aide à la santé du corps, à sa force et sa fertilité. ᶜÂ'ishah (ﷺ) dit : « On a tenté de m'engraisser par toute chose, mais je n'ai pas grossi, puis on m'a engraissé par le concombre sauvage et les dattes fraîches, et j'ai grossi. »

De manière générale, opposer le mal froid par le chaud, le chaud par le froid, l'humide par le sec, le sec par l'humide, et équilibrer l'un par l'autre compte parmi les meilleur traitements et moyens de préservation de la santé. De la même manière que nous avons déjà mentionné comment le Prophète (ﷺ) utilisait le séné (*Sanâ*) et le *Sanût* qui est un miel mélangé avec du beurre rance qui améliore le séné et l'équilibre. Que les éloges et le salut d'Allah soient sur celui qui a été envoyé pour bâtir les cœurs et corps, et avec les bienfaits de ce bas monde et de l'au-delà.

La diète

Tout remède est composé de deux choses : la diète [ou l'abstinence de manière générale] et la préservation de la santé. Si un désordre survient, il faut recourir à une évacuation adéquate. De même, la médecine repose sur ces trois principes.

La diète est de deux types : l'abstinence de tout ce qui entraîne la maladie ; et l'abstinence de tout ce qui l'augmente, afin qu'elle reste telle qu'elle est. La première est la diète des gens en bonne santé ; et la deuxième, celle des malades, car si le malade est à la diète, sa maladie cesse de s'aggraver et ses forces la repoussent.

Le fondement de la diète repose dans la Parole d'Allah (ﷻ) :

وَإِن كُنتُم مَّرْضَىٰٓ أَوْ عَلَىٰ سَفَرٍ أَوْ جَآءَ أَحَدٌ مِّنكُم مِّنَ ٱلْغَآئِطِ أَوْ لَـٰمَسْتُمُ ٱلنِّسَآءَ فَلَمْ تَجِدُوا۟ مَآءً فَتَيَمَّمُوا۟ صَعِيدًا طَيِّبًا

« ***Si vous êtes malades ou en voyage, ou si l'un d'entre vous revient du lieu où il a fait ses besoins, ou si vous avez eu un rapport sexuel avec vos femmes, et que vous ne trouviez pas d'eau, alors purifiez-vous à l'aide d'une terre pure*** »[1]

Ainsi il a défendu au malade de recourir à l'eau car elle lui est nuisible. Umm Al-Mundhir Bint Qays Al-Ansâriyyah rapporte : « Le Messager d'Allah (ﷺ) entra chez moi avec ᶜAlî qui était convalescent. Des grappes de dattes étaient suspendues et le Messager d'Allah (ﷺ) commença à en manger, ᶜAli voulut l'imiter, mais le Messager d'Allah (ﷺ) lui dit : « *Tu es convalescent* » et il s'arrêta. J'ai préparé de l'orge et des blettes que j'ai apporté, et le Prophète (ﷺ) dit à ᶜAlî : «*Mange de cela, c'est meilleur pour toi.* » et sous une autre formulation : « *Mange de ceci. Cela convient mieux à ton état.* »[2]

Suhayb rapporte : « Je suis arrivé chez le Prophète (ﷺ) alors qu'il y avait devant lui du pain et des dattes. Il me dit : « *Approche-toi et mange.* » Je pris des dattes et les mangeai. Il me dit : « *Manges-tu des dattes alors que tu souffres de conjonctivite ?* » Je répondis : Je mâche de l'autre côté, et le Messager d'Allah (ﷺ) sourit. »[3]

On rapporte que le Messager d'Allah (ﷺ) a dit : « *Si Allah aime un serviteur, Il le fait s'abstenir de ce bas monde, de la même manière que l'un de vous fait s'abstenir son malade de nourriture et de boisson.* »[4] et sous une autre formulation : « *Allah fait s'abstenir de ce bas monde Son serviteur croyant.* »[5]

Quant aux propos mentionnés par nombre de gens : « La diète est la tête du remède, l'estomac est le siège de la maladie, et apportez à chaque corps ce à quoi il est habitué. » ce sont les propos du médecin arabe Al-Hârith Ibn Kaladah, et il n'est pas authentique de les attribuer au Prophète (ﷺ) comme l'ont mentionné de nombreux imams du hadith.

---

[1] Sourate ***An-Nisâ'***, v.43.

[2] *As-Sahîhah* (59).

[3] *Sahîh Ibn Mâjah* (3443).

[4] *Mishkât Al-Masâbih* (5178).

[5] Ahmad (5/427).

On rapporte également que le Prophète (ﷺ) a dit : « L'estomac est le bassin du corps, les veines y parviennent, si l'estomac est sain, les veines en découlent avec la santé, mais si l'estomac est malade, les veines en découlent avec la maladie. »[1]

Al-H̲ârith a dit : « La diète est la tête de la médecine. » Pour eux, la diète est nuisible à l'homme en bonne santé comme le mélange est nuisible au malade et convalescent. La diète est plus utile au convalescent, car sa nature n'a pas repris ses forces, sa force digestive est faible, la nature est prête à accepter, et les organes sont prêts, et le mélange amènera la rechute qui est plus grave que le début de la maladie.

Sache que l'interdiction du Prophète (ﷺ) à ᶜAlî de manger des grappes de dattes, alors qu'il était convalescent, est la meilleure des indications. Car ces grappes de dattes fraîches sont similaires aux grappes de raisins, et les fruits sont nuisibles aux convalescents, car leur transformation est rapide et la nature est trop faible pour les rejeter, car elle n'a pas encore retrouvé ses forces et elle est occupée à repousser les effets de la maladie et les faire disparaître du corps. Les dattes fraîches se caractérisent par une lourdeur sur l'estomac qui s'attache alors à remédier à cela plutôt qu'à faire disparaître ce qui reste de la maladie et de ses effets. Ainsi, ces effets persistants peuvent demeurer dans le corps ou être augmentés. Et lorsqu'on posa devant lui les blettes et l'orge, il lui ordonna d'en consommer, car cela compte parmi les meilleurs aliments pour le convalescent. L'eau de l'orge refroidit, nourrit, adoucit, ramollit et renforce la nature d'une excellente manière pour le convalescent, surtout si on la prépare en bouillon. Cela compte parmi les aliments les plus adéquats pour celui qui est atteint de faiblesse digestive, et ne produit chez lui aucune humeur menaçante.

Zayd Ibn Aslam a dit : « ᶜUmar fit subir à un malade une diète si dure qu'il en suçait des noyaux. » En résumé, la diète compte parmi les meilleurs remèdes avant la maladie, elle empêche son apparition ; et lorsqu'elle survient, elle stoppe sa croissance et sa propagation.

Il faut savoir que beaucoup de ce dont on prive le malade, le convalescent ou l'homme en bonne santé, si cela est fortement désiré, et que la nature penche vers cela ; en consommer une petite quantité qui n'empêche pas la nature de le digérer ne sera pas nocif, et plus encore cela peut être bénéfique, car l'estomac et la nature le reçoivent avec consentement et amour, et ainsi rectifient ce dont on craint la nocivité. Cela peut être meilleur que de prendre ce que la nature déteste et repousse

[1] *Majmâᶜ Az-Zawâ'id* (5/186) qualifié de faible par Al-Arnâ'ût̲.

comme remède. C'est pourquoi le Prophète (ﷺ) a permis à Suhayb - alors qu'il souffrait de conjonctivite - de prendre quelques dattes, et il sut que cela ne lui serait pas nocif. De même, on rapporte que ᶜAlî qui souffrait de conjonctivite entra chez le Messager d'Allah (ﷺ) qui mangeait des dattes posées devant lui. Il lui dit : « Ô ᶜAlî, tu en veux ? » et il lui jeta une datte puis une autre et ainsi de suite jusqu'à sept, puis il dit : « Cela suffit ᶜAlî. »

Ibn ᶜAbbâs (ﷺ) rapporte : « Le Prophète (ﷺ) rendit visite à un homme malade et lui demanda : « Que désires-tu? » L'homme répondit : « Du pain de froment – ou des gâteaux. » Le Prophète (ﷺ) dit : « Que celui qui possède du pain de froment en apporte à son frère. » Puis il dit : « Si un de vos malades veut quelque chose, donnez-le lui à manger. »[1]

Il y a dans ce hadith un secret médical subtil. Si le malade consomme ce qu'il désire, suite à une faim réelle et naturelle, même si ce qu'il désire comporte une part de nocivité, cela sera plus utile et moins nocif que ce qu'il ne désire pas. Et si cela est bénéfique, alors son désir réel et l'amour de sa nature repousseront sa nocivité ; alors que le dégoût et la répulsion de la nature pour une chose bénéfique peuvent causer un tort.

De manière générale, ce qui est exquis et désiré, la nature le reçoit avec soin, et le digère de la meilleure façon, surtout lorsque l'âme s'élance vers cela avec un désir sincère et une force saine. Et Allah est plus savant.

Traitement de la conjonctivite par le calme, la tranquillité, l'immobilité et l'abstinence de tout ce qui excite la conjonctivite

Nous avons précédemment mentionné que le Prophète (ﷺ) a défendu à Suhayb de manger des dattes, alors qu'il souffrait de conjonctivite. De même qu'il a défendu à ᶜAlî de manger des dattes alors qu'il était atteint de conjonctivite.

Abû Nuᶜaym a mentionné dans son ouvrage « La médecine prophétique » : « Lorsqu'une des épouses du Prophète (ﷺ) était atteinte de conjonctivite, il ne l'approchait pas jusqu'à ce que ses yeux soient guéris. »

Ar-Ramad[2] est une boursouflure chaude qui apparaît à la surface de l'œil, au niveau du blanc de l'œil (la cornée). Cela est dû à un écoulement d'une des quatre humeurs, ou à un air chaud qui s'accumule dans la tête et

1 Ibn Mâjah (1439), qualifié de faible par Al-Arnâ'ût.

2 En arabe, l'infection de l'œil qui se manifeste par l'apparition de croûtes ou de liquide purulent est désignée par le terme désignant cette matière qu'on nomme la chassie (*Ar-Ramad*). Par soucis de clarté, nous avons employé le terme conjonctivite qui est la maladie de ce type la plus courante.

le corps, et une partie s'oriente vers le cœur de l'œil ; ou encore à un coup sur l'œil, si bien que la nature envoie une grande quantité de sang et d'âme afin de le guérir, c'est pourquoi l'organe frappé enfle, et cela nécessite d'y opposer son contraire.

Sache que deux vapeurs s'élèvent de la terre : l'une est chaude et sèche, l'autre chaude et humide, qui forment toutes les deux des nuages qui nous empêchent de voir le ciel. De même, du fond de l'estomac s'élèvent des vapeurs jusqu'au sommet qui empêchent le regard et engendrent maintes maladies. Si la nature les domine, et les repousse vers le nez, cela provoque le rhume ; vers la luette et les narines, cela provoque l'angine ; vers le flanc cela provoque la pleurésie ; vers la poitrine, cela provoque la bronchite ; vers le cœur, cela provoque des palpitations ; vers l'œil, cela provoque la conjonctivite, vers les entrailles, cela provoque la blennorragie[1] ; vers les lobes cérébraux, cela provoque l'amnésie, et si les vaisseaux cérébraux en sont imbibés et remplis, cela provoque un sommeil profond, c'est la raison pour laquelle le sommeil est humide, et l'insomnie est sèche. Si la vapeur tente de sortir de la tête sans y arriver, elle provoque céphalée et insomnie, et si la vapeur s'oriente vers l'un des deux côtés de la tête elle provoque une migraine, si elle domine le sommet du crâne, c'est la « maladie du casque »[2]. Si cela refroidit, réchauffe ou humidifie l'enveloppe du cerveau et que des vapeurs s'agitent, cela provoque l'éternuement. Si cela excite l'humidité lymphatique au point de dominer la chaleur interne, cela provoque perte de connaissance et apoplexie. Si cela excite la bile noire jusqu'à assombrir l'atmosphère du cerveau, cela provoque des insufflations. Si cela se répand dans le système nerveux, cela provoque l'épilepsie naturelle, et lorsque l'ensemble des nerfs de la tête en sont humidifiés et que cela s'y répand, cela provoque la paralysie. Si la vapeur provient de la bile jaune inflammée réchauffant le cerveau, cela provoque la pleurésie, et quand la poitrine est également touchée, c'est la méningite. Comprends bien ce passage.

L'essentiel est que les humeurs du corps et de la tête sont agitées en cas de conjonctivite, et le rapport charnel augmente leur mouvement et leur agitation, car c'est un mouvement général du corps, de l'âme et de la nature. Le corps se réchauffe inévitablement par le mouvement, l'esprit se meut avec force dans la recherche de la réalisation de la délectation, et l'âme suit le mouvement du corps et de l'esprit, car la première attache de l'âme au corps se fait par le cœur d'où naît l'âme qui se répand ensuite dans les organes. Le mouvement de la nature, lui, est destiné à expulser la

---

1 Inflammation qui se caractérise par un écoulement purulent des voies génito-urinaires.
2 *Dâ' Al-Bayd̲ah*, c'est-à-dire un mal de crâne sur tout le haut de crâne.

quantité nécessaire de sperme. En somme, le rapport charnel est un mouvement général et total dans lequel se meuvent le corps, ses forces, sa nature, ses humeurs, l'esprit et l'âme. Chaque mouvement excite et dilue les humeurs, et implique de les repousser et les répandre vers les organes faibles. Et l'œil, en cas de conjonctivite, est le plus faible organe et le mouvement du rapport charnel lui est donc le plus nuisible. Hippocrate dit dans *Al-Fuṣûl* : « L'embarquement sur un bateau montre que le mouvement agite les corps. »

Cependant la conjonctivite présente de nombreux avantages parmi lesquels le fait qu'elle réclame diète et extraction, nettoyage de la tête et du corps de tous leurs excédents et moisissures, et de s'abstenir de tout ce qui nuit à l'âme et au corps, comme la colère, le souci et le chagrin, les mouvements violents et les travaux difficiles. On rapporte des pieux prédécesseurs : « Ne détestez pas la conjonctivite car elle coupe les racines la cécité. »

Parmi les formes de traitement, le fait de s'attacher au calme, au repos et cesser de toucher et se soucier de l'œil. Car agir contrairement amène les matières à s'y répandre. Un pieux prédécesseur a dit : « Les compagnons de Muḫammad sont comparables à l'œil, et le remède de l'œil est de cesser de le toucher. » On rapporte dans un hadith attribué au Prophète (ﷺ), et dont Allah connaît mieux l'authenticité : « *Le remède de la conjonctivite consiste à instiller de l'eau froide dans l'œil.* »[1] C'est un des meilleurs remèdes contre la conjonctivite chaude, car l'eau froide va éteindre la chaleur de la conjonctivite si elle est chaude, et c'est pourquoi ᶜAbd Allah Ibn Masᶜûd (ﷺ) a dit à sa femme Zaynab qui se plaignait de son œil : « Si tu avais agi comme le Messager d'Allah (ﷺ) cela aurait été meilleur pour toi et plus à même de te guérir. Instille de l'eau dans l'œil, puis dis : « *Ô Allah ! Seigneur des hommes. Eloigne ce mal et guéris – car Tu es Celui qui guérit, point de guérison si ce n'est la Tienne – sans laisser aucune trace de maladie.* »[2]

Comme nous l'avons mentionné plusieurs fois, cela est spécifique à certains pays, et certaines douleurs de l'œil, donc il ne faut pas considérer les propos prophétiques particuliers et spécifiques, comme globaux et généraux, ni considérer les propos généraux comme particuliers et spécifiques, sinon cela serait une erreur et une chose contraire à la réalité. Et Allah est plus savant.

---

[1] Abû Dâwud (3883), Al-Arnâ'ûṯ dit que les transmetteurs de ce hadith sont digne des confiance.
[2] *Aṣ-Ṣaḫîḫah* (2775)

Récupérer la nourriture dans laquelle est tombée une mouche, et repousser les poisons par leurs contraires

Abû Hurayrah (ﷺ) rapporte que le Messager d'Allah (ﷺ) a dit : « *Si une mouche tombe dans le plat de l'un de vous, qu'il l'y plonge, car l'une de ses ailes contient la maladie et l'autre le remède.* »[1]

Abû Saʿîd Al-Khudhrî (ﷺ) rapporte que le Messager d'Allah (ﷺ) a dit : « *Une des ailes de la mouche est un poison et l'autre un remède. Si elle tombe dans le plat, plongez-la dedans car elle présente d'abord le poison et ensuite le remède.* »[2]

Ce hadith comprend deux éléments : l'un religieux, l'autre médical.

Du point de vue religieux, c'est une preuve très claire que si une mouche meurt dans l'eau ou dans un liquide, elle ne le souille pas. C'est l'avis de la majorité des savants, et on ne trouve pas chez les pieux prédécesseurs d'opposition à cela. Il montre que le Prophète (ﷺ) a ordonné de la plonger dans la nourriture, et il est connu qu'elle mourra dans ce cas, surtout si la nourriture est chaude. Si elle souillait la nourriture, ce serait un ordre de détériorer la nourriture, alors que le Prophète (ﷺ) a ordonné de la récupérer. Puis cette règle s'est étendue à tout ce qui n'a pas de circulation sanguine comme l'abeille, le frelon, l'araignée et d'autres semblables, car la règle est fonction de la présence du motif, et elle cesse avec sa disparition. Puisque la cause de la souillure est le sang congestionné dans la bête à sa mort, et que ce n'est pas le cas des bêtes dépourvues de circulation sanguine, le jugement de la souillure est annulé par défaut de motif.

Ceux qui ne sont pas d'avis que l'os de l'animal mort non égorgé soit impur ont dit : Si tel est le cas pour l'animal complet, avec ce qu'il contient d'humidité, d'excédents et dureté, c'est a fortiori le cas pour l'os démuni d'humidité, d'excédents et de congestion. Cela est un argument des plus forts et des plus à même d'être suivi.

La première personne en islam qui ait énoncé cela et ait parlé de ce qui n'est pas doté de « circulation sanguine » (*Nafs Sâ'ilah*) fut Ibrâhîm An-Nakhaʿî, et les savants ont pris cela de lui. En arabe, *An-Nafs* désigne le sang (*Ad-Damm*), c'est pourquoi on dit de la femme qui a ses règles (*Nafasat*) ou lorsqu'elle enfante (*Nufisat*).

Du point de vue médical, Abû ʿUbayd a dit : « Il faut l'y plonger afin que le remède en sorte de la même manière qu'en est sortie la maladie. »

---

[1] Al-Bukhârî (5782).
[2] *As-Sahîhah* (39).

Sache que pour eux, la mouche possède un pouvoir venimeux qu'indiquent le gonflement et la démangeaison provoqués par sa piqûre qui est son arme. Ainsi, si elle tombe en ce qui lui nuit, elle se protège par son arme, c'est pourquoi le Prophète (ﷺ) a ordonné d'opposer à cette venimosité ce qu'Allah (ﷻ) a mis dans son autre aile comme remède, en la plongeant totalement dans l'eau ou la nourriture. Ainsi la matière venimeuse sera opposée à la matière bénéfique et son mal se dissipera. C'est une médecine à laquelle ne peut parvenir aucun des grands médecins ou de leurs pontes. Mais cela ne provient que de la prophétie. Cependant, le médecin savant, érudit et bienheureux se soumet à ce traitement et admet que celui qui l'a apporté est la plus parfaite des créatures, et qu'il est soutenu par une révélation divine dépassant les capacités humaines.

Plusieurs médecins ont mentionné qu'il était très efficace de frotter une mouche à l'endroit de la piqûre du frelon ou du scorpion, et que cela apaisait le mal. Ceci grâce à la matière qui contient un remède. Si on frotte le gonflement qui apparaît au niveau des poils de l'œil que l'on nomme cils, avec des mouches dont on aura préalablement retiré la tête, cela sera bénéfique.

Traitement du bouton

Une épouse du Prophète (ﷺ) rapporte : « Le Messager d'Allah (ﷺ) entra chez moi, alors qu'un bouton était apparu sur mon doigt. Il me demanda : « *As-tu de la poudre ?* » Je répondis : Oui. Et il me dit : « *Mets-en dessus et dis : ô Allah ! Toi qui réduis ce qui est grand et accroît ce qui est petit, réduis ce qui m'a atteint.* » »[1]

[Cette poudre] *Ad-Dharîrah* est un remède indien tiré du roseau aromatique. Elle est chaude et sèche et elle est utile en cas d'inflammation de l'estomac et du foie, ou d'hydropisie, et son parfum renforce le cœur.

ᶜÂ'ishah (ﷺ) rapporte : « J'ai parfumé le Messager d'Allah (ﷺ) de mes deux mains avec de la poudre parfumée (*Ad-Dharîrah*) au moment de se mettre en état de sacralisation, et en le quittant. »[2]

Le bouton (*Al-Bathrah*) est un petit gonflement résultant d'une matière chaude rejetée par la nature, et qui cherche un endroit fin du corps afin d'en sortir. Elle a besoin de ce qui la consumera et la fera sortir, et *Ad-Dharîrah* est un remède qui permet cela, car cette poudre consume et fait

[1] An-Nasâ'î dans ᶜ*Amal Al-Yawm wa-l-Laylah* (1031), qualifié d'authentique par Al-Arnâ'ûṯ.
[2] Al-Bukhârî (5930) et Muslim (1189).

sortir[1] tout en étant parfumée et refroidissant la chaleur de cette matière. Et c'est ce qu'a dit l'auteur de *Al-Qânûn* : « Il n'y rien de meilleur pour apaiser le feu de *Ad-Dharîrah* que l'huile de rose et le vinaigre. »

Traitement des abcès et excroissances soignables par l'incision et la ponction

ᶜAlî (ﷺ) rapporte : « Le Messager d'Allah (ﷺ) et moi avons rendu visite à un homme qui avait un abcès dans le dos. Les gens dirent : « Ô Messager d'Allah, il y a du sang et du pus dans cet abcès. » Il dit alors : « Incisez-le. » Je ne suis sorti que lorsqu'il fut incisé, sous le regard du Prophète (ﷺ). »[2]

Abû Hurayrah (ﷺ) rapporte : « Le Prophète (ﷺ) ordonna à un médecin de percer le ventre gonflé d'un homme. On lui demanda : « Ô Messager d'Allah, cela est-il efficace ? » Et il répondit : « Celui qui a fait descendre la maladie a fait descendre le remède en ce qu'Il veut. »

L'œdème est une matière dans le membre provenant de l'excédent non naturel d'une matière qui coule en lui et qu'on trouve dans toutes les formes de maladies. Cette matière peut être des quatre types d'humeur, ainsi que celle fait de liquide et d'air. Si l'œdème se concentre, on dit que cela forme un abcès. Et tout œdème chaud aboutit à l'une de trois choses : la dissolution, l'accumulation de la matière, ou la transformation en corps dur. Si la force est robuste, elle domine la matière de l'œdème et le dissout, et c'est le meilleur des cas. Si la force est moindre, elle consume la matière et la transforme en une matière blanche, et la fait couler par une ouverture. Et si elle est encore moins forte, cette matière sera mal consumée et ne parviendra pas à trouver une ouverture dans le membre pour l'évacuer, et ainsi on peut craindre la putréfaction du membre en raison du temps que cette matière y passe. À ce moment, l'assistance du médecin est nécessaire, par l'incision, ou autre, pour faire sortir cette matière mauvaise qui corrompt le membre.

L'incision a deux avantages :

Premièrement : elle fait sortir cette matière mauvaise qui corrompt le membre

Deuxièmement : elle empêche l'accumulation d'une autre matière qui viendrait renforcer la première[3].

---

[1] Aujourd'hui on dirait qu'elle possède des propriétés abrasives et exfoliantes.

[2] *Majmaᶜ Az-Zawâ'id* (5/99), qualifié de faible par Al-Arnâ'ûṭ.

[3] C'est une description précise de l'abcès, et des manières d'en débarrasser le corps. L'abcès est l'inflammation de n'importe quelle partie du corps contenant une matière purulente. Le

Quant à ses propos : « Le Prophète (ﷺ) ordonna à un médecin de percer le ventre gonflé (*Ajwâ Al-Baṯn*) d'un homme » Le terme *Ajwâ* comporte plusieurs sens, parmi lesquels : l'eau pestilentielle contenue dans le ventre et qui engendre l'hydropisie.

Les médecins ont divergé concernant l'incision pour extraire cette matière. Les uns l'interdisent en raison de son danger et son manque de sécurité. D'autres l'autorisent et disent que c'est là le seul remède. Ils visent en cela l'hydropisie « liquide », car l'hydropisie chez eux est de trois types :

Ṯablî (gazeuse) : dans laquelle l'ensemble du corps se gonfle d'air, et lorsqu'on tape dessus on entend un son semblable au son du tambour (*At-Ṯabl*).

Laḫmî (lymphatique): dans laquelle la chair (*Al-Laḫm*) de tout le corps se remplit d'une matière lymphatique qui se répand avec le sang dans les organes, et cette forme est plus grave que la première.

Ziqî (liquide) : dans laquelle s'accumule au bas du ventre une matière mauvaise dont on entend, lorsqu'on bouge, un cahotage pareil à celui de l'eau dans l'outre (*Az-Ziq*), et c'est la pire des formes pour la majorité des médecins.

Pour certains, la pire est l'hydropisie lymphatique car elle touche l'ensemble du corps.

Parmi les traitements de l'hydropisie « liquide » figure l'extraction de cette matière par la ponction, à l'instar de la saignée pour les veines qui vise à extraire le sang corrompu. Mais cela est dangereux, ainsi que nous l'avons mentionné. Si ce hadith est authentique, il est une preuve de la permission de le ponctionner. Et Allah est plus savant.

Traitement des malades en les réconfortant et en renforçant leur cœur

Abû Saᶜîd Al-Khudhrî rapporte que le Messager d'Allah (ﷺ) a dit : « Lorsque vous rendez visite à un malade, rassurez-le sur son existence. Cela ne repousse rien mais réconforte le malade. »[1]

Ce hadith comporte une des formes de traitement les plus nobles qui est le réconfort du malade en lui adressant des paroles qui renforceront la nature, raviveront la force et feront jaillir la chaleur naturelle. Cela l'aidera

---

traitement le plus important de cette inflammation est l'opération chirurgicale, pour faire sortir la matière purulente.

[1] Ibn Mâjah (1438), qualifié de faible par Al-Arnâ'ûṯ.

à repousser la maladie ou la diminuer, ce qui est le plus grand effet du médecin.

Réjouir l'âme du malade, réconforter son cœur, et le réjouir ont un effet étonnant dans la guérison et la régression de sa maladie, car les âmes et forces se raffermissent ainsi, et cela aide la nature à repousser ce qui est nuisible. Les gens ont vu les forces de nombreux malades se raviver par la visite de ceux qu'ils aiment ou révèrent, en les voyant, en leur parlant, et par leur douceur envers eux. C'est un des bienfaits de la visite rendue au malade qui comporte quatre formes de bienfaits qui touchent : le malade, le visiteur, la famille du malade et l'ensemble des gens.

Nous avons déjà mentionné que le Prophète (ﷺ) demandait au malade de quoi il se plaignait, comment il se sentait, et ce qu'il désirait. Il mettait sa main sur son front, et parfois entre ses deux tétons et invoquait Allah pour lui. Il lui indiquait ce qui lui était utile dans sa maladie, et parfois il accomplissait ses ablutions et versait l'eau sur le malade, il disait également au malade : « *Il n'y a pas de mal. C'est une purification [des péchés] par la volonté d'Allah.* »[1] Cela compte parmi les plus grandes formes de douceur, de traitement et de comportement.

Traitement des corps par des remèdes et aliments auxquels ils sont habitués

C'est un des grands principes du traitement et une des choses les plus efficaces. Si le médecin néglige cela, il nuira au malade en pensant lui être utile. Ne s'en détourne au profit des remèdes trouvés dans les livres de médecine que le médecin ignorant, car l'adéquation des remèdes et nourritures pour les corps dépendent de leur envie et acceptation. L'expérience montre que chez les campagnards, paysans et autres, le sirop de nénuphar, de roses fraîches ou leurs infusions, n'ont aucun effet sur leur nature. Plus encore, l'ensemble des remèdes des gens qui vivent en ville et dans l'aisance leur est inutile. Celui qui médite ce que nous avons mentionné de la médecine prophétique verra que tout correspond à l'habitude du malade, le lieu où il vit et où il a grandi.

C'est un grand principe du traitement dont il faut tenir compte, et les plus grands médecins l'ont confirmé. Le « médecin des arabes » et plus savant d'entre eux, Al-Hârith Ibn Kaladah, qui était parmi eux comme Hippocrate dans son peuple dit : « La diète est le meilleur remède, et l'estomac est le siège de la maladie. Donnez à chaque corps ce dont il a

[1] Al-Bukhârî (5662).

l'habitude. » Il dit également : « *Al-Azm* est un remède. » *Al-Azm* désigne le fait de s'abstenir de manger – c'est-à-dire la faim – et cela compte parmi les plus grands remèdes pour guérir de toutes les maladies de réplétion (trop-plein) puis qu'elle est plus efficace que les remèdes purgatifs, si on ne craint pas la réplétion, l'agitation, le trouble et le bouillonnement des humeurs.

Concernant sa parole : « l'estomac est le siège de la maladie » l'estomac est un organe nerveux et creux en forme de courge, composé de trois couches formés de fragments nerveux minuscules appelés fibres, et qui sont enveloppées de chair. Les fibres de la première couches sont disposées en longueur, ceux de la deuxième en largeur et ceux de la troisième en biais, l'entrée de l'estomac est le lieu le plus innervé, le fond ce qui contient le plus de chair, et au milieu se trouvent des duvets. L'estomac, lui, est au centre de l'abdomen, légèrement à droite. Il a été créé ainsi par une sagesse subtile du Créateur Sage (ﷻ). L'estomac est le siège de la maladie et de la digestion préliminaire, où les aliments sont consumés, et après quoi ils descendent vers le foie et les intestins. En sortent des éléments que l'estomac n'a pu digérer totalement, soit en raison de l'abondance de nourriture, soit à cause de sa mauvaise qualité ou de sa mauvaise consommation, ou pour tout cela. Généralement, l'homme ne peut se débarrasser de certains éléments de ces aliments, et c'est pourquoi l'estomac est le siège de la maladie. C'est comme s'il incitait à limiter les aliments, ne pas suivre les désirs, et prendre garde aux excédents.

Quant à l'habitude, ceci est dû au fait qu'elle est semblable à la nature de l'homme, c'est pourquoi on dit qu'elle est une seconde nature. C'est une grande force dans le corps, au point que si une même chose était mesurée dans des corps aux habitudes différentes, les résultats seraient différents, même si ces corps sont semblables d'autres points de vue. Prenons par exemple trois jeunes corps d'humeur chaude. Le premier est habitué à consommer des choses chaudes, le deuxième des choses froides, et le troisième des choses modérées. Si le premier consomme du miel, cela ne lui causera aucun tort, mais nuira fortement au deuxième et modérément au troisième. L'habitude est donc un pilier primordial de la préservation de la santé, et du traitement des maladies. C'est pourquoi le traitement prophétique indique de soigner le malade en fonction de ses habitudes dans l'utilisation des aliments, remèdes et autres.

Nourrir le malade de ses aliments préférés

ᶜÂ'ishah (ﷺ) rapporte que lorsque quelqu'un de sa famille mourrait, que les femmes se rassemblaient puis rentraient chez elles, elle ordonnait de préparer une marmite de *Talbînah*[1], elle préparait du *Tharîd*[2] sur lequel elle versait la *Talbînah,* puis elle disait : « Mangez-en, car j'ai entendu le Messager d'Allah (ﷺ) dire : « *La Talbinah réconforte le cœur du malade et dissipe un peu de chagrin.* »[3]

ᶜÂ'ishah (ﷺ) rapporte que le Messager d'Allah (ﷺ) a dit : « Prenez ce qui est détestable mais utile, la *Talbînah.* » Elle dit aussi : «Lorsqu'un membre de la famille du Messager d'Allah (ﷺ) était souffrant, la marmite restait sur le feu jusqu'à l'une des deux issues : la guérison ou la mort. »[4] Elle rapporte également : « Quand on disait au Messager d'Allah (ﷺ) qu'untel souffre et ne s'alimente pas, il disait : « Faites-lui boire doucement de la *Talbînah.* » Et il disait : « Par Celui qui détient mon âme dans sa main ! Elle lave le ventre comme vous lavez la saleté de vos mains. »[5]

La *Talbînah* est une soupe légère qui a la constance du lait (*Al-Laban*) dont dérive son nom. Al-Harawî a dit : « La *Talbînah* est dénommée ainsi car elle ressemble au lait (*Al-Laban*) dans sa blancheur et sa fluidité. » Ce plat est utile au malade, car il est fluide et cuit, sans rien d'épais et cru. Si tu veux connaître les bienfaits de la *Talbînah,* regarde les bienfaits de la soupe d'orge, voire meilleure encore pour le malade. C'est une soupe à base d'orge moulu au son, et ce qui la différencie de la soupe d'orge est que cette dernière est préparée avec les grains de l'orge tandis que la *Tabînah* est préparée avec l'orge moulu, et cela est meilleur car les propriétés de l'orge apparaissent au broyage. Nous avons mentionné que l'habitude avait son effet pour que les remèdes et aliments soient efficaces, et les gens avaient pour habitude de consommer de la soupe d'orge moulu et non en grain, c'est plus nourrissant, efficace et nettoyant. Les médecins des villes le prescrivent en grain afin qu'il soit plus fin et plus doux et ne pèse pas sur la nature du malade, et cela convient à la nature des habitants des villes, leur mollesse et la lourdeur de la soupe d'orge moulu sur eux.

---

1 Soupe composée d'orge et de miel.

2 On nomme *Tharîd* tout plat composé de blé (comme le pain) et de viande.

3 Al-Bukhârî (5417) et Muslim (2216).

4 Ibn Mâjah (3446), qualifié de faible par Al-Arnâ'ût.

5 Ahmad (6/79), qualifié de faible par Al-Arnâ'ût.

L'essentiel est que la soupe d'orge en grain agit rapidement, évacue clairement, et nourrit doucement. Si on la consomme chaude, son évacuation sera plus forte, son action plus rapide, son accroissement de la chaleur interne plus grand et son contact avec les superficies de l'estomac plus adéquat.

Le Prophète (ﷺ) dit à son sujet : « *elle réconforte (Majammah) le cœur du malade* » On rapporte ses propos de deux manières : *Majammah* et *Mujimmah.* La première est la plus répandue et signifie qu'elle l'apaise et le calme, et cela est tiré de *Al-Ijmâm* qui désigne le repos.

Concernant sa parole « *et elle dissipe un peu de chagrin* » Ceci est dû au fait - et Allah est plus savant - que les soucis et la tristesse refroidissent l'humeur et diminuent la chaleur interne, car l'âme qui la porte penche du côté du cœur d'où elle provient. Et cette soupe renforce la chaleur interne en augmentant sa matière, et ainsi elle fait disparaître la plus grande partie de soucis et tristesse.

On peut aussi dire – et cela est plus proche de la réalité – qu'elle dissipe un peu de chagrin en raison d'une propriété que possèdent les aliments réjouissants, car il y a des aliments qui réjouissent par nature, et Allah est plus savant.

On peut également dire que les forces de l'homme triste s'affaiblissent par l'assèchement de ses organes, surtout de l'estomac, en raison de la diminution de l'alimentation. Et cette soupe l'humidifie, le renforce, l'alimente, et elle agit de même avec le cœur du malade. Le malade voit souvent s'accumuler dans son estomac des humeurs biliaires, lymphatiques ou purulentes, et cette soupe les évacue, les fluidifie, les écoule, les fond, rétablit son équilibre, et le soulage, surtout pour ceux qui sont habitués à se nourrir de pain d'orge, ce qui était l'habitude des habitants de Médine à cette époque. Cela était leur aliment principal, car le blé de qualité était très rare chez eux. Et Allah est plus savant.

Traitement de son empoisonnement par les juifs à Khaybar

ᶜAbd Ar-Ra<u>h</u>mân Ibn Kaᶜb Ibn Mâlik rapporte : « Une femme juive offrit au Prophète (ﷺ) un agneau rôti à Khaybar. Il lui demanda : « *Qu'est-ce ?* » Et répondit : « Un présent. » se gardant bien de dire une aumône, car elle savait que le Prophète (ﷺ) n'en mangeait pas. Le Prophète (ﷺ) en mangea, de même que les Compagnons. Puis il dit : « *Arrêtez !* » et il demanda à la femme : « *As-tu empoisonné cet agneau ?* – Qui t'a informé de cela ? – *Cet os de la patte* (qui était dans sa main) - Oui. – *Pourquoi ?* – Je voulais, si tu es menteur, débarrasser de toi les gens ; et si tu es prophète, cela ne te nuira en rien. » Le Prophète (ﷺ) pratiqua à trois reprise *Al-H̲ijâmah* sur la veine jugulaire postérieure (*Al-Kâhil*), et il ordonna à ses compagnons d'en faire autant, ce qu'ils firent, mais quelques-uns parmi eux moururent tout de même. »[1]

Selon une autre chaîne de transmission : le Messager d'Allah (ﷺ) pratiqua *Al-H̲ijâmah* sur la veine jugulaire postérieure (*Al-Kâhil*) en raison de ce qu'il avait mangé de l'agneau. C'est Abû Hind, un servant de la tribu de Bani Bayd̲ah des *Ans̲ar* qui la lui pratiqua en employant la corne et la lame. Il resta ainsi trois ans, et pendant la maladie de sa mort, il dit : « Je ressens encore ce que j'ai mangé de l'agneau à Khaybar et je sens que mon aorte va rompre. » Et le Messager d'Allah (ﷺ) mourut martyr comme l'a mentionné Mûsâ Ibn ᶜUqbah.

Le traitement de l'empoisonnement se fait par l'extraction et les remèdes qui s'opposent et annulent les effets du poison, soit par leur nature ou leur propriété. Celui qui ne possède aucun remède doit s'empresser de l'évacuer totalement, et la meilleure méthode est *Al-H̲ijâmah*, surtout si le lieu et le temps sont chauds. Car la force empoisonnante afflue vers le sang, puis se propage dans les veines jusqu'à parvenir au cœur, c'est alors que survient la mort. Le sang est donc ce qui transporte le poison au cœur et aux organes. Si l'individu empoisonné s'empresse d'extraire le sang, il fera sortir cette matière empoisonnée qui s'y est mêlée, et si l'extraction est totale, le poison ne lui causera aucun mal. Soit le poison sera extrait, soit il faiblira au point que la nature puisse le dominer en annihilant ou en affaiblissant son effet.

Le Prophète (ﷺ) pratiqua *Al-H̲ijâmah* sur la veine jugulaire postérieure (*Al-Kâhil*) qui est l'endroit le plus proche du cœur où il soit possible de pratiquer *Al-H̲ijâmah*. Ainsi, la matière empoisonnée est sortie avec le sang, mais pas totalement. Son effet perdura lors de son affaiblissement, en raison de ce qu'Allah (ﷻ) a voulu parfaire pour lui de tous les degrés de vertu. Lorsqu'Allah voulut l'honorer par le martyre, l'effet de ce reste latent de poison apparut, afin qu'Allah réalise une chose prédestinée, et c'est là le secret de la Parole d'Allah (ﷻ) adressée à Ses ennemis parmi les juifs :

أَفَكُلَّمَا جَاءَكُمْ رَسُولٌ بِمَا لَا تَهْوَىٰ أَنفُسُكُمُ اسْتَكْبَرْتُمْ فَفَرِيقًا كَذَّبْتُمْ وَفَرِيقًا تَقْتُلُونَ

---

[1] ᶜAbd Ar-Razzâq (19814), mais il est également rapporté sous une autre formulation par Al-Bukhârî (3169).

« ***Est-ce qu'à chaque fois, qu'un Messager vous apportait des vérités contraires à vos souhaits vous vous enfliez d'orgueil ? Vous en démentiez certains et en tuiez d'autres*** »[1]

Ainsi, Allah a mentionné [en arabe] le verbe « démentir » au passé, pour une chose qui s'est réalisée, et le verbe « tuer » au futur pour une chose qui allait se réaliser et qu'ils attendaient. Et Allah est plus savant.

Traitement de son ensorcellement par les juifs

Un groupe de gens l'a rejeté en disant que cela n'a pu lui arriver. Ils ont pensé que c'était un manque et un défaut, mais il n'en est rien, et ce n'est qu'une forme des maladies et douleurs qui le touchaient parfois, de la même manière qu'il a été frappé par le poison, sans aucune différence.

ᶜÂ'ishah (ﵦ) rapporte : « Le Messager d'Allah (ﷺ) a été ensorcelé si bien qu'il pensait avoir des rapports charnels avec ses épouses alors qu'il n'en était rien, en raison de la force du sort. »[2]

Al-Qâd̲î ᶜIyâd a dit : « La sorcellerie est une maladie parmi d'autres, un mal qui peut frapper le Prophète (ﷺ) comme toutes les maladies, et cela n'atteint en rien sa prophétie. Quant au fait qu'il se soit imaginé avoir fait une chose alors qu'il n'en était rien, cela ne joue en rien sur sa véracité, en raison de l'existence de preuves et de l'unanimité sur son infaillibilité. Cela n'a concerné qu'une chose de sa vie d'ici-bas, qui n'est pas ce pour quoi il a été envoyé, ni ce pour quoi il a été préféré ; et il est en cette vie, sujet aux fléaux comme tous les êtres humains. Il n'est donc pas étrange qu'il imagine des choses irréelles à ce sujet, puis que cela lui apparaisse tel que cela est en réalité. »

L'essentiel est de mentionner la manière dont il traitait cette maladie, et on rapporte deux manières :

La première, qui est la plus commune consiste à trouver le sort et l'annuler. On rapporte authentiquement qu'il demanda cela à son Seigneur, qu'Il le lui indiqua, et qu'on sortit le sort d'un puits. Il s'agissait d'un peigne sur lequel figuraient quelques poils, placés dans l'enveloppe d'une spathe[3] mâle de palmier. Lorsqu'ils le sortirent, ce qu'il éprouvait disparut comme s'il se défaisait de liens. » C'est la meilleure manière de soigner le malade, et cela est semblable au fait de faire disparaître la matière mauvaise et de l'extraire du corps par la purgation.

---

[1] Sourate ***Al-Baqarah***, v.87.

[2] Al-Bukhârî (5765) et Muslim (2189).

[3] Feuille qui enveloppe une fleur chez certaines espèces comme le palmier.

La deuxième consiste à procéder à une extraction au lieu où nuit le sort, car il a un effet sur la nature et l'agitation des mélanges, et le trouble des humeurs. Si son effet apparaît sur un membre, et qu'il est possible d'extraire la matière mauvaise de ce membre, cela est très utile.

Abû ᶜUbayd a mentionné dans *Gharîb Al-Hadîth* en attribuant cela à ᶜAbd Ar-Rahmân Ibn Abî Laylâ : « Le Prophète (ﷺ) a pratiqué *Al-Hijâmah* sur sa tête avec une corne lorsqu'il fut ensorcelé. »[1]

Cela posa problème à celui qui a peu de science et se dit : quel rapport a *Al-Hijâmah* avec la sorcellerie ? Quel est le lien entre cette maladie et ce remède ? Et s'il avait vu Hippocrate, Avicenne ou autre indiquer ce remède, il l'aurait reçu avec acceptation et soumission, et aurait dit : « Cela a été indiqué par celui dont les connaissances et mérites sont indéniables. »

Sache que la matière ensorcelée qui a atteint le Prophète (ﷺ) est parvenue à sa tête, à l'une des facultés qui s'y siègent, si bien qu'il s'imaginait accomplir des choses qu'il ne faisait pas réellement. C'est là un agissement du sorcier sur la nature et la matière sanguine qui domine le lobe frontal, et modifie son humeur naturelle.

La sorcellerie est composée d'effets des âmes mauvaises, et de l'influence qu'en subissent les forces naturelles, et c'est là la pire des sorcelleries, surtout à l'endroit où est parvenu le sort. La pratique de *Al-Hijâmah* à cet endroit dont les fonctions ont été altérées par la sorcellerie, compte parmi les meilleurs traitements, si cela est pratiqué comme il se doit. Hippocrate a dit : « Ce qui doit être extrait doit l'être des endroits vers lesquels cela penche le plus, en utilisant ce qui convient à son extraction. »

Un groupe de gens a dit : lorsque le Messager d'Allah (ﷺ) fut atteint par cette maladie, il s'imaginait faire des choses qu'il n'accomplissait pas réellement. Il pensa que cela provenait d'une matière sanguine, ou autre, qui était parvenue au cerveau et dominait son lobe frontal, ce qui fit disparaître son humeur naturelle. En ce cas, la pratique de *Al-Hijâmah* compte parmi les meilleurs remèdes et traitements, c'est pourquoi il la pratiqua. Ceci se déroula avant qu'on ne lui révèle qu'il s'agissait d'un sort. Lorsqu'il reçut la révélation d'Allah (ﷻ) qui l'informa qu'il était ensorcelé, il se tourna vers le traitement réel qui consiste à extraire et annihiler le sort. Il demanda à Allah (ﷻ) qui lui indiqua le lieu où il se trouvait. Il le trouva, et à ce moment il se leva comme s'il se défaisait de liens, car ce sort frappait essentiellement son corps et ses membres, et non sa raison et son cœur. C'est pourquoi il ne croyait pas en la réalité de ce qu'il s'imaginait comme

---

[1] Al-Arnâ'ût mentionne que cela n'est pas authentique.

rapports charnels avec ses épouses, mais il savait que ce n'était qu'une illusion sans aucune réalité, et cela peut également survenir dans certaines maladies. Et Allah est plus savant.

Parmi les remèdes les plus efficaces contre la sorcellerie figurent les remèdes divins, et plus encore ce sont les remèdes qui lui sont bénéfiques, car la sorcellerie provient de l'influence des âmes mauvaises et viles. Et on repousse ses effets par ce qui s'y oppose et les combat comme formules de rappel, versets et invocations qui annihilent leurs pouvoirs et effets ; et plus cela est fort et robuste, meilleur cela est pour le traitement. Ceci est comparable à la rencontre de deux armées, chacune avec son attirail et ses armes, celle qui dominera l'autre triomphera et gouvernera. Si le cœur est rempli d'Allah, habité par Sa mention, qu'il possède des orientations, invocations, formules de rappel et recherches de protection, et qu'il prononce par la langue ce que contient son cœur, ce sera parmi les plus grands moyens d'empêcher d'être atteint par le sort, et parmi les plus grands moyens d'y remédier après qu'il soit atteint.

Les sorciers disent que leur sort touche les cœurs faibles et influençables, et les âmes qui penchent vers les désirs et sont attachées aux choses viles, c'est pourquoi ils touchent souvent les femmes, les jeunes, les ignorants, les campagnards, ceux dont la part de religion, de confiance en Allah et d'Unicité est faible, et ceux qui ne connaissent rien des formules de rappel divines, des invocations et des recherches de protection prophétiques.

En résumé, la majeure partie de son influence se fait sur les cœurs faibles et influençables qui penchent vers les choses viles. Ils disent également que l'ensorcelé aide le sorcier contre lui-même, car on voit son cœur s'attacher à de nombreuses choses vers lesquelles il se tourne, et ainsi il domine son cœur à travers ce qu'il contient comme penchant et orientations. Les âmes mauvaises ne dominent que les âmes qu'elles trouvent prêtes à être dominées par leur penchant vers ce qui convient à ces âmes mauvaises, leur vide de toute puissance divine, et leur non utilisation des moyens par lesquels elles peuvent les combattre. Elles les trouvent vides, sans armes, penchant vers ce qui leur convient, et ainsi, elles les dominent et influent sur elles par la sorcellerie et autre. Et Allah est plus savant.

L'évacuation par le vomissement

Abû Ad-Dardâ' (ﷺ) rapporte que le Prophète (ﷺ) a vomi, puis a fait ses ablutions. Une fois, j'ai rencontré Thawban dans la mosquée de Damas, je lui raconté ceci, et il me répondit : « C'est vrai, c'est moi qui lui ai versé l'eau de ses ablutions. »[1]

Le vomissement est un des cinq principaux moyens d'évacuation mentionnées dans la Sunna que sont la diarrhée, le vomissement, la saignée, l'évacuation des vapeurs, et la sueur.

Concernant la diarrhée, nous avons précédemment mentionné dans le hadith : « Le meilleurs de vos remèdes est *Al-Mashiyy*[2]. » et également dans le hadith évoquant le séné. Pour ce qui est de la saignée, nous avons mentionné les hadiths concernant *Al-Hijâmah*. Nous évoquerons l'évacuation des vapeurs après ce chapitre, si Allah le permet. Et quant à l'évacuation par la sueur, généralement ce n'est pas volontaire mais provoqué par son repoussement par la nature à la surface de la peau où les pores sont ouverts, et desquels elle sort.

Le vomissement consiste en une évacuation par la voie supérieure de l'estomac, alors que la purgation consiste en une évacuation par la voie inférieure de l'estomac. Le traitement peut donc se faire par le haut ou le bas, et le vomissement est de deux types : involontaire et volontaire.

Le premier type ne doit pas être retenu et repoussé sauf s'il est excessif et qu'on craint la perte, en ce cas on emploie ce qui l'empêchera.

Le deuxième type est le plus efficace lorsque cela est nécessaire, si on tient compte de son temps et de ses conditions.

Les causes du vomissement sont au nombre de dix :

1 – L'abondance de bile jaune, qui flotte sur le haut de l'estomac et cherche à remonter.

2 – L'abondance de lymphe visqueuse qui remue dans l'estomac, et a besoin de sortir.

---

[1] *Sahîh At-Tirmidhî* (87).

[2] Ce terme désigne tout liquide consommé qui a des vertus laxatives. Il est dérivé du verbe *Mashâ/Yamshî* (marcher) car il amène celui qui le consomme à se rendre fréquemment aux toilettes.

3 – La faiblesse de l'estomac qui est incapable de digérer les aliments, et les pousse vers le haut.

4 – Le mélange des aliments avec une chose mauvaise qui provoque une mauvaise digestion et un affaiblissement de l'action des aliments.

5 – Le dépassement de la capacité de nourriture et de boisson que l'estomac peut supporter, qu'il ne peut garder et cherche à repousser et rejeter.

6 – L'inadéquation et le dégoût de l'estomac pour cette nourriture ou boisson, qu'il cherche à repousser et rejeter.

7 – Que quelque chose trouble la nature des aliments, et que l'estomac les rejette.

8 – Le dégoût pour une chose qui donne envie de vomir.

9 – Le troubles psychologiques, tels que les angoisses, les soucis, la tristesse, qui amènent la nature et les forces naturelles à se tourner vers cela plutôt que l'administration du corps, l'assimilation et la digestion de la nourriture, si bien que l'estomac la rejette. Cela peut également être dû aux mouvements des humeurs lorsque l'âme patauge. Chacun, de l'âme et du corps, influe sur l'autre et agit sur son état.

10 – La transmission de la nature : celui qui voit quelqu'un vomir peut être pris involontairement de vomissements, car la nature se transmet.

Un grand médecin m'a dit : J'avais un neveu très adroit dans l'application du khôl et qui en fit son métier[1]. Lorsqu'il ouvrait l'œil du patient, voyait la chassie et appliquait le khôl, il en était lui aussi atteint. Cela se répéta et il cessa d'exercer ce métier. Je lui ai demandé : quelle était la cause, et il me répondit : la transmission de la nature, car elle se transmet. Il dit également : Je connais un autre homme qui vit un abcès à un endroit du corps d'un homme qui se grattait à cet endroit, il se gratta au même endroit et un abcès y apparut.

Je dis : en tout cela, la nature doit être prédisposée, et la matière doit y être au repos et non en mouvement. Elle se mettra en mouvement par l'effet d'un de ces causes. Ce sont donc des causes du mouvement de la matière, mais pas ce qui provoque cet évènement.

Etant donné que les humeurs dans les pays chauds et lors des temps chauds, se fluidifient et sont attirées vers le haut, le vomissement y est plus

[1] Aujourd'hui, on dirait qu'il est ophtalmologiste.

efficace. Par contre, puisque lors des temps froids et dans les pays froids les humeurs s'épaississent et leur attraction vers le haut est difficile, leur évacuation par la diarrhée est meilleure. Ainsi, la disparition et le repoussement des humeurs s'effectuent par l'attraction et l'évacuation. L'attraction compte parmi les plus longs chemins, et l'évacuation parmi les plus courts.

La différence entre les deux est que si la matière descend ou monte, elle n'est pas encore stable, elle aura donc besoin de l'attraction. Si elle monte, on l'attire vers le bas ; et si elle descend, on l'attire vers le haut, mais si elle s'est stabilisée en un endroit, on l'évacue par le chemin le plus court. Si la matière nuit aux organes supérieurs, on l'attire vers le bas, et inversement lorsqu'elle nuit aux organes inférieurs, on l'attire vers le haut ; et quand elle se stabilise, on l'évacue par le chemin le plus court. C'est pourquoi le Prophète (ﷺ) a pratiqué *Al-Hijâmah* parfois sur sa veine jugulaire postérieure (*Al-Kâhil*), sur sa tête, ou sur le dos de son pied. Il évacuait le sang nuisible de l'endroit le plus proche. Et Allah est plus savant.

Le vomissement nettoie et renforce l'estomac, aiguise la vue, élimine la lourdeur de la tête, il est utile en cas d'inflammation des reins, de la vessie et dans les maladies chroniques telles que la lèpre, l'hydropisie, l'hémiplégie, les tremblements, ou encore la jaunisse.

L'homme en bonne santé doit le pratiquer deux fois consécutives par mois, sans marquer de temps, afin que le second atteigne ce que le premier a laissé, et nettoie les excédents ainsi consumés. En abuser nuit à l'estomac, l'amène à accepter les excédents, et cela nuit aussi aux dents, à la vue, et à l'ouie, voire même cause des céphalées. Doit s'en abstenir celui qui souffre d'un gonflement dans la gorge, d'une faiblesse dans la poitrine, ou qui a un cou mince, et est prédisposé à cracher du sang, ou celui qui trouve cela difficile.

Quant à ce que pratiquent de nombreuses personnes qui agissent mal en abusant de nourriture puis en se faisant vomir, cela comporte de nombreux maux, parmi lesquels : cela accélère la sénilité, provoque de mauvaises maladies, et fait du vomissement une habitude. Ceci, alors qu'il est dangereux de vomir si les entrailles sont asséchées et faibles, que les parties molles du ventre sont maigres, et celui qui vomit est faible.

Les meilleurs temps pour vomir sont l'été et le printemps, alors que l'hiver et l'automne sont exclus. Au moment de vomir, il faut bander les yeux, emmailloter le ventre, laver le visage avec l'eau de froide lorsqu'on a fini, et boire tout de suite après du jus de pomme mélangé à un peu de lentisque et d'eau de roses, et cela sera très bénéfique.

Le vomissement vide l'estomac de sa haute partie, et attire de sa partie basse, et la diarrhée inversement. Hippocrate dit : « En été, l'évacuation doit se faire par les voies hautes plutôt que par des remèdes ; et en hiver par les voies basses. »

Chercher le traitement du médecin le plus adroit

Zayd Ibn Aslam rapporte : « À l'époque du Messager d'Allah (ﷺ), un homme fut blessé et la plaie congestionna le sang. L'homme appela deux membres des Banû Anmâr qui l'examinèrent, et ils prétendirent que le Messager d'Allah (ﷺ) leur avait dit : « Qui est le plus adroit de vous deux ? » L'un d'eux répondit : « Ô Messager d'Allah ! Existe-t-il une supériorité dans la médecine ? » Il leur répondit alors : « Celui qui a fait descendre le remède est Celui qui a fait descendre la maladie. »[1]

Ce hadith montre qu'en toute science et tout métier, il faut recourir au plus adroit, car il est plus à même de voir juste. De même, celui qui cherche à se soigner doit recourir au service du plus savant, car il est plus à même de voir juste que ceux qui sont moindres que lui. De la même manière que celui qui ne connaît pas la direction de la Qibla imite la personne la plus savante qu'il trouvera, et c'est ainsi qu'Allah a créé Ses serviteurs. De même encore que le voyageur, sur terre ou en mer, ne trouvera quiétude et sérénité qu'auprès du plus adroit et du plus expert des deux guides, et il s'orientera et s'appuiera sur lui, et la Législation la saine nature et la raison sont en accord sur cela.

On trouve en de nombreux hadiths des propos similaires à sa parole : «Celui qui a fait descendre le remède est Celui qui a fait descendre la maladie. », parmi lesquels ce que rapporte ᶜAmr Ibn Dînâr d'après Hilâl Ibn Yasâf : « Le Messager d'Allah (ﷺ) rendit visite à un homme et il dit : « Faites venir un médecin. » Quelqu'un dit : « C'est toi qui dit cela, ô Messager d'Allah ? » Il répondit : « Oui, Allah (ﷻ) n'a pas fait descendre une maladie sans faire descendre un remède à celle-ci. »

Abû Hurayrah (ؓ) rapporte que le Messager d'Allah (ﷺ) a dit : « *Allah n'a pas fait descendre une maladie, sans faire descendre son remède.*»[2] et ce hadith et d'autres ont précédé.

Les savants ont divergé sur le sens de la descente de la maladie et du remède.

---

[1] *Al-Muwatta'* (4/328), Al-Arnâ'ût dit que la chaîne de transmission de ce hadith n'est pas complète.
[2] Al-Bukhârî (5678).

Un groupe a dit que cela consistait à ce qu'Allah en informe les serviteurs, mais cela ne tient pas, car le Prophète (ﷺ) a mentionné de manière générale que toute maladie trouve son remède, et la plupart des créatures ne le connaissent pas, c'est pourquoi il dit : « *connu par certains et ignoré par d'autres* »

Un groupe a dit que la descente désignait leur création et dépôt sur terre, comme il est dit dans un autre hadith : « *Allah n'a pas fait une maladie sans y donner un remède* » Cet avis est plus proche de la vérité que le précédent, mais le terme descente (*Inzâl*) est plus spécifique que le terme création (*Khalq*) ou dépôt (*Wad̲ᶜ*). On ne peut donc délaisser sans raison la spécificité du terme descente.

Un autre groupe a dit que leur descente s'est faite par les anges chargés d'apporter aux créatures maladie, remède, et autres. Ceci car les anges sont chargés de cet univers et de l'homme, de son apparition dans la matrice de sa mère jusqu'à sa mort. La descente (*Inzâl*) de la maladie et du remède se fait donc au moyen des anges, et cet avis est plus proche de la vérité que les deux précédents.

Un autre groupe a dit que l'ensemble des maladies et remèdes descendait du ciel avec la pluie qui fait pousser les aliments, nourritures, remèdes et maladies. Tout ceci, leurs causes, ce qui s'y ajoute et ce qui en fait partie comme essences supérieures descend des montagnes, ainsi que tout ce qui en fait partie comme vallées, rivières et fruits ; tout cela entre dans la signification du terme (*Inzâl*), selon la méthode de la généralisation et de la suffisance d'un seul verbe qui les regroupe tous les deux, au lieu de deux. Cela est connu dans la langue arabe, et d'autres langues encore. Et c 'est le meilleur des avis. Et Allah est plus savant.

Cela compte parmi la perfection de la sagesse du Seigneur (ﷻ), et la perfection de Sa seigneurie. Il a éprouvé Ses serviteurs par les maladies, mais les a aidés contre elles en ce qu'Il leur a accordé comme remèdes. De la même manière qu'Il les a éprouvés par les péchés, mais les a aidés contre eux par le repentir, les bonnes actions qui les effacent et les malheurs expiatoires. De même encore qu'Il les a éprouvés par les esprits mauvais parmi les démons, mais les a aidés contre eux par une armée de bons esprits que sont les anges. De même qu'Il les a éprouvés par les désirs, mais les a aidés à les dominer en ce qu'Il leur a accordé dans la Législation et la création comme choses désirables, agréables et utiles. Ainsi Il ne les a pas éprouvés par une chose sans leur donner ce qui les aidera contre ce malheur, et ce par quoi ils le repousseront. Reste la différence entre eux dans leur degré de connaissance en cela, et dans la manière d'y parvenir. Et c'est auprès d'Allah que nous recherchons l'aide.

Responsabilité du médecin ignorant

On rapporte que le Messager d'Allah (ﷺ) a dit : « *Celui qui se risque à soigner, alors qu'on ne l'a pas connu pour cela auparavant, est responsable.* »[1]

Ce hadith comporte trois éléments : linguistique, religieux et médical.

Du point de vue linguistique : en arabe le mot *At-Tibb* porte plusieurs sens, parmi lesquels : la rectification (*Al-Islâh*). On dit : *Tababtuhu* pour signifier je l'ai rectifié. On dit également *Lahû Tibb bi-l-Umûr* pour signifier la douceur et le savoir faire. Le poète dit :

Si la situation de la tribu de Tamîm change
Tu en auras été le réformateur (Tabîb) par un avis avisé

At-Tibb désigne également la dextérité (*Al-Hidhq*). Al-Jawharî a dit : « Toute personne habile est nommée *Tabîb* chez les arabes. » Abû ᶜUbayd dit : « Le terme *At-Tibb* a pour origine la dextérité et la maîtrise des choses. On dit d'un homme qu'il est *Tabb* ou *Tabîb*, s'il est médecin, mais également lorsque cela ne concerne pas le traitement du malade. » Un autre a dit : *At-Tabîb* désigne l'homme adroit, on l'a nommé ainsi en raison de sa dextérité et sagacité. »

ᶜAlqamah a dit :

Si vous m'interrogez concernant les femmes
Je suis un expert (Tabîb) des maux des femmes
Si un homme vieillit ou que sa fortune diminue
Il n'aura plus aucune part de leur affection

ᶜAntarah a dit :

Si tu baisses ton voile afin de m'éviter
Sache donc que je suis habile (Tabb) à vaincre le cavalier masqué

At-Tibb désigne encore l'habitude, ainsi on dit, ce n'est pas mon habitude (*Tibbî*). Farwah Ibn Musayk a dit :

Notre habitude (Tibb) n'est pas la lâcheté.
Mais c'est notre destin, et la puissance appartient aux autres

Ahmad Ibn Al-Husayn Al-Mutanabbî a dit :

---

[1] *As-Sahîhah* (635).

L'arrogance, n'est pas mon habitude (Tibb) parmi eux
Mais je déteste l'ignorant insouciant

At-Ṯibb désigne également la sorcellerie, ainsi on dit qu'un homme est *Maṯbûb* lorsqu'il est ensorcelé. ᶜÂ'ishah (ﷺ) rapporte : « Lorsque le Messager d'Allah (ﷺ) fut ensorcelé par les juifs, deux anges s'assirent, l'un à sa tête, l'autre à ses pieds. L'un d'eux demanda : « Que lui était-il arrivé? – Il est ensorcelé (*Maṯbûb*). – Qui l'a ensorcelé (*Man Ṯabahû*) ? – Untel, le juif. »[1]

Abû ᶜUbayd dit : « Ils ont appelé l'ensorcelé *Maṯbûb*, car ils ont surnommé la sorcellerie (*As-Sihr*) par la médecine (*At-Ṯibb*), de la même manière que la personne piquée [par un scorpion] (*Al-Ladîgh*) a été nommée *Salîm* (sain et sauf) par optimisme en son salut. Ou de la même manière encore qu'ils ont surnommé *Mafâzah* (victoire) le désert périlleux, sans eau par optimisme en sa traversée sans péril.

At-Ṯibb peut également désigner la maladie. Ibn Abî Al-Aslat a dit :

Qui transmettra à Hassân pour moi
Ton mal (Ṯibb) était-il un sort ou une folie ?

Quant à Al-Hamasî, il dit :

Si j'étais ensorcelé (Maṯbûb), je le suis toujours
Et si j'étais malade (Mashûr) je n'en suis pas guéri

Il a donc inversé les deux termes ici, en nommant l'ensorcelé *Maṯbûb* et le malade *Mashûr*. Al-Jawharî a dit : « On dit de l'homme malade qu'il est ensorcelé (*Mashûr*). » puis il déclama ce vers dont le sens est : si ce qui me touche vient de toi et de ton amour, je demande à Allah que cela perdure, et je ne veux pas que cela disparaisse, que ce soit un sort ou une maladie.

Le schème de ce mot a plusieurs vocalisations :

– *At-Ṯabb* désigne celui qui connaît les choses, et on désigne également le médecin (*At-Ṯabîb*) de cette manière.

– *At-Ṯibb* désigne l'action du médecin.

– *At-Ṯubb* désigne un lieu mentionné par Ibn As-Sayyid qui déclama :

Je dis : avez-vous abreuvé à Ṯubb vos montures
De la bonne eau qu'on y trouve

[1] Al-Bukhârî (5765) et Muslim (2189).

Le Prophète (ﷺ) a dit : « *Celui qui se risque à soigner* (*Tatababa*)» et il n'a pas dit : « Celui qui soigne (*Tabba*). » car cette première forme indique qu'il se lance en une chose difficile, et qu'il n'est pas apte à le faire. Sous cette même forme verbale, on trouve par exemple : *Tahallama* (se montrer clément), *Tashajja^ca* (se montrer courageux), *Tasabbara* (se montrer patient), alors qu'on ne l'est pas. Le poète dit :

Et Qays ^cAylân et celui qui prétend lui ressembler (Taqayyasa)

Du point de vue religieux : cela montre la responsabilité du médecin ignorant. S'il s'adonne à la science médicale et la pratique sans aucune connaissance préalable ; il se lance par son ignorance dans la perte des gens, et se précipite en ce qu'il ignore. S'il trompe un malade, il doit être tenu pour responsable, et les savants sont unanimes sur cette question.

Al-Khattâbî a dit : « Je ne connais aucun désaccord sur le fait que si le soignant dépasse ses limites et que le malade périt, il est responsable. Celui qui s'adonne à une science, ou une pratique qu'il ignore est transgresseur, et si cela entraîne la mort, il doit s'acquitter du prix du sang (*Ad-Diyyah*), mais pas subir le talion, car il n'a débuté cela qu'avec la permission du malade. Et pour l'ensemble des jurisconsultes, son crime est supporté par sa famille. »

Je dis : on trouve cinq catégories :

La première : le médecin adroit qui exerce son métier comme il se doit, sans commettre aucune faute, mais dont l'acte - permis par la Législation et autorisé par le malade - entraîne la perte d'un membre, la mort, ou la perte d'une chose. Celui-ci ne porte aucune responsabilité pour l'unanimité des savants, car c'est une pratique permise. De même, pour la circoncision d'un petit garçon en un temps et un âge permettant la circoncision, pratiquée comme il se doit, mais qui entraîne une perte du membre ou la mort de l'enfant, le praticien n'est pas responsable. De même, si le médecin incise ce qui doit l'être, avec le consentement du malade, au moment et de la manière qui convient, mais que cela le tue, là encore il ne sera pas responsable. Il en est de même dans le cadre de toute chose permise en laquelle le praticien ne commet aucune transgression, comme dans le cadre de l'application d'une peine légale, l'application du talion pour la majorité des savants, au contraire de Abû Hanîfah qui établit l'obligation de la responsabilité en cela ; ou encore dans le cadre de la réprimande, de la location d'une bête, au contraire de Abû Hanîfah et As-Shâfi^cî qui ont établi l'obligation de la responsabilité en cela, et As-Shâfi^cî a excepté le fait de frapper la bête [en quel cas, celui qui la loue porte une responsabilité s'il arrive quelque chose].

Abû Hanîfah a considéré sa responsabilité en tout cas, au contraire de Ahmad et Mâlik, alors que As-Shâfi'î, a distingué ce qui était fortuit, en quel cas sa responsabilité n'était pas engagée, et ce qui était intentionnel et impliquait sa responsabilité.

Abû Hanîfah a considéré que la permission de pratiquer l'acte était conditionnée par sa sûreté, alors que Ahmad et Mâlik ont considéré que la permission dégageait sa responsabilité. As-Shâfi'î a considéré que ce qui est prescrit ne peut être diminué, car c'est un Texte, mais ce qui n'est pas prescrit la réprimande et la correction, elles dépendent d'un effort d'interprétation, et si elles entraînent la mort, la responsabilité est engagée car cela est considéré comme une transgression.

La deuxième : l'ignorant qui s'est lancé dans la médecine et a causé la mort. Si la victime savait qu'il était ignorant et lui a permis de le soigner, il ne porte aucune responsabilité, et cette forme ne s'oppose pas au sens apparent du hadith, car le contexte indique qu'il a trompé le malade et lui a fait penser qu'il était médecin, alors qu'il n'en était rien. Si le malade croit qu'il est médecin, et lui permet de le soigner en raison de ses connaissances, le médecin est responsable de tout ce qu'il perpètre. De même s'il prescrit au malade un remède à prendre, que le malade pense que cette prescription est le résultat de la connaissance et de la dextérité du médecin, mais que cela le tue, le médecin est responsable, comme cela est clairement établi par le hadith.

La troisième : le médecin adroit auquel on permet de pratiquer et qui exerce son métier comme il se doit, mais qui commet une faute. Par exemple, en touchant un membre sain et le mutile, comme le médecin qui pratique une circoncision, mais touche le gland et le mutile, ce médecin est responsable, car c'est une faute. Si cela concerne le tiers ou plus, la famille du praticien doit s'acquitter du prix du sang, et s'il n'a pas de famille, cela doit-il être pris de ses biens ou du Trésor Public ? On rapporte deux avis de l'imam Ahmad. On dit également que si le médecin est un *Dhimmî*[1], on le prend de ses biens, et s'il est musulman, on rapporte deux avis. Et s'il n'y a pas de Trésor Public ou qu'il est incapable de s'en acquitter, le prix du sang est-il levé ou doit-il être pris des biens du coupable ? Il existe deux points de vue, et le plus répandu est qu'il est levé.

La quatrième : le médecin adroit, expert dans son métier qui a fait un effort de recherche et a prescrit au malade un remède, mais cet effort s'est révélé erroné et cela a tué le malade. On rapporte sur ce cas deux avis. Le

---

1 Non musulman vivant dans le pays musulman et s'acquittant de l'impôt de capitulation (*Al-Jizyah*).

premier est que le prix du sang doit être acquitté par le Trésor Public. Et le deuxième est qu'il revient à la famille du médecin de s'en acquitter. Cela est rapporté de Ahmad concernant la faute de l'imam et du gouverneur.

La cinquième : le médecin adroit, exerçant son métier comme il se doit, qui retire une excroissance d'un homme, d'un enfant, ou d'un fou sans sa permission ou celle de son tuteur, ou qui circoncit un enfant sans la permission de son tuteur, et le tue. Nos compagnons ont dit qu'il était responsable, car cela a été provoqué par un acte non permis. Mais si l'adulte ou le tuteur de l'enfant ou du fou le lui permet, il n'est pas responsable. On peut également considérer qu'il n'est en aucun cas responsable, car il est bienfaisant, et on ne peut adresser de reproches à ceux qui agissent par bienfaisance[1]. On peut également dire que s'il commet une transgression, la permission du tuteur n'annule en rien sa responsabilité, mais s'il ne commet aucune transgression, il ne peut être tenu pour responsable.

Si tu objectes : il commet une transgression s'il n'a pas la permission, mais aucune s'il l'obtient. **Je réponds** : La transgression dépend de sa pratique à lui, et la permission ou non n'a rien à voir en cela. Et c'est une question qui doit être étudiée.

Dans ce hadith, le terme médecin englobe :

- celui qui soigne par ses prescriptions et paroles et qu'on nomme *At-Tabâ'icî* (physicien) ;

- celui qui soigne par sa spatule à khôl (*Mirwad*) et qu'on nomme *Al-Kahhâl* (ophtalmologiste) ;

- celui qui soigne par son scalpel (*Mubdic*) et ses pommades (*Marâhim*) qu'on nomme *Al-Jarâ'ihî* (chirurgien) ;

- celui qui soigne avec son rasoir (*Mûsâ*) et qu'on nomme *Al-Khâtin* (celui qui circoncit) ;

- celui qui soigne par sa lancette (*Rîshah*) et qu'on appelle *Al-Fâsid* (celui qui pratique la saignée) ;

- celui qui soigne par ses ventouses (*Mahâjim*) et son bistouri (*Mishrat*) et qu'on nomme *Al-Hajjâm* (celui qui pratique *Al-Hijâmah*) ;

---

[1] Cela signifie qu'on demande au médecin de pratiquer un acte qu'on est incapable de réaliser soi-même. Il peut refuser ou accepter par bienfaisance. S'il respecte toutes les règles, fait de son mieux, et qu'ensuite une chose désagréable survient, on ne peut alors lui adresser aucun reproche.

– celui qui soigne en disloquant, reliant et nouant et qu'on appelle *Al-Mujabbir* (rebouteux) ;

– celui qui soigne par le cautère (*Mikwah*) et le feu et qu'on nomme *Al-Kawwâ'* (celui qui cautérise) ;

– et celui qui soigne par son outre et qu'on appelle *Al-Hâqin* (celui qui injecte).

Que sa médecine s'adresse aux bêtes ou aux hommes, le terme médecin (*At-Tabîb*) s'applique dans la langue à tous, comme nous l'avons indiqué, et le fait d'accorder à chacun un nom en fonction de sa spécialité est une pratique récente, comme le fait de désigner par le terme *Ad-Dâbbah* ce qui sera spécifique dans chaque peuple.

Le médecin adroit est celui qui, dans ses traitements, prend vingt choses en considération:

1 – Considérer le genre de la maladie : de quelle type est- elle ?

2 – Considérer sa cause : d'où elle vient et ce qui l'a provoquée ?

3 – La force du malade : peut-elle s'opposer à la maladie ou est-elle plus faible ? Si elle peut s'opposer à la maladie et la dominer, il ne doit rien prescrire.

4 – L'humeur naturelle du corps.

5 – L'humeur apparue et non naturelle.

6 – L'âge du malade.

7 – Ses habitudes.

8 – La saison actuelle et ce qui lui convient.

9 – Le pays du malade et son sol.

10 – L'état de l'air, au moment de la maladie.

11 – Considérer le remède s'opposant à ce mal.

12 – Considérer la force et le degré du remède, et peser cela avec la force du malade.

13 – Faire disparaître la maladie ne doit pas être son unique objectif, mais il doit chercher à la dissiper d'une manière qui n'amène pas un mal plus grand. S'il ne peut s'assurer que la dissipation de cette maladie n'entraînera pas un mal plus grand, il doit laisser la maladie telle quelle, en la soulageant comme la maladie des orifices veineux, si on la soigne en les ligaturant et les stoppant, on peut craindre l'apparition d'un mal plus grand.

14 – Il doit soigner par les remèdes les plus simples, et ne passer du traitement par la nourriture au traitement par les remèdes qu'en cas de nécessité. De même qu'il ne doit passer aux remèdes composés que lorsque les remèdes simples s'avèrent inefficaces. Toute l'habileté du médecin consiste à soigner par les aliments plutôt que les remèdes, et par les remèdes simples plutôt que les remèdes composés.

15 – Il doit considérer la maladie : est-elle curable ou non ? Si elle est incurable, il préserve son métier et son honneur ; et la convoitise ne doit pas l'amener à administrer un traitement qui ne donnera rien. Si le traitement est possible, il doit examiner s'il est possible d'éliminer la maladie ou non. Si cela est impossible, il doit considérer s'il est possible de l'amenuiser et la diminuer. S'il constate que ce n'est pas possible et que tout ce que l'on peut faire est de l'arrêter et de stopper sa progression, son traitement visera à cela, il augmentera la force et affaiblira la matière.

16 – Il ne doit pas s'aventurer à mélanger l'évacuation avant que la matière ne soit transformée, mais il doit s'attacher à la transformer, et ensuite se tourner vers son évacuation.

17 – Il doit avoir une connaissance des maux du cœur et des âmes, et leurs remèdes. C'est là un fondement éminent du traitement des corps, car l'influence de l'âme et du cœur sur le corps et sa nature sont attestées. Si le médecin, connaît les maladies du corps et du cœur et leur traitement, c'est un médecin complet, alors que celui qui n'en a aucune connaissance – même s'il est habile dans le traitement de la nature et des cas du corps – ne sera que la moitié d'un médecin. Tout médecin qui ne traite pas le malade en examinant son cœur et sa rectitude, en renforçant son âme et ses forces par l'aumône, l'accomplissement du bien, la bienfaisance, et l'orientation vers Allah et l'au-delà n'est pas un médecin, mais uniquement quelqu'un qui prétend être médecin et est limité. Parmi les plus grands remèdes à la maladie figurent l'accomplissement du bien, la bienfaisance, la mention d'Allah, l'invocation l'imploration, la supplication d'Allah, et le repentir. Toutes ces choses aident plus à repousser le mal et amener la guérison que les remèdes naturels. Mais cela dépend de la prédisposition de l'âme, son acceptation, et sa croyance en leur efficacité.

18 – Il doit être doux et bienveillant envers le malade comme envers un enfant.

19 – Il doit employer les différentes formes de remèdes naturels et divins, ainsi que le traitement par la suggestion. Car l'habileté des médecins dans la suggestion a des effets étonnants auxquels ne parviennent pas les remèdes. Et le médecin habile s'aide de tout moyen pour lutter contre la maladie.

20 – Ce point englobe le cas tout entier du médecin et consiste à ce que son traitement gravite autour de six principes :

– Préserver la santé existante.

– Récupérer, autant que possible, la santé perdue.

– Dissiper la maladie ou l'amoindrir autant que possible.

– Préférer le moindre de deux maux pour éradiquer le plus grand.

– Délaisser le moindre de deux intérêts afin d'atteindre le plus important.

C'est autour de ces six principes que gravite le traitement, et tout médecin qui n'adopte pas cela comme principes de base n'est pas un médecin. Et Allah est plus savant.

Etant donné que la maladie a quatre états : début, progression, apogée et déclin, le médecin doit considérer chacun de ces états et employer ce qui est nécessaire pour chaque stade. S'il voit au début de la maladie que la nature a besoin de ce qui remue les excédents et les rejette, car ils ont été transformés, il doit le faire. Si, au début de la maladie, quelque chose empêche de remuer la nature, comme la faiblesse et l'impossibilité de supporter l'évacuation, ou le froid de la saison ou en raison d'un excès, il doit être très prudent et ne pas faire cela lors de la progression de la maladie; car s'il le fait, la nature cessera de combattre et de gérer la maladie, comme le fait d'aller trouver un cavalier alors qu'il affronte son ennemi. Dans cette situation, il faut aider la nature à préserver la force autant que possible.

Si la maladie cesse et s'apaise, il doit l'extraire et dissiper ses causes. Et s'il le fait pendant le déclin, cela est préférable, à l'image de l'ennemi à bout de force et désarmé qu'on vainc facilement, et plus encore s'il tourne le dos et fuit. Sa véhémence et sa puissance ne se manifestent qu'au début, lorsqu'il est inoccupé et dispose de toutes ses forces. Et il en est de même pour la maladie et le remède.

Fait partie de l'habileté du médecin, lorsqu'il est possible de soigner avec une chose simple, de ne pas s'en détourner pour ce qui est plus difficile, et il doit passer graduellement du plus faible au plus fort, sauf s'il craint la perte de la force. À ce moment, il doit commencer par le plus fort, mais il ne faut pas que ce traitement dure longtemps de crainte d'y habituer la nature et que cela n'amenuise l'effet du traitement. Il ne faut jamais prescrire de remèdes forts lors des saisons fortes, et nous avons précédemment mentionné que s'il était possible de soigner par la nourriture, on ne devait pas employer de remèdes. S'il ne sait pas si la maladie est chaude ou froide, le médecin ne doit pas s'aventurer jusqu'à ce que cela lui apparaisse. Il ne doit pas expérimenter un traitement dont on pourrait craindre les conséquences, mais il n'y a aucun mal à expérimenter ce qui n'est d'aucune conséquence nuisible.

Si le médecin trouve plusieurs maladies, il commence par traiter celle dont dépend une des ces trois caractéristiques :

La première : de la guérison de l'une dépend celle de l'autre. Par exemple, l'inflammation et la plaie, on commence par traiter l'inflammation.

La deuxième : l'une est la cause de l'autre. Par exemple l'obturation et la fièvre infectieuse, où on commence par éliminer la cause.

La troisième : l'une est plus grave que l'autre, comme la maladie virulente et la maladie chronique, on commence alors par traiter la maladie virulente, sans pour autant négliger l'autre.

Si une maladie et un mal accidentel surviennent en même temps, on commence par le traitement de la maladie, sauf si le mal accidentel est plus intense, comme la constipation par exemple, on apaise la douleur puis on traite l'obturation. S'il est possible, on peut avoir recours à l'évacuation par la faim, le jeûne ou le sommeil. Tout état sain qu'on veut préserver le sera par une chose équivalente ou semblable, et si on désire le faire passer à un autre meilleur, on doit avoir recours à son contraire.

Prévenir les maladies de nature contagieuse et s'écarter de ceux qui en sont atteints

Jâbir Ibn ᶜAbd Allah (ﷺ) rapporte : « Il y avait un lépreux dans la délégation de Thaqîf, et le Prophète (ﷺ) lui fit parvenir : « *Repars, nous avons pris ton serment d'allégeance.* »[1]

---

[1] Muslim (2231).

Abû Hurayrah (ﷺ) rapporte que le Prophète (ﷺ) a dit : « *Fuis le lépreux comme tu fuis le lion.* »[1]

ᶜAbd Allah Ibn ᶜAbbâs (ﷺ) rapporte que le Prophète (ﷺ) a dit : «*Ne regardez pas longuement les lépreux.* »[2]

Abû Hurayrah (ﷺ) rapporte que le Messager d'Allah (ﷺ) a dit : «*Celui qui possède des chameaux malades ne doit pas les abreuver avec celui qui possède des chameaux en bonne santé.* »[3]

On rapporte aussi qu'il dit : « Parle au lépreux, en gardant entre toi et lui la distance d'une ou deux lances. »[4]

La lèpre est une mauvaise maladie provenant de la propagation de la bile noire dans tout le corps, ce qui corrompt l'humeur, l'état et la forme des membres. À la fin, leurs liaisons peuvent même être corrompues au point que les membres s'effritent et tombent. Cette maladie est appelée la maladie du lion.

Les médecins ont trois avis sur cette dénomination :

Le premier est qu'elle touche souvent le lion.

Le deuxième est qu'elle déforme le visage du malade en le faisant ressembler à un lion.

Le troisième est qu'elle dévore celui qui s'en approche à la manière du lion.

Cette maladie est considérée par les médecins comme une maladie contagieuse et héréditaire. Celui qui s'approche du lépreux ou du tuberculeux sera contaminé par voie aérienne, et c'est pourquoi le Prophète (ﷺ) – par la perfection de sa compassion et de son conseil envers sa Communauté – leur a interdit ce qui les expose à être atteint par un mal en leur corps et leur cœur. Nul doute qu'il peut y avoir dans le corps une prédisposition à recevoir cette maladie, et la nature du corps peut être aussi rapidement contaminée par la proximité des corps alentours, car elle se transmet. L'appréhension et l'imagination peuvent être parmi les plus grandes causes de contamination par cette maladie, car l'imagination agit et domine les forces et natures. L'air contaminé du malade peut parvenir à l'homme en bonne santé et le rendre malade, comme cela est observable

[1] *As-Sahîhah* (783).
[2] *As-Sahîhah* (1063).
[3] Al-Bukhârî (5771) et Muslim (2221).
[4] Al-Haythamî (5/101) qualifié de faible par Al-Arnâ'ût.

dans certaines maladies. Et l'air est une des causes de la contamination, cependant il faut qu'il y ait une prédisposition du corps à accepter cette maladie. Le Prophète (ﷺ) épousa une femme, et lorsqu'il voulut consommer le mariage, il vit sur son flanc une blancheur et lui dit : « Rejoins ta famille. »[1]

Certains pensent que ces hadiths s'opposent à d'autres hadiths qui les annulent, parmi lesquels ce que rapporte Jâbir : « Le Messager d'Allah (ﷺ) prit la main d'un lépreux, l'introduit avec la sienne dans le plat et lui dit : « Mange au Nom d'Allah, en toute confiance en Allah. » »[2] Ou encore le hadith dans lequel Abû Hurayrah rapporte que le Prophète (ﷺ) a dit : « *Il n'y a ni contagion, ni augure.* »[3]

Nous disons : louange à Allah, il n'y a aucune contradiction entre ses hadiths authentiques, et si une contradiction apparaît :

– Soit un des deux hadiths n'est pas la parole du Prophète (ﷺ), et l'un des transmetteurs a fait une erreur bien qu'il soit digne de confiance et sûr, car même l'homme de confiance peut commettre une erreur.

– Soit un des deux hadiths abroge l'autre, si cela compte parmi les choses qui acceptent l'abrogation.

– Soit la contradiction ne figure que dans la compréhension de celui qui l'entend et non dans la parole du Prophète (ﷺ).

Il est nécessaire que ce soit une de ces trois choses. Que deux hadiths authentiques se contredisent clairement de tout point de vue, et qu'aucun n'abroge l'autre, cela n'existe pas. À Allah ne plaise qu'on trouve cela dans les paroles du véridique et digne de confiance, de la bouche duquel n'émane que la vérité. L'erreur ne provient que du manque de connaissance de ce qu'on rapporte, de la distinction entre ce qui est authentique et ce qui ne l'est pas, du manque de compréhension de ce qu'il signifie et de l'interprétation de ses paroles d'une manière qu'il n'a pas visée, voire des deux. C'est de là que sont nées divergence et corruption. Et c'est Allah qui accorde le succès.

Ibn Qutaybah mentionne dans *Ikhtilâf Al-Hadîth* en parlant des ennemis du hadith et de ses adeptes : Ils disent qu'il y a deux hadiths contradictoires. Vous rapportez que le Prophète (ﷺ) a dit: « *Il n'y a ni contagion, ni augure.* », mais on lui a également dit : « Si un chameau a une

---

1 Ahmad (3/493) qualifié de faible par Al-Arnâ'ût.

2 *Da'îf At-Tirmidhî* (1818).

3 Al-Bukhârî (5773) et Muslim (2220).

croûte[1] sur sa lèvre, les autres chameaux, seront contaminés. » Il leur répondit dit : « *Et qui a contaminé le premier ?* »[2] Puis vous rapportez : « *Celui qui possède des chameaux infirmes ne doit pas les abreuver avec celui qui possède des chameaux en bonne santé.* » ; « *Fuis le lépreux comme tu fuis le lion.* » ; un lépreux vint le voir pour lui prêter serment d'allégeance et il lui fit parvenir qu'il acceptait son serment d'allégeance et lui ordonnait de repartir sans lui permettre d'approcher. Il dit également : « *La malchance est en trois choses : la femme, la demeure et la monture.* »[3] Et ils ont dit que tout cela se contredisait et ne possédait aucune ressemblance.

Abû Muhammad dit : Nous disons, nous, qu'il n'y a aucune contradiction en cela, mais que chacun de ces sens a un temps et un lieu déterminé, et si chaque chose est mise à sa place, il n'y a pas de contradiction.

La contagion est de deux types :

Le premier est la contamination de la lèpre, car l'odeur du lépreux est si forte que la maladie atteint celui qui s'assoit ou parle longuement avec lui ; de même la femme mariée à un lépreux et couchant avec lui sera touchée par des nuisances, voire même la lèpre ; et il en est de même pour leur enfant. La même chose s'applique à celui qui est atteint de tuberculose (*Sill*), de tuberculose pulmonaire (*Diqq*), de gale (*Nuqab*). Les médecins ordonnent de ne pas s'asseoir avec le tuberculeux et le lépreux, non par crainte de contamination, mais en raison du changement de l'odeur qui rend malade celui qui la sent trop longuement. Et les médecins sont les gens les plus éloignés de la foi en la chance et la malchance. De même pour la croûte du chameau - qui est une gale humide - si le chameau fréquente les autres, les touche et se met là où ils s'assoient, la maladie les touche par l'eau qui coule du chameau par gouttes. C'est là le sens visé par le Prophète (ﷺ) lorsqu'il dit : « *Celui qui possède des chameaux infirmes ne doit pas les abreuver avec celui qui possède des chameaux en bonne santé.* » Il a réprouvé que la bête malade se mélange à celles en bonne santé, afin qu'elles ne soient pas touchées par les gouttes et démangeaison dont elle souffre.

Quant à l'autre forme de contagion, elle désigne l'épidémie qui s'abat sur un pays que l'on quitte par crainte de la contagion. Le Prophète (ﷺ) a dit : « *Si elle se déclare dans le pays où vous êtes, n'en sortez pas pour la fuir, et si vous entendez qu'elle s'est déclarée dans un pays, ne vous y rendez pas.* »[4] Sa

---

1 *An-Nuqbah*, premier signe de la gale.
2 Al-Bukhârî (5770) et Muslim (2220).
3 Al-Bukhârî (5772) et Muslim (2225).
4 Al-Bukhârî (5729) et Muslim (2219).

parole signifie : ne sortez pas du pays frappé par la peste, en pensant que le fait de fuir la prédestination d'Allah vous sauvera d'Allah. Et en disant : « *si vous entendez qu'elle s'est déclarée dans un pays, ne vous y rendez pas* » il veut signifier que le lieu où vous vous trouvez est plus serein pour vos cœurs et meilleur pour votre vie que le lieu où s'est déclarée la peste. De même pour la femme ou la demeure connue pour le mauvais présage, lorsque l'homme est touché par une chose détestable ou un malheur, il dit : « Elle m'a contaminé par sa malchance. » Et c'est là la contamination visée par le Messager d'Allah (ﷺ) lorsqu'il dit : « *Pas de contagion* »

Un groupe a dit : éviter le lépreux et le fuir, est une recommandation, une préférence et une orientation. Quant au fait de manger avec lui, son acte montre que cela est permis et n'est pas illicite.

Un autre groupe a dit : ces deux paroles sont partielles et non globales, et le Prophète (ﷺ) a dit à chacun ce qui convenait à sa situation. Certaines personnes ont une foi et une confiance en Allah fermes, et la force de leur confiance en Allah repousse la force de la contagion, de la même manière que la force de la nature repousse et annihile la force de la maladie. Mais d'autres personnes n'en sont pas capables, donc il leur a ordonné d'être prudents et de se protéger. Et le Prophète (ﷺ) a agi des deux manières afin que la Communauté le prenne pour exemple en cela et que le fort de sa Communauté emprunte la voie de la confiance et certitude en Allah, et que le faible parmi eux emprunte la voie de la protection et de la prudence, et ce sont deux voies correctes. La première pour le croyant fort, et l'autre pour le croyant faible. Ainsi, chacun des deux groupes possède un argument et un modèle en fonction de leur état et de ce qui leur convient. De la même manière que le Prophète (ﷺ) a pratiqué la cautérisation mais qu'il a loué celui qui la délaissait en liant son délaissement à la confiance en Allah et à l'abandon de l'augure. Les exemples similaires sont nombreux, et c'est une voie subtile et très bonne. Celui qui l'applique comme il se doit et la comprend, cela dissipera de nombreuses contradictions qui lui apparaissaient concernant la Sunna authentique.

Un autre groupe a dit que le fait de le fuir et de l'éviter était dû à une chose naturelle qui est la transmission de la maladie par le contact, la fréquentation et l'odeur, par la multiplication des contacts et de la fréquentation. Quant au fait de manger avec lui, un petit laps de temps et pour un intérêt prédominant, cela ne pose pas de problème, car la contamination n'arrive pas en une seule fois et en un seul instant. Mais il l'a interdit, par précaution et pour préserver la santé. Il ne l'a fréquenté que pour un besoin, et un intérêt, donc il n'y a pas de contradictions entre les deux cas.

Un autre groupe a dit qu'il était possible que le lépreux avec qui il a mangé n'ait été touché que d'une légère lèpre non contagieuse, car tous les lépreux ne sont pas semblables, tous ne sont pas contagieux, et pour certains leur fréquentation n'est ni nuisible, ni contagieuse. C'est le cas de ceux qui ne sont que légèrement touchés par une lèpre qui ensuite s'arrête, et qui restent ensuite dans cet état sans toucher le reste du corps, et a fortiori sans contaminer les autres.

Un autre groupe a dit que les gens de l'époque antéislamique croyaient que les maladies contagieuses l'étaient de nature, sans lier cela à Allah (ﷻ), et le Prophète (ﷺ) invalida leur croyance et mangea avec le lépreux pour leur montrer qu'Allah (ﷻ) est Celui qui donne la maladie et la guérison. Mais il a interdit de s'approcher du malade afin qu'ils voient que c'est une des causes qu'Allah a établies pour mener à ces conséquences. Son interdiction est donc une confirmation des causes, et son acte montre qu'elles ne sont pas indépendantes, mais que si le Seigneur (ﷻ) le veut, Il les dépouille de leurs forces, et elles n'auront aucun effet ; et s'Il le veut, Il maintient leurs forces intactes et elles auront un effet.

Un autre groupe a dit : ces hadiths comportent des éléments abrogeant et d'autres abrogés, il faut donc considérer le moment où ils ont été prononcés, et si on parvient à distinguer le plus récent, on dira qu'il est l'abrogeant ; et si cela n'est pas possible, nous devons nous abstenir sur cela.

Un autre groupe a dit : certains de ces hadiths sont authentiques et d'autres non, et ils ont discuté le hadith : « *Pas de contagion* » en disant que Abû Hurayrah le rapportait au départ, puis douta à ce sujet et le délaissa. Les gens l'interrogèrent à ce sujet et lui dirent : « Nous t'avons entendu rapporté ce hadith » et il refusa de le rapporter de nouveau. Abû Salamah dit : « Je ne sais pas si Abû Hurayrah a oublié ou si l'un des deux hadiths abroge l'autre ? » Quant au hadith de Jâbir : « Le Messager d'Allah (ﷺ) prit la main d'un lépreux, l'introduit avec la sienne dans le plat » il n'est pas confirmé et pas authentique, et tout ce qu'a dit At-Tirmidhî à son sujet est qu'il était étrange, sans le déclarer authentique (Sahîh) ou bon (Hasan). Shu^cbah et d'autres ont dit : « Gardez-vous de ces hadiths étranges. » At-Tirmidhî dit : « On rapporte également cela de ^cUmar, et cela est plus authentique. » Voilà donc ce qu'il en est de ces deux hadiths qu'ils ont opposé aux hadiths d'interdiction : concernant le premier Abû Hurayrah a cessé de le rapporter et l'a réprouvé, et le deuxième n'est pas authentiquement rapporté du Messager d'Allah. Et Allah est plus savant.

Nous avons traité plus longuement de cette question *Miftâh Dâr As-Sacâdah*. Et c'est Allah qui accorde le succès.

Interdiction de se soigner avec ce qui est illicite

Abû Ad-Dardâ' (ﷺ) rapporte que le Messager d'Allah (ﷺ) a dit : « *Allah a fait descendre la maladie et le remède, et Il a donné à chaque maladie un remède, alors soignez-vous, mais pas avec ce qui est illicite.* »[1]

Ibn Mascûd (ﷺ) rapporte : « Allah n'a pas mis la guérison en ce qu'Il vous a interdit. »[2]

Abû Hurayrah (ﷺ) rapporte : « Le Messager d'Allah (ﷺ) a interdit le remède mauvais. »[3]

Târiq Ibn Suwayd Al-Jucfî (ﷺ) rapporte qu'il interrogea le Prophète (ﷺ) à propos de l'alcool et qu'il le lui interdit et réprouva qu'il le fabrique. Il rétorqua : « Je ne le fais que comme remède. » Il répondit : « *Ce n'est pas un remède mais une maladie.* »[4]

On rapporte qu'on interrogea le Prophète (ﷺ) sur le fait d'ajouter de l'alcool dans les remèdes et il répondit : « *C'est une maladie et non un remède.* »[5]

Târiq Ibn Suwayd Al-Hadramî (ﷺ) rapporte : « J'ai demandé : Ô Messager d'Allah, nous avons sur nos terres des vignes que nous pressons et buvons, [est-ce permis] ? Il me répondit : « *Non.* » Je lui dis de nouveau : Mais ainsi nous soignons le malade. Il répondit : « *Ce n'est pas une guérison, mais une maladie.* »[6]

On rapporte qu'un médecin mentionna la grenouille comme remède devant le Messager (ﷺ) qui lui interdit de la tuer[7].

On rapporte également que le Prophète (ﷺ) a dit : « Qu'Allah ne guérisse pas celui qui se soigne avec l'alcool. »[8]

Le traitement par l'illicite est réprouvé par la raison et la Législation :

---

[1] *Sahîh Abû Dâwud* (3874).
[2] Al-Bukhârî (10/78).
[3] *Sahîh At-Tirmidhî* (2045).
[4] Muslim (1984).
[5] *Sahîh At-Tirmidhî* (2048).
[6] *Sahîh Ibn Mâjah* (3500).
[7] *Sahîh Al-Jâmic* (6971).
[8] *Al-Jâmic As-Saghîr*, qualifié de faible par Al-Arnâ'ût.

Du point de vue de la Législation, cela apparaît dans ce que nous avons déjà mentionné comme hadiths, et dans d'autres.

Du point de vue de la raison, Allah (ﷻ) n'a interdit cela qu'en raison de son caractère mauvais, et Il n'a pas interdit à cette Communauté une chose bonne par punition, comme Il l'a fait pour les Enfants d'Israël en disant :

فَبِظُلْمٍ مِّنَ ٱلَّذِينَ هَادُوا۟ حَرَّمْنَا عَلَيْهِمْ طَيِّبَٰتٍ أُحِلَّتْ لَهُمْ

« ***À cause de leur injustice, Nous avons interdit aux juifs des bonnes choses qui leur étaient licites.*** »[1]

Il n'a interdit à cette Communauté que ce qui est mauvais, et cette interdiction est une protection pour eux, il ne convient donc pas d'y chercher la guérison des maladies et maux, car même si cela a un effet sur la dissipation de la maladie, cela engendre une maladie plus grave au cœur, en raison de la force de son caractère mauvais. Ainsi, celui qui se soigne de cette manière fait disparaître une maladie du corps pour la remplacer par une maladie du cœur.

Aussi, l'interdiction implique de s'en éloigner et de s'en écarter par tout moyen ; et le fait de l'employer comme remède est un encouragement à le désirer et l'employer, et cela est contraire au but du Législateur.

Aussi, c'est une maladie comme l'a établi le Législateur, c'est pourquoi il n'est pas permis de l'utiliser comme remède.

Aussi, il donne un caractère mauvais à la nature et l'âme, car la nature est clairement influencée par la nature du remède, et s'il est mauvais, la nature acquiert cette caractéristique. Alors que dire si cela est mauvais par essence ? C'est pourquoi Allah (ﷻ) a interdit à Ses serviteurs les aliments, boissons et habits mauvais, en raison de ce que l'âme en acquiert de mauvais.

Aussi, l'interdiction de l'utiliser pour se soigner, surtout si les âmes penchent vers cela, est une précaution pour empêcher de le consommer par désir et délectation, surtout si les âmes savent qu'il leur est profitable, dissipe leurs maux et leur apporte la guérison. C'est là la chose qu'elles aiment le plus et le Législateur a empêché par précaution de le consommer par tout moyen, et nul doute qu'il y a entre le fait d'empêcher par précaution de le consommer et le fait de donner l'occasion d'en consommer une opposition et une contradiction.

---

[1] Sourate *An-Nisâ'*, v.160.

Aussi, il y a dans ce remède illicite beaucoup plus de maladies que de prétendue guérison. Évoquons uniquement « la mère des turpitudes » (l'alcool) en lequel Allah (ﷻ) n'a mis pour nous aucune guérison. Il est très nuisible au cerveau qui est le siège de la raison pour les médecins, et beaucoup de jurisconsultes et penseurs. Hippocrate, en parlant des maladies virulentes dit : « Le préjudice de l'alcool sur la tête est grand, car il y monte rapidement, et cela conduit à une remontée des humeurs dans le corps, c'est pourquoi il nuit à l'intelligence. » L'auteur de *Al-Kâmil* a dit : « La propriété de l'alcool est de nuire au cerveau et aux nerfs. »

Quant aux autres remèdes illicites, ils sont de deux types :

Le premier : ce que l'âme déteste, et n'encourage pas la nature à repousser la maladie par lui, comme les poisons, les chairs des vipères et autres choses dégoûtantes qui pèsent à la nature, et sont donc considérés comme un mal et non un remède.

Le deuxième : ce que l'âme ne déteste pas, telle que la boisson employée par les femmes enceintes par exemple. Celle-ci est plus nuisible qu'utile, donc la raison ordonne son interdiction, et la raison et la nature sont en accord avec la Législation sur ce point.

Il y a un secret subtil dans l'interdiction de se soigner avec ce qui est illicite, car la condition de la guérison est que le remède soit reçu avec consentement, croyance en son utilité et en ce qu'Allah y a mis comme bénédiction de la guérison. Ce qui est utile est ce qui est béni, et la chose la plus utile est la plus bénie, et toute personne bénie, sera utile [aux gens] où qu'elle se trouve. Il est connu que la croyance du musulman est l'interdiction de cette chose, ce qui l'empêche de croire en sa bénédiction et son utilité, d'en avoir une bonne opinion, et que sa nature la reçoive avec consentement. Au contraire, plus la foi du serviteur sera grande, plus il la détestera et croira en son caractère mauvais, et plus sa nature la détestera. Ainsi, s'il la consomme, elle sera pour lui une maladie et non un remède, sauf si disparaissent sa croyance que cette chose est mauvaise, la mauvaise opinion qu'il en a, et sa réprobation, et qu'au contraire il l'aime - ce qui est contraire à la foi. Ainsi, le croyant ne peut la consommer que comme une maladie. Et Allah est plus savant.

Traitement et élimination des poux de la tête

Ka^c^b Ibn ^c^Ujrah (ﷺ) rapporte : « Je souffrais de la tête, et on m'a amené au Messager d'Allah (ﷺ), des poux éparpillés sur mon visage. Il dit : « Je ne pensais pas que tu souffrais à ce point. » et dans une version du hadith : « Il lui ordonna de raser sa tête, de nourrir six personnes d'un *Faraq*[1] [de nourriture], ou de donner un agneau, ou de jeûner trois jours. »[2] Les poux naissent dans la tête et sur le corps de deux choses : l'une extérieure au corps et l'autre intérieure.

Celle qui est extérieure au corps est la saleté et la souillure formées à la surface de la peau.

La deuxième est un mélange mauvais et nauséabond que la nature rejette entre la peau et la chair, où il se putréfie avec l'humidité sanguine dans l'épiderme après être sortie des pores. C'est là que s'installeront les poux, surtout après les maladies, et en raison des saletés. On en trouve plus dans les têtes des enfants en raison de leur forte humidité et du fait qu'ils s'adonnent aux choses qui attirent les poux, c'est pourquoi le Prophète (ﷺ) a rasé les cheveux des Banû Ja^c^far.

Parmi les meilleurs traitements figure le rasage de la tête afin que les pores s'ouvrent, que les vapeurs mauvaises montent et que la matière du mélange diminue. Après le rasage, il faut oindre la tête par des remèdes qui tuent les poux et empêchent leur reproduction.

Le rasage de la tête est de trois types :

Le premier : celui accomplit dans les rites pour se rapprocher d'Allah

Le deuxième : celui qui fait par innovation et polythéisme

Le troisième : celui qui est fait par besoin et remède

Le premier est celui accomplit lors des deux rites : le pèlerinage ou *Al-^c^Umrah*.

Le deuxième consiste à se raser la tête pour autre qu'Allah (ﷻ), comme le font des disciples (soufis) pour leurs maîtres. L'un d'eux dit : « J'ai rasé ma tête pour untel et toi pour untel. » C'est comme s'il disait : « je me suis prosterné pour untel » car le rasage de la tête est une forme d'humiliation

[1] Quantité équivalente à trois S̲â^c^.

[2] Al-Bukhârî (1816) et Muslim (1201), l'aumône de nourriture, d'un agneau ou le jeûne sont dus au fait que cela s'est déroulé pendant le pèlerinage en état de sacralisation, et c'est là une expiation au fait de raser la tête qui n'est pas permis avant le jour du sacrifice.

et de servitude, c'est pourquoi il fait complètement partie du pèlerinage, au point que As-Shâfi^cî le considère comme un pilier sans lequel il n'est pas complet. Il pose son toupet au sol devant son Seigneur par soumission devant Sa majesté, et humiliation devant Sa puissance, donc cela compte parmi les formes les plus évidentes de servitude. Lorsque les arabes voulaient humilier un prisonnier puis le libérer, ils lui rasaient la tête et le libéraient. Ensuite les shaykh (soufis) de l'égarement qui prétendaient la seigneurie et qui ont fondé leur autorité sur le polythéisme et l'innovation, et qui ont voulu que leurs disciples les adorent. Ainsi, ils leur ont embelli le rasage de la tête, comme ils leur ont embelli la prosternation pour eux, et ils en ont changé le nom. C'est une forme d'humilité devant le shaykh. Par Allah ! La prosternation devant Allah (ﷻ) est une forme d'humilité. Ils leur ont aussi embelli le fait de leur consacrer des vœux, se repentir devant eux et de jurer par leur nom ; et cela revient à les considérer comme seigneurs et divinités en dehors d'Allah (ﷻ) qui dit :

مَا كَانَ لِبَشَرٍ أَن يُؤْتِيَهُ اللَّهُ الْكِتَابَ وَالْحُكْمَ وَالنُّبُوَّةَ ثُمَّ يَقُولَ لِلنَّاسِ كُونُوا عِبَادًا لِّي مِن دُونِ
اللَّهِ وَلَٰكِن كُونُوا رَبَّانِيِّينَ بِمَا كُنتُمْ تُعَلِّمُونَ الْكِتَابَ وَبِمَا كُنتُمْ تَدْرُسُونَ ﴿٧٩﴾ وَلَا يَأْمُرَكُمْ أَن
تَتَّخِذُوا الْمَلَائِكَةَ وَالنَّبِيِّينَ أَرْبَابًا ۗ أَيَأْمُرُكُم بِالْكُفْرِ بَعْدَ إِذْ أَنتُم مُّسْلِمُونَ ﴿٨٠﴾

« ***Il n'est pas possible qu'un être humain à qui Allah a donné le Livre, le pouvoir et la prophétie, de dire ensuite aux gens : « Soyez mes adorateurs, en dehors d'Allah », mais au contraire, [il dira plutôt] : « Soyez des savants sages et indulgents avec ce que vous leur enseignez du Livre et ce que vous en étudiez. » Et il ne va pas non plus vous recommander de prendre pour seigneurs les anges et les prophètes. Vous ordonnerait-il de rejeter la foi, après que vous soyez devenus musulmans ?*** »[1]

La plus noble des servitudes est celle de la prière. Les Shaykh (soufis), les prétendus savants et les tyrans se sont partagés cette servitude. Les shaykh (soufis) ont pris ce qu'il y avait de plus noble qu'est la prosternation. Les prétendus savants ont pris le l'inclinaison, et ainsi lorsque quelqu'un rencontre l'un d'eux, il s'incline devant lui comme le fidèle pour on Seigneur. Et les tyrans en ont pris la position debout, et ainsi les hommes libres et esclaves se lèvent devant eux, par servitude devant qui ils sont assis.

Le Messager d'Allah (ﷺ) a interdit en détails ces trois choses, donc les commettre est une opposition claire à lui. Il a interdit la prosternation pour autre qu'Allah et dit : « *Personne ne doit se prosterner à un autre.* » et il a

[1] Sourate ***Âl ^cImrân***, v.79-80.

désapprouvé Mu^câdh lorsqu'il s'est prosterné devant lui en disant : « *Cesse !* »[1] cette interdiction est connue de tous, et son autorisation par ceux qui permettent de l'effectuer pour autre qu'Allah, constitue une opposition à Allah et Son Messager, et cela compte parmi les plus grandes formes de servitude. Si ce polythéiste autorise cette servitude pour les hommes, il autorise la servitude pour autre qu'Allah. On rapporte authentiquement qu'on lui demanda : « L'homme qui rencontre son frère s'incline-t-il devant lui ? – *Non.* – Le serre-t-il et l'embrasse-t-il ? – *Non.* – Lui sert-il la main ? – *Oui.* »[2]

Aussi, l'inclinaison lors du salut est considérée comme une prosternation, ainsi Allah (ﷻ) dit :

وَٱدْخُلُوا۟ ٱلْبَابَ سُجَّدًا

« ***Entrez par la porte en vous prosternant*** »[3]

C'est à dire inclinés, sinon il n'est pas possible d'entrer en rampant sur le front.

On rapporte aussi authentiquement qu'il a interdit de se lever alors qu'il était assis, de la manière dont se révèrent les non arabes. Il a même interdit cela pendant la prière, et leur a ordonné, s'il priait assis, de prier assis également[4] même s'ils étaient en bonne santé et n'avaient aucune excuse. Ceci afin de ne pas être debout alors que lui est assis, alors que leur position debout est vouée à Allah. Alors que dire si cette position debout est une vénération et servitude vouée à autre qu'Allah (ﷻ) ?

L'essentiel est que les âmes ignorantes et égarées ont diminué la servitude à Allah (ﷻ), et y ont associé ceux qu'ils vénèrent parmi les créatures. Ils se sont prosternés pour autre qu'Allah, inclinés et tenus debout devant elles comme pour la prière. Ils ont juré par autre que Lui, fait des vœux pieux, rasé leur tête, et sacrifié pour autre que Lui, ils ont tourné autour d'autre que Sa Maison , et les ont honoré par amour, crainte, espoir et obéissance, comme pour le Créateur, voire plus encore. Ils ont mis au même niveau les créatures qu'ils adorent et le Seigneur de l'univers. Ceux sont eux qui s'opposent à l'appel des messagers; de détournent de leur Seigneur, et qui diront – lorsqu'ils seront en Enfer – et se disputeront avec leurs divinités :

---

1 *As-Sahîhah* (3/201).
2 *As-Sahîhah* (160).
3 Sourate ***Al-Baqarah***, v.58.
4 *Sahîh Abû Dâwud* (602).

تَٱللَّهِ إِن كُنَّا لَفِى ضَلَٰلٍ مُّبِينٍ ﴿٩٧﴾ إِذْ نُسَوِّيكُم بِرَبِّ ٱلْعَٰلَمِينَ ﴿٩٨﴾

« ***Par Allah ! Nous étions vraiment dans un égarement évident, lorsque nous faisions de vous les égaux du Seigneur de l'univers !*** »[1]

Et ils sont ceux à propos desquels Il dit :

وَمِنَ ٱلنَّاسِ مَن يَتَّخِذُ مِن دُونِ ٱللَّهِ أَندَادًا يُحِبُّونَهُمْ كَحُبِّ ٱللَّهِ ۖ وَٱلَّذِينَ ءَامَنُوٓا۟ أَشَدُّ حُبًّا لِّلَّهِ ۗ

« ***Parmi les gens, il y en a qui prennent, en dehors d'Allah, des égaux à Lui, en les aimant comme on aime Allah. Et l'amour des croyants pour Allah est plus fort [que celui de ces gens pour leurs idoles].*** »[2]

Tout cela fait partie du polythéisme, et Allah ne pardonne pas qu'on Lui associe quoi que ce soit. Ceci est une digression dans ce chapitre consacré au rasage de la tête, mais qui est peut être plus important que ce dont il était question. Et c'est Allah qui accorde le succès.

---

1 Sourate ***As-Shu***c***arâ,*** v.97-98.
2 Sourate ***Al-Baqarah,*** v.165.

Deuxième partie

Les remèdes spirituels

Traitement de celui qui est atteint du mauvais œil

Ibn ᶜAbbâs (ﷺ) rapporte que le Messager d'Allah (ﷺ) a dit: « *Le mauvais œil est une vérité, et si une chose pouvait devancer la prédestination, ce serait le mauvais œil.* »[1]

Anas (ﷺ) rapporte : « Le Prophète (ﷺ) a autorisé *Ar-Ruqyah*[2] pour la piqûre venimeuse, le mauvais œil et l'eczéma. »[3]

Abû Hurayrah (ﷺ) rapporte que le Messager d'Allah (ﷺ) a dit : « *Le mauvais œil est une vérité.* »

ᶜÂ'ishah (ﷺ) rapporte : « On ordonnait à celui qui était à l'origine du mauvais œil de faire ses ablutions, et à celui qui en était atteint de s'en laver. »[4]

ᶜÂ'ishah (ﷺ) rapporte : « Le Prophète (ﷺ) m'a ordonné, ou a ordonné, de pratiquer *Ar-Ruqyah* contre le mauvais œil. »[5]

ᶜUbayd Ibn Rifâᶜah Az-Zurqî rapporte que Asmâ' Bint ᶜUmays a dit : « Ô Messager d'Allah ! Banû Jaᶜfar sont atteints du mauvais œil. Dois-je pratiquer *Ar-Ruqyah* sur eux ? » Il dit : « *Oui, si une chose pouvait devancer la prédestination, ce serait le mauvais œil.* »[6]

Abû Umâmah Sahl Ibn Hunayf rapporte : « ᶜÂmir Ibn Rabîᶜah vit Sahl Ibn Hunayf se laver, et il dit : « Par Allah ! Je n'ai vu jamais un jour, ni une peau de jeune fille pareils. » Sahl s'effondra et le Messager d'Allah (ﷺ) vint trouver ᶜÂmir et lui dit sur le ton de la colère : « *Pourquoi l'un de vous tue-t-il son frère? Pourquoi n'as-tu pas demandé la bénédiction d'Allah ? Lave-toi pour lui.* » ᶜÂmir lava alors son visage, ses mains, ses coudes, ses genoux, les extrémités de ses jambes et l'intérieur de son pagne dans un récipient puis on versa l'eau sur Sahl qui repartit avec les gens. »[7]

Mâlik rapporta également ce hadith avec cet ajout : « *le mauvais œil est une vérité, accomplis tes ablutions pour lui.* » et il accomplit ses ablutions[8].

---

[1] Muslim (2188).
[2] Par soucis de clarté nous garderons le terme *Ar-Ruqyah* qui désigne le traitement par la lecture du Coran, des formules de rappel et invocations rapportées à ce sujet.
[3] Muslim (2196).
[4] Sahîh *Abû Dâwud* (3880).
[5] Al-Bukhârî (5738) et Muslim (2195).
[6] *As-Sahîhah* (1252).
[7] Sahîh Ibn *Mâjah* (2844).
[8] *Al-Muwatta'* (2/938) qualifié d'authentique par Al-Arnâ'ût.

Ibn Tâwûs rapporte de son père que le Prophète (ﷺ) a dit : « *Le mauvais œil est une vérité, et si une chose pouvait devancer la prédestination, ce serait le mauvais œil. Et si on demande à l'un de vous de se laver qu'il le fasse.* »[1]

Az-Zuhrî a dit : On ordonne à celui qui est à l'origine du mauvais œil d'apporter un récipient, d'y plonger la main, se rincer la bouche, et de rejeter l'eau dans le récipient, puis de laver son visage dans le récipient, puis avec sa main gauche de puiser de l'eau dans le récipient et la verser sur son genou gauche [afin qu'elle tombe] dans le récipient, puis avec sa main droite de puiser de l'eau dans le récipient et la verser sur son genou droit [afin qu'elle tombe] dans le récipient, et enfin de laver l'intérieur de son pagne, sans poser le récipient à terre, puis par derrière on verse en une fois cette eau sur la tête de celui qui est atteint du mauvais œil.

Le mauvais œil est de deux types : l'un provenant des hommes et l'autre des démons.

Umm Salamah rapporte que le Prophète (ﷺ) vit chez elle une servante qui avait une noirceur (*Saf^cah*) dans le visage et il dit : « *Pratiquez-lui Ar-Ruqyah car elle a une couleur anormale (An-Nadhrah).* »[2]

Al-Husayn Ibn Mas^cûd Al-Farâ' a dit : *Saf^cah* désigne une couleur anormale venant des djinns (*Nadhrah*) [dérivé de *Nadhar*, le regard]. Ainsi il dit : elle est touchée par un regard [*Nadhar*] des djinns, on dit aussi que les yeux des démons sont plus perçants que la pointe des lances. »

Jâbir rapporte que le Messager d'Allah (ﷺ) a dit : « *Le mauvais œil amène l'homme à la tombe et le chameau à la marmite.* »[3]

Abû Sa^cîd rapporte : « Le Prophète (ﷺ) cherchait protection auprès d'Allah contre les djinns et le mauvais œil des hommes. »[4]

Un groupe de ceux qui n'ont que peu connaissance des Textes et de la raison, a rejeté l'existence du mauvais œil et dit : « Ce ne sont que des illusions qui n'ont aucune réalité. » Ils comptent parmi ceux qui sont les plus ignorants des Textes et de la raison, ont les voiles les plus épais, les natures les plus opaques, et sont les plus éloignés de la connaissance des âmes, des esprits, de leurs natures, leurs actes et de leurs effets.

---

1 ^cAbd Ar-Razzâq dans *Al-Musannaf*, qualifié d'authentique par Al-Arnâ'ût.
2 Al-Bukhârî (5739) et Muslim (2197).
3 *As-Sahîhah* (1249).
4 *Sahîh At-Tirmidhî* (2058).

Les hommes sensés dans les communautés - quels que soient leur religion et leur credo - ne rejettent et ne renient pas le mauvais œil, même s'ils divergent sur ses causes et ses effets.

Un groupe a dit : si l'âme de celui qui est à l'origine du mauvais œil s'adapte à cette nature mauvaise, une force venimeuse jaillit de son œil, vers celui qui est atteint du mauvais œil, et ainsi il est touché par le mal. Ils disent : cela n'est pas rejetable, tout comme le jaillissement d'une force venimeuse du serpent qui frappe l'homme, et le fait périr. C'est une chose connue d'une espèce de vipères : si elles fixent leur regard sur une personne, elle périt, et il en est de même pour celui qui est à l'origine du mauvais œil.

Un autre groupe a dit : il n'est pas improbable qu'une fine substance invisible jaillisse de l'œil, atteigne une personne, pénètre par les pores de son corps, et que cela lui nuise.

Un autre groupe a dit : c'est Allah qui crée ce qu'il veut comme maux, lorsque le regard de celui qui est à l'origine du mauvais œil croise celui qu'il vise, sans aucune force émanant de lui, sans cause ou effet préexistant.

C'est la croyance de ceux qui renient les causes, les forces, et les effets dans le monde. Ils ont refermé sur eux la porte des motifs, des effets, et des causes, et ils se sont opposés à toutes les personnes sensées.

Nul doute qu'Allah (ﷻ) a créé dans les corps et les âmes, des forces et des natures différentes, et a mis dans nombre d'entre eux des caractéristiques et qualités efficientes. L'homme sensé ne peut nier l'effet des esprits sur les corps, puisque c'est une chose visible et palpable. Tu vois le visage rougir fortement, s'il est regardé par une personne qui inspire honte et timidité. Il jaunit également fortement s'il est regardé par celui qui inspire la peur. Les gens ont vu des gens tomber malades et des forces faiblir en raison d'un regard. Tout ceci à travers l'influence des âmes ; et en raison de leur lien fort avec l'œil, on lui attribue l'acte, et ce dernier ne fait rien, mais c'est l'âme qui agit. Les âmes diffèrent dans leur nature, forces, propriétés et spécificités. Ainsi, l'âme de l'envieux nuit de manière claire à celui qui est envié, et c'est pourquoi Allah (ﷻ) a ordonné à son Messager de chercher protection auprès de Lui contre son mal.

L'influence de l'envieux sur le malheur de l'envié, est une chose qui n'est reniée que par celui qui est hors de la réalité humaine. C'est là le fondement de la nuisance par le mauvais œil, car l'âme mauvaise et envieuse adopte cette nature mauvaise qui rencontre la personne enviée, et elle a un impact sur elle en raison de cette propriété. La chose la plus comparable est le serpent, car le venin est contenu en lui avec force, et lorsqu'il rencontre son ennemi, une force furieuse en jaillit et adopte une nature mauvaise et nuisible. Certains ont une nature si forte et si grande qu'ils peuvent provoquer une fausse couche, ou la perte de la vue, comme l'a dit le Prophète (ﷺ) au sujet du serpent à la queue coupée et celui aux deux raies : « *Ils font perdre la vue et provoquent des fausses couches.* »[1] Certains influent sur l'homme par le seul regard, sans lien direct, en raison de force du mal de cette âme et de sa nature mauvaise efficiente.

L'effet ne dépend pas du contact corporel comme le pensent ceux qui n'ont que peu de science et peu de connaissance de la nature et de la Législation. Mais cela peut survenir par le contact, la rencontre, la vision, l'orientation de l'âme vers celui sur qui elle peut agir, les formules de rappel, Ar-Ruqyah, les formules de recherche de protection, l'illusion ou l'imagination.

L'influence de l'âme de celui qui est à l'origine du mauvais œil n'est pas limitée au regard, car cela peut être un aveugle auquel on décrit une chose sur laquelle son âme influe, même sans la voir, et beaucoup de ceux qui sont à l'origine du mauvais œil influent sur ceux qu'elles visent sans pour autant les voir. Allah (ﷻ) dit à Son Prophète (ﷺ) :

وَإِن يَكَادُ ٱلَّذِينَ كَفَرُوا۟ لَيُزْلِقُونَكَ بِأَبْصَٰرِهِمْ لَمَّا سَمِعُوا۟ ٱلذِّكْرَ وَيَقُولُونَ إِنَّهُۥ لَمَجْنُونٌ ﴿٥١﴾

« ***Lorsqu'ils entendent le Coran, les mécréants font tout pour te jeter un mauvais œil et ils disent : « Il est complètement fou ! »*** »[2]

قُلْ أَعُوذُ بِرَبِّ ٱلْفَلَقِ ﴿١﴾ مِن شَرِّ مَا خَلَقَ ﴿٢﴾ وَمِن شَرِّ غَاسِقٍ إِذَا وَقَبَ ﴿٣﴾ وَمِن شَرِّ
ٱلنَّفَّٰثَٰتِ فِى ٱلْعُقَدِ ﴿٤﴾ وَمِن شَرِّ حَاسِدٍ إِذَا حَسَدَ

« ***Dis : Je cherche protection auprès du Seigneur de l'aube naissante, contre le mal de ce qu'Il a créé, contre le mal de la nuit quand elle s'approfondit, contre le mal de celles qui soufflent sur les noeuds, et contre le mal de l'envieux quand il envie.*** »[3]

Toute personne à l'origine du mauvais œil est envieuse, mais tout envieux n'est pas nécessairement à l'origine d'un mauvais œil. Et puisque l'envieux est une dénomination plus large que celui qui est à l'origine du mauvais œil, la recherche de protection auprès d'Allah contre le premier

---

[1] Al-Bukhârî (3297) et Muslim (2233).
[2] Sourate *Al-Qalam*, v.51.
[3] Sourate *Al-Falaq*, v.1-5.

englobe a fortiori le deuxième. Ce sont des flèches sortant de l'âme de l'envieux ou de celui qui est à l'origine du mauvais œil en direction de la personne enviée ou visée par le mauvais œil. Elles l'atteignent parfois et la manquent parfois, et s'ils elles l'atteignent alors qu'elle est exposée, sans protection, elles influent nécessairement sur lui ; et si elles l'atteignent alors qu'elle est prête et armée, sans aucune entrée ouverte aux flèches, elles ne peuvent influer sur elle et peuvent même être retournées vers celui qui les a décochées, tout comme le tir réel de flèches. L'un provient des esprits et âmes, et l'autre des corps et non seulement ceci provient des âmes et des esprits mais des corps et silhouettes.

Le mauvais œil naît de l'étonnement de celui qui en est à l'origine, qui est suivi par la nature mauvaise de son âme mauvaise, puis elle s'appuie sur le regard dirigé vers la victime pour envoyer ses flèches. L'homme peut être victime de son propre mauvais œil, ou être à l'origine du mauvais œil sans le vouloir, mais par nature, et c'est la forme la plus vile du mauvais œil humain. Nos compagnons et d'autres jurisconsultes ont dit : « Celui qui est connu pour cela doit être arrêté par l'imam et il doit lui assurer sa subsistance jusqu'à la mort. » Et c'est ce qui est correct, de manière catégorique.

Le traitement prophétique de ce mal est de plusieurs formes :

Sahl Ibn Hunayf rapporte : « Nous sommes passés près d'un cours d'eau et je m'y suis lavé, mais j'en suis sorti fiévreux. On rapporta ce qui m'était arrivé au Messager d'Allah (ﷺ) qui dit : « Ordonnez à Abû Thâbit de chercher protection auprès d'Allah. » Je dis : « Ô maître ! La *Ruqyah* est utile ? » Il dit : « Pas de *Ruqyah* si ce n'est pour le mauvais œil, et la piqûre de la bête venimeuse. »[1]

Parmi les formules de recherche de protection et de *Ruqyah* figure la multiplication de la récitation des deux sourates « de protection » (*Al-Falaq* et *An-Nâs*), de *Al-Fâtihah*, du verset *Al-Kursiyy*, et les formules de recherche de protection rapportées du Prophète (ﷺ), parmi lesquelles :

« Je me mets sous la protection des paroles parfaites d'Allah contre le mal qu'Il a créé. »

« Je me mets sous la protection des paroles parfaites d'Allah contre tout démon et bête venimeuse, et contre tout mauvais œil. »

« Je cherche protection auprès des décrets parfaits d'Allah – auxquels nul ne peut se soustraire, qu'il soit pieux ou pervers – contre le mal de ce

---

[1] Abû Dâwud (3888), la chaîne de transmission de ce hadith est faible.

qu'Il a créé, conçu et réalisé, contre le mal de ce qui descend du ciel, contre le mal de ce qui y monte, contre le mal de ce qui est semé dans la terre, contre le mal de ce qui en sort, contre le mal des troubles nocturnes et diurnes, et contre le mal de toute personne qui frappe à la porte, exceptée celle qui vient pour une bonne chose, ô Tout Miséricordieux. »

« Je me mets sous la protection des paroles parfaites d'Allah contre Sa colère, [Son châtiment], le mal de Ses créatures, les incitations des démons et leur présence à mes côtés. »

« Ô Allah ! Je me mets sous la protection de Ton Noble Visage et Tes paroles parfaites contre le mal de ce que Tu saisis par son toupet. Ô Allah ! C'est Toi qui dissipes le péché et l'endettement. Ô Allah ! On ne peut dominer Tes armées et empêcher Ta promesse, gloire, pureté et louange à Toi. »

« Je cherche protection auprès d'Allah l'Immense, devant qui rien n'est plus grand, Ses paroles parfaites, que ni le pieux ni le pervers ne peuvent outrepasser, et Ses Noms magnifiques – ceux que je connais et ceux que j'ignore – contre le mal de ce qu'Il a créé, conçu et réalisé, et contre le mal de toute personne dont je ne peux supporter le mal, et contre le mal de toute personne mauvaise que Tu tiens par son toupet. Mon Seigneur est certes sur une voie droite. »

« Ô Allah ! Tu es mon Seigneur, il n'y a de divinité digne d'adoration que Toi, c'est en Toi que je place ma confiance, Tu es le Seigneur du Trône immense, ce qu'Allah veut est, et ce qu'Il ne veut pas n'est pas, il n'y a de force et de puissance qu'en Allah. Je sais qu'Allah est capable de toute chose, et qu'Il cerne toute chose de Sa science, Il dénombre toute chose. Ô Allah ! Je cherche protection auprès de Toi contre le mal de mon âme, le mal de Satan et son polythéisme, et le mal de toute monture que Tu tiens par son toupet. Mon Seigneur est certes sur une voie droite. »

On peut aussi dire : « Je me protège par Allah en dehors duquel il n'y a pas de divinité digne d'adoration. Je cherche refuge auprès de mon Seigneur et le Seigneur de toute chose, je place ma confiance en le Vivant qui ne meurt pas, et je repousse le mal sans force et puissance si ce n'est en Allah, Allah me suffit et quel bon protecteur. Mon Seigneur me suffit face aux serviteurs, mon Créateur me suffit face aux créatures, Celui qui pourvoit à la subsistance me suffit face à ceux à qui on l'accorde, Celui qui me suffit me suffit, Celui qui détient la Royauté sur toute chose, Il accorde refuge et personne ne peut accorder refuge face à Lui, Allah me suffit et cela suffit, Allah entend celui qui L'invoque et il n'y a au-delà d'Allah aucun objectif, Allah me suffit, il n'y a de divinité digne d'adoration que Lui, je place ma confiance en Lui et Il est le Seigneur du Trône immense. »

Celui qui essaie ces invocations et recherches de protection, constatera leur utilité, et leur impérative nécessité, car elles empêchent à l'effet du mauvais œil de parvenir, et s'il est parvenu, elles le repoussent en fonction de la foi de celui qui les prononce, de la force de son âme, de sa disposition, de sa confiance en Allah et de la fermeté de son cœur ; elles sont une arme, et l'arme dépend de celui qui la porte.

Si celui qui est à l'origine du mauvais œil craint de nuire à la personne visée, qu'il repousse son mal en disant : « Ô Allah, couvre-le de bénédiction. » comme le Prophète (ﷺ) dit à ᶜÂmir Ibn Rabîᶜah lorsqu'il lança un mauvais œil à Sahl Ibn Hunayf : «*Pourquoi n'as-tu pas demandé la bénédiction d'Allah ?* » c'est-à-dire pourquoi n'as-tu pas dit : « Ô Allah ! Couvre-le de bénédiction. »

Parmi les choses qui repoussent les effets du mauvais œil, est de dire : « Ce qu'Allah a voulu, il n'y a de force et de puissance qu'en Allah. » Hishâm Ibn ᶜUrwah rapporte d'après son père, que lorsqu'il voyait une chose qui lui plaisait, ou lorsqu'il entrait dans un de ses jardins, il disait : « Ce qu'Allah a voulu, il n'y a de force et de puissance qu'en Allah. »

Parmi ceci, la *Ruqyah* pratiquée par Jibrîl (عليه السلام) au Prophète (ﷺ) et qui est rapportée par Muslim : « *Au nom d'Allah je conjure tout ce qui peut te nuire, tous les maux issus des mauvaises âmes et du mauvais œil des jaloux. Qu'Allah te guérisse. Au nom d'Allah, je conjure [tout mal qui t'atteint.]* »[1]

Un groupe de pieux prédécesseurs a été d'avis que l'on pouvait écrire des versets du Coran, puis les faire boire [après avoir plongé la feuille dans de l'eau] à celui qui est atteint par le mauvais œil. Mujâhid dit : « Il n'y a aucun mal à écrire le Coran, laver l'écriture, et faire boire au malade de son eau. » et on rapporte la même chose de Abû Qilâbah. On rapporte que Ibn ᶜAbbâs ordonna qu'on écrive pour une femme dont l'accouchement était difficile, des versets du Coran, qu'on les rince et qu'on la lave et lui fasse boire de cette eau. Ayyûb rapporte : « J'ai vu Abû Qilâbah écrire du Coran, puis le rincer avec de l'eau et la faire boire à un homme souffrant. »

Aussi, on ordonne à celui qui est à l'origine du mauvais œil, de se laver les plis du corps, les membres, et l'intérieur de son pagne, et sur ce point, on trouve deux avis :

Le premier est qu'il s'agit de ses parties génitales.

---

[1] Muslim (2185).

Le deuxième est que cela désigne la partie intérieure de son pagne qui touche son corps du côté droit.

Puis on verse par derrière l'eau d'un seul trait sur la tête de l'homme atteint. C'est là une chose que ne peuvent atteindre les remèdes des médecins, et dont ne peut bénéficier celui qui le renie, s'en moque, en doute, ou essaie sans croire que cela lui sera bénéfique.

S'il y a dans la nature des propriétés dont les médecins ne connaissent aucunement les causes, et qui plus encore sortent de l'entendement, alors que renient les athées et ignorants parmi eux des propriétés de la Législation, bien que le traitement par ce lavage soit reconnu par la raison saine qui admet son bien-fondé. Sache que l'antidote du poison du serpent repose dans sa chair, et que le remède à l'influence de l'âme enragée repose dans l'apaisement de sa colère et l'extinction de son feu en mettant et passant ta main sur lui, et en apaisant sa colère. À l'exemple d'un homme qui veut lancer sur toi une torche, mais sur laquelle tu verses de l'eau, alors qu'elle est toujours dans sa main, jusqu'à ce qu'elle se soit éteinte. C'est pourquoi on ordonne à celui qui est à l'origine du mauvais œil de dire : « Ô Allah, couvre-le de bénédiction. » afin qu'il repousse cette nature mauvaise par l'invocation qui est une bienfaisance pour celui qui est visé par le mauvais œil, car le remède d'une chose repose en son contraire.

Puisque cette nature mauvaise apparaît sur les endroits fins du corps, car elle cherche à y pénétrer, elle ne trouve rien de plus fin que les plis du corps et à l'intérieur du pagne, notamment si cela désigne les parties intimes. Quand on lave ces endroits, leur influence et leurs effets disparaissent. De plus, ces endroits sont propres aux esprits diaboliques. L'essentiel est que si on les lave par l'eau, on éteint ce feu, et ce venin disparaît.

D'autre part, le lavage aura également un effet sur le cœur à travers le plus fin et le plus perméable des endroits, et cela éteindra ce feu et ce venin par l'eau. Ainsi, l'homme touché par le mauvais œil guérira, de la même manière que lorsqu'on tue une bête venimeuse après sa morsure, ses effets diminuent sur la victime et elle s'apaise, car l'âme de la bête augmente l'effet du poison et son arrivée chez la victime, et lorsqu'elle est tuée, la douleur diminue. Cela est avéré, même si cela est également dû à la joie de la victime et sa réjouissance de voir mourir son ennemi, ce qui renforce la nature contre la douleur et la repousse.

En résumé, le lavage de la personne à l'origine du mauvais œil dissipe cette nature qui émane de lui, mais cela n'est utile que si son âme s'accommode de cette manière de procéder. **Si on demande** : le bien-fondé du lavage est apparu, mais quel est celui du fait de verser cette eau sur la personne atteinte ? **Nous répondons** : cela est des plus adéquat, car l'eau a éteint cette nature de feu et dissipé cet état mauvais chez l'auteur, et de la même manière que cette eau l'a éteint chez son auteur, elle l'éteint à l'endroit frappé, après avoir touché l'auteur. L'eau avec laquelle on éteint le fer chauffé est incluse dans plusieurs remèdes naturels mentionnés par des médecins. Il n'est donc pas étrange qu'on utilise ce par quoi on a éteint la nature de feu chez celui qui est à l'origine du mauvais œil, dans un remède qui convient à ce mal.

De manière générale, la médecine des naturalistes et leur traitement par rapport au traitement prophétique est comparable à leur médecine face aux remèdes coutumiers, voire moindre, car la différence entre eux et les prophètes est beaucoup plus grande que celle entre eux et les adeptes des remèdes coutumiers, d'une manière inconcevable. Le pacte de fraternité entre la sagesse et la loi t'est ainsi clairement apparu, de même que le fait que l'un ne s'oppose jamais à l'autre. C'est Allah qui guide qui Il veut vers ce qui est juste, et ouvre toutes les portes à celui qui lui frappe continuellement à la porte du succès. Il possède les bienfaits abondants et les arguments éloquents.

Parmi les remèdes et les moyens de s'en prémunir figurent le fait de cacher la beauté de celui pour qui on craint le mauvais œil, par tout ce qui l'en éloigne, comme l'a mentionné Al-Baghawî dans *Shar<u>h</u> As- Sunnah* : « ᶜUthman (ﷺ) vit un beau garçon et dit : Noircissez ses fossettes afin qu'il ne soit pas atteint du mauvais œil. »

Al-Kha<u>tt</u>âbî a dit dans *Gharîb Al-<u>H</u>adîth* : « ᶜUthman vit un garçon atteint par le mauvais œil et dit : « Noircissez ses fossettes. » À ce sujet on trouve également le hadith de ᶜÂ'ishah (ﷺ) qui rapporte qu'un jour le Messager d'Allah (ﷺ) adressa un sermon en portant sur la tête un turban noir. »[1] Et c'est pourquoi le poète dit :

Combien l'homme parfait a besoin
D'un défaut qui le protège du mauvais œil

---

[1] Al-Arnâ'û<u>t</u> dit que le hadith ne figure pas dans le *Musnad* de ᶜÂ'ishah comme l'a prétendu l'auteur, mais qu'on trouve de nombreux autres hadiths authentiques mentionnant que le Prophète (ﷺ) porta un turban noir.

Parmi les choses qui repoussent le mauvais œil, ce que mentionne Abû ᶜAbd Allah As-Sâjî qui rapporte qu'il était en voyage pour le pèlerinage ou une expédition, sur une chamelle agile, et parmi les compagnons de route figurait un homme à l'origine de mauvais œil, et qui très souvent regardait une chose et la détériorait. On conseilla à Abû ᶜAbd Allah de garder sa chamelle éloignée de cet homme, et il répondit : « Il ne peut rien contre ma chamelle » On informa cet homme de ses paroles, alors il attendit un moment d'absence de Abû ᶜAbd Allah, s'approcha de sa monture, regarda la chamelle qui s'agita et tomba. ᶜAbd Allah revint et on l'informa que cet homme l'avait atteint de son mauvais œil et qu'elle était comme il la voyait maintenant. Il dit : « Qu'on me le montre ! » On le lui montra, il s'arrêta devant lui et dit : « Au nom d'Allah, une prison imprenable, une pierre dure, une étoile filante embrasée. Je renvoie sur celui qui en est à l'origine son mauvais œil, ainsi que sur ceux qui lui sont le plus cher.

فَٱرْجِعِ ٱلْبَصَرَ هَلْ تَرَىٰ مِن فُطُورٍ ۝٣ ثُمَّ ٱرْجِعِ ٱلْبَصَرَ كَرَّتَيْنِ يَنقَلِبْ إِلَيْكَ ٱلْبَصَرُ خَاسِئًا وَهُوَ حَسِيرٌ

« ***Regarde à nouveau, y vois-tu la moindre fissure ? Regarde encore plusieurs fois : ton regard se détournera humilié de ne trouver aucun défaut, même en insistant.*** »[1]

À ce moment, les deux pupilles de l'auteur du mauvais œil jaillirent et la chamelle se redressa sans souffrir d'aucun mal.

Traitement général de toute plainte par *Ar-Ruqyah*

Abû Ad-Dardâ' (ﷺ) rapporte que le Messager d'Allah (ﷺ) a dit : «Celui d'entre vous qui se plaint d'une chose, ou si le frère de l'un de vous se plaint, qu'il dise : « Ô Allah, notre Seigneur qui est au ciel, que Ton nom soit sanctifié, Ton ordre est dans le ciel et sur la terre, de même que Ta miséricorde est dans le ciel, fais que Ta miséricorde soit sur la terre, Pardonne-nous nos péchés et nos fautes, Tu es le Seigneur des bons, fais descendre une part de Ta miséricorde et Ta guérison sur ce mal. » et il guérira par la permission d'Allah. »[2]

Abû Saᶜîd Al-Khudhrî (ﷺ) rapporte que Jibrîl (ﷺ) vint au Prophète (ﷺ) et lui dit : « Ô Muhammad, t'es tu plaint, » Il répondit : « *Oui.* » Il dit alors : « *Au nom d'Allah je conjure tout ce qui peut te nuire, tous les maux issus des mauvaises âmes et du mauvais œil des jaloux. Qu'Allah te guérisse. Au nom d'Allah, je conjure [tout mal qui t'atteint.]* »[3]

---

1 Sourate ***Al-Mulk***, v.3-4.
2 Abû Dâwud (3892), la chaîne de transmission de ce hadith est faible.
3 Muslim (2185).

Si on objecte : Que dîtes-vous alors du hadith rapporté par Abû Dâwud : « *Pas de Ruqyah si ce n'est pour le mauvais œil ou [la morsure de] la bête venimeuse.* »

Nous répondons que le Prophète (ﷺ) n'a pas visé l'interdiction de pratiquer *Ar-Ruqyah* seulement en ces deux cas, mais ce qu'il a signifié est que *Ar-Ruqyah* est meilleure et plus utile pour le mauvais œil et la morsure de la bête venimeuse. Cela est indiqué par le contexte du hadith, car Sahl Ibn Hunayf lui dit, lorsqu'il fut touché par le mauvais œil : *Ar-Ruqyah* est-elle utile ? Il répondit : « *Pas de Ruqyah si ce n'est pour le mauvais œil ou [la morsure de] la bête venimeuse.* » et cela est indiqué par les autres hadiths concernant *Ar-Ruqyah* de manière générale ou spécifique. Anas (ﷺ) rapporte que le Messager d'Allah (ﷺ) a dit : « Pas de *Ruqyah* si ce n'est pour le mauvais œil, [la morsure de] la bête venimeuse, ou le sang qui coagule. »[1]

Anas (ﷺ) rapporte : « Le Prophète (ﷺ) a autorisé *Ar-Ruqyah*[2] pour la piqûre venimeuse, le mauvais œil et l'eczéma. »[3]

Soigner celui qui est piqué par une bête venimeuse en récitant *Al-Fâtihah*

Abû Sa'îd Al-Khudrî (ﷺ) rapporte : « Un groupe de Compagnons du Prophète (ﷺ) partit en voyage jusqu'à parvenir à un village bédouin aux habitants duquel ils demandèrent l'hospitalité, mais ils refusèrent. Le chef de ce village fut piqué par un scorpion, et ils tentèrent de le soigner par tout moyen, mais en vain. L'un d'eux dit : « Si vous vous rendiez chez ce groupe qui s'est installé, peut être disposent-ils de quelque chose ? » Ils s'y rendirent et dirent : « Ô gens ! Notre chef a été piqué par un scorpion, nous avons tout tenté pour le guérir, mais en vain. L'un de vous possède-t-il quelque chose pour cela ? » L'un d'eux répondit : « Oui, par Allah, je pratique *Ar-Ruqyah*. Mais nous vous avons demandé l'hospitalité et vous nous l'avez refusée, donc je ne pratiquerais de *Ruqyah* que si vous nous versez un salaire. » Ils se mirent d'accord sur une part de bétail. [Il se rendit auprès du chef], postillonna sur lui et récita : Louange à Allah Seigneur de l'univers (*Al-Fâtihah*). Ce fut comme si l'homme se libérait de liens, et il se mit à marcher comme s'il n'avait jamais éprouvé aucun mal. Ils leur remirent ce sur quoi ils s'étaient mis d'accord, et l'un d'eux dit : « Partagez. » Celui qui avait pratiqué *Ar-Ruqyah* dit : « Ne faites rien

[1] Abû Dâwud (3892), la chaîne de transmission de ce hadith est faible.
[2] Par soucis de clarté nous garderons le terme *Ar-Ruqyah* qui désigne le traitement par la lecture du Coran, des formules de rappel et invocations rapportées à ce sujet.
[3] Muslim (2196).

jusqu'à ce que nous arrivions chez le Messager d'Allah et que nous lui exposions ce qui est arrivé, afin que nous voyions ce qu'il nous ordonne. » Ils se présentèrent donc au Messager d'Allah (ﷺ) et lui racontèrent ce qui était arrivé. Il dit : « *Comment savais-tu qu'elle était une Ruqyah ?* » Puis il dit : « *Vous avez bien agi, partagez et donnez m'en une part.* »[1]

ᶜAlî rapporte que le Messager d'Allah (ﷺ) a dit : « Le meilleur des remèdes est le Coran. »[2]

Il est connu que certaines paroles ont des propriétés et des effets éprouvés, alors que dire des Paroles du Seigneur de l'univers. La différence entre Ses Paroles et toute autre parole est comparable à la différence entre Allah et Ses créatures. Elles sont la guérison parfaite, la protection utile, la lumière guide, et la miséricorde globale. Si ces Paroles avaient été révélées sur une montagne, elle se serait fendue en raison de leur grandeur et splendeur. Allah (ﷻ) dit :

وَنُنَزِّلُ مِنَ ٱلْقُرْءَانِ مَا هُوَ شِفَآءٌ وَرَحْمَةٌ لِّلْمُؤْمِنِينَ

« ***Nous faisons descendre du Coran, ce qui est une guérison et une miséricorde pour les croyants.*** »[3]

« *du* » désigne ici le genre et non la spécification d'une partie, et c'est là le plus juste des deux avis, comme dans la Parole d'Allah (ﷻ) :

وَعَدَ ٱللَّهُ ٱلَّذِينَ ءَامَنُوا۟ وَعَمِلُوا۟ ٱلصَّٰلِحَٰتِ مِنْهُم مَّغْفِرَةً وَأَجْرًا عَظِيمًۢا

« ***Allah promet à ceux d'entre eux qui croient et accomplissent de bonnes œuvres, un pardon et une immense récompense*** »[4]

Et ils sont tous de ceux qui croient et pratiquent de bonnes œuvres, alors que dire de l'Ouverture du Livre qui n'a de pareil ni dans le Coran, ni dans la Thora, ni dans l'Évangile, ni dans les Psaumes. Elle contient tous les sens des livres d'Allah, elle mentionne les fondements des Noms du Seigneur et ce qui les regroupe tous, et qui sont : Allah, *Ar-Rabb* (le Seigneur), et *Ar-Rahmân*. Elle fait également mention de la Résurrection, des deux unicités : de la Seigneurie et de la Divinité, du dénuement devant le Seigneur (ﷻ) dans la demande d'aide et de guidée, le fait que cela n'appartient qu'à Lui, de même qu'elle mentionne la meilleure et la plus utile des invocations, ce dont les serviteurs ont le plus besoin est qui est la

---

1 Al-Bukhârî (5749) et Muslim (2201).
2 Ibn Mâjah (3501), la chaîne de transmission de ce hadith est faible.
3 Sourate ***Al-Isrâ'***, v.82.
4 Sourate ***Al-Fath***, v.29.

guidée vers la voie droite qui comprend la perfection de Sa connaissance, de Son unicité et des adorations qui lui sont vouées en accomplissant ce qu'Il ordonne, en s'éloignant de ce qu'Il interdit, et en restant sur cela jusqu'à la mort. Elle mentionne également les catégories de créatures et leur division entre ceux qui sont comblés de bienfaits par la connaissance de la vérité, sa mise en pratique, son amour et sa préférence d'un côté, et de l'autre ceux qui ont encouru la colère d'Allah pour s'être écartés de la vérité ou s'être égarés après avoir connu la vérité ; et ce sont là les différentes catégories des créatures. Elle inclut également l'affirmation de la prédestination, de la Loi, des Noms, des Attributs, de la Résurrection, des prophéties, de la purification des âmes, de la reforme des cœurs. De même qu'elle comprend la mention de la justice d'Allah et Sa bienfaisance, et une réfutation de tous les adeptes de l'innovation et du Faux, ainsi que nous l'avons mentionné dans notre grand livre *Madârij As-Sâlikîn* en explication de cette sourate. Une sourate dont c'est là une part de l'importance mérite qu'on s'en serve à l'exclusion des autres remèdes et qu'on la récite pour soigner celui qui est piqué par une bête venimeuse.

De manière générale, *Al-Fâtihah* contient la sincérité de la servitude, les éloges d'Allah, le fait de Lui confier toute chose, la demande de protection, la confiance en Lui, et la demande de tout bien qu'est la guidée qui amène tout bienfait et repousse tout châtiment, et elle compte parmi les plus grands remèdes.

On a dit que la partie qui était une *Ruqyah* était :

إِيَّاكَ نَعۡبُدُ وَإِيَّاكَ نَسۡتَعِينُ ٥

« ***C'est Toi [Seul] que nous adorons, et c'est Toi [Seul] dont nous implorons l'aide*** »[1]

Nul doute que ces deux termes constituent la plus forte partie de ce remède, car ils contiennent de manière générale le fait de s'en remettre et de placer sa confiance en Allah, de s'orienter vers Lui et de chercher l'aide auprès de Lui, le dénuement et la demande, et ils réunissent le plus grand des objectifs qu'est l'adoration du Seigneur unique, et le plus noble moyen qu'est de chercher protection auprès de Lui pour pouvoir L'adorer, ce qui ne figure dans aucune autre sourate. Une fois, à la Mecque, j'étais malade, je n'avais ni un médecin, ni remède, et je me soignais par elle. Je prenais un peu d'eau de *Zamzam*, je récitais dessus *Al-Fâtihah*, puis je la buvais, et je fus parfaitement guéri. Dès lors, je me suis appuyé sur cela pour traiter plusieurs maux, et j'y trouve un très grand bénéfice.

[1] Sourate ***Al-Fâtihah***, v.5.

La lecture de *Al-Fâtihah* et d'autres versets pour guérir des bêtes venimeuses comporte un secret merveilleux, car les bêtes venimeuses influent par la nature de leurs âmes mauvaises, comme cela a été mentionné. Leur arme est l'aiguillon ou le dard avec lequel elles piquent, et elles ne piquent que si elles sont irritées, et lorsqu'elles le sont, le venin s'agite en elles et elles le projettent par leur instrument.

Allah (ﷻ) a donné à chaque maladie un remède et à toute chose un contraire. L'âme de l'homme qui pratique *Ar-Ruqyah* a un effet sur l'âme de celui qui la reçoit, ainsi il y a entre les deux âmes une relation d'effet et d'influence, comme entre la maladie et le remède. L'âme de celui qui la pratique s'en trouve renforcée, elle domine la maladie par la permission d'Allah, et la maladie sera dissipée. Nous savons que l'effet des remèdes sur les maladies gravite autour de l'effet et de l'influence, et ce qui se passe entre la maladie et le remède naturel, se passe également entre la maladie et le remède spirituel. Le fait de souffler et postillonner vient aider par l'humidité, l'air, la respiration, ainsi que les formules de rappel et les invocations, car *Ar-Ruqyah* sort du cœur et de la bouche de celui qui la pratique, et si cela est mêlé à des particules de ses entrailles comme la salive, l'air et la respiration, cela est plus efficace, plus actif et pénétrant. Leur réunion donne une nature semblable à la nature produite lors de la combinaison de remèdes.

De manière générale, l'âme de celui qui pratique *Ar-Ruqyah* s'oppose à ces âmes mauvaises, il augmente la disposition de son âme, et s'aide de *Ar-Ruqyah* et du souffle pour dissiper ces effets, et plus la disposition de l'âme de celui qui pratique *Ar-Ruqyah* est forte, plus *Ar-Ruqyah* sera forte. Le fait qu'il s'aide de son souffle est semblable au recours que font ses âmes mauvaises à la piqûre.

Le souffle comporte un autre secret, car il est utilisé à la fois par les âmes bonnes et mauvaises, c'est pourquoi il est utilisé à la fois par les sorciers et par les adeptes de la foi. Allah (ﷻ) dit :

وَمِن شَرِّ ٱلنَّفَّٰثَٰتِ فِى ٱلْعُقَدِ

« [Je cherche protection] contre le mal de celles qui soufflent sur les noeuds. »

Ceci car l'âme adopte la disposition de la colère et du combat, et elle lance ses souffles comme des flèches, en les soutenant par le souffle et le fait de postillonner qui est accompagné d'un peu de salive qui contient une nature efficiente. Les sorcières ont recours de manière évidente au souffle, même s'il n'atteint pas le corps de l'ensorcelé, mais elles soufflent sur le nœud, le nouent puis prononcent le sort. Cela agit sur l'ensorcelé par l'intermédiaire des âmes mauvaises et viles. S'oppose à elles une âme pure et bonne avec une disposition de défense et les paroles de *Ar-Ruqyah,* et elle a recours au souffle. Celle qui triomphera gouvernera, et la rencontre des âmes, leur guerre et leurs armes sont comparables à la rencontre des corps, leur guerre et leurs armes, puisqu'à l'origine, la guerre et l'opposition sont le propre des âmes et que leurs outils et leurs armées sont les corps. Mais celui qui est dominé par les sens ne ressent pas les influences des âmes, leurs activités et leurs effets, à cause de l'emprise du pouvoir des sens sur lui et de son éloignement du monde des esprits, de ses règles et de ses actes.

L'essentiel est que si l'âme est forte, qu'elle adopte les sens de *Al-Fâtihah,* et a recours au souffle et au postillon, elle s'opposera à l'effet produit par les âmes mauvaises et le dissipera. Et Allah est plus savant.

Traitement de la piqûre du scorpion par *Ar-Ruqyah*

ᶜAbd Allah Ibn Masᶜûd (ﷺ) rapporte : « Pendant la prière, le Messager d'Allah (ﷺ) se prosterna et un scorpion le piqua au doigt. Le Messager d'Allah (ﷺ) se retourna et dit : « Qu'Allah maudisse le scorpion. Il n'épargne ni prophète ni personne. » Puis il demanda un récipient contenant de l'eau et du sel, et il plongea l'endroit piqué dans l'eau et le sel, en récitant [sourate *Al-Ikhlâs*] et les deux sourates de protection [*Al-Falaq* et *An-Nâs*] jusqu'à ce que cela s'apaise. »[1]

Ce hadith indique un traitement par un remède composé de deux choses : un remède naturel et un remède divin. Sourate *Al-Ikhlâs* contient la perfection de l'Unicité de science et de croyance, l'affirmation de l'unicité d'Allah qui implique la négation de toute association ; l'affirmation de Sa suffisance face à toute chose qui implique d'affirmer pour Lui toute perfection et l'orientation vers Lui des créatures pour assurer leurs besoins. C'est-à-dire que toutes les créatures, dans les hauteurs et les profondeurs, s'orientent vers Lui. Elle contient également la négation qu'Il ait enfanté ou ait été enfanté, la négation de tout semblable implique de ne pas Lui attribuer d'origine, de descendance et de semblable. Ainsi, elle est considérée comme équivalente au tiers du Coran. Son nom *As-Samad* (Celui qui se passe de tout et dont tous ont besoin) affirme toute perfection, et le fait de nier tout égal à Lui est une exemption de tout semblable. Le nom *Ahad* (Unique) est une négation de tout associé à Celui qui possède la majesté, et ces trois fondements constituent toute l'Unicité.

[1] At-Tirmidhî (2905), la chaîne de transmission de ce hadith est faible.

Les deux sourates de protection [*Al-Falaq* et *An-Nâs*] contiennent une recherche de protection auprès d'Allah contre toute chose détestable, car la recherche de protection contre le mal de ce qu'Il a créé englobe tout mal contre lequel on peut chercher protection, que cela soit dans les corps ou les âmes. La recherche de protection contre le mal de la nuit quand elle s'approfondit dont le signe est la disparition de la lune englobe la recherche de protection contre le mal de ce qui s'y dispersent comme âmes mauvais que la lumière de la journée empêchait de se propager. Lorsque la nuit s'assombrit et que la lune disparaît, elles se dispersent et font des ravages. La recherche de protection contre le mal des sorcières qui soufflent sur les nœuds contient la recherche de protection contre le mal des sorcières et de leur sorcellerie. La recherche de protection contre le mal de l'envieux comprend la recherche de protection contre les âmes mauvaises et nuisibles, par leur envie et leur regard mauvais.

La deuxième sourate contient la recherche de protection contre le mal des démons parmi les hommes et les djinns. Les deux sourates réunissent la recherche de protection contre tout mal, et elles jouent un grand rôle dans la précaution et la fortification contre les maux, avant qu'ils ne surviennent. C'est pourquoi, le Prophète (ﷺ) recommanda à ᶜUqbah Ibn ᶜÂmir de les réciter après chaque prière[1]. Il y a donc un grand secret dans la recherche de protection contre les maux, d'une prière à l'autre. Le Prophète (ﷺ) dit : « *Ceux qui cherchent protection ne disposent pas de chose meilleur que ces deux-là.* »[2] On rapporte que le Prophète (ﷺ) fut ensorcelé de onze nœuds et que Jibrîl vint au Prophète (ﷺ) avec ces deux sourates. Chaque fois qu'il lisait un verset, un nœud se dénouait, jusqu'à ce que les nœuds soient tous défaits, et ce fut comme s'il se libérait de liens.

Quant au traitement naturel en ce cas, le sel est utile contre plusieurs poisons, notamment la piqûre du scorpion. L'auteur de *Al-Qânûn* a dit : « Pour traiter la piqûre du scorpion, on fait un pansement de sel et de grains de lin. » d'autres l'ont également mentionné. Le sel contient une force attractive et dissolvante qui attire et dissout les venins, et puisque la piqûre contient une force de feu, elle nécessite refroidissement, attraction et extraction. La réunion de l'eau qui refroidit le feu de la piqûre, avec le sel qui attire et extrait compte parmi les meilleurs traitements, les plus aisés et faciles. Ce hadith montre que ce mal doit être traité par le refroidissement, l'attraction et l'extraction. Et Allah est plus savant.

---

1 Sa<u>h</u>î<u>h</u> *At-Tirmidhî* (2902)
2 A<u>h</u>mad (17297).

Abû Hurayrah (ﷺ) rapporte : « Un homme est venu au Prophète (ﷺ) et dit : « Ô Messager d'Allah ! Je souffre en raison d'un scorpion qui m'a piqué hier. » Il lui dit : « *Si tu avais dit hier soir : Je me mets sous la protection des Paroles parfaites d'Allah contre le mal de ce qu'Il a créé, cela ne t'aurait causé aucun mal.* » »[1]

Sache que les remèdes divins sont utiles contre la maladie, après qu'elle survienne, et ils peuvent également l'empêcher de survenir ; et si la maladie survient, elle n'aura pas d'effet nuisible, même si elle aurait dû en avoir, alors que les remèdes naturels ne sont utiles qu'après la survenue de la maladie. Les formules de recherche de protection et de mention d'Allah peuvent soit empêcher la survenue de ces causes, soit empêcher leurs effets d'agir totalement, en fonction de la perfection de la recherche de protection, sa force ou sa faiblesse. Ainsi *Ar-Ruqyah* et les formules de recherche de protection sont utilisées pour préserver la santé et dissiper la maladie. Pour ce qui est du premier cas, cela apparaît dans le hadith de ᶜÂ'ishah (ﷺ) qui rapporte : « Au moment de se coucher, le Messager d'Allah (ﷺ) soufflait dans ses deux paumes en récitant : « ***Dis : Il est Allah l'Unique*** » et les deux sourates de protection, puis il essuyait son visage, ainsi que tout ce que ses mains atteignaient de son corps. »[2] De même dans le hadith de la recherche de protection de Abû Ad-Dardâ': « Ô Seigneur ! Il n'y a de divinité digne d'adoration que Toi. C'est en Toi que je place ma confiance et Tu es le Seigneur du Trône immense. » et nous avons déjà mentionné que celui qui prononce cela au début de la journée ne sera atteint d'aucun mal jusqu'au soir ; et celui qui prononce cela en fin de journée ne sera atteint d'aucun mal jusqu'au matin[3].

Dans les deux Sahîh on lit : « *Celui qui, dans la nuit, récite les deux versets à la fin de sourate Al-Baqarah, ils lui suffiront.* »[4]

On rapporte également que le Prophète (ﷺ) a dit : « *Celui qui s'arrête à un endroit et dit : Je me mets sous la protection des Paroles parfaites d'Allah contre le mal de ce qu'Il a créé, ne sera touché d'aucun mal jusqu'à ce qu'il s'en aille.* »[5]

On rapporte également que le Prophète (ﷺ) était en voyage et qu'il disait la nuit : « Ô terre ! Allah est mon Seigneur et le tien. Je cherche protection auprès d'Allah contre ton mal et contre le mal de ce que tu contiens et ce qui rampe sur toi. Je cherche protection auprès d'Allah contre

[1] Muslim (2709).
[2] Al-Bukhârî (6319) et Muslim (2192).
[3] Ibn As-Sunnî, la chaîne de transmission de ce hadith est faible.
[4] Al-Bukhârî (5009) et Muslim (808).
[5] Muslim (2708).

le lion et le scorpion, contre le serpent et le scorpion, contre celui qui habite la contrée, et contre tout père et sa descendance. »[1]

Quant au deuxième cas, comme nous l'avons mentionné, par la pratique de *Ar-Ruqyah* en récitant *Al-Fâtiḫah* contre la piqûre de scorpion et d'autres choses à venir.

Traitement de l'eczéma par *Ar-Ruqyah*

Nous avons vu dans le hadith de Anas : « Le Prophète (ﷺ) a autorisé *Ar-Ruqyah* pour la piqûre venimeuse, le mauvais œil et l'eczéma. »[2]

As-Shifâ' Bint ᶜAbd Allah rapporte : « Le Messager d'Allah (ﷺ) est venu me voir, alors que j'étais chez Ḫafṣah, et dit : « *Enseigne-lui Ar-Ruqyah contre l'eczéma comme tu lui as appris l'écriture.* » »[3]

L'eczéma consiste en des lésions [de la peau] qui apparaissant sur les deux flancs, et c'est une maladie connue, et nommée [en arabe] *Namlah* (fourmi) car celui qui en est atteint a l'impression qu'une fourmi marche sur son corps et le mord, et il est de trois types. Ibn Qutaybah et d'autres ont dit que les zoroastriens prétendaient que si on posait l'enfant d'un homme conçu avec sa sœur sur l'eczéma, le malade guérissait.

Al-Khallâl rapporte que As-Shifâ Bint ᶜAbd Allah pratiquait Ar-Ruqyah contre l'eczéma avant l'islam, et lorsqu'elle émigra vers le Prophète (ﷺ), car elle lui avait fait serment d'allégeance à la Mecque, elle lui dit : « Ô Messager d'Allah ! Je pratiquais Ar-Ruqyah contre l'eczéma avant l'islam et je voudrais te montrer en quoi cela consistait. » Elle le lui montra et dit : « Au Nom d'Allah, qu'il se détourne jusqu'à ce qu'il rentre par ses ouvertures sans nuire à personne. Ô Allah ! Dissipe le mal, ô Seigneur des hommes. » Il lui dit alors : « Prononce cela à sept reprises, sur un bout de bois, cherche un endroit propre, et frotte-le sur une pierre avec du vinaigre du vin aigre, que tu appliques ensuite sur l'eczéma. »[4] Ce hadith est une preuve qu'il est permis d'apprendre l'écriture aux femmes.

---

[1] Abû Dâwud (2603), la chaîne de transmission de ce hadith est faible.

[2] Muslim (2196).

[3] *As-Saḫîḫah* (178).

[4] As-Shawkânî mentionne dans *Nayl Al-Awṯâr* (8/213) que rien n'est rapporté authentiquement concernant le traitement de l'eczéma par *Ar-Ruqyah*.

Traitement de la morsure du serpent par *Ar-Ruqyah*

Nous avons déjà mentionné sa parole : « Pas de *Ruqyah* si ce n'est pour le mauvais œil, et la piqûre de la bête venimeuse. »[1]

ᶜÂ'ishah (ﷺ) rapporte que le Prophète (ﷺ) a autorisé la pratique de *Ar-Ruqyah* contre le serpent et le scorpion. »[2]

Ibn Shihâb Az-Zuhrî rapporte : « Un compagnon du Messager d'Allah (ﷺ) fut mordu par un serpent, et le Prophète demanda : « *Quelqu'un pratique-t-il Ar-Ruqyah ?* » Ils dirent : « Ô Messager d'Allah ! La famille de Hazm pratiquait *Ar-Ruqyah* contre le serpent, mais quand tu as interdit cela, ils ont cessé. » Il dit : « *Appelez ᶜUmârah Ibn Hazm.* » Ils l'amenèrent et il montra au Prophète (ﷺ) comment il pratiquait *Ar-Ruqyah.* Le Prophète (ﷺ) dit : « *Il n'y a pas de mal en cela.* » Et il lui autorisa à pratiquer cette *Ruqyah* sur le Compagnon[3].

Traitement de la plaie et de la lésion par *Ar-Ruqyah*

ᶜÂ'ishah (ﷺ) rapporte : « Lorsque quelqu'un se plaignait ou souffrait d'une plaie ou d'une lésion, il disait en mettant son doigt ainsi – et Sufyân posa son index à terre puis le leva et dit – « *Au nom d'Allah, la terre de notre pays avec la salive de l'un de nous soignent nos maladies par la permission de notre Seigneur.* »[4]

Cela compte parmi les remèdes simples, bénéfiques et composés, et les moyens simples de traiter les plaies et lésions fraîches, surtout lorsqu'on ne dispose d'aucun autre remède, puisqu'on la trouve en tout lieu. On sait que la nature de la terre pure est froide et sèche, elle assèche l'humidité des plaies et lésions qui empêche la nature d'agir parfaitement, et de cicatriser rapidement, surtout dans les pays chauds, et chez ceux qui sont d'humeur chaude. Ceci car ces plaies et lésions sont souvent accompagnées d'une humeur chaude. S'ajoutent donc la chaleur du pays, de l'humeur et de la lésion, et la nature de la terre pure est plus froide et sèche que tous les remèdes simples et froids. Ainsi, la fraîcheur de la terre s'oppose à la chaleur de la maladie, surtout si la terre a été lavée et séchée. Cela s'accompagne également souvent d'humidité et d'écoulement, et la terre les assèche et fait disparaître – par sa forte nature asséchante et sèche – la

---

[1] Abû Dâwud (3888), la chaîne de transmission de ce hadith est faible.
[2] Al-Bukhârî (5741) et Muslim (2193).
[3] Muslim (2199).
[4] Al-Bukhârî (5745) et Muslim (2194).

mauvaise humidité qui empêche la cicatrisation. De plus, cela équilibre l'humeur du membre souffrant, et lorsque l'humeur du membre revient à l'équilibre, ses forces d'organisation augmentent et repoussent les douleurs par la permission d'Allah.

Le hadith signifie que la personne doit mettre un peu de salive sur son index, puis le mettre sur la terre qui s'y attachera, puis essuyer cela sur la plaie en disant cette parole en raison de ce qu'elle contient comme bénédiction du Nom d'Allah, du fait qu'elle lui confie toute chose et place sa confiance en lui afin que les deux remèdes s'unissent et que l'effet se renforce.

Sa parole : « *la terre de notre pays* » désigne-t-elle toute terre ou spécifiquement la terre de Médine ? Il existe deux avis, mais nul doute qu'il existe des terres qui ont des propriétés bénéfiques et curatives pour de nombreuses maladies. Galien dit : « J'ai rencontré à Alexandrie des gens souffrant de la rate et de pleurésie qui employaient la boue d'Egypte et s'en recouvraient les jambes, cuisses, bras, dos et côtes, et ils y trouvaient un grand bénéfice. » Il dit : « Ainsi, cet enduit peut convenir aux gonflements infectés, boursouflés et mous. » Il dit : « Je connais des gens au corps totalement flasque en raison de la perte de sang par les parties basses et qui ont trouvé en cette boue une grande utilité. D'autres encore qui ont guéri ainsi de maladies chroniques enracinées en certains organes. » L'auteur de *Al-Kitâb Al-Masîhî* dit : « La force de la boue, apporté de Cnossos – appelée l'île du lentisque – possède une force qui polit, lave, fait pousser la chair sur les plaies et les cicatrise. »

Si on trouve cela en ces terres, alors que dire de la meilleure et plus bénie des terres ? De plus, elle a été mélangée à la salive du Messager d'Allah (ﷺ) et associée au Nom de son Seigneur à qui a été confiée la chose. Nous avons mentionné que les forces et effets de *Ar-Ruqyah* dépendaient de celui qui la pratiquait et de l'influence sur celui qui la recevait. C'est une chose que ne renie aucun médecin musulman sensé et s'il renie une de ces choses, qu'il dise ce qu'il veut.

Traitement de la douleur par *Ar-Ruqyah*

ᶜUthmân Ibn Abî Al-ᶜÂs rapporte qu'il se plaignit au Messager d'Allah (ﷺ) d'une douleur qu'il éprouvait en son corps depuis qu'il avait embrassé l'islam. Le Prophète (ﷺ) lui dit : « *Mets ta main sur l'endroit de ton corps qui te fait mal et dis trois fois : « Au Nom d'Allah », puis dis sept fois : « Je cherche protection auprès de la puissance d'Allah et de Son pouvoir contre le mal que je ressens, et que je redoute.* » »[1]

Ce remède contient la mention d'Allah, le fait de se confier à Lui et la recherche de protection contre le mal de la douleur auprès de Sa puissance et Son pouvoir qui la dissiperont. La répétition sert à ce que cela soit plus profitable et utile, à l'instar de la répétition du remède afin que la matière soit évacuée. Le nombre sept a une caractéristique qui n'existe dans aucun autre chiffre. On rapporte que lorsque le Prophète (ﷺ) rendait visite à un malade de sa famille, il disait : « *Ô Allah ! Seigneur des hommes. Eloigne ce mal et guéris – car Tu es Celui qui guérit, point de guérison si ce n'est la Tienne – sans laisser aucune trace de maladie.* »[2]

Cette *Ruqyah* est une recherche d'intermédiaire vers Allah, à travers la perfection de Sa seigneurie, de Sa miséricorde par la guérison, le fait qu'Il soit le Seul à accorder la guérison, et qu'il n'y a de guérison que la Sienne ; c'est pourquoi elle contient une recherche d'intermédiaire vers Lui à travers Son unicité, Sa bienfaisance et Sa seigneurie.

Traitement de l'ardeur du malheur et de la tristesse qu'il engendre

Allah, (ﷻ) dit :

وَبَشِّرِ ٱلصَّٰبِرِينَ ﴿١٥٥﴾ ٱلَّذِينَ إِذَآ أَصَٰبَتۡهُم مُّصِيبَةٌ قَالُوٓاْ إِنَّا لِلَّهِ وَإِنَّآ إِلَيۡهِ رَٰجِعُونَ ﴿١٥٦﴾
أُوْلَٰٓئِكَ عَلَيۡهِمۡ صَلَوَٰتٌ مِّن رَّبِّهِمۡ وَرَحۡمَةٌ وَأُوْلَٰٓئِكَ هُمُ ٱلۡمُهۡتَدُونَ ﴿١٥٧﴾

« ***Et annonce la bonne nouvelle aux endurants qui disent, lorsqu'un malheur les atteint : « Nous sommes à Allah, et c'est à Lui que nous retournons. » Ceux-là recevront les éloges de leur Seigneur, ainsi que Sa miséricorde, et ils sont les biens guidés.*** »[3]

On rapporte que le Prophète (ﷺ) a dit : « *Pas une personne n'est atteinte d'un malheur et ne dit : « Nous sommes à Allah et c'est à Lui que nous retournons. Ô Allah, récompense-moi dans mon malheur, et remplace-le par une chose meilleure » sans qu'Allah ne la récompense dans son malheur et ne lui remplace cela par une chose meilleure.* »[4]

---

[1] Muslim (2202).
[2] Al-Bukhârî (5750) et Muslim (2191).
[3] Sourate ***Al-Baqarah***, v.155.
[4] Muslim (918).

Ces paroles comptent parmi les meilleurs remèdes pour celui qui est frappé d'un malheur, et parmi les plus utiles pour lui dans cette vie et l'au-delà, car elles contiennent deux grands fondements qui, s'ils sont bien compris par le serviteur, le consoleront de son malheur :

Le premier est que le serviteur, sa famille et ses biens appartiennent en vérité à Allah (ﷻ) qui les a octroyés au serviteur comme un prêt. Ainsi, s'Il le lui reprend, Il est semblable au prêteur qui reprend ses biens à l'emprunteur. De plus, cela est entouré de deux néants : avant et après. La propriété du serviteur est une jouissance d'un prêt pour un temps court. Aussi, ce n'est pas lui qui a fait sortir ceci du néant, afin que cela lui appartienne véritablement, et il n'est pas non plus celui qui le protège des fléaux après son existence, ni même encore celui qui maintient son existence. Il n'a aucune influence sur cela, ni véritable possession. Également, il en jouit de la manière dont on le lui ordonne, tel l'esclave auquel on ordonne et interdit, il n'en jouit pas comme le véritable propriétaire, et c'est pourquoi il ne peut en jouir que d'une manière conforme à l'ordre du véritable propriétaire.

Le deuxième est que la destination finale du serviteur et son lieu de retour est auprès d'Allah, son véritable Maître, et il devra nécessairement laisser ce bas monde derrière lui et venir à son Seigneur seul, tel qu'Il l'a créé la première fois. Sans famille, sans biens, sans tribu, mais uniquement avec ses bonnes et mauvaises actions. Si c'est là le commencement du serviteur, son attribution, et sa fin, comment peut-il se réjouir de l'existence d'une chose ou de l'absence d'une autre ? Ainsi, sa réflexion sur sa création et son lieu de retour compte parmi les meilleurs remèdes à cette maladie. Également parmi les remèdes est qu'il sache que ce qui l'a atteint ne pouvait l'éviter, et que ce qui l'a évité n'aurait su l'atteindre. Allah (ﷻ) dit :

مَآ أَصَابَ مِن مُّصِيبَةٍ فِي ٱلْأَرْضِ وَلَا فِيٓ أَنفُسِكُمْ إِلَّا فِي كِتَٰبٍ مِّن قَبْلِ أَن نَّبْرَأَهَآ ۚ إِنَّ
ذَٰلِكَ عَلَى ٱللَّهِ يَسِيرٌ ﴿٢٢﴾ لِّكَيْلَا تَأْسَوْا۟ عَلَىٰ مَا فَاتَكُمْ وَلَا تَفْرَحُوا۟ بِمَآ ءَاتَىٰكُمْ ۗ
وَٱللَّهُ لَا يُحِبُّ كُلَّ مُخْتَالٍ فَخُورٍ ﴿٢٣﴾

« Il n'y aucun malheur sur terre ni en vous-mêmes, sans que cela ne soit écrit dans un Livre avant que Nous ne fassions arriver (ce malheur) ; et cela est facile à Allah. Afin que vous ne vous attristiez pas pour ce qui vous a échappé, ni ne vous vantiez pour ce qu'Il vous a donné. Et Allah n'aime point tout présomptueux plein de gloriole »[1]

[1] Sourate *Al-Hadîd*, v.22-23.

Parmi les remèdes est de contempler ce qui l'a frappé, et il constatera que son Seigneur a gardé pour lui une chose similaire ou meilleure, et qu'Il lui a réservé – s'il patiente et agrée – ce qui est plusieurs fois meilleur que d'échapper à ce malheur, et que s'Il l'avait voulu, Il aurait fait en sorte que ce malheur soit plus grand que ce qu'il n'est.

Parmi les remèdes est d'éteindre le feu du malheur, par la fraîcheur de la consolation des gens malheureux, et qu'il sache que la situation est partout la même. Qu'il regarde à droite, il ne verra qu'épreuve ; puis qu'il regarde à gauche, il ne verra que malheur. S'il fouillait le monde, il ne trouverait parmi eux que des éprouvés, par la perte d'un être cher ou l'arrivée d'une chose détestable. Les maux de ce bas monde sont comme un rêve ou une ombre passagère : si ce bas monde fait rire un peu, il fait pleurer beaucoup, s'il réjouit un jour, il afflige longtemps, s'il s'offre un peu de jouissance, il en prive beaucoup, pas une maison n'est remplie de bienfaits sans être remplie par la suite de larmes, et il n'offre pas un jour de bonheur sans cacher un jour de malheur. Ibn Mas^cûd (ﷺ) a dit : « À tout bonheur correspond un motif d'affliction. Et toute demeure remplie de bonheur devra nécessairement un jour se remplir de larmes. » Ibn Sirîn a dit : « Pas un rire sans qu'il ne soit suivi de pleurs. »

Hind Bint An-Nu^cmân a dit : « Je nous ai vus parmi les plus puissants et plus riches des gens ; puis le soleil n'était pas encore couché que je nous ai vus parmi les plus faibles des gens. En vérité, Allah ne remplit pas une demeure de bonheur, sans la remplir ensuite de pleurs. »

Un homme lui demanda de lui parler d'elle et elle répondit: « Un jour, il n'y avait pas un arabe sans qu'il ne nous sollicite, puis au soir venu, il n'y avait pas un arabe sans qu'il n'éprouve pour nous de la pitié. » Un jour, sa sœur Hurqah Bint An-Nu^cmân pleura, alors qu'elle était dans sa période de puissance, et on lui demanda : « Qu'est-ce qui te fait pleurer ? Quelqu'un t'a-t-il fait du mal ? » Elle répondit : « Non, mais j'ai vu ma famille vivre dans l'abondance, et il est rare qu'une demeure ne soit remplie de joie, sans être remplie par la suite de tristesse. »

Ishâq Ibn Talhah dit : «Je l'ai visitée un jour, et je lui ai dit : Comment as-tu vu les larmes des rois ? Elle répondit : « Notre situation aujourd'hui est meilleure qu'hier. Nous trouvons dans les livres qu'aucune famille ne vit dans l'aisance, sans éprouver par la suite les larmes. Le temps ne montre pas aux gens un jour qu'ils aiment sans leur cacher un jour qu'ils détestent. » Puis elle dit :

Alors que nous gouvernions les gens par notre ordre,
Nous sommes désormais parmi eux des vassaux qui travaillons
Fi de cette vie dont les bienfaits ne durent pas
Et se renverse tantôt en notre faveur, tantôt à notre encontre

Parmi les remèdes est de savoir que l'impatience ne le repousse pas, voire même l'augmente, et elle est en vérité une augmentation du mal.

Parmi les remèdes est de savoir que la perte de la récompense de la patience et de l'acceptation que sont la prière, la miséricorde, la guidée qu'Allah a accordée pour la patience et le retour vers Allah est plus grande que le malheur.

Parmi les remèdes est de savoir que l'impatience réjouit son ennemi, offense son ami, fâche son Seigneur, réjouit son démon, annihile sa récompense, et affaiblit son âme. Mais s'il endure et espère la récompense, il affaiblira son démon, le renverra perdant, satisfera son Seigneur, réjouira son ami, offensera son ennemi, il endurera pour ses frères, et les consolera avant qu'ils le consolent. C'est là la fermeté et la plus grande perfection, et non de se frapper le visage, de déchirer ses vêtements, d'invoquer par le malheur et la ruine, et de s'irriter contre la prédestination.

Parmi les remèdes est de savoir que ce qui suit la patience et l'espoir en ce qui est auprès d'Allah comme délices et joies est beaucoup plus grand que ce qu'il obtiendrait par la permanence de la chose par la perte de laquelle il a été éprouvé. Lui suffit la demeure de louange qu'on lui construit au Paradis, en récompense de ses louanges adressées à son Seigneur, ainsi que son retour vers lui. Qu'il regarde quel malheur est plus grand ? Le malheur d'ici- bas ou le malheur de la perte de la demeure de louange au Paradis éternel ? On rapporte que le Prophète (ﷺ) a dit : « *Au Jour de la Résurrection, des gens espèreront que leur peau eut été coupée aux ciseaux dans la vie d'ici-bas, en voyant la récompense des gens éprouvés.* »[1]

Un pieux prédécesseur a dit : « Sans les malheurs d'ici- bas, nous arriverions ruinés au Jour de la Résurrection. »

Parmi les remèdes est d'apaiser son cœur par le parfum de l'espoir d'une contrepartie venant d'Allah, car il y a une compensation à toute chose sauf Allah, comme on dit :

Toute chose perdue, tu y trouveras une compensation
Mais, si tu perds Allah, il n'y a pour Lui aucune compensation

---

[1] *As-Sahîhah* (2206).

Parmi les remèdes est de savoir qu'il obtiendra du malheur ce que cela provoquera chez lui : celui qui agrée obtiendra l'agrément, et celui qui se courrouce obtiendra le courroux. Tu en obtiendras ce que cela provoquera en toi, alors choisis le meilleur ou le pire des sorts. Si le malheur provoque chez lui courroux et mécréance, il sera inscrit dans le registre des gens voués à la perte. Si cela provoque chez lui impatience, délaissement de l'obligation, ou pratique de l'interdit, il sera inscrit dans le registre des négligents. Si cela provoque chez lui plainte et impatience, il sera inscrit dans le registre des gens trompés. Si cela provoque chez lui opposition à Allah et critique de Sa sagesse, il aura frappé à la porte de l'athéisme ou l'aura franchie. Si cela provoque chez lui patience et endurance pour Allah, il sera inscrit dans le registre des patients. Si cela provoque chez lui satisfaction d'Allah, il sera inscrit dans le registre de ceux qui sont satisfaits. Si cela provoque chez lui louange et gratitude, il sera inscrit dans le registre des reconnaissants, et il sera sous l'étendard de la louange avec ceux qui louent. Si cela provoque chez lui amour et désir ardent de rencontrer son Seigneur, il sera inscrit dans le registre de ceux qui aiment et sont dévoués.

Mahmûd Ibn Labîd rapporte que le Messager d'Allah (ﷺ) a dit : «*Quand Allah aime un peuple, Il les éprouve, ceux qui s'en satisfont auront la satisfaction, et ceux qui s'en courrouceront auront le courroux.* » et Ahmad ajouta : « *Et ceux qui s'impatienteront auront l'impatience.* »[1]

Parmi les remèdes est de savoir que s'il parvient au sommet de l'impatience, il sera en fin de compte soumis à la patience obligatoire, et ainsi il ne sera ni loué ni récompensé. Un sage a dit : « L'homme sensé fait au premier jour du malheur, ce que fait l'ignorant après plusieurs jours ; et celui qui ne patiente pas à la manière des nobles se consolera comme le bétail. » On rapporte que le Prophète (ﷺ) a dit : « *La patience ne se manifeste qu'au premier choc.* »[2] Al-Ashᶜath Ibn Qays a dit : « Si tu patientes c'est par foi et espérance en la récompense d'Allah, sinon tu te consoleras à la manière du bétail. »

Parmi les remèdes est de savoir que son remède le plus utile est d'être en accord avec son Seigneur en ce qu'Il aime et agrée pour lui, et la propriété et le secret de l'amour est d'être en accord avec l'être aimé. Ainsi, celui qui prétend l'amour d'un être aimé, et ensuite se courrouce de ce qu'il aime, ou aime ce qui le courrouce, aura témoigné contre lui-même de son mensonge, et sera détesté de son être aimé.

---

1 Ahmad (5/427), authentifié par Al-Albânî dans Sahîh *At-Targhîb wa-t-Tarhîb* (3406).
2 Al-Bukhârî (1302) et Muslim (926).

Abû Ad-Dardâ' a dit : « Si Allah décrète une chose, Il aime qu'on l'agrée. » ᶜImrân Ibn Husayn disait pendant la maladie qui entraîna sa mort : « Ce que j'aime le plus est ce qu'Il aime le plus. » et Abû Al-ᶜAliyah disait la même chose. C'est un remède et un traitement qui n'est utile que chez ceux qui aiment, et il n'est pas possible à tout un chacun de l'employer.

Parmi les remèdes est de comparer la plus grande des deux délectations et des deux jouissances, et la plus durable. : la délectation dont il jouit en son malheur, et la délectation dont il jouit en récompense d'Allah. Si la prépondérance de l'une lui apparaît et qu'il la choisit, qu'il loue Allah pour ce succès ; et s'il choisit celle qui est moindre de tout point de vue, qu'il sache que son malheur dans sa raison, son cœur et sa foi, est plus grand que le malheur qui l'a atteint en cette vie.

Parmi les remèdes est de savoir que Celui qui l'a éprouvé est le plus juste des juges, le plus miséricordieux des miséricordieux, et qu'Il ne lui a pas envoyé cette épreuve pour le faire périr, le châtier ou le dévaster, mais uniquement pour éprouver sa patience, son agrément et sa foi, entendre son invocation et ses sollicitations, le voir coucher devant Sa porte, chercher asile auprès de Lui, le cœur brisé devant Lui, et élever ses plaintes vers Lui. Shaykh ᶜAbd Al-Qâdir[1] a dit : « Ô mon fils ! Le malheur ne vient pas te faire périr, mais éprouver ta patience et ta foi. Ô mon fils ! Le destin est un lion, et le lion ne mange pas les cadavres. »

L'essentiel est que le malheur est la forge du serviteur, qui fait fondre ce qu'on y met, et soit on en tire de l'or rouge, soit des scories; comme on dit :

Nous l'avons fondu en pensant que c'était de l'argent
Mais la forge n'a montré que des scories de fer

Si la forge de ce bas monde ne lui est pas utile, devant lui se tient la Grande Forge, et le serviteur doit considérer que son entrée dans la forge d'ici-bas et sa fonderie est meilleure pour lui que cette Grande Forge et fonderie dans l'au-delà. Il faut nécessairement éprouver une des deux forges, alors qu'il reconnaisse la mesure du bienfait d'Allah sur lui en lui faisant éprouver la forge de la vie d'ici-bas.

---

[1] Shaykh ᶜAbd Al-Qâdir Al-Jîlânî en référence à Jîl où il naquit en 471H. Il s'installa à Bagdad où il étudia auprès de nombreux savants, et où se fit sa renommée. C'est de lui que se réclament faussement les adeptes de la secte soufie *Al-Qâdiriyyah* en lui attribuant des paroles mensongères. L'imam Ad-Dhahabî dit à son sujet : « Shaykh ᶜAbd Al-Qâdir est d'un haut rang, même si on peut lui reprocher certaines paroles et prétentions, mais cela est auprès d'Allah. Et tout ce qui est dit sur lui après cela n'est que mensonge. » (*As-Siyar* : 20/439) Il mourut à Bagdad en 561H.

Parmi les remèdes est de savoir que sans les épreuves et malheurs de la vie présente, le serviteur serait frappé par les maux de l'orgueil, la vanité, l'arrogance et de la dureté de cœur, qui seraient la cause de sa perte dans cette vie et l'au-delà. Fait partie de la miséricorde du plus miséricordieux des miséricordieux de lui faire parfois chercher des formes de remèdes du malheur qui le protègent contre ces maux, préservent la droiture de sa servitude, et le vident des mauvaises matières corrompues et dangereuses. Gloire et pureté à Celui qui fait miséricorde par Son épreuve et éprouve par Ses bienfaits. Comme on dit :

Le malheur, aussi grand soit-il, peut être un bienfait
Alors qu'Allah peut éprouver certains par des bienfaits

Et si Allah (ﷻ) ne traitait pas Ses serviteurs par les remèdes des malheurs et des épreuves, ils auraient été tyranniques, injustes et transgresseurs. Si Allah (ﷻ) veut du bien à Son serviteur, Il lui fait boire un remède de malheur et d'épreuve, en fonction de sa situation, afin de le vider des maux mortels, jusqu'à le purifier, le nettoyer, l'épurer et le rendre apte au plus noble des degrés de la vie présente qu'est la servitude, et à la plus éminente récompense de l'au-delà qui consiste en Sa vision et Sa proximité.

Parmi les remèdes est de savoir que l'amertume de ce bas monde est la douceur même de l'au-delà, Allah (ﷻ) la transforme ainsi. Et la douceur de ce bas monde est l'amertume même de l'au-delà. Qu'il passe d'une amertume éphémère à une douceur éternelle est meilleur pour lui que le contraire. Si cela t'échappe, regarde la parole du véridique et digne de confiance : « *Le Paradis est entouré de désagréments, et l'Enfer est entouré de désirs.* »[1]

La raison des gens a divergé sur cela et la réalité des hommes est apparue. La majorité d'eux ont préféré la douceur éphémère à la douceur permanente et perpétuelle, et ils n'ont pas supporté l'amertume d'une heure contre la douceur éternelle, ni l'humiliation d'une heure contre l'honneur éternel, ni l'épreuve d'une heure pour la préservation éternelle, car la vie présente pour eux est visible, et l'au-delà invisible, la foi est faible, et la puissance du désir dominante, et cela amène à préférer ce bas monde et à rejeter l'au- delà. Il en est ainsi si on ne considère que les apparences des choses, leur début et leur fin ; quant au regard qui transperce le voile de ce bas monde et le dépasse jusqu'aux fins et objectifs, il est tout autre.

[1] Muslim (2822).

Appelle ton âme à ce qu'Allah a préparé pour Ses alliés et ceux qui Lui obéissent comme bienfaits éternels, bonheur perpétuel, et plus grand succès ; et ce qu'Il a préparé aux adeptes de l'inaction et du gaspillage comme humiliation, châtiment et malheurs éternels. Ensuite, choisis ce qui te convient, et chacun agit de la sorte et chacun aspire à ce qu'il lui convient et ce qu'il préfère. Ne considère pas que l'exposé de ce traitement soit long, car le besoin qu'en ont le médecin et le malade a nécessité qu'on le développe ainsi. Et c'est Allah qui accorde le succès.

Traitement de la peine, de l'angoisse, du souci et de la tristesse

Ibn ᶜAbbâs (ﷺ) rapporte que dans les moments de peine, le Messager d'Allah (ﷺ) disait : « *Point de divinité digne d'adoration qu'Allah, l'Immense, l'Indulgent. Point de divinité digne d'adoration qu'Allah, le Seigneur du Trône immense. Point de divinité digne d'adoration qu'Allah, le Seigneur des cieux, le Seigneur de la terre, le Seigneur du noble Trône.* »[1]

Anas (ﷺ) rapporte que lorsqu'une chose attristait le Messager d'Allah (ﷺ), il disait : « *Ô Vivant ! Ô Subsistant ! Je cherche secours auprès de Ta miséricorde* »[2]

Abû Hurayrah (ﷺ) rapporte que lorsque le Prophète (ﷺ) était soucieux, il levait ses yeux vers le ciel et disait : « Gloire et pureté à Allah l'Immense. » et lorsqu'il prolongeait son invocation, il disait : « Ô Vivant ! Ô Subsistant ! »[3]

Abû Bakrah rapporte que le Messager d'Allah (ﷺ) a dit : « *Les invocations de l'affligé sont : Ô Allah ! C'est à Ta miséricorde que j'aspire. Ne m'abandonne donc pas à mon sort serait-ce le temps d'un clin d'œil, et améliore ma situation de tout point de vue. Point de divinité digne d'adoration que Toi.* »[4]

Asmâ' Bint ᶜUmays rapporte : « Le Messager d'Allah (ﷺ) me dit : « *Veux-tu que je t'apprenne des paroles à prononcer lors de la peine ou dans la peine : Allah est mon Seigneur, je ne Lui associe rien.* »[5] dans une autre version, il est mentionné qu'on doit le dire sept fois.

Ibn Masᶜûd (ﷺ) rapporte que le Prophète (ﷺ) a dit : « *Pas un serviteur n'est atteint de souci ou de tristesse, et ne dit : Ô Allah ! Je suis Ton serviteur, fils de Ton serviteur, fils de Ta servante. Mon toupet est dans Ta main. Ton jugement*

---

[1] Al-Bukhârî (6345) et Muslim (2730).
[2] *Sahih At-Tirmidhî (*3525)
[3] At-Tirmidhî (3432), la chaîne de transmission de ce hadith est faible.
[4] *Sahih Abî Dâwûd* (5090)
[5] *As-Sahîhah* (2755).

à mon sujet s'accomplit. Ton décret me concernant n'est que justice. Je Te demande – par tous les noms qui T'appartiennent, par lesquels Tu t'es nommé, ou que Tu as révélés dans Ton livre, ou que Tu as enseignés à une de Tes créatures, ou que Tu as gardés pour Toi dans la science de l'invisible – de faire que le coran soit une ondée pour mon cœur et une lumière pour ma poitrine, qu'il dissipe ma tristesse et fasse disparaître mes soucis, sans qu'Allah ne dissipe sa tristesse et son souci, en les remplaçant par la joie. » [1]

Sa^c^d Ibn Abî Waqqâs rapporte que le Messager d'Allah (ﷺ) a dit : « *L'invocation de Yûnus lorsqu'il invoqua son Seigneur dans le ventre de la baleine était : Point de divinité digne d'adoration que Toi. Gloire et pureté à Toi. Je faisais certes partie des injustes. » Pas un musulman ne la prononce pour une chose sans qu'on ne l'exauce.* »[2] et sous une autre formulation : « *Je connais des paroles qui, si elles sont prononcées par l'affligé, Allah le soulage, ce sont les paroles de mon frère Yûnus.* »

Abû Sa^c^îd Al-Khudhrî rapporte : « Un jour, le Messager d'Allah (ﷺ) entra dans la mosquée et trouva un homme des *Ansâr* nommé Abû Umâmah. Il lui dit : « Ô Abû Umâmah ! Comment se fait-il que je te vois à la mosquée en dehors de l'heure de la prière ? – Des soucis qui ne me quittent pas et des dettes, ô Messager d'Allah. – Veux-tu que je t'enseigne des paroles qui, si tu les prononces, Allah (ﷻ) fera disparaître tes soucis et soldera ta dette ? – Bien sûr, ô Messager d'Allah ! – Dis, matin et soir : Ô Allah ! Je cherche protection auprès de Toi contre les soucis, la tristesse, l'incapacité, la paresse, la lâcheté, l'avarice, le fardeau des dettes et l'oppression des hommes. – J'ai fait cela et Allah (ﷻ) a dissipé mes soucis et acquitté ma dette. »[3]

Ibn ^c^Abbâs (ﷺ) rapporte que le Messager d'Allah (ﷺ) a dit : «Celui qui demande continuellement pardon, Allah lui accordera une délivrance à tout souci et une issue à toute difficulté, et Il lui accordera sa subsistance d'où il ne s'attendait pas. »[4]

On rapporte que lorsqu'une chose attristait le Prophète (ﷺ), il se précipitait vers la prière, et Allah (ﷻ) dit :

---

[1] *Sahih Al-Kalim At-Tayyib* (124)

[2] *As-Sahîhah* (1746)

[3] Abû Dâwud (1555), la chaîne de transmission de ce hadith est faible, mais une formulation authentique existe : « *Allah ! Je cherche protection auprès de Toi contre les soucis, la tristesse, l'incapacité, la paresse, l'avarice, la lâcheté, la décrépitude et la sénilité. Je cherche protection auprès de Toi contre le châtiment de la tombe, et je cherche protection auprès de Toi contre l'épreuve du faux messie, l'épreuve de la vie et de la mort, le fardeau des dettes et l'oppression des hommes.* » *Mukhtasar Al-Bukhârî* (1234)

[4] Abû Dâwud (1518), la chaîne de transmission de ce hadith est faible.

وَٱسْتَعِينُوا۟ بِٱلصَّبْرِ وَٱلصَّلَوٰةِ

« ***Cherchez secours dans la patience et la prière*** »[1]

ᶜUbâdah Ibn As-Sâmit rapporte que le Messager d'Allah (ﷺ) a dit : « *Attachez-vous au djihad car il est une porte du Paradis, et par lui Allah repousse les soucis et angoisses des âmes.* »[2]

Ibn ᶜAbbâs rapporte que le Prophète (ﷺ) a dit : « Celui qui est beaucoup touché par l'angoisse et le souci, qu'il dise souvent : il n'y a de force et de puissance qu'en Allah. » Et il est confirmé dans les deux Sahîh que ces paroles sont un des trésors du Paradis[3]. Et également qu'elles sont une des portes du Paradis[4].

Ces traitements comportent quinze formes de remèdes, et s'ils ne parviennent pas à vaincre la maladie de l'angoisse, du souci, et de la tristesse, c'est que cette maladie domine et que ses causes sont ancrées et demandent à être totalement évacuées :

1 – L'unicité de la Seigneurie.

2 – L'unicité de l'adoration.

3 – L'unicité de la science et de la croyance.

4 – L'exemption du Seigneur du fait d'être injuste envers Son serviteur ou de punir Son serviteur sans cause.

5 – La reconnaissance par le serviteur qu'il est, lui, l'injuste.

6 – La recherche d'intermédiaire vers le Seigneur par ce qu'Il aime le plus et qui sont Ses Noms et Attributs, et parmi les Noms et Attributs qui englobent le plus de sens : le Vivant, le Subsistant.

7 – La recherche d'aide auprès de Lui seul.

8 – La confirmation de l'espoir du serviteur en Lui.

9 – La réalisation de la confiance en Lui, du fait de Lui confier les choses et la reconnaissance que leur toupet est entre Ses Mains et qu'Il les administre comme Il le veut, qu'Il réalise en eux Son décret, et qu'Il est équitable en ce qu'Il décrète.

---

[1] Sourate ***Al-Baqarah***, v.45.
[2] Ahmad (5/314), qualifié d'authentique par Al-Arnâ'ût.
[3] Al-Bukhârî (6409) et Muslim (2704).
[4] *Sahîh At-Tirmidhî* (3581).

10 – Que son cœur vive dans le Jardin du Coran et qu'il fasse en sorte qu'il soit pour son cœur comme l'ondée printanière pour les animaux, qu'il s'illumine par lui dans les ténèbres des ambiguïtés et des désirs, qu'il se console par lui pour toute chose manquée, se renforce par lui en tout malheur, se soigne par lui des maladies de son cœur, et il dissipera sa tristesse et soignera ses angoisses et soucis.

11 – La demande de pardon.

12 – Le repentir.

13 – Le djihad.

14 – La prière.

15 – L'exemption de force et de puissance, en les attribuant à Celui qui les possède seul.

L'influence de ces remèdes sur ces maladies

Allah (ﷻ) a créé le fils d'Adam et ses membres et a donné à chacun d'eux une perfection qui, si elle est perdue, le membre ressent une douleur. Et Il a accordé au cœur, qui en est le roi, une perfection qui, si elle est perdue, il est frappé de maladies et des douleurs de l'angoisse, du souci et de la tristesse.

Si l'œil perd la force de la vue avec laquelle il a été créé, si l'oreille perd la force de l'audition, et si la langue perd la force de la parole, ils perdent leur perfection.

Le cœur a été créé pour connaître son Créateur, pour Son amour et Son Unicité, pour se réjouir par Lui et Son amour, L'agréer, placer sa confiance en Lui, aimer et détester pour Lui, prendre pour allié ou ennemi pour Lui, Le mentionner constamment, pour qu'il L'aime plus que toute chose, espère en Lui plus qu'en tout autre, et soit plus révéré que tout autre. Il n'a de délice, joie, délectation, et plus encore de vie qu'en cela qui est pour lui comme la nourriture, la santé et la vie. Et s'il perd sa nourriture, santé et vie, les angoisses, soucis, et tristesses s'empressent vers lui de toutes parts pour en faire un otage.

Parmi les plus grandes maladies qui le touchent : le polythéisme, les péchés, l'insouciance, la négligence de ce qu'Allah aime et agrée, l'abandon du fait de lui confier les choses, peu s'appuyer sur Lui mais au contraire sur d'autres, se courroucer contre Sa prédestination, et douter de Sa promesse et Sa menace.

Si tu médites sur les maladies du cœur, tu constateras que ces choses et leurs semblables en sont les uniques causes. Leur seul remède est ce que contiennent ces remèdes prophétiques comme choses opposées à ces maladies, car la maladie est dissipée par son opposé et la santé est préservée par ce qui est semblable. Donc sa santé est préservée par ces choses prophétiques, et ses maladies traitées par leurs opposés.

Le monothéisme ouvre au serviteur la porte du bien, de la joie, du bonheur, de la délectation, du plaisir, et de la réjouissance. Et le repentir est une évacuation des humeurs et des matières corrompues qui causent ses maladies, et il est aussi pour lui une préservation contre tout mauvais mélange, car il ferme devant le serviteur la porte des maux. On lui ouvre la porte du succès et du bien par le monothéisme, et on lui ferme la porte des maux par le repentir, et la demande de pardon.

Un Ancien parmi les maîtres de la médecine a dit : « Celui qui cherche la santé de son corps, qu'il diminue la nourriture et la boisson. Et celui qui cherche la santé du cœur, qu'il renonce aux péchés. » Thâbit Ibn Qurrah a dit : « Le repos du corps repose dans la faible proportion de nourriture, le repos de l'âme dans la faible proportion des péchés, et le repos de la langue dans la faible proportion des paroles. » Pour le cœur, les péchés sont semblables aux poisons. S'ils ne le tuent pas, ils l'affaiblissent inévitablement, et si sa force diminue il n'est plus capable de résister aux maladies. Le médecin des cœurs, cAbd Allah Ibn Al- Mubârak a dit :

J'ai constaté que les péchés tuaient les cœurs
Et qu'y persévérer pouvait amener l'humiliation
L'abandon des péchés est la vie des cœurs
Il est donc meilleur pour toi de leurs résister

Les passions sont donc les plus grandes de ses maladies, et leur résister est leur plus grand remède. L'âme a été créée ignorante et injuste. De par son ignorance, elle pense que son remède réside dans le suivi des ses passions, alors qu'elles n'amènent que son délabrement et sa destruction. De par son injustice, elle n'accepte rien du médecin de bon conseil, mais elle met la maladie à la place du remède et s'appuie dessus ; et le remède à la place de la maladie et s'en écarte. Le fait qu'elle choisisse la maladie et s'écarte du remède entraîne de nombreuses maladies et maux qui fatiguent les médecins et rendent la guérison impossible. Et le plus grand malheur est qu'elle rejette cela sur la prédestination, en se déclarant innocente et en blâmant constamment son Seigneur par ses agissements, et le blâme augmente jusqu'à être prononcé clairement par la langue.

Si le malade atteint ce stade, il ne doit espérer la guérison que s'il est atteint par la miséricorde de son Seigneur, et qu'Il lui accorde une nouvelle vie et une voie louable. C'est pourquoi le hadith de Ibn cAbbâs concernant l'invocation de d'affliction contient l'Unicité de la divinité et de la seigneurie, la description du Seigneur (ﷻ) par l'immensité et l'indulgence, et ces deux Attributs sont impliqués par la perfection de la puissance, la miséricorde, la bienfaisance et du pardon. Sa description par la perfection de Sa seigneurie dans l'univers des hauteurs et des profondeurs, et le Trône qui est le plafond des créatures et le plus grand d'entre elles. La seigneurie parfaite implique Son unicité, et le fait que l'adoration, l'amour, la peur, l'espoir, la majesté et l'obéissance n'appartiennent qu'à Lui. Sa grandeur absolue implique d'affirmer pour Lui toute perfection et de L'exempter de tout défaut et de tout semblable. Son indulgence implique la perfection de Sa miséricorde et de Sa bienfaisance envers Ses créatures.

La science du cœur et sa connaissance de cela l'amène à L'aimer, Le vénérer et L'unifier. Cela lui procurera un bonheur, une délectation et une joie qui repousseront peines, angoisses et soucis. Tu peux constater que lorsque le malade reçoit une nouvelle qui le réjouit, l'enchante et renforce son âme, la nature sera de nouveau capable de repousser la maladie organique, c'est donc a fortiori le cas pour le cœur.

Puis, si tu compares l'étroitesse de l'affliction et l'étendue de ces Attributs contenus dans l'invocation de l'affliction, tu constateras que cela convient parfaitement pour délivrer de cette affliction, et en sortir le cœur vers l'étendue de la joie et du bonheur. N'atteste de ces choses que celui en qui brillent ces lumières et dont le cœur connaît la réalité.

Sa parole : « *Ô Vivant ! Ô Subsistant ! Je cherche secours auprès de Ta miséricorde* » convient pour repousser cette maladie, car l'Attribut de Vie (*Al-Hayy*) englobe et implique tous les Attributs de perfection ; et l'Attribut de Subsistance (*Al-Qayyûm*) englobe tous les Attributs d'action. C'est pourquoi, le plus grand nom d'Allah, par lequel si on L'invoque, Il répond est : « Le Vivant, le Subsistant » La vie parfaite s'oppose à toutes les maladies et douleurs, c'est pourquoi lorsque sera parfaite la vie des habitants du Paradis, ils n'éprouveront plus aucun souci, angoisse ou tristesse, ni aucun fléau. L'imperfection de la vie nuit aux actes et s'oppose à la subsistance éternelle, car la perfection de la Subsistance éternelle naît de la perfection de la vie. Le Vivant absolu, à la vie parfaite, n'est privé d'aucun Attribut de perfection, et aucun acte possible n'est impossible au Subsistant. Ainsi, chercher intermédiaire à travers la Vie et la Subsistance a un effet dans la dissipation de ce qui s'oppose à la vie et nuit aux actes.

D'une manière semblable, la recherche d'intermédiaire du Prophète (ﷺ) adressée à son Seigneur à travers Sa seigneurie sur Jibîl, Mikâ'îl et Isrâfîl de le guider vers la vérité en ce sur quoi on a divergé, car la vie du cœur réside dans la guidée, et Allah (ﷻ) a confié la vie à ces trois anges. Jibrîl est chargé de la Révélation qui constitue la vie des cœurs, Mikâ'îl de la pluie qui constitue la vie des corps et des animaux, et Isrâfîl de souffler dans la Trompe qui amènera la vie de l'univers et le retour des âmes dans leur corps. Chercher intermédiaire auprès d'Allah (ﷻ) par Sa seigneurie sur ces esprits éminents chargés de la vie, a un effet dans l'obtention de ce qui est demandé.

L'essentiel est que le Nom « le Vivant, le Subsistant » a un effet spécifique dans l'exaucement des invocations, et la dissipation des peines. On rapporte que le Prophète (ﷺ) a dit : « *Le plus grand Nom d'Allah est dans ces deux versets :*

وَإِلَٰهُكُمْ إِلَٰهٌ وَاحِدٌ ۖ لَّا إِلَٰهَ إِلَّا هُوَ الرَّحْمَٰنُ الرَّحِيمُ ﴿١٦٣﴾

« ***Et Celui que vous adorez est une divinité unique. Pas de divinité digne d'adoration en dehors de Lui, le Tout Miséricordieux, le Très Miséricordieux*** »[1]

الٓمٓ ﴿١﴾ اللَّهُ لَا إِلَٰهَ إِلَّا هُوَ الْحَيُّ الْقَيُّومُ ﴿٢﴾

« ***Alif, Lâm, Mîm. Allah ! Il n'y a pas de divinité [digne d'adoration] si ce n'est Lui, le Vivant, le Subsistant.*** »[2] »[3]

Anas (ﷺ) rapporte que quelqu'un invoqua en disant : « Ô Allah ! Je Te demande, car la louange T'appartient, il n'y a de divinité digne d'adoration que Toi, Seul, sans associé, le Bienfaiteur. Ô Créateur des cieux et de la terre. Ô Seigneur digne de majesté et de munificence. Ô Toi le Vivant, le Souverain absolu, je Te demande le Paradis et je cherche protection auprès de Toi contre l'Enfer. » Le Prophète (ﷺ) dit : « *Il a invoqué Allah par Son plus grand Nom qui, lorsqu'on L'invoque par lui, Il répond, et lorsqu'on Lui demande par Lui, Il donne.* »[4] C'est pourquoi lorsque le Prophète (ﷺ) invoquait longuement, il disait : « *Ô Vivant ! Ô Subsistant !* »

---

[1] Sourate ***Al-Baqarah***, v.163.
[2] Sourate ***Âl cImrân***, v.1-2.
[3] *As-Sahîhah* (746).
[4] *Sahîh An-Nassâ'î* (1299).

Sa parole : « *Ô Allah ! C'est à Ta miséricorde que j'aspire. Ne m'abandonne donc pas à mon sort serait-ce le temps d'un clin d'œil, et améliore ma situation de tout point de vue. Point de divinité digne d'adoration que Toi.* » est la réalisation de l'espoir en Celui qui possède tout le bien, en s'appuyant sur Lui seul, en Lui confiant toute chose, en L'implorant afin qu'Il se charge de rectifier sa situation et ne l'abandonne pas à son sort, la recherche d'intermédiaire à travers Son Unicité en ce qui a un effet puissant dans le repoussement de la maladie. De même pour sa parole : « *Allah est mon Seigneur, et je ne Lui associe rien.* »

Quant au hadith de Ibn Mas^cûd : « *Ô Seigneur, je suis Ton serviteur, fils de Ton serviteur* » on y trouve des connaissances divines et des secrets de la servitude qu'aucun ouvrage ne peut contenir, car cela contient la reconnaissance de sa servitude, ainsi que celle de ses pères et mères, que son toupet est dans Sa Main et qu'Il l'administre comme Il veut. Le serviteur ne peut donc, en dehors de Lui, ni bien ni mal pour lui-même, ni mort ni vie, ni résurrection, car celui dont le toupet est dans la Main d'un autre ne peut rien en cela, mais il est captif dans Sa poigne, humilié sous la puissance de Sa domination.

Sa parole : « *Ton jugement à mon sujet s'accomplit. Ton décret me concernant n'est que justice* » comprend deux grands fondements autour desquels gravitent l'Unicité :

Le premier : l'affirmation de la prédestination, et que les jugements du Seigneur (ﷻ) se réalisent sur Son serviteur, sans qu'il puisse s'en détacher, ou ait le moyen de les repousser.

Le deuxième : Allah (ﷻ) est juste en ces jugements, sans jamais être injuste envers Son serviteur, et plus encore cela ne sort jamais de ce qu'implique la justice et la bienfaisance. Ceci car l'injustice a pour cause le besoin de l'injuste, son ignorance ou sa stupidité qui ne peuvent provenir de Celui qui connaît toute chose, se dispense de toute chose, dont toute chose a besoin, et qui est le plus juste des juges. Pas la moindre petite part de Sa prédestination ne sort de Sa sagesse et de Sa louange, de même que de Son pouvoir et de Sa volonté. Sa sagesse se réalise là où se réalisent Sa volonté et Son pouvoir. C'est pourquoi le prophète d'Allah Hûd dit, quand son peuple tentait de l'effrayer avec leurs divinités :

إِنِّىٓ أُشْهِدُ ٱللَّهَ وَٱشْهَدُوٓا۟ أَنِّى بَرِىٓءٌ مِّمَّا تُشْرِكُونَ ﴿٥٤﴾ مِن دُونِهِۦ ۖ فَكِيدُونِى جَمِيعًا ثُمَّ لَا تُنظِرُونِ ﴿٥٥﴾
إِنِّى تَوَكَّلْتُ عَلَى ٱللَّهِ رَبِّى وَرَبِّكُم ۚ مَّا مِن دَآبَّةٍ إِلَّا هُوَ ءَاخِذٌۢ بِنَاصِيَتِهَآ ۚ إِنَّ رَبِّى عَلَىٰ صِرَٰطٍ مُّسْتَقِيمٍ ﴿٥٦﴾

« ***Je prends Allah à témoin - et vous aussi soyez témoins - qu'en vérité, je désavoue ce que vous associez en dehors de Lui. Rusez donc tous contre moi et ne m'accordez pas de répit. Je place ma confiance en Allah, mon Seigneur et le vôtre. Pas un être vivant sans qu'Il ne le tienne par son toupet. Mon Seigneur est certes sur un droit chemin.*** »[1]

Ce qui signifie qu'en plus de tenir Ses créatures par leur toupet et de les administrer comme Il veut, Allah est sur un droit chemin, et Il n'agit envers eux qu'avec justice, sagesse, bienfaisance et miséricorde. Ainsi sa parole : « *Ton jugement à mon sujet s'accomplit*» est conforme à la Parole d'Allah (ﷻ) : « ***Pas un être vivant sans qu'Il ne le tienne par son toupet*** » Et sa parole : « *Ton décret me concernant n'est que justice* » est conforme à la Parole d'Allah (ﷻ) : « ***Mon Seigneur est certes sur un droit chemin.*** » Puis il a cherché intermédiaire auprès de son Seigneur au moyen des Noms avec lesquels Il s'est nommé, ceux que les serviteurs connaissent et ceux qu'ils ne connaissent pas, parmi lesquels ceux qu'Il a gardé dans la science de l'Invisible auprès de Lui, et que ne connaît ni ange rapproché ni prophète envoyé. C'est là le plus grand des intermédiaires, le plus aimé d'Allah, et le plus à même d'amener la réalisation de ce qui est demandé.

Puis il Lui demanda de faire du Coran pour son cœur un semblable à l'ondée printanière pour les animaux. Il lui demanda de faire du Coran la dissipation de ses angoisses et soucis, à la manière du remède qui extrait la maladie, et ramène le corps à la santé et l'équilibre. Il lui demanda qu'il soit pour sa tristesse comme la matière à polir qui enlève les empreintes, la rouille et autres. Il convient donc à ce traitement si le malade est véridique dans son utilisation afin que cela dissipe sa maladie et lui apporte guérison totale, santé et préservation. Et c'est Allah qui accorde le succès.

Quant à l'invocation de Yûnus, elle comprend la perfection de l'Unicité et de l'exemption de tout défaut du Seigneur (ﷻ), et la reconnaissance par le serviteur de son injustice et son péché, ce qui constitue un des meilleurs remèdes contre les afflictions, angoisses, et soucis ; et un des meilleurs intermédiaires auprès d'Allah (ﷻ) afin qu'Il réponde aux besoins. L'unicité et l'exemption de tout défaut comportent l'affirmation de la perfection d'Allah, et Son exemption de tout manque, défaut ou semblable. La reconnaissance de l'injustice englobe la foi du serviteur en la loi, la récompense, et au châtiment, cela implique sa faiblesse et son retour vers Allah en demandant pardon de son péché, et reconnaissant sa servitude et son besoin de son Seigneur. Il y a donc quatre choses à travers lesquelles on

[1] Sourate ***Hûd***, v.54-56.

cherche intermédiaire auprès d'Allah : l'Unicité, l'exemption d'Allah de tout défaut, la servitude et la reconnaissance.

Quant au hadith de Abû Umâmah : « Ô Allah, je cherche protection auprès de Toi contre l'angoisse et la tristesse. » il comprend la recherche de protection auprès d'Allah contre huit choses qui vont de pair : l'angoisse et la tristesse, l'impuissance et la paresse, la lâcheté et l'avarice, la lourdeur de la dette et la domination des hommes. Ceci car ce qui est détestable et douloureux et parvient au cœur est dû soit à une chose passée qui entraîne la tristesse, soit une chose attendue qui entraîne l'angoisse. Le fait que le serviteur ne puisse parvenir à ce qui contient son intérêt et qu'il manque cela est soit dû à une incapacité qui est l'impuissance, soit l'absence de la volonté qui constitue la paresse, ainsi il prive de son bien et son utilité sa personne et ses semblables. Cela peut également provenir de son corps, et c'est là la lâcheté, ou de ses biens, et c'est là l'avarice ; ou encore de la domination de bon droit des gens sur lui et c'est là la lourdeur de la dette, soit une domination abusive et c'est là la domination des hommes. Le hadith contient une recherche de protection auprès d'Allah contre tout mal.

Quant à l'influence de la demande de pardon dans la dissipation des angoisses, soucis et difficultés, ceci est dû au fait que les adeptes de toute religion et les hommes sensés de toute communauté savent que les péchés et la corruption entraînent angoisse et souci, peur et tristesse, étroitesse de la poitrine, et maladies du cœur. Ceci au point que leurs adeptes assouvissent ainsi leurs désirs et que leurs âmes s'en lassent, ils les commettent de nouveau pour repousser ce qu'ils ressentent en leur poitrine comme étroitesse, angoisse et soucis, comme l'a dit le maître de la débauche :

J'ai bu un verre par plaisir
Et un autre pour me soigner de son mal

Si telle est l'influence des péchés et turpitudes sur les cœurs, il n'y a de remède que dans le repentir et la demande pardon.

Quant à la prière, elle est de la plus grande importance dans la réjouissance, le renforcement, l'épanouissement, l'égaiement et la délectation du cœur. Elle comporte le lien du cœur et de l'âme avec Allah, Sa proximité, la délectation de Sa mention, la joie de converser avec Lui, la station devant Lui, l'utilisation de l'ensemble du corps, de ses forces et ses outils pour Lui vouer servitude et en accorder à chaque membre sa part ; son délaissement de l'attachement aux créatures, leur fréquentation et conversation ; l'attraction des forces du cœur et des membres vers son Seigneur et Créateur, et le repos vis-à-vis de son ennemi dans la prière, ce qui en fait un des plus grands remèdes, égaiements et nourritures qui ne conviennent qu'aux cœurs sains. Quant aux cœurs malades, ils sont pareils aux corps auxquels ne conviennent que les bons aliments.

La prière est des plus grands soutiens pour obtenir les bienfaits d'ici-bas et de l'au-delà, et repousser les méfaits d'ici-bas et de l'au-delà. Elle interdit le péché, repousse les maux du cœur, extirpe les maladies du corps, illumine le cœur, blanchit le visage, fortifie les membres et l'âme, amène la subsistance, repousse l'injustice, soutien l'opprimé, et réprime les mélanges de désirs, préserve les bienfaits, repousse la vengeance, fait descendre la miséricorde, dissipe les soucis et est utile pour nombre de douleurs du ventre.

Abû Hurayrah (ﷺ) rapporte : « Le Messager d'Allah (ﷺ) me vit couché souffrant de douleur au ventre. Il me dit: « Ô Abû Hurayrah ! Souffres-tu du ventre ? » Je répondis : Oui, ô Messager d'Allah. Il me dit : « Lève- toi et prie, car il y a une guérison dans la prière. »[1] On rapporte également cette parole en l'attribuant à Abû Hurayrah qui la dit à Mujâhid et le sens de ce terme persan (mentionné dans le hadith : *Ashikamat dard*) signifie : Souffres-tu du ventre ?

Si la poitrine d'un médecin athée n'est pas assez large pour accepter ce remède, on doit s'adresser à lui à travers l'art médical en lui disant : la prière est un exercice de l'âme et du corps, elle comprend des mouvements et positions multiples : la position debout, l'inclinaison, la prosternation, l'assise, le passage d'une position à l'autre, et d'autres positions encore dans lesquelles la plupart des membres bougent et la plupart des organes internes fonctionnent comme l'estomac, les intestins et tous les organes de la respiration et de la digestion. Qu'est-ce qui réfute que ces mouvements soient un renforcement et un moyen de dissoudre les matières, notamment au moyen de la force de l'âme et son épanouissement dans la prière. Ainsi, la nature se fortifie et la douleur s'évanouit. Cependant la maladie de l'athéisme et du détournement vis-à-vis de ce que les prophètes ont apporté, en le remplaçant par l'athéisme, est une maladie qui n'a d'autre remède qu'un feu aux flammes intenses où ne brûlera que le plus malheureux qui ment et se détourne.

Quant à l'influence du djihad dans le repoussement des angoisses et soucis, cela est bien connu. Si l'âme laisse le faux régner et dominer, grandiront alors ses angoisses, soucis, afflictions et peurs. Et si elle le combat pour Allah (ﷻ), Il remplacera cette angoisse et tristesse par la joie, l'entrain et la force; comme Allah (ﷻ) dit :

---

[1] Ibn Mâjah (3458), la chaîne de transmission de ce hadith est faible.

قَٰتِلُوهُمْ يُعَذِّبْهُمُ ٱللَّهُ بِأَيْدِيكُمْ وَيُخْزِهِمْ وَيَنصُرْكُمْ عَلَيْهِمْ وَيَشْفِ صُدُورَ قَوْمٍ مُّؤْمِنِينَ ﴿١٤﴾ وَيُذْهِبْ غَيْظَ قُلُوبِهِمْ ۗ وَيَتُوبُ ٱللَّهُ عَلَىٰ مَن يَشَآءُ ۗ وَٱللَّهُ عَلِيمٌ حَكِيمٌ

« ***Combattez-les. Par vos mains, Allah les châtiera, les humiliera, vous donnera la victoire sur eux, apaisera les cœurs d'un peuple croyant, et il enlèvera la colère de leur cœur. Allah accueille le repentir de qui Il veut. Allah sait tout et Il est Sage.*** »[1]

Car rien n'est plus efficace pour dissiper les passions, angoisses, soucis et tristesses du cœur que le djihad. C'est auprès d'Allah qu'on cherche l'aide.

Quant à l'effet de la parole : « *Il n'y a de force et de puissance qu'en Allah* » pour repousser cette maladie, ceci est dû à ce qu'elle contient comme perfection d'attribution des choses à Allah, et d'exemption de toute force et puissance, si ce n'est en Lui, la soumission de toute chose à Lui, et l'abstention de toute contestation en aucune de ces choses. Cela s'applique à tout déplacement d'un état à un autre dans le monde des hauteurs et des profondeurs ; la force de ce déplacement appartient totalement à Allah seul, donc rien ne résiste à cette parole. On rapporte qu'aucun ange ne descend du ciel ou n'y remonte que par la parole : « Il n'y a de force et de puissance qu'en Allah » qui a un effet étonnant pour chasser Satan. C'est auprès d'Allah qu'on cherche l'aide.

Traitement de l'effroi et de l'insomnie

Buraydah rapporte que Khâlid se plaint au Prophète (ﷺ) en disant : « Ô Messager d'Allah ! En raison de mes insomnies je ne dors pas de la nuit. » Le Prophète (ﷺ) répondit : « Lorsque tu te couches, dis : Ô Allah, Seigneur des sept cieux et de ce qu'il couvrent, Seigneur des terres et de ce qu'elles contiennent, Seigneur des démons et de ceux qu'ils égarent. Sois pour moi un soutien contre le mal de toutes Tes créatures, afin qu'aucune d'elles ne soient injuste e ne transgresse contre moi. Ton soutien est tout puissant, Ta louange est élevée, et il n'y a de divinité digne d'adoration que Toi. »[2]

ᶜAmr Ibn Shuᶜayb rapporte d'après son père et son grand-père que le Messager d'Allah (ﷺ) leur enseignait contre l'effroi : « *Je me mets sous la protection des paroles parfaites d'Allah contre Sa colère, [Son châtiment], le mal de Ses créatures, les incitations des démons et leur présence à mes côtés.* » ᶜAbd

[1] Sourate ***At-Tawbah***, v.14-15.

[2] At-Tirmidhî (3518) la chaîne de transmission de ce hadith est faible.

Allah Ibn ᶜAmr enseignait ces paroles à ses enfants qui avaient atteint l'âge de raison, et pour les plus jeunes, il les écrivait et les attachait sur eux. »[1] Et l'adéquation de cette recherche de protection face à ce mal n'échappe à personne.

Traitement de l'incendie et son extinction

ᶜAmr Ibn Shuᶜayb rapporte d'après son père et son grand-père que le Messager d'Allah (ﷺ) a dit : « Quand vous apercevez un incendie, dites : Allah est le plus grand, car cela l'éteint. »[2] Puisque l'incendie est causé par le feu qui est la matière de laquelle Satan a été créé, et que la corruption générale qu'il provoque convient à la matière et l'acte de Satan, ce dernier l'aide et le soutien. De nature, le feu aspire à la hauteur et la corruption qui sont la voie de Satan à laquelle il invite et par laquelle il fait périr les fils d'Adam. Ainsi, le feu et Satan cherchent l'élévation sur terre et la corruption, mais la grandeur du Seigneur (ﷻ) réprime Satan et son acte. C'est pourquoi le fait de dire : Allah est le plus grand a un effet sur l'extinction de l'incendie, car rien n'est égal à la grandeur d'Allah (ﷻ). Si le musulman célèbre la grandeur de son Seigneur, cela aura un effet sur l'extinction du feu, et de Satan dont c'est sa matière, et ainsi l'incendie s'éteint. Nous et d'autres avons éprouvé cela, et nous avons constaté qu'il en était ainsi. Et Allah est plus savant.

La préservation de la santé

Puisque l'équilibre du corps, sa santé et son maintien se font par l'intermédiaire de l'humidité qui s'oppose à la chaleur, l'humidité est sa matière et la chaleur la consume, rejette ses excédents, la rectifie et la diminue, sinon elle corrompt le corps et ne permet pas sa rectitude. L'humidité est aussi la nourriture de la chaleur. Sans l'humidité, la chaleur brûlerait le corps, le dessécherait, et le corromprait ; chacune d'elles dépend de l'autre et le corps dépend des deux. De même, chacune d'elles est une matière pour l'autre : la chaleur est une matière pour l'humidité : elle la préserve et l'empêche de se corrompre et se dissoudre ; et l'humidité est une matière pour la chaleur : elle la nourrit et la supporte. Lorsque l'une d'elle prend le pas sur l'autre, l'humeur du corps subit un écart, car la chaleur dissout constamment l'humidité, donc le corps a besoin de récupérer ce que la chaleur a dissout, pour se maintenir, à travers la nourriture et la boisson. Si la quantité est supérieure à ce qui a été dissout, la chaleur est incapable de décomposer l'excédent qui se transforme en des

[1] *S͟ahīh͟ At-Tirmidhī* (3519).
[2] An-Nasâ'î dans *ᶜAmal Al-Yawm wa-l-Laylah* (289), qualifié de faible par Al-Arnâ'ûṯ.

matières mauvaises qui altèrent et corrompent le corps et provoquent différentes maladies en fonction de la nature des matières, et de la disposition des organes. On tire tout cela de la Parole d'Allah (ﷻ)

وَكُلُوا۟ وَٱشْرَبُوا۟ وَلَا تُسْرِفُوٓا۟

« *Mangez et buvez, mais ne gaspillez pas* »[1]

Il a orienté Ses serviteurs vers le fait de consommer ce qui était suffisant comme nourriture et boisson, en récupération de ce qui en a été décomposé, en quantité et qualité utiles au corps. Si on dépasse cela, c'est un gaspillage ; et les deux cas - c'est-à-dire ne pas manger et boire, ou exagérément - nuisent à la santé et causent la maladie.

La préservation de la santé tient donc en ces deux mots divins. Nul doute que le corps est toujours dans la décomposition et la récupération, et plus la décomposition est importante, plus la chaleur faiblit, en raison de l'épuisement de sa substance, car l'importance de la décomposition épuise l'humidité qui est la substance de la chaleur ; et quand la chaleur faiblit, la digestion faiblit et restera ainsi jusqu'à ce que l'humidité s'épuise et que la chaleur disparaisse totalement, et le serviteur atteint ainsi le terme de l'existence qu'Allah lui a écrit.

L'objectif de l'homme lorsqu'il soigne sa personne ou autrui est de préserver le corps dans cet état. Non pas que cela implique de maintenir la chaleur et l'humidité qui permettent le maintien de la jeunesse, la santé et la force, car c'est une chose qui n'est arrivée à personne en ce bas monde. Mais l'objectif du médecin est de protéger l'humidité de ce qui la corrompt, de la putridité et autre, de protéger la chaleur de ce qui l'affaiblit, et d'équilibrer entre eux d'une manière qui permette le maintient du corps humain. C'est aussi par l'équilibre que se maintiennent les cieux et la terre, ainsi que l'ensemble des créatures. Celui qui médite sur la voie du Prophète (ﷺ) constatera qu'elle est la meilleure des voies pour préserver la santé, car cela dépend de la bonne gestion de la nourriture et de la boisson, de l'habillement et de l'habitat, de l'air, du sommeil et de l'éveil, du mouvement et du repos, de l'accouplement, de l'évacuation et de la rétention, si tout cela se fait de manière équilibrée, convenable et compatible au corps, au pays, à l'âge et à l'habitude, cela est plus à même de faire perdurer la santé ou qu'elle prédomine jusqu'à la fin de l'existence.

[1] Sourate *Al-Acrâf,* v.31.

Puisque la santé et la préservation comptent parmi les plus éminents bienfaits d'Allah sur Son serviteur, les plus grands dons, et les gratifications les plus larges ; et plus encore la santé totale est le plus éminent des bienfaits, il convient donc à chaque personne à qui on a accordé une part de succès, d'y prêter attention, de la préserver, et la protéger de tout ce qui s'y oppose.

Ibn ᶜAbbâs (ﷺ) rapporte que le Messager d'Allah (ﷺ) a dit : « *Il est deux bienfaits que les gens ne savent apprécier à leur juste valeur : la santé et le temps libre.* »[1]

ᶜUbayd Allah Ibn Mihsan Al-Ansârî rapporte que le Messager d'Allah (ﷺ) a dit : « *Celui qui se lève, en bonne santé, en sécurité parmi les siens, et en ayant de quoi manger en ce jour, c'est comme si on lui avait octroyé tout ce bas monde.* »[2]

Abû Hurayrah (ﷺ) rapporte que le Prophète (ﷺ) a dit : « *Au Jour de la Résurrection, le premier bienfait sur lequel on interrogera le serviteur sera de lui dire : Ne t'avons-nous pas accordé la santé du corps et désaltéré d'eau fraîche ?* »[3]

C'est pourquoi certains pieux prédécesseurs ont dit que c'est de la santé dont il était question dans la Parole d'Allah :

ثُمَّ لَتُسۡـَٔلُنَّ يَوۡمَئِذٍ عَنِ ٱلنَّعِيمِ ۝٨

« ***Puis, vous serez interrogés ce jour-là sur les bienfaits.*** »[4]

On rapporte que le Prophète (ﷺ) a dit à Al-ᶜAbbâs : « *Ô ᶜAbbâs ! Oncle du Messager d'Allah ! Demande à Allah la préservation en ce monde et dans l'au-delà.* »[5]

Abû Bakr le Véridique (ﷺ) rapporte que le Messager d'Allah (ﷺ) a dit : « *Demandez à Allah la certitude et la préservation, car personne n'a obtenu, après la certitude, de chose plus précieuse que la préservation.* »[6]

Il a donc associé la préservation en la religion et en ce bas monde ; et la rectitude du serviteur n'est réalisée dans les deux demeures que par la certitude et la préservation. La certitude le protège des châtiments de l'au-

---

1 Al-Bukhârî (6412).
2 *As-Sahîhah* (2318).
3 *As-Sahîhah* (539).
4 Sourate ***At-Takâthur***, v.8.
5 *As-Sahîhah* (1523).
6 *Sahîh Ibn Mâjah* (3849).

delà et la préservation le protège des maladies d'ici-bas en son cœur et son corps.

Abû Hurayrah (ﷺ) rapporte que le Prophète (ﷺ) a dit : « *Demandez à Allah le pardon (Al-ᶜAfwu), la préservation (Al-ᶜÂfiyah) et le salut (Al-Muᶜâfah), car personne n'a obtenu, après la certitude, de chose plus précieuse que le salut.* » Ces trois choses contiennent la dissipation des maux passés par le pardon, des maux présents par la préservation, et des maux à venir par le salut. Elles contiennent donc la continuité et la permanence sur la préservation

On rapporte que le Messager d'Allah (ﷺ) a dit : « On n'a rien demandé à Allah de chose plus aimée de Lui que la préservation. »[1]

ᶜAbd Ar-Rahmân Ibn Abî Laylâ rapporte d'après Abû Ad-Dardâ' : « J'ai demandé : Ô Messager d'Allah ! Je préfère être préservé et remercier que d'être éprouvé et patienter. Et il répondit : « Et le Messager d'Allah aime tout comme toi la préservation. »

On rapporte de Ibn ᶜAbbâs qu'un bédouin vint au Messager d'Allah (ﷺ) et lui dit : « Que dois-je demander à Allah après les cinq prières ? » Il lui répondit : « Demande à Allah la préservation. » L'homme répéta la question, et le Messager d'Allah (ﷺ) lui dit à la troisième reprise : « Demande à Allah la préservation dans ce bas monde et dans l'au-delà. »

Si telle est l'importance de la préservation et de la santé, alors mentionnons de quelle manière le Prophète (ﷺ) préservait ces choses, et cela montrera à qui les étudie que c'est là la plus parfaite des voies par laquelle on peut atteindre la préservation de la santé du corps et du cœur, et de la vie d'ici-bas et de l'au-delà. C'est auprès d'Allah que nous cherchons l'aide, en Lui que nous plaçons notre confiance, et il n'y a de force et de puissance qu'en Allah.

Concernant la nourriture

Concernant le boire et le manger, le Prophète (ﷺ) n'avait pas l'habitude de se contenter d'un seul genre d'aliment, car cela est très nuisible à la nature, si on ne consomme rien d'autre, on faiblit et périt, et si on consomme autre chose, la nature ne l'accepte pas, et cela nuit également. Il est donc très dangereux et nuisible de ne consommer qu'un seul genre d'aliment, même si c'est le meilleur des aliments.

---

[1] At-Tirmidhî (3510), la chaîne de transmission de ce hadith est faible.

Au contraire, le Prophète (ﷺ) mangeait ce que les habitants de son pays avaient l'habitude de consommer comme viande, fruits, pain, dattes et autres que nous avons mentionnés en évoquant sa manière de se nourrir, reviens-y donc[1]. Si un des deux aliments était d'une nature qui demandait à être coupée et équilibrée, il le faisait par leur opposé, si cela était possible. Comme le fait d'équilibrer la chaleur des dattes fraîches par de la pastèque, et s'il n'en trouvait pas, il en mangeait au besoin selon l'envie de l'âme sans exagération, afin que la nature n'en subisse aucun préjudice. Si son âme refusait un aliment, il n'en mangeait pas et ne se forçait pas à le consommer avec dégoût. C'est un grand principe de la préservation de la santé, car lorsque la personne mange ce qui la dégoûte, sans aucun désir, cela lui sera plus nuisible qu'utile. Abû Hurayrah (ﷺ) rapporte : «Le Messager d'Allah (ﷺ) n'a jamais critiqué un plat. S'il en voulait il en mangeait, sinon il le laissait et n'en mangeait pas. »[2] Lorsqu'on lui présenta un lézard grillé, il n'en mangea pas. On lui demanda : « Cela est-ce illicite ? » Il répondit : « *Non, mais cela ne se trouvait pas dans mon pays, et cela me répugne.* »[3] Il respectait donc son habitude et son envie, et puisqu'il n'était pas de coutume chez lui d'en manger, et que son âme ne le désirait pas, il s'abstint mais n'interdit pas d'en consommer à qui le désirait et y était habitué.

Il aimait la viande, et sa partie préférée était l'épaule et la partie avant de l'agneau, et c'est pourquoi on y mit du poison. On rapporte qu'on apporta au Messager d'Allah (ﷺ) de la viande et qu'on lui présenta l'épaule, et il aimait cela.[4]

On rapporte que Ḏibâᶜah Bint Az-Zubayr égorgea un agneau chez elle et le Prophète (ﷺ) lui fit parvenir : « Nourrissez-nous de votre agneau. » Elle dit à l'émissaire : « Il ne nous reste que le cou et j'ai honte de l'envoyer au Messager d'Allah (ﷺ). » L'émissaire revint et l'en informa, et il répondit alors : « Retourne chez elle et dis lui de l'envoyer car [le cou] est ce qui guide l'agneau, [la partie] la plus proche du bien et la plus éloignée de tout préjudice. »[5] Nul doute que la plus légère viande de l'agneau est celle du cou et de l'épaule, car elles sont légères à l'estomac et de digestion rapide. Cela montre la recherche d'aliments qui réunissent trois caractéristiques :

La première : une grande utilité et un grand effet sur les forces.

---

[1] Nous rappelons au lecteur que cet ouvrage n'est qu'un extrait de *Zâd Al-Maᶜâd*, Ibn Al-Qayyim fait donc référence à une partie antérieure au début de cet ouvrage.

[2] Al-Bukhârî (5409) et Muslim (2064).

[3] Al-Bukhârî (5391) et Muslim (1946).

[4] Al-Bukhârî (3340) et Muslim (194).

[5] Aẖmad (6/360), qualifié de faible par Al-Arnâ'ûṯ.

La deuxième : une légèreté à l'estomac, et une absence de lourdeur.

La troisième : une rapidité de digestion.

C'est là le meilleur des aliments, et une consommation minime de ce type d'aliment est meilleure qu'une consommation plus grande d'autres.

Il aimait les aliments sucrés et le miel, et ces trois choses, c'est-à-dire : la viande le miel et les aliments sucrés, comptent parmi les meilleurs aliments, et les plus utiles au corps, au foie et aux membres. S'en nourrir est d'une grande utilité dans la préservation de la santé et de la force, et ne fuit ces choses que celui qui est atteint d'une maladie ou d'un défaut.

Il mangeait du pain avec les plats en sauce, et parfois avec la viande, et il disait : « C'est le maître de la nourriture des gens de ce bas monde et de l'au-delà. »[1] Il en mangeait parfois avec de la pastèque ou des dattes. Une fois, il mit une datte dans un bout de pain d'orge et dit : « Ceci est le condiment de cet autre. »[2] Ceci montre une gestion de l'alimentation, car le pain d'orge est froid et sec, alors que la datte est chaude et humide, d'après le plus juste des avis, la prendre comme condiment avec le pain d'orge est un des meilleurs arrangements, surtout pour celui dont c'est l'habitude, comme les habitants de Médine. Parfois il en mangeait avec du vinaigre, et disait : « *Quel bon condiment est le vinaigre !* » C'est un éloge qui convenait à la situation présente, et non une préférence par rapport à d'autres, comme le pensent les ignorants. Le contexte de ce hadith est qu'il est entré chez lui un jour, et on lui a présenté du pain. Il leur demanda : « *Avez- vous un condiment ?* » On lui répondit : « Nous n'avons que du vinaigre. » Et il dit : « *Quel bon condiment est le vinaigre !* »[3]

L'essentiel est que la consommation du pain avec un condiment compte parmi les moyens de préserver la santé, au contraire du fait de s'en contenter d'un seul. On a nommé le condiment *Idâm* car il améliore le pain et le rend adéquat à la préservation de la santé. C'est pourquoi le Prophète (ﷺ) dit en permettant au prétendant de regarder celle qu'il demande en mariage : « Cela est plus à même de vous unir (*Yu'dam*) » car le mari est alors clairvoyant sur ce qu'il fait et ne regrette pas.

Il mangeait des fruits de son pays à leur saison, et ne s'en privait pas, et c'est également parmi les plus grands moyens de préserver la santé, car Allah (ﷻ), par Sa sagesse, a créé dans chaque pays les fruits qui sont utiles à ses habitants pendant leur saison. Ainsi, leur consommation est une cause

---

[1] Ibn Mâjah (3305), la chaîne de transmission de ce hadith est faible.
[2] Abû Dâwud (3259), la chaîne de transmission de ce hadith est faible.
[3] Muslim (2052).

de santé et de préservation, et cela dispense de nombreux remèdes. Rares sont ceux qui s'abstiennent de manger des fruits de leur pays, par peur de la maladie, sans qu'ils ne soient parmi les gens au corps les plus malades et les plus éloignés de la santé et de la force.

Ces fruits contiennent des humidités, la chaleur de la saison et de la terre, et la chaleur de l'estomac les consume et éloigne leurs maux, si on n'exagère pas dans la consommation, qu'on ne charge pas la nature plus qu'elle ne peut supporter, qu'on ne corrompt pas la nourriture avant qu'elle ne soit digérée, qu'on ne boive pas d'eau ensuite, ou qu'on ne consomme pas le repas après un aliment sucré, car cela provoque très souvent la constipation. Celui qui en mange ce qu'il faut, au moment où il faut, de la manière qu'il faut, cela sera pour lui un remède efficace.

Manière de se tenir à table

Il est authentifié qu'il a dit : « *Je ne mange pas appuyé.* »[1] Il dit aussi : « *Je m'assieds et mange comme l'esclave.* »[2] On rapporte également qu'il a interdit de manger étendu sur le ventre.[3]

On a expliqué le terme « appuyé » par le fait de s'asseoir en tailleur, de s'appuyer sur quelque chose, et de s'appuyer sur le côté. Ce sont trois formes d'appui, mais une forme est nuisible et c'est celle où l'on s'appuie sur le côté, car cela empêche le passage naturel des aliments et les empêche d'arriver rapidement à l'estomac qui est également compressé et ne peut s'ouvrir comme il se doit pour accueillir les aliments. De plus, l'estomac est penché et non droit, si bien que la nourriture n'y parvient pas facilement.

Quant aux deux autres positions, elles sont celles des tyrans et s'opposent à la servitude. C'est la raison pour laquelle il dit : « *Je mange comme l'esclave.* » il mangeait aussi accroupi[4], et on rapporte également qu'il s'asseyait pour manger en s'appuyant sur ses genoux et en mettant la plante du pied gauche sur le dos du pied droit par modestie et bon comportement devant son Seigneur (ﷻ) et par respect de la nourriture et de son compagnon de table. Cette position est la meilleure et la plus bénéfique car tous les organes sont dans leur position naturelle en laquelle Allah (ﷻ) les a créés, en plus du bon comportement qu'elles représentent. La meilleure manière pour l'homme de se nourrir est lorsque ses membres sont dans une position naturelle, et cela n'est le cas que lorsqu'on adopte

---

[1] Al-Bukhârî (5398).
[2] *As-Sahîhah* (544).
[3] *As-Sahîhah* (2394).
[4] Muslim (2044) d'après Anas qui dit : « J'ai vu le Prophète (ﷺ) accroupi manger des dattes. »

une position naturelle. La pire des positions pour manger consiste à s'appuyer sur le flanc, en raison de ce que nous avons mentionné du fait que l'œsophage et les organes nécessaires pour avaler se rétrécissent de cette manière, et l'estomac ne reste pas dans sa position naturelle, car du côté du ventre il est compressé par le sol, et du côté du dos par le diaphragme qui sépare les organes digestifs des organes respiratoires.

Si le fait de s'appuyer désigne le fait de s'appuyer sur des coussins et traversins placés sous l'homme assis, le sens du hadith serait : lorsque je mange je ne m'appuie pas sur les coussins traversins comme le font les tyrans et ceux qui veulent manger en abondance, mais je ne mange que ce qui me suffit à la manière de l'esclave.

Il mangeait avec ses trois doigts[1] et c'est la meilleure façon de manger, car manger avec un ou deux doigts n'est ni savoureux ni délectable pour celui qui mange, et il ne sera repu qu'après un long moment. Les organes digestifs et l'estomac ne se réjouissent pas de ce qui leur parvient comme nourriture à chaque repas, ils la prennent à l'aveugle, comme l'homme mange un ou deux grains, sans s'en délecter et sans réjouir. Manger avec les cinq doigts et la paume aboutit à l'accumulation d'aliments dans les organes digestifs et l'estomac, voire même leur obstruction et la mort. Les organes sont contraints de les repousser et l'estomac de les supporter, sans qu'on trouve en cela ni délectation ni saveur. Ainsi, la meilleure manière de manger est celle du Prophète (ﷺ) et de ceux qui l'ont suivi, en mangeant avec trois doigts.

Celui qui médite sur les aliments du Prophète (ﷺ) et ce qu'il mangeait, constatera qu'il n'a jamais associé lait et poisson, du lait avec une chose acide, deux aliments chauds, froids, visqueux, constipants, laxatifs, durs, mous, deux aliments transformés en un seul mélange, deux opposés comme le constipant et le laxatif, ce qui se digère rapidement et lentement, ce qui est grillé et cuit, ce qui est frais et séché, le lait et l'œuf, la viande et le lait. Il ne mangeait pas quand le plat était trop chaud, ni un plat réchauffé le lendemain, ni les aliments à l'odeur pestilentielle et les aliments salés comme les assaisonnements, ce qui est mariné au vinaigre et les choses salées. Car tous ces types d'aliments sont nuisibles et provoquent un écart dans la santé et l'équilibre.

Il remédiait aux préjudices de certains aliments par d'autres, si cela était possible. Il apaisait la chaleur de l'un par la fraîcheur de l'autre, la sécheresse de l'un par l'humidité de l'autre, comme il faisait avec le concombre sauvage et les dattes fraîches, ou avec les dattes et le beurre

---

[1] Muslim (2032).

rance – ce qu'on nomme *Al-Hays* – il buvait aussi des infusions de dattes pour tempérer le chyme[1] des aliments durs.

Il ordonnait de prendre le dîner, même d'une poignée de dattes, et disait : « Délaisser le dîner amène la sénilité. »[2] Abû Nu^c^aym mentionne qu'il interdisait de dormir tout de suite après le repas, et que cela durcit le cœur. C'est la raison pour laquelle, pour préserver la santé, les médecins conseillent de faire quelques pas après le dîner, ne serait-ce qu'une centaine, et de ne pas dormir tout de suite après, car cela est très nuisible. Les médecins musulmans conseillent, d'accomplir la prière après le dîner, afin que les aliments se stabilisent au fond de l'estomac, ce qui facilite et améliore leur digestion.

Il n'avait pas pour habitude de boire après le repas, et ainsi de le corrompre, surtout si l'eau était chaude ou froide, car cela est très mauvais. Un poète dit :

Au moment de manger chaud ou froid,
Et d'entrer au hammam, ne bois pas d'eau
Si tu t'en abstiens réellement, toute ta vie
Tu ne craindras pas de maladie dans tes entrailles

Il détestait boire de l'eau après des exercices, une fatigue, le rapport charnel, après ou avant le repas, après avoir mangé des fruits – même si boire après certains est plus facile que pour d'autres – après le hammam, et en se réveillant. Tout cela est contraire à la préservation de la santé. Nulle considération des habitudes en cela, car ce sont des natures secondaires.

Concernant la boisson

Quant à sa manière de boire, elle compte parmi les meilleures des voies pour préserver la santé. Il buvait du miel mélangé à de l'eau froide qui est d'une utilité dans la préservation de la santé que ne connaissent que les grands médecins. Boire ce mélange ou le siroter à jeun fait fondre la lymphe, lave les duvets de l'estomac, le débarrasse de ses viscosité, repousse les excédents, le réchauffe avec modération, libère son occlusion, et il a le même effet sur le foie, les reins et la vessie. Il est plus utile à l'estomac que toute autre chose sucrée qui y entre, et il n'est nuisible qu'aux gens bilieux, en raison de son acidité et de l'acidité de la bile qui peut l'exciter. On peut éviter cela par le vinaigre qui est bénéfique pour

---

1 Substance liquide que l'on trouve dans l'estomac, composée d'aliments partiellement digérés, d'eau, et d'autres éléments.
2 At-Tirmidhî (1857) la chaîne de transmission de ce hadith est faible.

eux, et sa consommation est plus utile que beaucoup d'autres boissons tirées du sucre, ou la plupart d'entre elles, notamment pour ceux qui n'ont pas l'habitude de ces boissons et de leur nature. Leur consommation leur est moins nuisible que le miel, et ce qui est à considérer ici est l'habitude qui construit ou détruit des principes.

Si la boisson réunit la douceur et la fraîcheur, elle compte parmi les choses les plus bénéfiques au corps, et parmi les plus grandes causes de préservation de la santé. Les âmes et forces, le foie et le cœur y sont très attachés, et en tirent une ressource. Si la boisson contient ces deux qualités, elle nourrit et permet à la nourriture de parvenir aux organes de la meilleure façon.

L'eau froide est humide, subjugue la chaleur, maintient les humidités fondamentales du corps, lui apporte un substitut à ce qui a été décomposé, dilue les aliments, et les fait pénétrer dans les veines. Les médecins ont divergé en deux avis quant à savoir si l'eau nourrissait le corps ?

Les uns ont affirmé qu'elle nourrissait en raison de ce qu'ils ont constaté de croissance, développement et force qu'elle apporte, notamment en cas de grand besoin. Ils ont dit : les animaux et les plantes ont des choses communes de nombreux points de vue, parmi lesquelles : la croissance, la nourriture et l'équilibre. Les plantes ont une force sensitive adéquate, c'est pourquoi la nourriture des plantes est assurée par l'eau, on ne peut donc nier que l'animal en tire une forme de nourriture, et que c'est une part de toute sa nourriture.

Ils ont également dit : Nous ne nions pas que l'essentiel de la force de la nourriture provient des aliments. Mais nous rejetons que l'eau n'ait aucune qualité nutritive. Et ils ont dit : la nourriture aussi, nourrit en raison de ce qu'elle contient comme eau sans laquelle elle ne pourrait nourrir.

Ils ont également dit : puisque l'eau est la substance vitale des animaux et plantes, et qu'il n'y a pas de doute que ce qui est le plus proche de la matière d'une chose en assurera la nutrition, alors que dire si c'est sa substance originelle ? Allah (ﷻ) dit :

وَجَعَلْنَا مِنَ الْمَاءِ كُلَّ شَيْءٍ حَيٍّ

« ***Nous avons créé toute chose vivante à partir de l'eau*** »[1]

Comment donc renier la nutrition par ce qui est absolument la substance de toute vie ?

---

[1] Sourate *Al-Anbiyâ'*, v.30.

Ils ont aussi dit : Nous voyons que lorsque l'assoiffé se désaltère par de l'eau froide, il retrouve ses forces, son entrain, et son mouvement ; se dispense de nourriture, et se contente du minimum. Nous voyons également que l'assoiffé ne profite pas d'une grande quantité de nourriture, et n'y trouve ni force ni nutrition. Nous ne renions pas que l'eau transporte la nourriture à toutes les parties du corps, à tous les organes et que cela ne peut se faire sans elle. Mais nous rejetons les propos de ceux qui nient à l'eau toute propriété nutritive, et cela est pour nous proche du reniement des choses connues de manière intuitive.

D'autres ont nié la propriété nutritive de l'eau en disant qu'elle n'est pas suffisante et ne remplace pas la nourriture, n'augmente pas le développement des membres et ne leur procure pas ce qu'ils ont perdu par la décomposition par la chaleur, et d'autres choses encore que ne renient pas ceux qui soutiennent les propriétés nutritives de l'eau ; mais eux la considèrent nutritive de par sa nature, sa douceur et sa fluidité, et la nutrition de toute chose en fonction d'elle. On constate que l'air humide et frais a des propriétés nutritives, de même que la bonne odeur apporte une forme de nutrition, donc la nutrition par l'eau est plus évidente encore.

L'essentiel est que si elle est fraîche et mélangée à une chose sucrée comme le miel, le raisin sec, les dattes, ou le sucre, elle compte parmi les choses les plus profitables qui pénètrent dans le corps. Elle préserve sa santé, c'est pourquoi la boisson préférée du Messager d'Allah (ﷺ) était la boisson fraîche et sucrée. Alors que l'eau tiède fait gonfler le ventre et agit de manière opposée.

Puisque l'eau qu'on laisse reposer est meilleure qu'au moment où on la puise, le Prophète (ﷺ) dit en entrant dans le jardin de Abû Al- Haytham Ibn At-Tîhân : « *Y a-t-il de l'eau qui a reposé dans une outre ?* » Il la lui apporta et le Prophète (ﷺ) en but. Al-Bukhârî le rapporta en ces termes : « *Si tu as de l'eau qui a reposé dans une outre sinon nous boirons directement à la source.* »[1] L'eau qui a reposé est semblable à la pâte fermentée, et l'eau but au moment où on la puise est semblable à la pâte non levée, car les particules de terre et de poussière se déposent lorsqu'elle repose un certain temps. On rapporte qu'on puisait de l'eau douce pour le Prophète (ﷺ) et qu'il choisissait celle qui avait reposé un certain temps. ᶜÂ'ishah (رضي الله عنها) rapporte : « On puisait de l'eau douce des puits d'eau potable pour le Messager d'Allah (ﷺ). »[2]

---

[1] Al-Bukhârî (5621), c'est-à-dire boire à même la source, sans utiliser ni récipient ni les mains.

[2] *Sahîh Al-Jâmiᶜ* (4951).

L'eau conservée dans les gourdes et outres est plus douce que celle conservée dans les récipients d'argile, de pierre et autre, surtout les récipients en cuir, c'est pourquoi le Prophète (ﷺ) a demandé de l'eau qui ait reposé dans une outre, en dehors de tout autre récipient. Si l'eau entreposée dans les outres et gourdes de cuir a une certaine douceur, c'est en raison des pores ouverts par lesquels l'eau respire. C'est pourquoi l'eau entreposée dans l'argile et qui permet à l'eau de respirer est plus douce et plus froide que celle qui est dans des vases imperméables. Que les éloges et le salut d'Allah soient sur la plus parfaite des créatures, à l'âme la plus noble et la voie la meilleure en toute chose. Il a orienté sa Communauté vers les meilleures des choses et les plus utiles pour les cœurs et les corps, ce bas monde et l'au-delà.

ᶜÂ'ishah (ﷺ) rapporte : « La boisson préférée du Messager d'Allah (ﷺ) était la boisson douce et froide. »[1] Cela peut désigner l'eau douce, comme l'eau douce des sources et des puits, car on puisait pour lui de l'eau douce. Et cela peut aussi désigner l'eau mélangée au miel, ou dans laquelle on trempait des dattes ou des raisins secs. On peut également dire, et c'est qui est le plus apparent, que cela englobe ces deux choses.

La parole du Prophète (ﷺ) dans le hadith authentique : « *Si tu as de l'eau qui a reposé dans une outre sinon nous boirons directement à la source.* » montre qu'il est permis de boire directement avec la bouche d'un bassin, d'une fontaine ou autre. Ceci - et Allah est plus savant -s'applique lorsque cela est nécessaire, ou encore qu'il ait dit cela pour montrer que cela était permis, car certaines personnes le réprouvent, et les médecins l'interdisent pratiquement et disent que cela nuit à l'estomac. On rapporte dans un hadith – dont je ne connais pas l'authenticité – d'après Ibn ᶜUmar (ﷺ) : « Le Prophète (ﷺ) nous a interdit de boire de l'eau allongé sur le ventre, - c'est-à-dire de boire directement à la bouche, et il nous a interdit aussi de la puiser d'une seule main et dit : « Qu'aucun de vous ne lape comme le chien et ne boive dans la nuit d'un récipient avant qu'il ne l'examine, sauf s'il est couvert. »[2]

Le hadith de Al-Bukhârî est plus authentique que cela, et s'il est authentique il n'y a pas d'opposition entre les deux, car il se peut que le fait de boire par la main n'était pas possible à ce moment. C'est pourquoi il dit : « *sinon nous boirons directement à la source* » Boire à même la source n'est nuisible que si le buveur est couché, face et ventre à terre, comme celui qui boit d'une rivière ou d'un ruisseau. Mais s'il boit à la bouche en se tenant

---

[1] *Sahîh At-Tirmidhî* (1895).

[2] Ibn Mâjah (3431), la chaîne de transmission de ce hadith est faible.

droit d'un bassin élevé ou autre, dans ce cas boire en puisant de sa main ou à même par la bouche revient au même.

Il buvait assis, c'était son habitude. Il est rapporté authentiquement qu'il a interdit de boire debout, et il est également confirmé qu'il ordonna à celui qui but debout de vomir. Il est également confirmé qu'il a bu debout.

Un groupe a dit : Cela annule l'interdiction. Et un autre groupe a dit : il a fait cela pour montrer que l'interdiction ne visait pas ici le caractère illicite, mais à orienter vers ce qui est meilleur. Enfin, d'autres ont dit : il n'y a pas de contradiction entre les deux, car il a bu debout par nécessité : quand le Prophète (ﷺ) arriva à *Zamzam* où les gens puisaient de l'eau, on lui présenta le récipient et il but debout, et c'était un cas de besoin.

Boire debout comporte plusieurs maux, parmi lesquels le fait que la désaltération ne sera pas complète, l'eau ne se stabilisera pas dans l'estomac afin que le foie la distribue aux organes, l'eau descend rapidement et violemment vers l'estomac donc on craint qu'elle ne le refroidisse, le perturbe, et ne s'enfonce rapidement vers le bas du corps sans échelonnement. Tout cela nuit au buveur, mais s'il le fait rarement ou par nécessité, cela ne lui nuira pas. Nulle considération pour les habitudes en cela, car les habitudes sont des natures secondes et elles ont d'autres règles, elles sont semblables à ce sur quoi on ne peut pratiquer l'analogie pour les jurisconsultes.

Anas Ibn Mâlik rapporte : « Le Messager d'Allah (ﷺ) respirait à trois reprises en buvant et disait : « *C'est plus désaltérant, plus facile à avaler et plus sain.* » »[1]

La boisson désigne l'eau chez le Législateur et les savants, et respirer en buvant consiste à éloigner la coupe de ses lèvres et respirer hors de la coupe, puis boire de nouveau, ainsi que cela est mentionné clairement dans un autre hadith : « *Si l'un de vous boit, qu'il ne respire pas dans la coupe mais éloigne le récipient de ses lèvres.* »[2]

Il y a en cela de nombreuses sagesses et des profits très importants. Et le Prophète (ﷺ) a attiré l'attention sur ce qui les rassemble en disant : « *C'est plus désaltérant, plus facile à avaler et plus sain.* » Cela est plus désaltérant, c'est-à-dire ce qui désaltère le mieux et est le plus utile.

---

[1] Muslim (2028).
[2] *As-Sahîhah* (386).

Plus sain, c'est-à-dire que cela guérit de la dureté de la soif et de son mal, car elle arrive à l'estomac par gorgées, et que la deuxième gorgée apaise ce que n'a pu faire la première, et de même pour la troisième avec la deuxième. De même, cela est plus sain pour la chaleur de l'estomac, afin de la protéger de l'arrivée subite d'eau froide en une seule gorgée.

De même, l'eau bue d'une seule traite ne désaltère pas, car elle rencontre la chaleur de la soif pendant un instant, puis en est extrait sans apaiser sa véhémence et son intensité ; et même si elle l'apaise, elle ne l'élimine pas totalement, à l'inverse de son apaisement par la tranquillité et la graduation.

De même, cela est de meilleur fin et plus sûr que de consommer tout d'un coup, car cela amène à craindre que cela éteigne la chaleur interne en raison de l'intensité de sa fraîcheur et la quantité, ou que cela ne l'affaiblisse et ne provoque la corruption de l'humeur de l'estomac et du foie, des maladies mauvaises, surtout chez les habitants des pays chauds, comme le Hijâz, le Yémen et d'autres, ou lors des périodes de chaleur, comme l'été. Boire d'une seule gorgée peut leur être très nuisible, car la chaleur interne est faible chez ces gens et lors de ces périodes chaudes.

Quant à sa parole : « *plus facile à avaler* » cela signifie que cela facilite le passage de la nourriture et de la boisson dans le corps, si cela entre et s'y mélange avec facilité et délectation, et cela sera bénéfique. De la même façon Allah (ﷻ) dit :

فَكُلُوهُ هَنِيٓـًٔا مَّرِيٓـًٔا

« ***Consommez-en avec réjouissance et délectation*** »[1]

Réjouissance dans ses conséquences et délectation dans son goût. On dit aussi que cela signifie que cela descend plus rapidement de l'œsophage, en raison de sa facilité et légèreté, au contraire de ce qui est important qu'il n'est pas facile à l'œsophage de faire descendre.

Parmi les maux causés par le fait de boire d'une seule traite est qu'on peut craindre l'engorgement et l'étouffement en raison de la grande quantité qui y parvient, alors que s'il reprend son souffle puis boit, il se préserve de cela.

Parmi les bienfaits de cette manière de boire est que lorsque le buveur boit la première fois, la vapeur chaude qui était sur le cœur et le foie s'élève, en raison de l'arrivée d'eau froide, et la nature l'en éloigne. Mais s'il

---

[1] Sourate ***An-Nisâ'***, v.4.

boit d'une seule traite, la descente de l'eau correspond à la montée de la vapeur et ils s'opposent, et cela produit l'engorgement et l'étouffement. Le buveur n'appréciera pas sa boisson, ne l'avalera pas facilement et la désaltération ne sera pas complète. On rapporte que le Prophète (ﷺ) a dit : « Lorsque l'un de vous boit, qu'il boive doucement et non à grande gorgées car cela amène l'inflammation du foie. »[1]

L'expérience a montré que l'arrivée d'une seule traite de l'eau au foie, l'inflamme et affaiblit sa chaleur. Ceci est dû à l'opposition entre sa chaleur et la fraîcheur de l'eau qui y arrive. Si l'eau y parvenait peu à peu et graduellement, elle ne s'opposerait pas à sa chaleur et ne l'affaiblirait pas. Comme le fait de verser de l'eau froide sur une marmite bouillonnante, le fait de la verser graduellement n'est pas nuisible. On rapporte que le Prophète (ﷺ) a dit : « Ne buvez pas d'une traite comme les chameaux, mais buvez en deux ou trois fois, prononcez le Nom d'Allah au début et louez-Le à la fin. »[2] La mention du nom d'Allah au début du manger et du boire, et la louange d'Allah à la fin a un effet étonnant sur l'utilité, la saveur et l'éloignement du préjudice.

L'imam Ah̲mad a dit : « Si le repas réunit quatre éléments, il sera complet : la mention du Nom d'Allah au début, la louange d'Allah à la fin, le grand nombre des participants, et sa licéité. »

Jâbir Ibn ᶜAbd Allah (ﷺ) rapporte que le Messager d'Allah (ﷺ) a dit : « *Couvrez le récipient et fermez les outres, car il y a dans l'année une nuit en laquelle descend une épidémie qui ne passe pas sur un récipient découvert et une outre non lacée sans y tomber.* »[3] Cela compte parmi ce que les sciences et connaissances des médecins ne peuvent atteindre, et certains hommes sensés l'ont su par l'expérience. Al-Layth Ibn Saᶜd, un des transmetteurs du hadith, a dit : « Chez- nous, les non- arabes se protègent de cette nuit de l'année, au mois de décembre. »

Il est authentifié qu'il a ordonné de couvrir le récipient, même avec un simple bâton[4], la sagesse en cela est qu'on n'oublie pas de couvrir, mais qu'on en prenne l'habitude, ne serait-ce qu'avec un bâton. Un reptile peut vouloir y tomber, mais passer sur le bâton qui sera ainsi un pont l'empêchant d'y tomber.

---

[1] Al-Arnâ'ût̲ qualifie ce hadith de faible.
[2] At-Tirmidhî (1886), la chaîne de transmission de ce hadith est faible.
[3] Muslim (2014).
[4] Al-Bukhârî (5624) et Muslim (2012).

Il est également authentifié qu'il a ordonné, lorsqu'on ferme le récipient, de mentionner le Nom d'Allah, car la mention d'Allah chasse Satan et la fermeture chasse les bêtes venimeuses, c'est pourquoi il a ordonné de mentionner le Nom d'Allah en ces deux cas, pour ces deux raisons.

Ibn 'ᶜAbbas (ﷺ) rapporte que le Messager d'Allah (ﷺ) a interdit de boire au goulot de l'outre[1]. Cette bienséance comporte plusieurs sagesses, parmi lesquelles :

- La respiration du buveur donne une odeur fétide et répugnante.

- Il se peut que l'abondance d'eau qui pénètre dans ses entrailles lui soit nuisible.

- Il se peut qu'il y ait une bête nuisible qu'il n'a pas aperçue, et que celle-ci lui nuise.

- L'eau peut contenir des impuretés ou d'autres choses qu'il ne voit pas en buvant, et ainsi cela pénètre dans ses entrailles.

- Boire de cette manière remplit le ventre d'air et l'empêche de prendre l'eau nécessaire. Cela peut également le congestionner, lui nuire, et bien d'autres sagesse encore.

Si on objecte : Que faites- vous de ce qu'on rapporte du Messager d'Allah (ﷺ) disant qu'au jour de la bataille de *Uhud* il demanda une outre et dit : « Retrousse le goulot de l'outre. » puis but au goulot retroussé[2].

Nous disons : Nous nous suffisons des paroles de At-Tirmidhî : «La chaîne de transmission de ce hadith n'est pas authentique, et ᶜAbd Allah Ibn ᶜUmar Al-ᶜUmarî est un transmetteur faible du point de vue de sa mémorisation, et je ne sais pas s'il a entendu le hadith de ᶜÎsâ ou non. » Il veut signifier ᶜÎsâ Ibn ᶜAbd Allah dont il rapporte le hadith, d'après un homme des *Ansâr*.

Abû Saᶜîd Al-Khudhrî (ﷺ) rapporte que le Messager d'Allah (ﷺ) a interdit de boire du côté de la brèche de la coupe, et de souffler dans la boisson. »[3] C'est une bienséance dans l'intérêt du buveur, car boire du côté de la brèche de la coupe comprend plusieurs méfaits :

Le premier : Tout ce qui se trouve à la surface de l'eau comme impuretés et autres se concentre dans la brèche, au contraire du côté intact.

---

[1] Al-Bukhârî (5629).
[2] Abû Dâwud (3721), la chaîne de transmission de ce hadith est faible.
[3] *Sahîh Abû Dâwud* (3722).

Le deuxième : Cela peut gêner le buveur qui ne peut boire correctement en raison de la brèche.

Le troisième : La saleté et les odeurs fétides s'accumulent dans la brèche qui n'est pas aussi bien lavée que le coté intact.

Le quatrième : La brèche est l'endroit du défaut de la coupe, et c'est le plus mauvais, il faut donc l'éviter et chercher le côté intact, car il n'y a rien de bon en toute chose mauvaise. Un pieux prédécesseur vit un homme acheter une chose mauvaise, et il lui dit : « Ne fais pas cela ! Ne sais-tu pas qu'Allah a enlevé la bénédiction de toute chose mauvaise ? »

Le cinquième : La brèche peut présenter une fissure ou une partie aiguisée qui peut blesser la bouche du buveur. Et d'autres méfaits encore.

Quant au fait de souffler dans la boisson, cela amène une odeur répugnante du souffleur, surtout s'il a mauvaise haleine. En résumé les respirations du souffleur s'y mêlent, et c'est pourquoi, le Messager d'Allah (ﷺ) a réuni l'interdiction de respirer et de souffler dans le récipient, dans le hadith de Ibn ᶜAbbâs (ﷺ) qui dit : «Le Messager d'Allah (ﷺ) a interdit de respirer et de souffler dans le récipient. »[1]

Si on objecte : Que faites-vous de ce que rapporte Anas (ﷺ) qui dit : « Le Messager d'Allah (ﷺ) respirait à trois reprises dans le récipient. »[2]

Nous répondons : Nous le recevons avec consentement et soumission, et il ne contredit pas le précédent, car son sens est qu'il respirait trois fois en buvant, et le récipient n'a été mentionné que parce qu'il est l'outil utilisé pour boire. De la même manière qu'on rapporte que Ibrâhîm, le fils du Prophète (ﷺ), est mort « sur le sein »[3] c'est-à-dire pendant la période d'allaitement.

Le Prophète (ﷺ) buvait parfois du lait pur, parfois mélangé à de l'eau. La consommation de lait doux dans ces pays chauds, pur ou mélangé, est d'un grand bénéfice dans la préservation de la santé, le rafraîchissement du corps et la désaltération du foie ; surtout le lait des bêtes qui broutent l'armoise, l'aurone, la lavande et d'autres plantes semblables, car leur lait est à la fois une nourriture, une boisson, et un remède.

On rapporte que le Messager d'Allah (ﷺ) a dit : « *Si l'un de vous mange, qu'il dise : Ô Allah ! Bénis notre repas, et accorde-nous en de meilleur. Et si on lui*

---

[1] *Sahîh At-Tirmidhî* (1888).
[2] Al-Bukhârî (5631) et Muslim (2028).
[3] Muslim (2316).

présente du lait, qu'il dise : Ô Allah ! Bénis notre lait, et accorde-nous en davantage, car rien n'est à la fois une nourriture et une boisson si ce n'est le lait. »[1]

On rapporte également qu'on laissait fermenter son lait au début de la nuit et qu'il le buvait le lendemain matin, le soir, le surlendemain, et le jour suivant jusqu'au *ᶜA*s̲*r*, et s'il en restait quelque chose, il le donnait au servant, ou il ordonnait qu'on le jette. »[2] Cette boisson fermentée est ce en quoi on trempe des dattes pour lui donner un goût sucré, et c'est à la fois une nourriture et une boisson. Elle est d'un grand bénéfice dans l'augmentation de la force et la préservation de la santé, mais il n'en buvait pas après trois jours, de peur que cela ne se transforme en une boisson enivrante.

Concernant le port des vêtements

Sa voie était parmi les plus parfaites, les plus utiles au corps, les plus légères, et ses vêtements étaient les plus faciles à porter et ôter. La plupart de ses habits étaient composés d'un *Ridâ'* (couvrant la partie haute du corps) et d'un *Izâr* (couvrant la parie basse du corps) qui sont les plus légers pour le corps. Il portait également la tunique (*Al-Qamîs̲*) qui était son vêtement préféré. Sa manière de porter les vêtements était parmi les choses les plus utiles pour le corps, car il n'allongeait ni n'élargissait les manches, mais la manche de sa tunique arrivait au poignet sans dépasser la main, afin de ne pas gêner le porteur, et ne pas empêcher le mouvement et la saisie, et la manche n'était pas plus courte que cela si bien qu'elle l'exposerait au chaud et au froid.

Le pan de sa tunique et de son *Izâr* s'arrêtait à mi-jambe sans dépasser les chevilles si bien que cela gêne la marche, le surcharge, ou ne fasse comme s'il était ligoté. Il ne raccourcissait pas non plus au-dessus du mollet si bien qu'il soit découvert et ne subisse le chaud et le froid.

Son turban n'était pas grand au point de nuire à la tête ou de l'affaiblir en le portant, tout en l'exposant à la faiblesse ou aux maladies, comme cela est constatable chez ceux qui le portent. Il n'était pas non plus petit au point de ne pas protéger la tête du chaud et du froid, mais il était de taille moyenne. Il le faisait passer sous sa mâchoire, et cela comporte plusieurs avantages : cela protège le cou du chaud et du froid, le maintien, surtout lorsqu'on monte chevaux et chameaux, et lorsqu'on attaque ou fuit. Beaucoup ont recours aux crochets pour fixer le turban au lieu de le faire

---

[1] *S̲ah̲îh̲ At-Tirmidhî* (3455).
[2] Muslim (2004).

passer sous la mâchoire, et quelle différence entre ces deux manières dans l'utilité et la beauté. Si tu observes cette manière de se vêtir, tu constateras qu'elle compte parmi les meilleures manières dans la préservation de la santé et de la force du corps, et qu'elle est la plus éloignée de la difficulté et de la peine pour le corps.

Pendant ses voyages, il portait toujours des *Khifâf*[1], ou la plupart du temps, car les pieds ont besoin d'être protégés du chaud et du froid. Il en portait parfois lorsqu'il était résident.

Sa couleur préférée était le blanc, et l'habit rayé. Il n'avait pas pour habitude de porter du rouge, noir, des habits teints, et satinés. Quant à la toge rouge qu'il a portée, c'est une tunique yéménite qui contient du noir, rouge et blanc, comme la toge de couleur verte, il a porté l'une et l'autre. Nous avons déjà établi cela et mentionné de manière suffisante l'erreur de ceux qui prétendent qu'il portait du rouge écarlate.

Concernant l'habitat

Sachant qu'il n'était que de passage, que ce bas monde n'était qu'une étape où il séjournerait le temps de son existence, puis qu'il le quitterait pour l'au-delà, ne faisait pas partie de sa voie, ni même de celle de ses Compagnons et de ceux qui l'ont suivi de prêter attention aux demeures, de les édifier, les élever, les décorer, et les agrandir. Mais leurs demeures étaient les meilleures des demeures des voyageurs : elles protègent du chaud et du froid, protègent des regards, empêchent les bêtes d'y pénétrer, on ne craint leur écroulement en raison de leur lourdeur, les bêtes venimeuses n'y nichent pas comme si elles étaient vastes, les vents néfastes ne s'y engouffrent pas comme si elles étaient élevées, elles ne sont ni souterraines si bien qu'elles nuisent à leurs habitants, ni extrêmement élevées, mais moyennes. Ce sont là les plus équilibrées et les plus utiles des demeures, les moins chaudes et les moins froides, elles ne sont pas étroites au point de bloquer leurs habitants, ni vastes sans aucune utilité, si bien que les bêtes venimeuses y nichent en raison de leur vacuité. Elles ne contenaient pas de lieu d'aisance dont l'odeur nuit aux habitants, mais elles avaient les meilleures odeurs, car il aimait le parfum, et c'est toujours le cas pour lui, son parfum compte parmi les meilleurs, sa sueur est du meilleur parfum. Elles ne comportaient pas de lieu d'aisance dont l'odeur pourrait

[1] Pluriel de *Khuff*, Shaykh Al-Islâm Ibn Taymiyyah explique que cela désigne tout ce avec quoi on peut marcher, que ce soit des chaussons, bottines, sandales, de cuir, de tissu, ou autre.

être perçue, et nul doute que ces demeures sont les plus équilibrées, les plus utiles, les plus compatibles au corps et à la préservation de la santé.

Concernant le sommeil et l'éveil

Celui qui médite sur son sommeil et son éveil, constatera que c'est le plus équilibré des sommeils et le plus utile au corps, aux organes et aux forces. Il dormait au début de la nuit, puis au début de la deuxième moitié de la nuit, il s'éveillait, se levait, nettoyait ses dents au *siwâk*, accomplissait ses ablutions, et priait autant qu'Allah le lui permettait. Le corps, les membres et les forces prennent leur part de sommeil et de repos, de même que leur part d'exercices, en obtenant une grande récompense, et c'est là le sommet de la rectitude du cœur, du corps, de la vie présente et de l'au-delà.

Il ne dormait que le temps nécessaire, et ne se privait pas de ce temps nécessaire. Il l'organisait de la meilleure façon. Il dormait, si besoin en était, sur son côté droit, en mentionnant Allah jusqu'à ce que ses yeux se ferment, sans que son corps soit plein de nourriture et de boisson, sans se coucher directement au sol, mais sans prendre de matelas épais, mais il possédait une couche de cuir remplies de fibre. Il se couchait sur le coussin en mettant parfois sa main sous sa joue.

Nous mentionnons ici un chapitre consacré au sommeil utile ou nuisible, et nous disons:

Le sommeil, est un état du corps suivi de l'enfoncement de la chaleur naturelle et des forces à l'intérieur du corps dans la recherche du repos. Il est de deux types : normal ou anormal.

Le sommeil normal consiste à retenir le fonctionnement des forces psychologiques que sont les forces des sens, du mouvement, et de la volonté. Lorsque ces forces s'abstiennent de mouvoir le corps, il se détend, les humidités et les vapeurs qui se décomposaient et se dispersaient en raison des mouvements et de l'éveil s'accumulent dans le cerveau qui est le fondement de ces forces, et ainsi il s'engourdit et se détend, c'est là le sommeil normal.

Quant au sommeil anormal, il est dû à un évènement ou une maladie, si bien que les humidités dominent le cerveau d'une manière qui ne permette pas à l'éveil de les disperser ; ou encore que d'abondantes vapeurs humides remontent, comme c'est le cas lorsqu'on est repu de nourriture et de boisson. Cela alourdit le cerveau, le détend et l'engourdit, ainsi les forces psychologiques sont empêchées de fonctionner, et le sommeil apparaît.

Le sommeil a deux grands bénéfices :

Le premier : la quiétude des membres et leur repos de ce qui les fatigue ; les sens se reposent de la fatigue de l'éveil, et il dissipe l'éreintement et l'accablement.

Le deuxième : la digestion des aliments et la consumation des humeurs. Car pendant le sommeil la chaleur naturelle s'enfonce à l'intérieur du corps et facilite cela, c'est pourquoi l'extérieur du corps se refroidit et le dormeur aura besoin d'une couverture.

La meilleure position est de se coucher sur le côté droit, afin que la nourriture se stabilise comme il se doit dans l'estomac, car l'estomac penche légèrement vers le côté gauche. Ensuite on se tourne un peu sur le côté gauche afin d'accélérer la digestion car l'estomac s'appuie sur le foie. Ensuite, on poursuit son sommeil sur le côté droit pour que les aliments quittent rapidement l'estomac. Il faut donc commencer et finir son sommeil sur le côté droit. Dormir trop sur le côté gauche nuit au cœur car les organes penchent sur lui, et ainsi les matières vont vers lui.

La plus mauvaise position pendant le sommeil est de se coucher sur le dos, mais il n'est pas nuisible de se coucher sur le dos pour se reposer sans dormir. Plus mauvais encore est de s'allonger à plat ventre, Abû Umâmah (ﷺ) rapporte que le Prophète (ﷺ) passa à côté d'un homme dormant à plat ventre dans la mosquée, il lui donna un coup de pied et lui dit : « Lève- toi ou assieds- toi, car c'est la position des gens de l'Enfer. »[1]

Hippocrate dit dans son livre *At-Taqaddumah* : « Le sommeil du malade à plat ventre, sans que cela ne soit son habitude, montre la confusion et la douleur du côté du ventre. » Les commentateurs de son livre ont dit : car il a délaissé sa bonne habitude pour cette posture mauvaise sans raison apparente ou cachée.

Le sommeil modéré consolide les forces naturelles, apaise forces psychologiques, augmente la nature de ce qui les porte, au point que son repos empêche la décomposition des âmes.

Le sommeil pendant la journée est mauvais car il entraîne des maladies d'humidités et des congestions, gâte le teint, provoque des inflammations de la rate, mollesse et paresse, il affaiblit le désir, sauf en été, pendant les

[1] Ahmad (2/287), qualifié de faible par Al-Arnâ'ût. Un hadith authentique est rapporté à ce sujet par Takhfah Al-Ghaffârî qui rapporte que le Prophète (ﷺ) le vit allongé sur le ventre dans la mosquée, il le secoua de son pied et dit : « *Qu'as-tu à dormir ainsi ? C'est une position qu'Allah réprouve et déteste.* » (*Sahîh Ibn Mâjah* : 3015).

fortes chaleurs. Le plus mauvais sommeil est celui du début de journée, et pire encore le sommeil en fin de journée, après la prière du *ᶜAs̱r*. ᶜAbd Allah Ibn ᶜAbbâs vit un de ses enfants dormir le matin et lui dit : « Lève- toi ! Dors-tu au moment où la subsistance est distribuée ? »

On dit que le sommeil la journée est de trois types : une bienséance, une perte et une stupidité. La bienséance est le somme lors de la forte chaleur, et c'était l'habitude du Messager d'Allah (ﷺ). La perte est le somme de la matinée qui détourne le dormeur des affaires de la vie présente et de l'au- delà. Et la stupidité est le somme après *Al-ᶜAs̱r*. Un pieux prédécesseur a dit : quiconque dort après *Al-ᶜAs̱r* et perd la raison, ne doit blâmer que lui-même. Un poète a dit :

Le somme de la matinée amène au jeune abrutissement
Et celui de la fin de la journée, folie

Le somme de la matinée empêche la subsistance, car c'est le moment où les gens cherchent leur subsistance, et le moment où elle est partagée. Ce somme est donc est une privation sauf en cas d'évènement ou de nécessité. Il est très nuisible au corps car il le ramollit, corrompt les excédents qui doivent être décomposés par l'exercice, et ainsi ils provoquent abattement, peine, et faiblesse. S'il survient avant la selle, le déplacement, l'exercice et la mise en activité de l'estomac, c'est la maladie incurable qui provoque plusieurs sortes de maladies.

Dormir au soleil excite la maladie latente, et il est mauvais de dormir une partie du corps au soleil et une partie à l'ombre. Abû Hurayrah (ﷺ) rapporte que le Messager d'Allah (ﷺ) a dit : « *Si l'un de vous est au soleil, et qu'ensuite l'ombre le recouvre au point qu'une partie de son corps soit exposée au soleil et l'autre à l'ombre, qu'il se lève.* »[1]

Buraydah Ibn Al-H̱usayb rapporte que le Messager d'Allah (ﷺ) a interdit de s'asseoir entre le soleil et l'ombre[2]. Ce qui indique l'interdiction de dormir entre les deux.

Al-Barâ' Ibn ᶜÂzib rapporte que le Messager d'Allah (ﷺ) a dit : «*Lorsque tu vas te coucher, accomplis tes ablutions comme pour la prière, allonge-toi sur le côté droit et dis : « Ô Allah ! Je Te soumets mon âme, je tourne mon visage vers Toi, je Te confie toutes mes affaires. Je m'en remets à Toi en toute chose. Je viens à Toi par espoir et par crainte. Il n'est nul refuge contre Toi si ce n'est auprès de Toi. Je crois au Livre que Tu as révélé et au prophète que Tu as envoyé. » Fais en sorte*

1 *As-S̱aẖîẖah* (837).
2 *As-S̱aẖîẖah* (833).

que ce soit tes dernières paroles, et si tu meurs en cette nuit, tu mourras sur la saine nature. »[1]

ᶜÂ'ishah (ﷺ) rapporte que lorsque le Prophète (ﷺ) accomplissait les deux unités de prière surérogatoires de la prière de l'aube, il s'allongeait sur le côté droit.[2]

On dit que la sagesse dans le fait de se coucher sur le côté droit est que le dormeur ne sombre pas dans un sommeil profond, car le cœur penche vers le côté gauche, et lorsque le dormeur se couche sur le côté droit, le cœur recherchera la stabilité sur le côté gauche, ce qui empêche l'homme de rester longuement endormi. Par contre, quand il dort sur le côté gauche, qui est l'endroit de la stabilité du cœur, il sera totalement dans l'aisance et l'homme plongera dans un lourd sommeil, perdant ainsi ses intérêts dans la vie présente et l'au-delà.

Puisque le dormeur est semblable au mort, et que le sommeil est le frère de la mort, il est impossible au Vivant qui ne meurt jamais de dormir, de même les habitants du Paradis n'y dormiront pas. Et puisque le dormeur a besoin qu'on garde son âme, et la protège de ce qu'elle rencontre comme fléaux, mais aussi qu'on protège son corps des calamités des fléaux. Et puisque son Seigneur (ﷻ) est son Créateur et Celui qui l'administre Seul, le Prophète (ﷺ) enseigna au dormeur de prononcer des paroles de confiance et direction vers Allah, d'espoir et de crainte, afin de demander à travers elles, la perfection de la protection d'Allah, et Sa surveillance de son âme et de son corps. Il l'orienta également vers le fait de se rappeler de la foi et de s'endormir sur cela, en faisant de ce rappel ses dernières paroles, car il se peut qu'Allah le fasse mourir pendant son sommeil, et si la foi était sa dernière parole, il entrera au Paradis. Cette manière de procéder pour s'endormir comporte donc des intérêts pour le cœur, le corps et l'âme pendant le sommeil et l'éveil, ici- bas et dans l'au-delà. Que les éloges et le salut d'Allah soient sur celui qui a fait parvenir sa Communauté à tout bien.

Sa parole « *Je Te soumets mon âme* » signifie : je Te Livre mon âme à la manière de l'esclave qui se soumet à son maître.

« *Je tourne mon visage vers Toi* » comprend l'orientation totale vers son Seigneur, la sincérité de l'intention et de la volonté envers Lui, la reconnaissance de la sujétion, l'humiliation et la soumission. Allah (ﷻ) dit :

1 Al-Bukhârî (6311) et Muslim (2710).
2 Al-Bukhârî (1160).

فَإِنْ حَآجُّوكَ فَقُلْ أَسْلَمْتُ وَجْهِىَ لِلَّهِ وَمَنِ ٱتَّبَعَنِ

« ***S'ils polémiquent avec toi, dis-leur : Je me suis entièrement soumis à Allah, moi et ceux qui m'ont suivi.*** »[1]

Le visage a été mentionné car c'est la plus noble partie du corps de l'homme, et celle qui réunit les sens, et cela porte aussi le sens de l'orientation et l'intention, comme lorsqu'on dit :

Je demande pardon à Allah pour un péché que je ne connais pas
Seigneur des serviteurs vers lequel se dirigent le visage et l'acte

« *Je Te confie toutes mes affaires* » signifie les ramener toutes à Allah (ﷻ), et cela implique la quiétude et la sérénité du cœur, l'agrément de tout ce qu'Il décrète et choisit pour lui de ce qu'Il aime et agrée. Le fait de Lui confier toute chose compte parmi les plus nobles degrés de servitude, qui n'a aucun défaut, c'est un degré très particulier contrairement à ce que prétendent certains.

« *Je m'en remets à Toi en toute chose* » comprend la force de l'appui sur Lui, la confiance en Lui, et la quiétude, car celui qui s'appuie sur un soutien solide ne craindra jamais la chute.

Puisque le cœur dispose de deux forces : la force de la demande qui est l'espoir, et la force de la fuite qui est la crainte, et que le serviteur cherche ce qui lui est bénéfique et fuit ce qui lui nuit, il a réuni les deux dans la confiance et l'orientation vers Allah en disant : « *par espoir et par crainte* » Puis il loua son Seigneur en disant « *Il n'est nul refuge contre Toi si ce n'est auprès de Toi* » car c'est auprès de Lui que le serviteur doit chercher refuge pour être sauvé de Lui, comme il est mentionné dans un autre hadith : « *Ô Allah ! Je cherche protection auprès de Ta satisfaction contre Ta colère, auprès de Ton pardon contre Ton châtiment et auprès de Toi contre Toi-même.* » C'est Allah (ﷻ) qui protège Son serviteur et le sauve de Son mal qui naît de Sa volonté et Son pouvoir. C'est donc de Lui que proviennent le fléau et le secours, de Lui dont on cherche le salut, vers Lui qu'on se tourne pour le salut, Il est Celui vers qui on se tourne pour qu'Il sauve de ce qui provient de Lui, Celui auprès de qui on cherche protection contre ce qui provient de Lui, Il est le Seigneur de toute chose, et rien n'existe si ce n'est par Sa volonté :

وَإِن يَمْسَسْكَ ٱللَّهُ بِضُرٍّ فَلَا كَاشِفَ لَهُۥٓ إِلَّا هُوَ

« ***Si Allah fait qu'un malheur te touche, nul autre que Lui ne saurait le lever.*** »[1]

---

[1] Sourate ***Âl ʿImrân***, v.20.

قُلْ مَن ذَا ٱلَّذِى يَعْصِمُكُم مِّنَ ٱللَّهِ إِنْ أَرَادَ بِكُمْ سُوٓءًا أَوْ أَرَادَ بِكُمْ رَحْمَةً

« ***Dis : Qui donc peut vous protéger d'Allah, s'Il vous veut du mal ou s'Il veut vous accorder une miséricorde ?*** »[2]

Ensuite, il termina l'invocation par l'affirmation de la foi en Son Livre et Son Messager qui constitue le salut et la réussite dans la vie présente et l'au-delà. C'est ainsi qu'il agissait concernant son sommeil

S'il n'avait pas dit je suis un Messager
Sa manière d'être aurait témoignée de cela

Quant à sa manière de s'éveiller, il se réveillait au cri du coq, louait Allah (ﷻ), célébrait Sa grandeur, Son unicité et L'invoquait. Puis il utilisait le *siwâk,* accomplissait ses ablutions, puis se tenait debout devant son Seigneur pour la prière, conversant avec Lui par Sa Parole, en Le louant et espérant en Lui, par désir et crainte. Quelle excellente protection de la santé du coeur, du corps, de l'âme, des forces et des bienfaits de la vie présente et de l'au-delà.

Concernant l'exercice physique

Quant à sa gestion du mouvement et du repos – qui désigne l'exercice physique – nous mentionnerons un chapitre qui montrera la conformité de sa voie en cela sous sa forme la plus parfaite, la plus louable et la plus juste. Nous disons donc :

Il est connu que le corps a besoin pour subsister de nourriture et de boisson. La nourriture ne se transforme pas totalement dans le corps, mais il en reste, après chaque digestion, quelques excédents, et s'ils s'accumulent à la longue, une quantité de ces excédents s'agglutine et nuit au corps en l'obstruant et l'alourdissant, ce qui aboutit à des maladies d'obstruction. Si on les extrait, le corps subit les maux des remèdes car la plupart sont toxiques et extraient également des matières bonnes et utiles. Cela est également nuisible par leur réchauffement, putréfaction, refroidissement, ou la baisse de la chaleur naturelle du corps par leur consumation.

L'obstruction des excédents est nuisible, qu'on les laisse ou qu'on les extrait. Le mouvement est le moyen le plus important pour empêcher leur développement, car le mouvement réchauffe les organes et fluidifie les excédents, qui ainsi ne s'accumulent pas à la longue. Le mouvement

[1] Sourate *Al-Anᶜâm,* v.17.
[2] Sourate *Al-Ahzâb,* v.17.

habitue le corps à la vivacité et l'activité, il fait en sorte qu'il accepte la nourriture, il consolide les articulations, et renforce les tendons et ligaments. Il protège contre toutes les maladies matérielles, ainsi que contre la plupart des maladies d'humeurs, à condition de le pratiquer avec modération et au moment adéquat, et que le reste de la gestion soit correct.

L'exercice physique doit être pratiqué après la descente de la nourriture et sa totale digestion. Les exercices modérés sont ceux qui rougissent l'épiderme, font croître et humidifient le corps. Quant à ceux qui font couler la sueur, ils sont excessifs. Chaque membre dont l'exercice physique augmente se renforce, notamment avec cette forme d'exercice. Plus encore, il en est ainsi de toute force : celui qui mémorise beaucoup, sa mémoire se renforcera, et celui qui réfléchit beaucoup, sa faculté de réflexion s'enrichira, et chaque membre a des exercices qui lui sont propres. Pour la poitrine, la lecture : en commençant en murmurant puis progressivement d'une voix de plus en plus haute. Pour l'ouïe, l'écoute des sons et voix, là encore graduellement, en passant du plus léger au plus fort. De même, la parole pour la langue, ou encore les exercices de la vue, et de la marche graduellement. Quant à l'équitation, le tir, la lutte et la course à pied, ce sont des exercices pour tout le corps qui dissipent les maladies chroniques telles que la lèpre, l'hydropisie et la les coliques.

L'exercice des âmes consiste en l'apprentissage, la politesse, la joie, la gaieté, la patience, l'endurance, le courage, le pardon, la pratique du bien, et d'autres choses semblables qui constituent un exercice pour les âmes. Parmi les plus grands exercices : la patience et l'amour, le courage et la bienfaisance, elles ne cessent de s'y exercer jusqu'à ce que ces qualités soient des attitudes ancrées et des facultés constantes.

Si tu médites sur la voie du Prophète (ﷺ) en cela, tu constateras qu'elle est la meilleure voie pour préserver la santé et les forces, et qu'elle est bénéfique en cette vie et dans l'au-delà.

Nul doute que la prière elle-même participe à préserver la santé du corps, dissoudre ses humeurs et excédents, et elle compte parmi les meilleures choses pour l'homme, en plus de ce qu'elle comprend de préservation de la santé de la foi et de succès en ce bas monde et dans l'au-delà. De même, la prière de nuit compte parmi les meilleurs moyens de préserver la santé, de protéger contre de nombreuses maladies chroniques, et d'activer le corps, l'âme et le cœur, comme cela est rapporté du Prophète (ﷺ) : « *Lorsque l'un de vous dort, Satan noue trois nœuds sur sa nuque, et dit sur chacun d'eux : « Tu as une longue nuit, alors dors. » S'il se réveille et mentionne Allah, un nœud se dénoue, s'il fait ses ablutions, le deuxième nœud se dénoue, et s'il prie tous les nœuds se dénouent, et il sera en forme et de bonne humeur, sinon il se réveillera de mauvaise humeur et paresseux.* »[1]

Le jeûne légiféré compte parmi les moyens de préserver la santé, et d'exercer le corps et l'âme, ce que ne peut rejeter celui dont la nature est saine.

Quant au djihad et ce qu'il comprend comme mouvements globaux qui comptent parmi les plus grandes causes de force, de préservation de la santé, de renforcement du cœur et du corps, de rejet de leurs excédents, de dissipation des angoisses, soucis et tristesses, cela est connu par celui qui y a participé. De même pour le pèlerinage, l'accomplissement des rites, les courses de chevaux, les duels à la lance, la marche pour répondre à ses besoins, ou vers les frères pour répondre à leurs besoins, visiter les malades, participer à leurs convois funèbres, marcher vers les mosquées, les prières du vendredi, les prières en commun, les mouvements des ablutions et du lavage, et d'autres encore. C'est le minimum de ce que peut apporter [le djihad] qui aide à préserver la santé et rejeter les excédents. Quant à la raison pour laquelle il a été légiféré comme moyen de parvenir aux biens de ce bas monde et de l'au-delà, et repousser leurs maux, c'est une chose bien supérieure encore.

Tu sais désormais que sa voie est supérieure à toute autre voie dans la médecine des corps et des cœurs, la préservation de leur santé et le repoussement de leurs maladies. Pour l'homme de bon sens nul besoin d'en ajouter plus encore. Et c'est Allah qui accorde le succès.

Concernant le rapport charnel

Sa voie dans le rapport charnel et le coït était la meilleure des voies, par laquelle il préservait la santé, amenait délectation et jouissance de l'âme, et parvenait aux buts visés, car le rapport charnel a été établi à l'origine pour trois choses qui sont ses objectifs principaux :

Premièrement : Assurer la descendance et la continuation de l'espèce jusqu'à parvenir au terme du temps qu'Allah lui a accordé en ce monde.

Deuxièmement : Expulser le liquide (le sperme) dont la rétention et la congestion nuisent à l'ensemble du corps.

Troisièmement : Assouvir le désir, parvenir à la jouissance, jouir du bienfait qui est à elle seule ce qu'on trouve au Paradis, puisqu'on n'y trouve ni descendance ni congestion que l'éjaculation expulse.

---

1 Al-Bukhârî (1142) et Muslim (776).

Les grands médecins considèrent que le rapport charnel est un moyen de préserver la santé. Galien a dit : « L'élément dominant du sperme est généralement le feu et l'air, et son tempérament est chaud et humide, puisqu'il est constitué du sang pur dont les organes principaux se nourrissent. Si la distinction est confirmée, sache qu'il ne faut l'émettre que dans le but de la procréation, ou pour libérer ce qui en est congestionné, car si sa congestion dure, elle produit des maladies mauvaises telles que les insufflations, la folie, l'épilepsie et d'autres, et on peut guérir nombre de ces maladies en l'expulsant. Ceci car lorsque sa congestion se prolonge, il se corrompt et se transforme en une nature toxique qui cause les maladies mauvaises que nous avons mentionnées. C'est pourquoi la nature les repousse par l'éjaculation nocturne, si le sperme s'accumule sans rapport charnel pour l'expulser.

Un pieux prédécesseur a dit : « L'homme doit prendre soin de trois choses : ne pas abandonner la marche, si un jour il en a besoin, il en sera capable ; ne pas délaisser la nourriture, car ses intestins se rétrécissent ; ne pas laisser le rapport charnel, car si on ne puise pas du puits, il finit par tarir. » Mu<u>h</u>ammad Ibn Zakariyyâ [Ar-Râzî] a dit : « Celui qui délaisse longtemps le rapport charnel, les forces de ses nerfs s'affaiblissent, ses vaisseaux se ferment et son pénis se rétracte. J'ai vu des gens le délaisser comme une sorte d'ascétisme. Leurs corps se sont refroidis, leurs mouvement sont devenus difficiles, une tristesse sans motif, s'est abattue sur eux et leurs appétits et digestion ont faibli. »

Parmi les bienfaits du rapport charnel : baisser le regard, la chasteté, la capacité de s'abstenir de ce qui est illicite, et de même pour la femme. L'homme en tire profit dans sa vie présente et l'au-delà, de même pour la femme. C'est pourquoi le Prophète (ﷺ) prêtait attention et aimait cela, et il disait : « *Ce que j'aime le plus de votre monde sont les femmes et le parfum.* »[1]

Dans *Kitâb Az-Zuhd* de l'imam A<u>h</u>mad, on trouve un ajout subtil qui est : « Je peux me passer de nourriture et de boisson, mais je ne peux me passer d'elles. » Il a encouragé sa Communauté au mariage en disant : « *Mariez- vous, par vous je surpasserai les Communautés en nombre.* »[2]

Ibn ᶜAbbâs dit : « Le meilleur de cette Communauté est celui qui a le plus de femmes. »[3]

---

[1] A<u>h</u>mad (3/128) qualifié d'authentique par Al-Arnâ'û<u>t</u>.
[2] *As-<u>S</u>a<u>hî</u><u>h</u>ah* (2383).
[3] Al-Bukhârî (5069).

Et le Prophète (ﷺ) a dit : « *J'épouse les femmes, je dors et je prie la nuit, je jeûne et je mange, et celui qui s'écarte de ma Sunna n'est pas des miens.* »[1]

Il dit aussi : « *Ô jeunes ! Celui d'entre vous qui le peut, qu'il se marie, car cela est plus à même de baisser le regard et plus chaste ; et celui qui ne le peut pas, qu'il jeûne, car cela sera pour lui un bouclier.* »[2]

Lorsque Jâbir épousa une femme qui avait déjà connu le mariage, il lui dit : « *Pourquoi n'as-tu pas pris une jeune fille avec laquelle tu joues et qui joue avec toi ?* »[3]

Anas Ibn Mâlik rapporte que le Messager d'Allah (ﷺ) a dit : «Celui qui veut rencontrer Allah, pur et purifié, qu'il épouse des femmes libres. »[4]

Ibn ᶜAbbâs rapporte que le Messager d'Allah (ﷺ) a dit : « *Nous n'avons rien vu, pour ceux qui s'aiment, de pareil au mariage.* »[5]

ᶜAbd Allah Ibn ᶜUmar rapporte que le Messager d'Allah (ﷺ) a dit : « *Ce bas monde est une jouissance éphémère, et la meilleure jouissance de ce bas monde est la femme pieuse.* »[6]

Le Prophète (ﷺ) exhortait sa Communauté à épouser les jeunes filles, belles, et pieuses. Abû Hurayrah (ﷺ) rapporte qu'on demanda au Messager d'Allah (ﷺ) : « Quelle est la meilleure femme ? » Il répondit : « *Celle qui le réjouit lorsqu'il la regarde, qui lui obéit lorsqu'il lui ordonne, et ne le contredit pas en ce qu'il déteste voir arriver en elle ou en ses biens.* »[7]

Abû Hurayrah (ﷺ) rapporte que le Messager d'Allah (ﷺ) a dit : « *On épouse la femme pour ses biens, sa lignée, sa beauté, et sa religion, prends celle qui possède la religion, que tes mains te perdent !* »[8]

Il exhortait à épouser la femme féconde, et réprouvait le mariage avec la femme stérile, comme cela est rapporté par Maᶜqil Ibn Yasâr qui dit qu'un homme vint trouver le Prophète (ﷺ) et lui dit : « J'ai trouvé une femme de bonne lignée et belle, mais stérile, dois-je l'épouser ? » Il répondit : « *Non.* » L'homme revint une deuxième fois, et il le lui interdit encore, et la troisième fois il dit : « *Épousez la femme affectueuse et féconde, car par vous, je surpasserai les Communautés en nombre.* »

---

[1] Al-Bukhârî (5063) et Muslim (1401).
[2] Al-Bukhârî (5066) et Muslim (1400).
[3] Al-Bukhârî (5079) et Muslim (715).
[4] Ibn Mâjah (1862), la chaîne de transmission de ce hadith est faible.
[5] *As-S̲ah̲îh̲ah* (624).
[6] Muslim (1467).
[7] *As-S̲ah̲îh̲ah* (1838).
[8] Al-Bukhârî (5090) et Muslim (1466).

On rapporte également que le Prophète (ﷺ) a dit : « Quatre choses font partie de la voie des Messagers : le mariage, le *siwâk*, le parfum et la circoncision. »[1]

Il convient avant le coït de jouer avec la femme, l'embrasser, et sucer sa langue, et le Messager d'Allah (ﷺ) jouait avec ses femmes et les embrassait. On rapporte que le Prophète (ﷺ) embrassait ᶜÂ'ishah et suçait sa langue[2]. Et Jâbir rapporte que le Prophète (ﷺ) interdit le coït avant les caresses.

Il lui est arrivé d'avoir un rapport charnel avec toutes ses épouses en n'effectuant qu'un seul lavage (*Ghusl*), mais aussi d'accomplir un lavage chez chacune d'elles.

Anas rapporte qu'il arrivait au Prophète de faire le tour de toutes ses femmes en n'effectuant qu'un seul lavage[3].

Abû Râfiᶜ le servant du Messager d'Allah (ﷺ) rapporte : « Une nuit le Prophète (ﷺ) fit le tour de ses femmes, et accomplit un lavage (*Ghusl*) chez chacune d'elles. Je dis : Ô Messager d'Allah ! Tu aurais pu ne te laver qu'une seule fois. Il répondit : « *Cela est plus pur, plus propre et meilleur.* »[4]

Il a légiféré à celui qui a un rapport charnel, s'il veut recommencer, d'effectuer au préalable lavage (*Ghusl*) et ablutions (*Wudû'*), entre les deux rapports, d'après ce que rapporte Abû Saᶜîd Al-Khudhrî : « *Si l'un de vous a un rapport charnel avec son épouse et qu'ensuite il veut recommencer, qu'il accomplisse ses ablutions.* »[5]

Le lavage et les ablutions après le rapport charnel apportent vigueur, bonne humeur, renouvellement de ce qui a été dissout pendant le rapport charnel, perfection de la pureté et de la propreté, rassemblement de la chaleur interne à l'intérieur du corps après qu'elle se soit dispersée au moment du rapport charnel, et une propreté qu'Allah aime, et dont Il déteste l'opposé. Cela compte parmi les meilleures voies dans l'accomplissement du rapport charnel, et la préservation de la santé et des forces en cela.

Le meilleur des rapports charnels est celui qui a lieu après la digestion, au moment où le corps est en équilibre dans sa chaleur, et fraîcheur, sécheresse et humidité, vacuité et remplissage. Son préjudice lorsque le corps est rempli est moindre que lorsqu'il est vide, de même qu'il est

[1] At-Tirmidhî (1080), la chaîne de transmission de ce hadith est faible.
[2] Abû Dâwud (2386), la chaîne de transmission de ce hadith est faible.
[3] Muslim (309).
[4] *Sahîh Ibn Mâjah* (2886).
[5] Muslim (308).

moindre en cas de grande humidité que lors d'un état d'assèchement, et moindre encore si le corps est chaud que s'il est froid. Il convient de n'avoir de rapport charnel que si le désir est fort et qu'il se propage totalement sans effort, pensée sur une image ou regard ininterrompu. Il ne faut pas provoquer le désir et se forcer, mais il faut le pratiquer lorsque la quantité de sperme augmente, que le désir s'intensifie. Il faut prendre garde au rapport charnel avec la femme âgée et la jeune fille dont les semblables n'ont pas de rapports charnels et pas de désir, ainsi que la femme malade, laide, et repoussante. Avoir un rapport charnel avec elles diminue les forces, et spécifiquement le rapport charnel. Font erreur les médecins qui disent que le rapport charnel avec la femme qui a déjà connu le mariage est meilleur et plus à même de préserver la santé qu'avec la jeune fille. C'est une fausse analogie, au point que certains mettent en garde contre cela, alors que c'est contraire à l'opinion des gens sensés, et ce sur quoi sont unanimes la nature et la législation. Le rapport charnel avec la jeune fille possède une particularité et une perfection de l'attachement entre elle et son partenaire, son cœur se remplit d'amour pour celui-ci, et elle ne partage pas sa passion entre lui et un autre, ce qui n'appartient plus à la femme déflorée.

Le Prophète (ﷺ) dit à Jâbir : « *Pourquoi n'as-tu pas pris une jeune fille*» Et Allah (ﷻ) a mis parmi la perfection des femmes des habitants du Paradis, les houris, que personne avant ceux à qui elles seront offertes parmi les habitants du Paradis ne les aura touchées. ᶜÂ'ishah (رضي الله عنها) dit au Prophète (ﷺ) : « Si tu passes près d'un arbre déjà brouté, et d'un autre qui n'est pas brouté, à quel arbre feras-tu brouter ton chameau ? » Il répondit : « *Celui qui n'est pas brouté.* »[1] Elle voulait signifier qu'il n'avait épousé d'autre femme vierge qu'elle.

Le rapport charnel avec la bien-aimée amoindrit l'affaiblissement malgré l'abondance d'émission de sperme. Alors que le rapport charnel avec la femme repoussante affaiblit le corps et diminue les forces, malgré la faible émission de sperme. Le rapport charnel avec la femme en période de règles est illicite, naturellement et religieusement, car il est très nuisible, et tous les médecins sans exception mettent en garde contre cela.

La meilleure manière d'avoir un rapport charnel est que l'homme soit sur la femme étendue, après l'avoir caressée et embrassée. C'est pourquoi on a nommé la femme « lit » comme l'a dit le Prophète (ﷺ) : « *L'enfant*

[1] Al-Bukhârî (5077).

revient au lit (la femme). »[1] et cela compte parmi l'autorité de l'homme sur la femme, comme Allah (ﷻ) dit :

ٱلرِّجَالُ قَوَّٰمُونَ عَلَى ٱلنِّسَآءِ

« ***Les hommes ont autorité sur les femmes*** »[2]

On dit aussi :

Si je la désire, elle est un lit qui m'accueille
Et lorsque je me retire, une servante flatteuse

Allah (ﷻ) dit :

هُنَّ لِبَاسٌ لَّكُمْ وَأَنتُمْ لِبَاسٌ لَّهُنَّ

« ***Elles sont un vêtement pour vous et vous êtes un vêtement pour elles*** »[3]

C'est là le meilleur et plus large des vêtements, car le lit de l'homme est un vêtement pour lui, de même que le drap de la femme est un vêtement pour elle, donc cette forme vertueuse est tirée de ce verset, en considérant, d'une bonne métaphore, chacun des deux époux comme un vêtement pour l'autre. Un autre point de vue consiste à ce qu'elle se penche parfois sur lui et qu'elle soit ainsi un vêtement pour lui, comme l'a dit le poète :

Si son partenaire ne lui fait pas plier le cou
Elle se courbe et sera pour lui un vêtement

La plus mauvaise position consiste à ce que la femme soit sur l'homme, qu'il s'accouple avec elle en étant sur le dos, ce qui est contraire à la position naturelle sur laquelle Allah a créé l'homme et la femme, et plus encore le mâle et la femelle. Cette position comporte comme méfaits de rendre difficile l'expulsion de tout le sperme, il peut en rester dans l'organe qui se putréfie et se corrompt et peut être nuisible. Des humidités peuvent couler vers la verge, et l'utérus ne peut contenir, retenir et rassembler tout le liquide pour la création de l'enfant. D'autre part, la femme est naturellement et religieusement passive, et si elle est active, elle contredit la nature et la législation. Les Gens du Livre n'avaient de rapports charnels avec leurs femmes que sur le côté, en disant que cela était plus facile pour la femme. Les gens de *Quraysh* et des *Anṣâr* étendaient les femmes sur leur dos, et les juifs critiquèrent cela, ainsi Allah révéla :

---

[1] Al-Bukhârî (2745), et Muslim (1457).
[2] Sourate ***An-Nisâ'***, v.34.
[3] Sourate ***Al-Baqarah***, v.187.

نِسَآؤُكُمۡ حَرۡثٞ لَّكُمۡ فَأۡتُواْ حَرۡثَكُمۡ أَنَّىٰ شِئۡتُمۡ

« ***Vos épouses sont pour vous un champ de labour ; allez à votre champ comme vous le voulez*** »[1]

Jâbir rapporte : « Les juifs disaient que si l'homme pénètre sa femme dans son vagin par derrière, l'enfant naîtrait avec un strabisme. Allah révéla alors ce verset : « ***Vos épouses sont pour vous un champ de labour ; allez à votre champ comme vous le voulez*** » » Dans la formulation de Muslim : « S'il veut, par derrière ou non, mais dans un seul orifice. »[2] L'orifice désigne ici le vagin qui est le lieu de labour et d'enfantement.

Quant à la sodomie, aucun Prophète ne l'a autorisée, et celui qui attribue à un pieux prédécesseur la permission pour l'homme de sodomiser son épouse aura menti sur lui. Abû Hurayrah (ﷺ) rapporte que le Messager d'Allah (ﷺ) a dit : « *Celui qui sodomise une femme est maudit.* »[3]

Et sous une autre formulation : « *[Au Jour du jugement] Allah ne regardera pas celui qui a sodomisé son épouse.* »[4]

Sous une autre formulation encore : « *Celui qui s'accouple avec une femme pendant sa période de règles ou la sodomise, et celui qui va voir un devin et croit à ce qu'il dit aura mécru en ce qu'on a révélé à Muhammad (ﷺ).* »[5]

Dans une formulation rapporté par Al-Bayhaqî : « Celui qui sodomise un homme ou une femme aura mécru. »

ᶜUmar Ibn Al-Khattâb (ﷺ) rapporte que le Messager d'Allah (ﷺ) a dit : « *Allah n'éprouve pas de gêne concernant la vérité : ne sodomisez pas les femmes.* »

ᶜAlî Ibn Talq rapporte que le Messager d'Allah (ﷺ) a dit : « *Ne sodomisez pas les femmes, car Allah n'éprouve pas de gêne concernant la vérité.* »[6]

Jâbir ibn ᶜAbd Allah Al-Ansârî (ﷺ) rapporte que le Messager d'Allah (ﷺ) a dit : « *Soyez pudique mais sachez qu'Allah n'éprouve pas de gêne concernant la vérité : ne pratiquez pas la sodomie avec les femmes.* »[7]

---

1 Sourate ***Al-Baqarah***, v.223.
2 Al-Bukhârî (4528) et Muslim (1435).
3 *Sahîh Abû Dâwud* (2162).
4 *Sahîh Ibn Mâjah* (1573).
5 *Sahîh At-Tirmidhî* (1135).
6 *Sahîh At-Tirmidhî* (1164).
7 Ad-Dâraqutnî (3708).

Hammâm rapporte : « On a interrogé Qatâdah (ﷺ) à propos de celui qui pratique la sodomie avec son épouse, il répondit : « ᶜAmr Ibn Shuᶜayb m'a rapporté d'après son père, d'après son grand-père, que le Prophète (ﷺ) a dit : « *C'est la petite homosexualité.* »[1]

Ibn ᶜAbbâs (ﷺ) rapporte que le verset : « ***Vos épouses sont pour vous un champ de labour*** » a été révélé à propos des gens parmi les *Ansâr* qui vinrent trouver le Messager d'Allah (ﷺ) et l'interroger à ce sujet. Il répondit : « *Fais comme bon te semble, tant que cela se limite au vagin.* »[2]

Ibn ᶜAbbâs (ﷺ) rapporte : « ᶜUmar ibn Al-Khattâb (ﷺ) se rendit chez le Prophète (ﷺ) et lui dit : « Ô Messager d'Allah, je suis perdu ! » Il dit : « Et qu'est-ce qui t'a perdu ? » Il dit : « J'ai retourné ma monture la nuit dernière. » Et le Prophète (ﷺ) n'a rien répondu jusqu'à ce qu'Allah révèle ce verset : « ***Vos épouses sont pour vous un champ de labour; allez à votre champ comme [et quand] vous le voulez*** »[3] Il dit : « *Par devant, par derrière, mais éloigne-toi de la sodomie et des menstrues.* »[4]

Al-Barâ' Ibn ᶜÂzib rapporte que le Messager d'Allah (ﷺ) a dit : «Dix de cette Communauté ont mécru en Allah l'Immense : le meurtrier, le sorcier, celui qui n'a aucune jalousie pour son épouse, celui qui sodomise la femme, celui qui refuse d'acquitter la Zakat, celui qui en a la capacité mais n'accomplit pas le pèlerinage, celui qui boit du vin, celui qui répand les troubles, celui qui vend les armes des combattants, et celui qui commet l'inceste. »[5]

ᶜUqbah Ibn ᶜÂmir rapporte que le Messager d'Allah (ﷺ) a dit : « *Celui qui sodomise une femme est maudit.* »[6]

Abû Hurayrah et Ibn ᶜAbbâs (ﷺ) rapportent : « Avant son décès, le Messager d'Allah (ﷺ) nous adressa un sermon qui fut le dernier prononcé à Médine, avant qu'il ne retourne vers Allah (ﷻ), dans lequel il nous exhorta et dit : « Celui qui sodomise une femme, un homme ou un garçon sera ressuscité au Jour de la Résurrection avec une odeur plus fétide que celle d'une charogne, qui nuira aux gens, jusqu'à entrer en Enfer. Allah réduira à néant sa récompense, n'acceptera rien de lui, on le fera entrer dans un cercueil de feu, fermé par des clous de feu. »

---

1 *Sahîh At-Targhîb wa-t-Tarhîb* (2425).
2 Ahmad (1/268), qualifié de faible par Al-Arnâ'ût.
3 Muslim (1435).
4 *Sahîh At-Tirmidhî* (2981).
5 Mentionné par As-Suyûtî dans *Al-Jâmiᶜ As-Saghîr*, qualifié de faible par Al-Arnâ'ût.
6 *Al-Kâmil* (1/211).

Khuzaymah Ibn Thâbit rapporte que le Prophète (ﷺ) a dit : « *Allah n'éprouve pas de gêne concernant la vérité : ne sodomisez pas les femmes.* »[1]

Khuzaymah Ibn Thâbit rapporte qu'on interrogea le Prophète (ﷺ) sur le fait de pénétrer les femmes par derrière, et il répondit : « *Cela est licite.* » Mais lorsque l'homme repartit, il le rappela et lui dit : « *Qu'as-tu dit ? Dans lequel des deux orifices ? Par derrière mais dans son vagin, alors oui ; ou par derrière dans son anus, alors non. Allah n'éprouve pas de gêne concernant la vérité : ne sodomisez pas les femmes.* »[2]

Ar-Rabî^c rapporte que l'on demanda à As-Shâfi^cî : « Que dis- tu [à propos de la chaîne de transmission de ce hadith] ? » Il répondit : « Mon oncle est digne de confiance, ^cAbd Allah Ibn ^cAlî est digne de confiance et il a fait les éloges de Al-Ans̲ârî, c'est-à-dire ^cAmr Ibn Al-H̲allâj, et Khuzaymah est de ceux dont on ne doute pas de la confiance, moi je ne le permets pas mais je l'interdis. »

Je dis : C'est de là qu'est née l'erreur de ceux qui ont rapporté de lui, ainsi que des pieux prédécesseurs et imams, la permission de le faire. Ils ont permis la pénétration par derrière (*Ad-Dubur*) dans le vagin (*Al-Farj*) et non la pénétration dans l'anus (*Ad-Dubur*). Celui qui a entendu et rapporté cette parole a confondu les deux prépositions « dans » (*Fî*) et « par » (*Min*) sans penser qu'il y avait une différence entre les deux. C'est cette dernière chose qu'ont permis les pieux prédécesseurs et imams, c'est donc une erreur odieuse et obscène qu'ont leur a attribué.

Allah (ﷻ) dit :

فَأْتُوهُنَّ مِنْ حَيْثُ أَمَرَكُمُ ٱللَّهُ

« ***Cohabitez avec elles suivant les prescriptions d'Allah*** »[3]

Mujâhid dit : « J'ai interrogé Ibn ^cAbbâs à propos de la Parole d'Allah (ﷻ) : « ***Cohabitez avec elles suivant les prescriptions d'Allah*** » Il répondit : « Vas à elle comme on te l'a ordonné, sauf pendant les menstrues. » ^cAlî Ibn Abî T̲alh̲ah rapporte de lui : « Dans le vagin et non ailleurs. »

Le verset montre l'interdiction de la sodomie de deux manières : la première est qu'Il a permis de jouir du champ de labour qui est le lieu de la procréation contrairement au rectum qui est le lieu de l'impureté. Et le sens de Sa parole « ***suivant les prescriptions d'Allah*** » est donné dans le verset

[1] *H̲ilyah Al-Awliyâ'* (8/376), qualifié de faible par Al-Arnâ'ût̲.
[2] Al-Bayhaqî (7/196), qualifié d'authentique par Al-Arnâ'ût̲.
[3] Sourate ***Al-Baqarah***, v.222.

« ***allez à votre champ comme vous le voulez*** ». Ce verset montre également que l'on peut la pénétrer dans le vagin par derrière, car Il dit : « ***comme vous le voulez*** », C'est-à-dire comme vous le désirez, par devant ou par derrière. Ibn cAbbâs (ﷺ) a dit : « ***allez à votre champ*** » signifie le vagin.

Si Allah (ﷻ) a interdit le vagin en raison d'une impureté occasionnelle, alors qu'en est-il du rectum qui est nécessairement impur ?

La femme a un droit de jouissance sur son mari dans l'acte sexuel, et la sodomie lui fait perdre ce droit et n'assouvit pas son désir.

Le rectum n'est pas prédisposé pour le coït, et il n'a pas été créé pour cela, au contraire du vagin. Ceux qui s'en écartent pour préférer le rectum sortent de la sagesse d'Allah et de Sa législation.

La sodomie est néfaste pour l'homme, c'est pourquoi les grands médecins le déconseillent. Ceci car le vagin a pour fonction d'aspirer le sperme éjaculé et d'en libérer l'homme, et la sodomie ne permet pas cela. Tout le sperme éjaculé ne sort pas en raison de cette pratique contre-nature.

Étant contre-nature, cette position amène également à réaliser des mouvements fatigants.

Le rectum est aussi le lieu des impuretés, et par cette pratique l'homme y fait face et s'en rapproche.

Elle est aussi néfaste pour la femme, car cela est contre nature et la fait fuir.

Cela amène les soucis, l'angoisse, l'aversion envers ceux qui la pratiquent et qui la subissent.

Cela assombrit le visage et la poitrine, éteint la lumière du coeur et grave de la désolation sur le visage, signe que reconnaît quiconque a un peu de perspicacité.

Cela amène l'aversion, la haine et la rupture entre ceux qui pratiquent la sodomie et ceux qui la subissent.

Cela corrompt l'état de ceux qui la pratique d'une manière dont on espère peu qu'ils s'améliorent, sauf si Allah le veut, par un repentir sincère.

Cela chasse d'eux le concept de beauté et attire sur eux la laideur, de même que cela chasse l'affection entre eux et la change en haine et malédiction.

Cela fait partie des plus grandes causes de disparition des bienfaits et de l'apparition des malheurs. Cela amène la malédiction et l'aversion d'Allah (ﷻ), Son éloignement, et le fait qu'Allah ne le regardera pas. Quel bien peut-on espérer après cela ? De quel mal peut-on être préservé ? Quel peut être la vie du serviteur qui s'est attiré la malédiction d'Allah et Son aversion et dont Allah Se détourne et ne regarde pas ?

Cette pratique détruit la pudeur et la pudeur est la vie du cœur. Lorsqu'elle disparaît du cœur, celui-ci considère mauvais ce qui est bon, et considère bon ce qui est mauvais, et ainsi sa perversité se renforce.

La sodomie pervertit la saine nature humaine, en transformant cette saine nature selon laquelle Allah (ﷻ)a créé l'homme vers une autre dont même les animaux ne jouissent pas. Au contraire, c'est une pratique contre nature, et lorsque la nature se pervertit, le cœur en fait de même, tout comme les actes et la droiture. A ce moment, la personne se rendant coupable d'un tel acte se complaira dans les mauvais actes et les apparences ignobles, son état, ses actes et ses paroles se corrompront sans qu'il ne s'en rende compte.

Cela amène l'indécence et l'insolence plus que toute autre chose.

Cela amène l'humiliation, l'avilissement et le mépris plus que toute autre chose.

Cela amène l'aversion, la haine croissante des gens, leur mépris, et ceci est visible.

Que les éloges et le salut d'Allah soient sur celui dans la voie duquel réside la réussite dans ce monde et dans l'au-delà,; et dont la perte dans ce monde et dans l'au-delà, réside dans le refus de sa voie et de la conformité à sa sunna.

Le rapport charnel nuisible est de deux types : religieusement nuisible ou naturellement nuisible.

Ce qui est religieusement nuisible est illicite et cela est composé de degrés dont certains sont pires que d'autres. L'interdiction momentanée est moindre que l'interdiction continue, comme l'interdiction du rapport charnel pendant l'état de sacralisation, le jeûne, la retraite spirituelle, celle dont on s'est interdit tout rapport avant l'expiation, la pénétration de la femme en période de règles, et d'autres choses encore, c'est pourquoi il n'y a pas de peine légale liée à ce rapport charnel.

Quant à l'interdiction continue, elle est de deux types : celle qu'on ne peut lever, comme les femmes interdites au mariage, et cela compte parmi les plus nuisibles des rapports charnels, et entraîne la peine de mort pour un groupe de savants, comme Ah̲mad Ibn H̲anbal (ﷺ) et d'autres, et on rapporte à ce sujet un hadith authentique[1].

Le deuxième est ce qui peut être licite, comme la femme étrangère, même si elle est mariée. Dans le rapport charnel avec elle, on trouve deux droits : le droit d'Allah et le droit du mari ; et si elle est contrainte, on trouve trois droits ; si elle a une famille et des parents ils subissent l'affront, et ainsi on trouve quatre droits ; et si elle était interdite au mariage, on trouve cinq droits ; donc la nuisance de ce type dépend de son degré d'interdiction.

Quant au rapport charnel naturellement nuisible, il est également de deux types : l'un qui est nuisible par nature comme nous l'avons mentionné, et un autre nuisible par sa quantité, comme le fait d'en abuser, car cela diminue la force, nuit aux nerfs, provoque tremblement, paralysie, spasme, et affaiblit la vue et toutes les autres forces. Il éteint la chaleur interne, élargit les vaisseaux, et leur permet de recevoir les excédents nuisibles.

Le meilleur moment du rapport charnel se situe après la digestion des aliments dans l'estomac, en un temps modéré, et non lorsqu'on ressent la faim, car cela affaiblit la chaleur interne, ni même lorsqu'on est rassasié, car cela entraîne des maladies virulentes, ni même lorsqu'on est fatigué, après le bain, une évacuation, ou une émotion psychologique comme le souci, l'angoisse, la tristesse ou la grande joie. Le meilleur moment se situe après l'écoulement d'une partie de la nuit, lorsque la nourriture est digérée. Puis on se lave ou on accomplit ses ablutions avant de dormir, et ainsi les forces sont récupérées. Mais il faut se méfier du mouvement et de l'exercice à la suite du rapport charnel, car cela est très nuisible.

Remède à la passion illicite (*Al-cIshq*)

C'est une des maladies du cœur, différente des autres par son essence, ses causes et son remède. Si elle s'installe et s'enracine, il sera difficile aux médecins de la traiter, et la maladie fatiguera le malade. Allah (ﷻ) ne l'a mentionnée dans son Livre que pour deux groupes de gens que sont les femmes et les jeunes garçons imberbes. Il l'a mentionnée de l'épouse de Al-cAzîz (le Grand Intendant d'Égypte) concernant Yûsuf ; de même que du

[1] Al-Barâ' Ibn cÂzib (ﷺ) rapporte : « Le Messager d'Allah (ﷺ) m'envoya tuer un homme qui avait eu des rapports charnels avec la femme de son père. » (*S̲ah̲ih̲ Ibn Mâjah* : 2129).

peuple Lûṯ. Allah (ﷻ) dit à leur propos lorsque les anges arrivèrent chez Lûṯ :

وَجَآءَ أَهْلُ ٱلْمَدِينَةِ يَسْتَبْشِرُونَ ﴿٦٧﴾ قَالَ إِنَّ هَٰٓؤُلَآءِ ضَيْفِى فَلَا تَفْضَحُونِ ﴿٦٨﴾ وَٱتَّقُوا۟ ٱللَّهَ وَلَا تُخْزُونِ ﴿٦٩﴾ قَالُوٓا۟ أَوَلَمْ نَنْهَكَ عَنِ ٱلْعَٰلَمِينَ ﴿٧٠﴾ قَالَ هَٰٓؤُلَآءِ بَنَاتِىٓ إِن كُنتُمْ فَٰعِلِينَ ﴿٧١﴾ لَعَمْرُكَ إِنَّهُمْ لَفِى سَكْرَتِهِمْ يَعْمَهُونَ ﴿٧٢﴾

« ***Et les habitants de la ville (de Sodome) vinrent [à lui] dans la joie. Il dit : « Ceux-ci sont mes hôtes, ne me déshonorez pas. Craignez Allah et ne m'humiliez pas. » Ils dirent : « Ne t'avions-nous pas interdit de recevoir du monde ? » Il dit : « Voici mes filles, [épousez-les] si vous voulez assouvir vos besoins charnels. » Par ta vie (ô Muẖammad) ! Ils persistent dans leur égarement.*** »[1]

Quant à ceux qui n'ont pas estimé le Messager d'Allah (ﷺ) comme il se doit en prétendant qu'il en a été touché concernant Zaynab Bint Jaẖsh, qu'il la vit et dit : « Gloire et pureté à Celui qui retourne les cœurs ! » qu'elle conquit son cœur mais que lui disait à Zayd Ibn Ḫârithah : « Garde-la. » jusqu'à ce qu'Allah lui révèle :

وَإِذْ تَقُولُ لِلَّذِىٓ أَنْعَمَ ٱللَّهُ عَلَيْهِ وَأَنْعَمْتَ عَلَيْهِ أَمْسِكْ عَلَيْكَ زَوْجَكَ وَٱتَّقِ ٱللَّهَ وَتُخْفِى فِى نَفْسِكَ مَا ٱللَّهُ مُبْدِيهِ وَتَخْشَى ٱلنَّاسَ وَٱللَّهُ أَحَقُّ أَن تَخْشَىٰهُ

« ***Rappelle-toi quand tu disais à celui qu'Allah avait comblé de bienfaits, comme toi-même l'avais comblé : « Garde ton épouse et crains Allah », et tu cachais au fond de ton âme ce qu'Allah allait rendre public. Tu craignais les gens, alors que c'est Allah qui est plus digne de ta crainte.*** »[2] [3]

Ils ont prétendu que cela concernait la passion interdite (*Al-ᶜIshq*), l'un d'eux a même écrit un livre à ce sujet en mentionnant les passions interdites des prophètes et cet évènement. Cela montre son ignorance du Coran et des Messagers, son interprétation de la Parole d'Allah d'un sens qu'elle ne porte pas, et d'une attribution au Messager d'Allah (ﷺ) d'une chose dont Allah l'a innocentée. Zaynab Bint Jaẖsh était l'épouse de Zayd Ibn Ḫârithah qui était le fils adoptif du Messager d'Allah (ﷺ), et on l'appelait Zayd Ibn Muẖammad. Zaynab se montrait hautaine et fière

[1] Sourate *Al-Ḫijr*, v.67-72.

[2] Sourate *Al-Aẖzâb*, v.37.

[3] C'est un récit faux rapporté par Ibn Saᶜd dans *At-Ṯabaqât* (8/101-102).

devant lui, il consulta donc le Messager d'Allah (ﷺ) sur le fait de la divorcer, et le Messager d'Allah (ﷺ) lui dit : « Garde ton épouse et crains Allah. » Mais il dissimula en son for intérieur qu'il la prendrait pour épouse si Zayd la répudiait, car il craignait les commérages des gens qui diraient qu'il a épousé la femme de son fils, car on appelait Zayd comme si c'était son fils. C'est ce qu'il dissimula en son for intérieur, et c'est cette crainte des gens qu'il eut, et c'est pourquoi en ce verset Allah mentionne Ses bienfaits sur lui et ne le blâme pas. Il l'informa qu'il ne devait pas craindre les gens en ce qu'Allah lui a permis, et qu'Allah était plus digne d'être craint. Ainsi, il ne devait éprouver aucune gêne en ce qu'Allah lui a permis en raison des dires des gens. Puis Il l'informa qu'Il la lui maria après que Zayd ait cessé toute relation avec elle, afin que sa Communauté le prenne pour exemple en cela et que l'homme puisse épouser la femme de son fils adoptif, mais pas la femme de son fils biologique. C'est pourquoi Il dit dans le verset des femmes interdites au mariage :

وَحَلَٰٓئِلُ أَبْنَآئِكُمُ ٱلَّذِينَ مِنْ أَصْلَٰبِكُمْ

« ***Les femmes des fils de votre progéniture*** »[1]

Et Il dit dans la même sourate que le premier verset :

مَّا كَانَ مُحَمَّدٌ أَبَآ أَحَدٍ مِّن رِّجَالِكُمْ

« ***Muhammad n'est le père d'aucun de vos hommes*** »[2]

Et Il dit au début :

وَمَا جَعَلَ أَدْعِيَآءَكُمْ أَبْنَآءَكُمْ ذَٰلِكُمْ قَوْلُكُم بِأَفْوَٰهِكُمْ

« ***Il n'a point fait de vos enfants adoptifs vos propres enfants. Ce sont des propos qui sortent de votre bouche.*** »[3]

Médite cette défense du Messager d'Allah (ﷺ) et ce rejet des critiques à son encontre. Et c'est Allah qui accorde le succès.

Oui, le Messager d'Allah (ﷺ) aimait ses épouses, et sa préférée était ᶜÂ'ishah (رضي الله عنها), mais son amour pour elle, ni pour personne d'autre en dehors de son Seigneur n'atteignait le summum de l'amour. Plus encore, il est authentifié qu'il a dit : « *Si je devais prendre un ami privilégié parmi les*

---

[1] Sourate ***An-Nisâ'***, v.23.
[2] Sourate ***Al-Ahzâb***, v.40.
[3] Sourate ***Al-Ahzâb***, v.4.

habitants de la terre, ce serait Abû Bakr. »[1] Et dans une formulation il dit : « *Mais votre compagnon est l'ami privilégié du Tout Miséricordieux.* »[2]

Al-cIshq pour les représentations frappe les cœurs vides de l'amour d'Allah (ﷻ), ceux qui se détournent de Lui et Le remplacent par un autre. Lorsque le cœur est rempli de l'amour d'Allah (ﷻ) et du désir ardent de Le rencontrer, cela dissipe la maladie de *Al-cIshq* pour les représentations, c'est pourquoi Allah (ﷻ) dit au sujet de Yûsuf (عليه السلام) :

كَذَٰلِكَ لِنَصْرِفَ عَنْهُ ٱلسُّوٓءَ وَٱلْفَحْشَآءَ ۚ إِنَّهُۥ مِنْ عِبَادِنَا ٱلْمُخْلَصِينَ

« ***Ainsi Nous avons écarté de lui le mal et la turpitude. Il était certes parmi Nos serviteurs sincères.*** »[3]

Cela nous montre que la sincérité est un moyen de repousser *Al-cIshq* et tout ce que cela entraîne comme mal et turpitude qui en sont les fruits et conséquences. Donc repousser la cause est un repoussement de ses conséquences, c'est pourquoi un pieux prédécesseur a dit : « *Al-cIshq* est l'agitation d'un cœur vide. » c'est-à-dire vide de toute chose que ce pour quoi il se passionne. Allah (ﷻ) dit :

وَأَصْبَحَ فُؤَادُ أُمِّ مُوسَىٰ فَٰرِغًا ۖ إِن كَادَتْ لَتُبْدِى بِهِۦ

« ***Le cœur de la mère de Mûsâ devint vide. Peu s'en fallut qu'elle ne divulgue tout*** »[4]

C'est-à-dire vide de toute chose en dehors de Mûsâ, en raison de son amour intense pour lui, et l'attachement de son cœur à lui.

Al-cIshq se compose de deux choses : se faire apprécier de l'aimé et désirer parvenir à lui. Si l'un de ces composants s'effondre, *Al-cIshq* s'effondre. *Al-cIshq* a épuisé nombre d'hommes sensés, et certains ont tenu à ce sujet des propos incorrects.

Nous disons : La sagesse d'Allah (ﷻ) en Ses créatures et Son ordre a établi l'adéquation et l'harmonie des semblables, l'attraction naturelle d'une chose vers ce qui lui convient et lui correspond, de même que sa fuite naturelle face à ce qui s'y oppose. Le secret du fusionnement et de la jonction dans les deux mondes d'ici-bas et de l'au-delà est l'adéquation, la ressemblance et l'harmonie ; et le secret de la distinction et de la séparation est l'absence de ressemblance et d'adéquation. C'est sur cela que repose la

---

1 Al-Bukhârî (3656) et Muslim (2383).

2 Muslim (2383).

3 Sourate ***Yûsuf***, v.24.

4 Sourate ***Al-Qaṣaṣ***, v.10.

création et l'ordre : toute chose penche et se dirige vers ce qui lui ressemble ; alors qu'elle fuit tout ce qui lui est opposé. Allah (ﷻ) dit :

هُوَ ٱلَّذِى خَلَقَكُم مِّن نَّفْسٍ وَٰحِدَةٍ وَجَعَلَ مِنْهَا زَوْجَهَا لِيَسْكُنَ إِلَيْهَا

« ***C'est Lui qui vous a créés d'un seul être duquel il a tiré son épouse, pour qu'il trouve la tranquillité auprès d'elle*** »[1]

Allah (ﷻ) a fait que la cause de la tranquillité que l'homme trouve auprès de son épouse est qu'elle soit de même nature et de même essence. Donc la cause de la tranquillité mentionnée – qui est l'amour – est qu'elle est créée de lui. Cela montre que la cause n'est pas la beauté d'apparence, ni l'adéquation dans le but et la volonté, ni même dans le comportement et la voie, même si cela compte également parmi les causes de la tranquillité et de l'amour.

Il est authentifié que le Prophète (ﷺ) a dit : « *Les âmes sont unies, celles qui se reconnaissent s'unissent, et celles qui se méconnaissent divergent.* »[2] On rapporte que la cause de ce hadith était une femme de la Mecque qui faisait rire les gens, elle vint à Médine et s'installa chez une femme qui faisait également rire les gens, le Messager d'Allah (ﷺ) dit alors : « *Les âmes sont unies* »[3]

La Législation d'Allah (ﷻ) a établi que le jugement d'une chose est celui de son pareil, et Sa Législation n'a pas distingué entre deux semblables, ni même uni deux opposés. Celui qui pense le contraire, c'est soit en raison de sa faible connaissance de la Législation, soit en raison d'un manque dans la connaissance des ressemblances et divergences, soit encore pour avoir attribué à la Législation ce sur quoi aucune preuve n'a été révélée, mais qui compte parmi les avis des hommes. C'est par Sa sagesse et Sa justice que sont apparues Sa Création et Sa Législation, et par la justice et la balance qu'ont été établi la création et la Législation. C'est-à-dire l'égalité entre deux choses semblables, et la distinction entre deux choses différentes. De la même manière que cela est établi en ce bas monde, il en sera de même au Jour de la Résurrection. Allah (ﷻ) dit :

﴿ ٱحْشُرُوا۟ ٱلَّذِينَ ظَلَمُوا۟ وَأَزْوَٰجَهُمْ وَمَا كَانُوا۟ يَعْبُدُونَ ﴿٢٢﴾ مِن دُونِ ٱللَّهِ فَٱهْدُوهُمْ إِلَىٰ صِرَٰطِ ٱلْجَحِيمِ

---

[1] Sourate *Al-Acrâf*, v.189.
[2] Muslim (2638).
[3] Ahmad (2/295).

« ***Rassemblez les injustes et leurs semblables (Azwâjuhum) ainsi que tout ce qu'ils adoraient en dehors d'Allah. Puis conduisez-les au chemin de la Fournaise.*** »[1]

ᶜUmar Ibn Al-Khat͟tâb (ﷺ) et après lui l'imam Ah͟mad dirent : « *Azwâjuhum* (litt : leurs épouses) désigne leurs semblables et égaux. » Et Allah (ﷻ) dit :

وَإِذَا ٱلنُّفُوسُ زُوِّجَتۡ ﴿٧﴾

« ***Lorsque les âmes seront regroupées*** »[2]

C'est-à-dire que chacun sera rassemblé avec ceux qui ont agi de la même façon, ainsi on rassemblera ceux qui s'aimaient pour Allah au Paradis, et ceux qui s'aimaient dans l'obéissance à Satan en Enfer. L'homme sera avec ceux qu'il aime, qu'il le veuille ou non, et on rapporte que le Prophète (ﷺ) a dit : « Pas un homme n'aime un peuple sans être ressuscité avec eux. »[3]

L'amour est de plusieurs formes : la meilleure et la plus éminente est l'amour en Allah et pour Allah, et elle implique l'amour de ce qu'Allah aime, et l'amour d'Allah et de son Messager (ﷺ).

Également l'amour de l'union sur la voie, la religion, l'école, la doctrine, la parenté, le métier, ou pour une autre visée.

Aussi, l'amour pour obtenir une chose de l'être aimé, de sa gloire, sa richesse, son enseignement ou son orientation, satisfaire un désir par lui, et c'est là l'amour intéressé qui disparaît lorsque disparaît ce qui le motivait. Ainsi on dit: Celui qui t'aime pour un but, t'abandonnera lorsque ce but sera atteint.

Quant à l'amour semblable et adéquat entre celui qui aime et l'être aimé, son amour est durable et ne disparaît qu'en raison d'un évènement, et *Al-ᶜIshq* fait partie de cette forme d'amour. C'est une recherche d'accord spirituel et une union psychologique, et on ne trouve dans aucune forme d'amour ce que l'on trouve dans *Al-ᶜIshq* comme insufflation, fragilité, inquiétude et destruction.

---

[1] Sourate ***As-S͟âffât***, v.22-23.

[2] Sourate ***At-Takwîr***, v.7.

[3] Ah͟mad (1/145), la chaîne de transmission de ce hadith est faible, mais son sens est attesté par le hadith de Ibn Masᶜûd (ﷺ) qui rapporte qu'un homme vint au Messager d'Allah (ﷺ) et lui dit : « Ô Messager d'Allah ! Que dire d'un homme qui aime des gens mais ne peut les rejoindre ? » Il répondit : « *L'homme sera avec ceux qu'il a aimé.* » Al-Bukhârî (6169) et Muslim (2640).

Si on objecte : Si *Al-ᶜIshq* naît de ce que vous avez mentionné comme lien et adéquation spirituelle, pourquoi n'existe-t-il pas des deux côtés, mais bien souvent que du côté de celui qui s'est pris de passion ? Si cela était dû à une recherche d'accord spirituel et une union psychologique, l'amour serait partagé par tous deux.

Nous répondons : la cause peut manquer en raison de l'absence d'une condition, ou l'existence d'un obstacle. Et l'absence d'amour de l'un pour l'autre est nécessairement dû à une de ces trois causes :

Premièrement : Un défaut dans l'amour, car c'est un amour intéressé et non pur, et dans l'amour intéressé le partage n'est pas nécessaire, et plus encore il peut être accompagné d'une fuite de l'être aimé.

Deuxièmement : Un obstacle présent chez celui qui aime et qui empêche l'être aimé de lui porter de l'amour, dans son comportement, son physique, sa conduite, ses actes, son aspect, ou autres.

Troisièmement : Un obstacle présent chez l'être aimé qui l'empêche de partager l'amour de celui qui aime, et sans cet obstacle, il porterait à celui qui l'aime un amour équivalent. Si ces obstacles disparaissent, et que l'amour est pur, il ne peut émaner que des deux. Si ce n'était l'obstacle de l'orgueil, de l'envie, du pouvoir, de l'inimitié chez les mécréants, ils auraient aimé les Messagers plus que leur personne, leurs familles et leurs richesses. Et lorsque cet obstacle a disparu du cœur de leurs adeptes, leur amour pour les Messagers fut supérieur à l'amour pour leur personne, leurs familles et leurs biens.

L'essentiel est que puisque *Al-ᶜIshq* est une maladie parmi d'autres, elle peut être traitée et dispose de différentes formes de remèdes. Si celui qui aime peut parvenir à son être aimé d'un moyen légal et possible, c'est là son remède, comme il est rapporté par Ibn Masᶜûd du Messager d'Allah (ﷺ) : « *Ô jeunes ! Celui d'entre vous qui le peut, qu'il se marie ; et celui qui ne le peut pas, qu'il jeûne, car cela sera pour lui un bouclier.* »[1] Il a donc indiqué à celui qui aime deux remèdes : l'un de base et l'autre de remplacement. Il lui ordonna un remède de base qui est le remède qu'il a donné à cette maladie et qu'il ne faut pas délaisser pour un autre, tant que cela est possible.

Ibn ᶜAbbâs rapporte que le Messager d'Allah (ﷺ) a dit : « *Nous n'avons rien vu, pour ceux qui s'aiment, de pareil au mariage.* »[2] et c'est le sens indiqué par Allah (ﷻ) après avoir permis au mariage les femmes, libres et esclaves lorsque besoin était, en disant :

---

[1] Al-Bukhârî (5066) et Muslim (1400).

[2] *As-Sahîhah* (624).

يُرِيدُ ٱللَّهُ أَن يُخَفِّفَ عَنكُمْۚ وَخُلِقَ ٱلْإِنسَٰنُ ضَعِيفًا ﴿٢٨﴾

« ***Allah veut vous alléger (les obligations), car l'homme a été créé faible*** »[1]

La mention de l'allégement à cet endroit, et l'information de la faiblesse de l'homme montre sa faiblesse à supporter ce désir, et Allah (ﷻ), le lui a allégé en lui permettant d'avoir plusieurs épouses chastes, deux, trois, et même quatre ; de même que ce qu'il voulait comme esclaves. Ensuite, il lui a permis d'épouser les servantes s'il a besoin de cela pour remédier à ce désir, pour soulager ce comportement faible, mais aussi par miséricorde pour lui.

Si celui qui aime n'a aucun moyen possible ou légal, voire même les deux, d'atteindre ce qu'il désire, c'est une maladie difficile et son traitement consiste à faire ressentir à son âme le désespoir de parvenir à l'être aimé, car si l'âme désespère d'une chose, elle s'en détache, et ne se tourne pas vers celle-ci. Si *Al-ᶜIshq* ne disparaît pas avec le désespoir, c'est que la nature a grandement dévié, il faut donc passer à un autre remède qui est le remède de sa raison qui consiste à savoir que l'attachement du cœur à celui vers qui on ne peut espérer parvenir est une forme de folie. Celui qui en est atteint est semblable à celui qui s'éprend de passion pour le soleil et dont l'âme est attachée au fait de s'élever vers lui et de tourner avec lui dans son orbite ; celui-ci sera considéré par tous les hommes sensés comme étant parmi les fous.

S'il ne peut y parvenir d'une manière possible et légale, le remède consiste à considérer cela comme une chose impossible, car si Allah ne permet pas une chose, le remède et le salut du serviteur dépend de l'éloignement vis-à-vis de cette chose. Si l'âme qui ordonne au mal ne lui obéit pas, il doit la laisser à deux choses : une crainte ou la perte de ce chose qui lui est cher, plus aimé, plus utile, meilleur, et de jouissance et joie plus durables. Si l'homme sensé compare l'obtention d'une chose aimée éphémère à la perte de ce qui est plus cher, durable, utile et délectable, ou inversement, il constate la différence entre les deux. Ne vends donc pas la jouissance éternelle, qui ne contient aucun danger contre la jouissance d'une heure qui se transformera en douleurs, et qui n'est en vérité qu'un songe, ou une chose imaginaire qui ne dure pas, ainsi la jouissance disparaît et restent les conséquences ; le désir disparaît et le malheur persiste.

[1] Sourate *An-Nisâ'*, v.28.

Deuxièmement, la survenue d'une chose détestable plus dure que la perte de l'être aimé, ou que les deux choses soit réunies : la perte de ce qu'il aime plus que cet être aimé, et la survenue de ce qui lui est plus détestable que la perte de cet être aimé. S'il a la certitude qu'accorder à l'âme sa part de l'être aimé provoquera une de ces deux choses, il lui sera facile de le délaisser, et il considèrera que la patience sur sa perte est beaucoup plus facile que la patience sur ces deux choses. Ainsi, sa raison, sa foi, sa bienséance et son humanité lui commandent d'endurer ce faible tort qui se transformera rapidement en jouissance, joie et bonheur, en repoussant ces deux grands préjudices. Alors que son ignorance, son injustice, sa frivolité, et sa légèreté lui commandent de préférer cette chose aimée immédiate malgré ce que celui lui apportera. Et n'est préservé que celui qu'Allah préserve.

Si son âme n'accepte pas ce remède et qu'elle ne lui obéit pas avec ce traitement, qu'il considère ce que ce désir lui apporte de méfaits en ce bas monde et ce qu'il lui interdit comme bienfaits. Cela compte parmi ce qui amène le plus de méfaits en ce bas monde, et interdit le plus ses bienfaits, car cela s'oppose entre le serviteur et sa raison qui est l'essence de son état, et le pilier de ses intérêts.

Si son âme n'accepte pas ce remède, qu'il se rappelle les vilenies de l'être aimé et tout ce qui l'amènera à le fuir, car s'il les cherche et les médite, il constatera qu'elles sont beaucoup plus nombreuses que les qualités qui invitent à l'aimer. Qu'il interroge son voisinage sur ce qu'il en ignore, car de la même manière que les qualités appellent à l'amour et la volonté, les défauts appellent au rejet et à la fuite. Qu'il compare les deux choses et préfère la plus proche et la plus à sa portée. Il ne doit pas être de ceux qui sont trompés par la belle couleur d'un corps lépreux. Que son regard dépasse la belle apparence pour voir la laideur de l'acte, et qu'il passe de la beauté de ce qui est donné à voir et du corps à la laideur de l'expérience et du cœur.

Si tous ces traitements ne donnent aucun résultat, il ne lui reste que la sincérité du refuge auprès de Celui qui répond à l'angoissé quand il L'invoque, qu'il se présente devant Lui, à Sa porte, en demandant Son secours, en Le suppliant, en s'humiliant devant Lui, et en plaçant sa confiance en Lui. Si on lui accorde cela, il aura frappé à la porte du succès, qu'il reste chaste, cache cela, et ne chante pas la mention de l'être aimé, ne le démasque pas devant les gens, et ne l'expose pas au préjudice, car en ce cas il serait injuste et transgresseur.

Il ne faut pas être trompé par le hadith inventé sur le Messager d'Allah (ﷺ) disant : « Celui qui est frappé par *Al-ᶜIshq*, mais reste chaste et meurt ainsi est martyr. » et sous une autre formulation : «Celui qui est frappé par *Al-ᶜIshq*, mais cache cela, reste chaste et patiente, Allah lui pardonne et le fait entrer au Paradis. »[1]

Ce n'est pas un hadith authentique du Messager d'Allah (ﷺ), et il n'est pas possible que cela compte parmi ses paroles car le martyre est un degré élevé auprès d'Allah, lié au degré des Véridiques, qui possède des actes et situations qui sont des conditions nécessaires à son obtention. Le martyre est de deux types : général et spécifique. Le martyre spécifique est le martyre dans le combat sur le sentier d'Allah. Et le martyre général est composé de cinq catégories mentionnées dans *As-Sahîh*[2], et *Al-ᶜIshq* n'en fait pas partie.

Comment *Al-ᶜIshq* qui est une association dans l'amour, un vide du cœur d'Allah, un don du cœur, de l'âme et de l'amour à autre que Lui ; comment cela pourrait-il faire parvenir au degré du martyre ? Cela est impossible, car la corruption qu'opère *Al-ᶜIshq* sur les figurations du cœur surpasse toute autre corruption, plus encore elle est le vin de l'âme qui l'enivre, l'empêche de mentionner et aimer Allah, de se réjouir de converser et de se rapprocher de Lui. Cela amène la servitude du cœur pour autre que Lui, car le cœur de celui qui aime adore celui qu'il désire, et plus encore *Al-ᶜIshq* est l'essence de la servitude, car elle est la perfection de l'humiliation, l'amour, la soumission et la glorification. Alors comment l'adoration du cœur pour autre qu'Allah, pourrait-elle faire parvenir au degré des meilleurs et maîtres des monothéistes, et l'élite des alliés d'Allah ? Si la chaîne de transmission de ce hadith était aussi claire que le soleil, il serait tout de même erroné et illusoire, et le terme *Al-ᶜIshq* n'est rapporté dans aucun hadith authentique du Messager d'Allah (ﷺ).

Al-ᶜIshq peut être licite ou illicite. Comment croire que le Prophète (ﷺ) jugerait que toute personne frappée par *Al-ᶜIshq*, mais qui cache cela et reste chaste soit martyre ? Celui qui s'éprend de la femme d'autrui, des jeunes garçons et prostituées, atteindra par sa passion illicite le degré des martyrs, cela n'est-il pas totalement contraire à ce qui est nécessairement connu de la religion du Messager d'Allah (ﷺ) ? Comment pourrait-il en être autrement, alors que *Al-ᶜIshq* est une des maladies pour lesquelles Allah (ﷻ) a donné

[1] *Ad-Daᶜîfah* (409).

[2] Abû Hurayrah (ؓ) rapporte que le Messager d'Allah (ﷺ) a dit : « *Cinq personnes atteignent le martyre : celui qui meurt de la peste, d'une maladie du ventre, noyé, dans un éboulement, et celui qui meurt en combattant sur le sentier d'Allah.* » Al-Bukhârî (2829) et Muslim (1914).

des remèdes possibles et légaux dont l'utilisation est soit obligatoire si *Al-cIshq* est illicite, soit recommandée.

Si tu médites sur les maladies et les calamités que le Messager d'Allah (ﷺ) a considéré comme un martyre, tu constateras qu'elle sont parmi les maladies qui n'ont aucun remède, comme celui qui meurt de peste, d'une maladie du ventre, de pleurésie, de noyade, la mort d'une femme en couche. Ce sont des maux venant d'Allah sur lesquels le serviteur ne peut rien et qui n'ont aucun remède, leurs causes ne sont pas illicites, et ils n'entraînent pas la corruption du cœur et l'adoration d'autre qu'Allah comme c'est le cas pour *Al-cIshq*. Si cela ne te suffit pas pour annuler l'attribution de ce hadith au Messager d'Allah (ﷺ), alors fie-toi aux imams du hadith qui en connaissent les défauts, car on ne rapporte d'aucun d'entre eux qu'il ait témoigné de l'authenticité de ce hadith, ni même de son caractère acceptable. [Ibn Al-Qayyim mentionna ensuite les propos de différents imams du hadith concernant le seul rapporteur de ce hadith qu'est Suwayd Ibn Sacîd qui, bien qu'il ait été digne de confiance, s'est trompé en cela. Voir l'excellente explication de shaykh Al-Albânî dans *Ad-Dacîfah* (409)]

Préservation de la santé par le parfum

La bonne odeur étant une nourriture de l'âme qui est le support des forces, et les forces augmentant avec le parfum, car il est bon pour le cerveau, le cœur, et les autres organes internes, il réjouit le cœur, égaie l'esprit et plait à l'âme. Il est la meilleure et la plus compatible des choses pour l'âme, et il existe un lien proche entre lui et la bonne âme. Le parfum était une des deux choses qu'aimait en ce monde le meilleurs des bons, que les éloges et le salut d'Allah soient sur lui.

On rapporte que le Prophète (ﷺ) ne refusait pas le parfum[1].

Il dit également : « *Celui à qui on offre du parfum ne doit pas le refuser, car il est de bonne odeur et facile à porter.* »[2]

Abû Hurayrah (ﷺ) rapporte que le Messager d'Allah (ﷺ) a dit : « *Celui à qui on offre du parfum ne doit pas le refuser, car il est facile à porter et de bonne odeur.* »[3]

---

[1] Al-Bukhârî (5929).
[2] Muslim (2253).
[3] *Sahîh Abû Dâwud* (4972).

On rapporte que le Prophète (ﷺ) a dit : « *Allah est bon et aime le parfum, propre et aime la propreté, généreux et aime la générosité, munificent et aime la munificence, nettoyez donc vos patios et cours, n'imitez pas les juifs qui accumulent les ordures dans leurs demeures.* »[1]

Ibn Abî Shaybah rapporte que le Prophète (ﷺ) avait un flacon duquel il se parfumait.

Il est authentifié qu'il a dit : « *Allah a un droit sur chaque musulman qu'il se lave tous les sept jours, et s'il a du parfum il doit en mettre.* »[2]

Le parfum a cette propriété d'être aimé par les anges et de faire fuir les démons, et la chose la plus aimée des démons est l'odeur puante et détestable. Les bonnes âmes aiment la bonne odeur, alors que les âmes mauvaises aiment la mauvaise odeur, et chaque âme penche vers ce qui lui convient : les mauvaises sont pour les mauvais et les mauvais sont pour les mauvaises. De même, les bonnes sont pour les bons et les bons sont pour les bonnes. Même si cela concerne les femmes et les hommes, cela englobe également les actes, paroles, nourritures, boissons, habits et odeurs, en raison de la généralité des termes ou leur signification.

Préservation de la santé de l'œil

ᶜAbd Ar-Rahmân Ibn An-Nuᶜmân Ibn Maᶜbad Ibn Hawdhah Al- An<u>s</u>ârî rapporte d'après son père et son grand-père (ﷺ) que le Messager d'Allah (ﷺ) a ordonné d'employer la stibine (*Ithmid*) embaumé de musc, au moment de se coucher, et dit : « Que le jeûneur l'évite. »[3]

Ibn ᶜAbbâs (ﷺ) rapporte : « Le Prophète (ﷺ) avait une boite contenant du khôl qu'il appliquait trois fois sur chaque œil. »[4]

Ibn ᶜAbbâs (ﷺ) rapporte : « Lorsque le Messager d'Allah (ﷺ) appliquait du khôl, il en mettait trois fois dans l'œil droit, en commençant et en finissant par celui-ci, et deux fois dans l'œil gauche. »[5]

On rapporte que le Prophète (ﷺ) a dit : « Celui qui applique du khôl doit le faire de manière impaire. »[1] Ce nombre impair concerne-t-il les deux

---

[1] At-Tirmidhî (3800), qualifié de hasan par Al-Albânî dans *Jilbâb Al-Mar'ah Al-Muslimah* (197-198).

[2] *Sa<u>h</u>î<u>h</u> Ibn Khuzaymah* (1761).

[3] Abû Dâwud (2377), la chaîne de transmission de ce hadith est faible.

[4] *Sa<u>h</u>î<u>h</u> At-Tirmidhî* (1757).

[5] *As-Sa<u>h</u>î<u>h</u>ah* (633).

yeux, et ainsi il y aurait trois applications dans l'un et deux dans l'autre, et la droite est plus en droit d'être préférée et d'être prioritaire ; ou cela concerne-t-il chaque œil, si bien qu'il y aurait trois applications dans chaque œil ? Ce sont là deux avis de l'imam Ah̲mad et d'autres.

Le khôl préserve la santé de l'œil, renforce la lumière du regard, améliore la vue, fluidifie les matières mauvaises et les évacue, tout en étant un ornement pour certains. Il est encore plus bénéfique pendant le sommeil, car l'oeil renferme alors le khôl et ne bouge pas de manière préjudiciable, et la nature aide en cela. C'est une des propriétés de la stibine.

Sâlim rapporte d'après son père que le Messager d'Allah (ﷺ) a dit : « *Utilisez la stibine, car il améliore la vue et fait pousser les cils.* »[2]

Il dit aussi : « *Il fait pousser les cils, débarasse de la poussière, et épure la vue.* »[3]

Ibn ᶜAbbâs (ﷻ) rapporte que le Messager d'Allah (ﷺ) a dit : « *Le meilleur khôl est la stibine, il améliore la vue et fait pousser les cils.* »[4]

---

[1] Abû Dâwud (35), la chaîne de transmission de ce hadith est faible, mais Al-Albânî mentionne un hadith authentique à ce sujet qui dit : « le Prophète (ﷺ) appliquait du khôl de manière impaire. » *As-S̲ah̲îh̲ah* (2746).

[2] *As-S̲ah̲îh̲ah* (724).

[3] *As-S̲ah̲îh̲ah* (665).

[4] *S̲ah̲îh̲ Abû Dâwud* (3878).

Troisième partie

Remèdes et aliments mentionnés par le Prophète (ﷺ) Classés par ordre alphabétique

(*)[1]

Agalloche - عُود

L'agalloche indien[2] (*Al-ᶜÛd Al-Hindî*) est de deux types :

Le premier est employé dans les remèdes et on le nomme Costus.

Le deuxième est employé dans les parfums et on le nomme Aloès.

Ibn ᶜUmar (ﷺ) rapporte qu'il s'encensait avec de l'aloès pur ou avec du camphre qu'il y ajoutait, et il disait : « C'est ainsi que s'encensait le Messager d'Allah (ﷺ). »[3] On rapporte aussi authentiquement concernant les délices des habitants du Paradis : « *Leurs encensoirs contiennent de l'aloès.* »[4] L'encensoir (*Mijmar*) est ce en quoi on brûle l'agalloche et autre.

L'agalloche est de plusieurs types, le meilleur est l'indien, puis le chinois, puis de *Qamâr*, puis de *Mandal*[5]. Le meilleur est le noir, bleu, dur, consistant et gras. Le moins bon est le léger qui flotte sur l'eau. On dit que c'est un arbre qu'on coupe et qu'on enterre durant une année, la terre en mange ce qui n'est pas utile, et ne reste que le bois parfumé que la terre ne touche pas, alors que l'écorce et tout ce qui n'est pas parfumé se putréfie.

Il est chaud et sec au troisième degré, il libère les occlusions, dissipe les vents, évacue l'excès d'humidité, renforce les entrailles, réjouit le cœur, et il est également utile au cerveau, il affûte les sens, constipe, et il est aussi utile contre l'incontinence produite par la froideur de la vessie. Ibn Samjûn a dit : « L'agalloche (*Al-ᶜÛd*) est de nombreux types réunis sous le terme d'aloès. Il est employé de manière interne et externe, on peut en faire des fumigations seul ou accompagné d'autre chose, et il y a un sens médical si on le mélange au camphre pour la fumigation : chacun améliorera l'autre. Cela améliore la nature de l'air car il compte parmi les six choses nécessaires qui amènent la rectitude du corps.

---

1 Ainsi que cela apparaît en titre, Ibn Al-Qayyim a mentionné ces aliments et remèdes dans l'ordre alphabétique arabe. Nous avons choisi de respecter la volonté pratique de l'auteur en modifiant l'ordre d'apparition des différents remèdes et aliments, cette fois dans l'ordre alphabétique en langue française

2 Couramment appelé : bois d'aigle ou encore encens.

3 Muslim (2254).

4 Al-Bukhârî (3327) et Muslim (2834).

5 Désigne deux régions d'Asie centrale et d'Inde.

Ail – ثُوم

Il est proche de l'oignon. Il est dit dans le hadith : « *Celui qui les mange [l'ail et l'oignon], qu'il tue [leur odeur] en les cuisant.* »[1] On lui offrit un plat contenant de l'ail et il l'envoya à Abû Ayyûb Al-Anṣarî qui lui dit : « Ô Messager d'Allah ! Tu le détestes, et tu me l'envoies? » Il lui répondit: « *Je parle à ceux avec qui tu ne parles pas.* »[2]

De plus, l'ail est chaud et sec de quatrième degré, il réchauffe et assèche fortement. Il est très utile à ceux qui sont d'humeur froide et pituiteuse, et celui qui est sur le point d'être frappé d'hémiplégie. Il assèche le sperme, libère l'occlusion, décompose les vents lourds, digère la nourriture, désaltère, relâche le ventre, et il est en plus diurétique. Il est un antidote pour les piqûres de bêtes venimeuses et l'ensemble des gonflements froids.

Si on le pile et qu'on en fait un pansement contre la morsure des serpents ou la piqûre des scorpions, cela sera utile et extraira le venin. Il réchauffe le corps et augmente sa chaleur, il stoppe la pituite[3], réduit la boursouflure, nettoie la gorge et préserve la santé de la plupart des corps. Il est aussi utile contre la transformation des eaux et la toux chronique.

On le mange cru, cuit ou grillé, il est utile contre le mal de poitrine causé par le froid, il dissipe l'inflammation de la gorge. Si l'on le pile avec du vinaigre, du sel et du miel, et qu'on met cela sur la dent cariée, cela la fragmente et la fait tomber ; et cela apaise sur la dent douloureuse. Si on en pile la quantité de deux dirhams et qu'on le consomme avec l'eau du miel, cela extrait pituite et vers, et si on en enduit le vitiligo[4], ce sera bénéfique.

Parmi ses inconvénients est qu'il cause des maux de tête, et qu'il est néfaste au cerveau et aux yeux, il affaiblit la vue et la puissance sexuelle, il donne soif, irrite la bile jaune et donne mauvaise haleine. On élimine son odeur en mastiquant des feuilles de rue[5].

---

[1] Muslim (567).

[2] Al-Bukhârî (855) et Muslim (564).

[3] Liquide glaireux provenant de l'estomac et régurgité le matin à jeun par certains malades.

[4] Maladie de peau qui se caractérise par l'apparition de tâches blanches.

[5] Arbrisseau dont les feuilles ont des propriétés aromatiques et médicinales.

Aloès – صَبِر

Qays Ibn Râfi[c] Al-Qaysî (ﷺ) rapporte que le Messager d'Allah (ﷺ) a dit : « Quelle guérison y a-t-il dans les deux choses les plus amères? L'aloès et les grains de cresson. »[1]

Umm Salamah rapporte : « Lorsque Abû Salamah est mort, le Messager d'Allah (ﷺ) est venu me voir alors que je portais de l'aloès. Il me dit : « Qu'est-ce cela, ô Umm Salamah ? » Je répondis : c'est de l'aloès, ô Messager d'Allah, il n'a plus de parfum. Il me dit : « Il embellit le visage, ne le mets que la nuit. » Et il l'interdit la journée. »[2]

L'aloès possède de nombreuses propriétés, surtout l'aloès indien. Il épure les excédents biliaires du cerveau et des nerfs des yeux, et si on en enduit le front et la tempe avec l'huile de roses, il est utile contre la céphalée. Il est aussi utile pour soigner les plaies du nez et de la bouche, et il dissipe la bile noire et la mélancolie.

Quant à l'aloès perse, il affûte la raison, raffermit le cœur, épure les excédents biliaires et pituitaire de l'estomac, si on en boit deux cuillères avec de l'eau. Il rétablit l'appétit corrompu. Si on en boit par temps froid, on peut craindre des pertes sanguines diarrhéiques.

Ambre gris – عَنْبَر

Nous avons précédemment mentionné dans le hadith de Jâbir[3], l'histoire de Abû [c]Ubaydah et le fait qu'ils aient mangé de l'ambre gris pendant un mois, et qu'ils en aient fait séché, apporté jusqu'à Médine, et donné au Prophète (ﷺ). Cela montre que la permission de manger ce qui vit au fond de la mer ne concerne pas uniquement les poissons, et le fait que l'animal marin qui n'est pas égorgé est licite. On a contesté cela en disant que la mer l'a déposé vivant mais qu'après le reflux de l'eau il est mort ; et cela est licite car la cause de sa mort est sa sortie de l'eau. Mais cela n'est pas authentique car ils l'ont trouvé mort sur la plage et ne l'ont pas vu sortir vivant de l'eau, puis que l'eau se soit retirée.

Aussi, s'il avait été vivant, la mer ne l'aurait pas rejeté sur la plage, car il est connu que la mer ne rejette sur la plage que les animaux morts et non les animaux vivants.

---

1 Abû Dâwud dans *Al-Marâsîl*, la chaîne de transmission de ce hadith est faible.

2 Abû Dâwud (2305), la chaîne de transmission de ce hadith est faible.

3 Al-Bukhârî (5494) et Muslim (1935).

Aussi, même si on considère que ce qu'ils ont dit soit possible, il n'est pas permis d'en faire une condition de licéité, car on ne peut permettre une chose en doutant sur la cause de sa permission, c'est pourquoi le Prophète (ﷺ) a interdit de manger le gibier si le chasseur le trouve noyé dans l'eau, en raison du doute sur la cause de sa mort : l'arme ou l'eau ?

Quant à l'ambre qui est une forme de parfum, il compte parmi les meilleurs après le musc, et fait erreur celui qui le préfère au musc et en fait le maître de tous les parfums, car il est authentifié que le Prophète (ﷺ) a dit à propos du musc : « « *Il est le meilleur parfum.* »[1] et s'il plaît à Allah, nous mentionnerons les caractéristiques et les bienfaits propres au musc, au point qu'il soit le parfum du Paradis, et que les dunes qui sont les sièges des véridiques sont de musc et pas d'ambre.

Ce qui a trompé cette personne est que, comme l'or, l'ambre ne change pas avec le temps, et que cela montre qu'il est meilleur que le musc. Mais cette seule caractéristique ne permet pas de l'opposer aux caractéristiques du musc.

Ceci dit, les variétés de l'ambre sont nombreuses et ses couleurs sont diverses : blanc, gris, rouge, jaune, vert, bleu, noir et multicolores. Le meilleur est le gris, puis le bleu, ensuite le jaune, et enfin le noir est le plus mauvais. Les gens divergent sur son origine, certains disent que c'est une plante du fond de la mer qu'ingurgitent certaines bêtes qui, après s'en être enivrées le rejettent, puis la mer le rejette vers ses côtes. On dit également que c'est une bruine qui descend du ciel sur les îles et que les vagues rejettent sur la plage. On dit aussi que c'est la fiente d'une bête marine semblable à la vache, ou encore que c'est une forme d'écume de la mer. L'auteur de *Al-Qânûn* dit : « On pense que cela jaillit d'une source dans la mer. Quant à penser que c'est une écume ou une fiente d'animal, c'est peu probable. »[2]

Son humeur est chaude et sèche. Il fortifie le cœur, le cerveau, les sens et les membres du corps. Il est bénéfique contre l'hémiplégie et la paralysie faciale, les maladies pituitaires, les douleurs froides de l'estomac, les vents lourds, et les occlusions si on en boit ou si on s'en enduit la peau, et si on en

---

[1] Muslim (2253).

[2] L'ambre gris est une concrétion intestinale du cachalot provenant de la digestion par les cachalots de l'encre de seiches. C'est une substance très parfumée, solide, grasse, de couleurs variées. Il se forme à l'intérieur des intestins du cachalot et on le trouve le plus souvent flottant sur les océans ou déposé sur les côtes. L'ambre gris a un unique point commun avec l'ambre jaune, qui est une résine fossile : on le récoltait naguère sur les plages ou flottant au milieu des vagues.

fait des fumigations, il est utile contre le rhume, les maux de têtes, et la migraine froide.

Argent – فِضَّة

Il est authentifié que le sceau du Messager d'Allah (ﷺ) était en argent, de même que le chaton du sceau[1], ainsi que le pommeau de son épée[2]. Mais rien d'authentique n'est rapporté qu'en à l'interdiction de porter de l'argent et de s'en parer, comme cela est authentiquement rapporté dans l'interdiction de boire dans des récipients en argent. La question des récipients est plus restreinte que celle du vêtement et de la parure, c'est pourquoi on permet aux femmes de porter ce qu'on leur interdit comme ustensiles. Donc l'interdiction des ustensiles n'implique pas l'interdiction du vêtement et de la parure.

On rapporte que le Messager d'Allah (ﷺ) a dit : « *Quant à l'argent, parez-vous en comme bon vous semble.* »[3] L'interdiction demande une preuve qui l'indique, soit un Texte, soit une unanimité. L'une de ces deux choses doit être établie, sinon il subsiste quelque chose dans le cœur concernant son interdiction pour les hommes. Le Prophète (ﷺ) prit dans une main de l'or et dans l'autre de la soie et dit : « *Ces deux sont interdits aux hommes de ma Communauté, et permis à ses femmes.* »[4]

L'argent est un des secrets d'Allah sur terre, une énigme des besoins, une bienfaisance des habitants de la terre entre eux, et celui qui en possède est admiré par les autres, révéré, mis en avant dans les assises, on ne lui ferme pas les portes, on ne se lasse pas de le fréquenter ou de l'accompagner, on ne le trouve pas pesant, on le montre du doigt, les regards le fixent, s'il parle on l'écoute, s'il intercède, son intercession est acceptée, s'il témoigne, sa déposition est confirmée, s'il adresse un sermon ses capacités ne sont pas critiquées, et s'il a des cheveux blancs, ils sont plus beaux sur lui que la parure des jeunes.

Il est un des remèdes qui réjouissent et sont utiles contre les angoisses, soucis, tristesses, faiblesses et palpitations du cœur. Il entre dans la composition des plus grands remèdes, et de par ses propriétés attire ce qui se forme dans le cœur comme humeurs corrompues surtout si on l'ajoute au miel purifié et au safran. Son humeur penche vers le sec et froid, et il provoque chaleur et humidité.

---

[1] Le chaton est la partie du sceau dans laquelle la pierre est enchâssée. Al-Bukhârî (5870).

[2] Sa*hîh* At-Tirmidhî (1291).

[3] Sa*hîh* Abû Dâwud (4236).

[4] Qualifié d'authentique par Al-Arnâ'ût.

Les Jardins qu'Allah (ﷻ) a préparés à Ses alliés le Jour où ils Le rencontreront sont de quatre types : deux Jardins d'or, et deux autres d'argent. Les ustensiles, les parures et tout ce qu'ils contiennent sont en or ou en argent. Umm Salamah rapporte que le Prophète (ﷺ) a dit : « *Celui qui boit d'un récipient en or ou en argent, ne fait qu'ingurgiter dans son ventre le Feu de l'Enfer.* »[1] Il est également authentifié qu'il a dit : « *Ne buvez pas des récipients en or et en argent; et ne mangez pas des plats d'or ou d'argent, car ils sont pour eux ici- bas et pour vous dans l'au-delà.* »[2]

On a dit que le motif de l'interdiction était la limitation de la monnaie, car si on en faisait des ustensiles, il perdrait la sagesse pour laquelle il a été créé et qui est de répondre aux besoins des Fils d'Adam. On également dit que la cause de l'interdiction était l'orgueil, l'ostentation, ou encore le fait que cela brise le cœur des pauvres et indigents en les voyant. Ces causes sont toutes critiquables : la justification par la limitation de la monnaie interdit de s'en parer ou d'en faire des lingots et autres qui ne sont ni des ustensile ni de la monnaie. L'orgueil et l'ostentation sont interdits par quelque moyen que ce soit. Et le fait de briser le cœur des pauvres n'a pas de norme, car leur cœur se brise à la vue des demeures vastes, des jardins magnifiques, des montures splendides, des habits luxueux, des aliments délicieux et d'autres choses permises. Toutes ces causes sont invalides puisqu'elles peuvent exister mais avoir des conséquences différentes.

Ce qui est juste est que la cause – et Allah est plus savant – est ce que cela produit de manière claire dans le cœur comme attitude et état opposé à la servitude, c'est pourquoi le Prophète (ﷺ) a expliqué qu'ils étaient pour les mécréants en cette vie, car ils n'ont aucune part de la servitude par laquelle ils atteindront les bienfaits dans l'au-delà. Ainsi, il ne convient pas au serviteur d'Allah de l'utiliser dans cette vie, et ne l'utilise que celui qui est sorti de sa servitude et a préféré ce bas monde et ses délices immédiats plutôt que l'au-delà.

Aubergine – بَاذِنْجَان

Dans le hadith inventé et mensonger il est dit : « L'aubergine est ce pour quoi elle est consommée. » Il est laid d'attribuer ces paroles à un homme sensé, et plus encore à un prophète. Ceci dit, l'aubergine est de deux types : blanche et noire. Les opinions divergent quant à savoir si elle est d'humeur froide ou chaude. Ce qui est juste qu'elle est chaude et engendre bile noire,

1 Al-Bukhârî (5630) et Muslim (2065).
2 Al-Bukhârî (5426).

hémorroïdes, occlusions, ulcérations, lèpre, elle gâte le teint et le noircit et donne mauvaise haleine. Il existe des variétés blanches et longues dépourvues de cela.

Bananier - طَلْح

Allah (ﷻ) dit :

وَطَلْحٍ مَّنضُودٍ ﴿٢٩﴾

« ***Et des bananiers aux régimes bien fournis*** »[1]

La majorité des exégètes sont d'avis que cela désigne la banane (مَوز), et « ***bien fournis*** » (*Mandûd*) signifie qu'elles sont empilées les unes sur les autres, à la manière d'un peigne.

On dit aussi que (طلح) désignait arbre à épines, où un fruit apparaît à la place de chaque épine ; leurs fruits sont donc disposés les uns sur les autres à la manière du bananier. Cet avis est plus juste, et ceux qui parmi les pieux prédécesseurs ont mentionné la banane n'ont voulu que donner un exemple et non spécifier. Et Allah est plus savant.

La banane est chaude et humide, la meilleure est la mûre et sucrée. Elle est bonne contre la sécheresse de la poitrine, des poumons, et la toux, de même que les lésions des reins et de la vessie, elle est diurétique, augmente la quantité de sperme, et excite le désir de rapport charnel, et elle relâche le ventre. On peut en manger avant le repas, et ainsi elle nuit à l'estomac et augmente la bile et la pituite, et on combat ses méfaits par le sucre ou le miel.

Baume - دُهْن

Anas Ibn Mâlik (ﷺ) rapporte : « Le Messager d'Allah (ﷺ) appliquait souvent un baume sur sa tête, peignait souvent sa barbe, et faisait beaucoup de masque, si bien que son vêtement ressemblait à celui d'un marchand d'huile. »[2]

Le baume ferme les pores du corps et bloque ce qui s'en dissout. Employé après un bain d'eau chaude, il embellit le corps et l'hydrate. Si on enduit les cheveux, il les embellit et les allonge. Il est aussi utile contre la rougeole, et pour repousser la plupart des maux du corps. Abû Hurayrah

---

[1] Sourate ***Al-Wâqiah***, v.29.
[2] At-Tirmidhî dans *As-Shamâ'il* (32), la chaîne de transmission de ce hadith est faible.

(ﷺ) rapporte que le Prophète (ﷺ) a dit : « *Mangez de l'huile, et enduisez-vous en.* »[1]

Dans les pays chauds, comme le *Hijâz* et autre, le baume compte parmi les meilleurs moyens de préserver la santé et d'améliorer l'état du corps, c'est presque une nécessité pour eux. Quant aux pays froids, leurs habitants n'en ont pas besoin. Si on persiste à en enduire la tête, cela est dangereux pour la vue. Les meilleurs baumes sont les simples : l'huile, puis le beurre rance, puis l'huile de sésame. Quant aux baumes composés, certains sont froids humides comme l'huile de violettes qui utile est pour soulager la céphalée chaude, fait dormir les insomniaques, hydrate le cerveau et est bon contre les crevasses et la sécheresse de peau excessive. On s'en enduit contre la gale et les démangeaisons sèches, et cela sera utile, de même qu'elle facilite le mouvement des articulations. Elle convient également aux gens d'humeur chaude en été. À son propos, il y a deux hadiths faux et inventés : le premier est : « Le mérite de l'huile de violettes face à toutes les autres huiles est semblable à mon mérite face au reste des gens. » ; et le deuxième : « Le mérite de l'huile de violettes face à toutes les autres huiles est semblable au mérite de l'islam face à toutes les autres religions. »

D'autres sont chaudes et humides, comme l'huile du muscadier qui n'est pas l'huile de ses fleurs, mais l'huile extraite des graines blanches poussiéreuses à la forme de pistaches qui donnent beaucoup d'huile et de gras. Elle est utile contre la dureté du nerf qu'elle assouplit, contre les taches sur la peau, le vitiligo, et pour l'écoulement de la pituite épaisse, elle assouplit les tendons secs, et réchauffe les nerfs. On rapporte dans un hadith faux et inventé qui n'a aucun fondement : « Enduisez-vous de muscade, vous serez plus désirés par vos femmes. » Parmi ses bienfaits est que cette huile nettoie les dents, les rend brillantes et les nettoie du tartre. Celui qui l'emploie comme baume sur le visage et la tête ne sera pas touché, par les boutons et les crevasses. Si l'homme en enduit ses lombes, son aine et les alentours, cela sera utile contre les douleurs des reins et les pertes urinaires.

Beurre – زُبْد

Les deux fils de Busr As-Sulamî (ﷺ) rapportent : « Le Messager d'Allah (ﷺ) est entré chez- nous, et nous lui avons présenté du beurre et des dattes, et il aimait le beurre et les dattes. »[2]

---

[1] *As-Sahîhah* (379).
[2] *Sahîh Abû Dâwud* (5837).

Le beurre est chaud et humide, il a beaucoup de propriétés comme l'affermissement et la décomposition, il guérit les tuméfactions au niveau des oreilles et des urètres, ainsi que les tuméfactions de la bouche et toutes celles qui apparaissent sur le corps des femmes et des enfants, s'il est employé seul. Si on le lape, il est utile contre l'expectoration sanguine des poumons, et consumera les tuméfactions qui y apparaissent.

Il est amollissant pour les selles, les nerfs, les gonflements durs qui proviennent de la bile noire et de la pituite. Il est utile contre la sécheresse qui apparaît dans le corps, et si on en enduit les dents du petit enfant, il aide à la pousse et l'apparition des dents. Il est aussi utile contre la toux causée par le froid et la sécheresse. Il élimine l'eczéma et la sécheresse du corps, il amollit les selles, mais diminue l'appétit. On repousse sa nocivité par ce qui est sucré comme le miel et les dattes. Et le fait que le Prophète (ﷺ) ait joint le beurre aux dattes comporte comme sagesse d'améliorer l'un par l'autre.

Beurre rance – سَمْن

S̲uhayb rapporte que le Prophète (ﷺ) a dit : « Buvez du lait de vache car c'est une guérison, son beurre (*Samn*) est un remède, et sa viande est une maladie. »[1]

Le beurre rance est chaud et humide du premier degré. Il facilite légèrement l'évacuation et guérit les tumeurs qui apparaissent sur les corps mous. Le beurre rance (*Samn*) est plus fort que le beurre (*Zubd*) dans le raffermissement et le ramollissement. Galien a mentionné : « Il guérit les tuméfactions qui apparaissent sur l'oreille et le bout du nez. » Si on le frotte sur les racines des dents, elles poussent rapidement. Si on le mélange avec du miel et des amandes amères, il évacue ce qui est dans la poitrine et les poumons, ainsi que les chymes épais et visqueux. Mais il nuit à l'estomac surtout si celui qui le consomme est d'humeur pituitaire.

Quant au beurre rance de vache et de chèvre, si on en boit avec du miel, il est utile contre le poison, les morsures de serpent et les piqûres de scorpion. On trouve dans *Kitâb Ibn As-Sunnî* que ᶜAlî Ibn Abî T̲âlib a dit : « Les gens n'utilisent pas de remède meilleur que le beurre rance. »

---

[1] Al-H̲âkim (4/404), qualifié de faible par Al-Arnâ'ût̲.

Blette – سِلْق

Umm Al-Mundhir Bint Qays Al-Ansâriyyah rapporte : « Le Messager d'Allah (ﷺ) entra chez moi avec ᶜAlî qui était convalescent. Des grappes de dattes étaient suspendues et le Messager d'Allah (ﷺ) commença à en manger, ᶜAli voulut l'imiter, mais le Messager d'Allah (ﷺ) lui dit : « *Tu es convalescent* » et il s'arrêta. J'ai préparé de l'orge et des blettes que j'ai apporté, et le Prophète (ﷺ) dit à ᶜAlî : «*Mange de cela, c'est meilleur pour toi.* » et sous une autre formulation : « *Mange de ceci. Cela convient mieux à ton état.* »[1]

La blette est chaude et sèche du premier degré, on dit aussi qu'elle est humide du premier degré, ou encore composée des deux. Elle comporte une fraîcheur apaisante, et des propriétés de transformation et d'ouverture [des occlusions]. La blette noire est constipante, et elle est utile en cas de chute de cheveux, de tâches sur la peau, de pellicules, si on l'enduit avec son eau, elle tue également les poux. On peut en appliquer, mélangé à du miel, sur l'eczéma, et elle ouvre aussi les occlusions du foie et de la rate. La blette noire constipe surtout quand elle est accompagnée de lentilles, et toutes deux sont mauvaises. La blette blanche relâche le ventre, si elle est accompagnée de lentilles, et on en donne en lavement avec son eau pour faciliter les selles. Elle est aussi utile contre les coliques si elle mélangée avec des condiments et épices, elle est peu nutritive, son chyme est mauvais, et brûle le sang. Le vinaigre avec la moutarde l'améliorent, si on en consomme trop, elle engendre constipation et flatulence.

Boue – طِين

On rapporte à ce sujet plusieurs hadiths inventés parmi lesquels : « Celui qui mange de la boue aura aidé à sa propre mort. » ou encore « Ô Humayrâ' ! Ne mange pas de boue, car elle constipe, jaunit le teint et dissipe l'éclat du visage. » Tout hadith rapporté sur la boue (*Tîn*) n'est pas authentique et n'a aucun fondement dans les propos du Messager d'Allah (ﷺ). Mais elle est mauvaise et nuisible, elle obstrue les vaisseaux, elle est froide et sèche, assèche fortement, empêche le relâchement du ventre, et provoque l'expectoration de sang et des lésions buccales.

---

[1] *As-Sahîhah* (59).

Canne à sucre – قَصَبُ السُكَّر

On rapporte dans certains hadiths authentiques concernant le Bassin [du Prophète (ﷺ)] : « Son eau est plus douce que le sucre. » et je ne connais aucun autre hadith faisant mention du sucre[1].

Le sucre est une chose récente, les anciens médecins n'en ont pas parlé, ils ne le connaissaient pas et ne le prescrivaient pas, mais ils connaissaient le miel qu'ils considéraient parmi les remèdes. La canne à sucre est chaude et humide, elle est utile contre la toux, elle dissipe l'humidité de la vessie et de l'oesophage. Elle adoucit plus que le sucre, elle aide à vomir, elle est diurétique, et est aphrodisiaque. ᶜAffân Ibn Muslim As-S̲affâr dit : « Celui qui suce de la canne à sucre après son repas sera réjoui toute la journée. » Si on la grille, elle est bonne contre l'irritation de la poitrine et de la gorge. Elle engendre des flatuosités qu'on peut éviter en l'épluchant et la lavant à l'eau chaude. Le plus juste est que le sucre est chaud et humide, on dit aussi qu'il est froid. Le meilleur sucre est le blanc translucide dur, le sucre vieilli est plus doux que le récent. Si on le cuit et qu'on retire son bouillon, il désaltère et apaise la toux, mais il est nuisible à l'estomac où se forme la bile jaune car il se transforme en elle. On peut repousser sa nocivité avec du jus de citron, d'orange amère (bigarade), ou de grenades.

Certains le préfèrent au miel, en raison de sa chaleur moindre et sa mollesse. C'est une injustice commise contre le miel, car les bienfaits du miel sont plus grands que ceux du sucre. Et Allah en a fait une guérison et un remède, un condiment et une douceur. Que sont les bienfaits du sucre face à ceux du miel comme renforcement de l'estomac, relâchement de la nature, acuité de la vue et élimination de son obscurité, repoussement des choses asphyxiantes en s'en gargarisant, guérison de l'hémiplégie et de la paralysie faciale et de toutes les maladies froides qui naissent dans l'ensemble du corps en raison des humidités, il les attire du fond du corps et de tous ses endroits, préserve sa santé et le réchauffe, excite le désir sexuel, transforme, évacue, ouvre les extrémités des veines, nettoie les intestins, fait disparaître les vers, empêche l'indigestion et d'autres putréfaction, il est un condiment utile, convient aux gens pituitaires, aux vieillards et aux gens d'humeurs froides. En résumé, rien n'est plus utile au corps, dans les traitements et face à l'inefficacité des remèdes, il préserve

[1] Al-Arnâ'ûṯ dit : « Nous n'avons pas trouvé mention de cette formulation du hadith dans les sources dont nous disposons. La formulation que nous connaissons est : « *Son eau est plus sucré que le miel.* » Muslim (247).

ses forces, renforce l'estomac, et beaucoup d'autres bienfaits encore. Alors qu'est le sucre face à ces bienfaits et propriétés du miel ?

Carthame – وَرْس

Zayd Ibn Arqam rapporte que le Prophète (ﷺ) prescrivait de l'huile et du carthame contre la pleurésie. Qatâdah dit : « On en enduit le côté souffrant. »[1] Zayd Ibn Arqam rapporte également que le Prophète (ﷺ) prescrivait contre la pleurésie de s'enduire de carthame avec du costus et de l'huile.

Umm Salamah (رضي الله عنها) rapporte : « La femme en période de lochies attendait quarante jours et s'enduisait le visage de carthame contre les tâches sur la peau. »[2]

Abou Hanîfah, le linguiste dit : « Le carthame est planté, et non sauvage, et je n'en connais pas en dehors des terres arabes, et sur celles-ci en dehors du Yémen. » Sa force en chaleur et sécheresse est au début du deuxième degré. Le meilleur carthame est le rouge, tendre au toucher, peu fibreux. Il est utile contre les tâches sur la peau, les démangeaisons, les boutons à la surface de la peau, si on s'en enduit. Il est fortement constipant, et si on en boit, cela est utile contre la dépigmentation, et on doit en boire pour une quantité d'un dirham. De par son humeur et ses bienfaits, il est proche du costus indien, et si on en enduit le vitiligo, les démangeaisons, les boutons et les tâches, il sera utile. Et L'habit teint au carthame augmente le désir sexuel.

Cédrat – أُتْرُج

On rapporte que le Prophète (ﷺ) a dit : « *Le croyant qui récite le Coran est pareil au cédrat : son goût est bon, et son odeur est suave.* »[3]

Le cédrat a de nombreux bienfaits, et il est composé de quatre choses : la peau, la pulpe, l'acide, et les graines. Chacune de ces choses a une humeur qui lui est propre : la peau est chaude et sèche, la pulpe est chaude et humide, l'acide est froid et sec, et les graines sont chaudes et sèches.

Parmi les propriétés de sa peau est que si on la place dans les vêtements, elle éloigne les mites, son odeur est bonne contre la corruption de l'air et les épidémies, elle rafraîchit l'haleine si on la garde en bouche, et

---

[1] At-Tirmidhî (2079), la chaîne de transmission de ce hadith est faible.
[2] *Sahîh At-Tirmidhî* (139).
[3] Al-Bukhârî (5020) et Muslim (797).

elle décompose les gaz. Si on l'utilise avec les aliments comme accompagnement, elle aide à la digestion. L'auteur de *Al-Qânûn* a dit : « Le suc de sa peau est utile contre la morsure des serpents si on le boit, de même que sa peau en pansement et la peau brûlée constitue un bon enduit contre la lèpre. »

Quant à sa pulpe, elle apaise la chaleur de l'estomac, elle est utile aux gens qui ont trop de bile jaune, et elle empêche les vapeurs chaudes. Al-Ghâfiqî a dit : « La consommation de sa pulpe est utile contre les hémorroïdes. »

Son acide est constipant, il calme la bile jaune, apaise la palpitation chaude, et il est utile contre la jaunisse, en boisson, ou en application externe. Il stoppe les vomissements biliaires, ouvre l'appétit, constipant, bénéfique contre les diarrhées biliaires. Le suc de son acide calme la libido des femmes, et il est également utile, en enduit, contre les tâches sur la peau et fait disparaître l'impétigo. Cela est constatable dans son effet détachant sur l'encre qui tâche les vêtements, il a aussi un effet relâchant et rafraîchissant, il éteint la chaleur du foie, raffermit l'estomac, repousse l'acidité de la bile jaune, dissipe les soucis qui en proviennent, et désaltère.

Quant à ses graines, elles ont une force décomposante et asséchante. Ibn Mâsawayh a dit: « Ses graines ont pour propriété d'être utiles contre les poisons mortels, si on en boit un *Mithqâl* décortiquées dans l'eau tiède, ou qu'on les emploie comme enduit bien cuits. Si on les broie et qu'on les met sur la piqûre, elles seront utiles. C'est également un purgatif, et aussi un arôme. La plupart de ces effets existent aussi dans sa peau.» Un autre dit : « Ses graines ont pour propriété d'être bénéfiques contre la piqûre des scorpions, si on en boit deux *Mithqâl* décortiquées avec de l'eau tiède, de même si on les broie et qu'on les met sur la piqûre. » Un autre encore a dit : « Ses graines sont bonnes contre tous les poisons, et utiles contre les piqûres de toutes les bêtes venimeuses. »

On mentionne qu'un roi de Perse se courrouça contre un groupe de médecins, il ordonna qu'on les emprisonne et leur donna le choix de ne prendre qu'un seul accompagnement [avec le pain], et ils ont choisi le cédrat. On leur demanda : « Pourquoi l'avez- vous choisi ? » Ils répondirent : « Car il a une bonne odeur, un aspect réjouissant, son écorce a une odeur suave, sa pulpe est un fruit, son acide est un accompagnement, ses graines sont un antidote, et il contient de la graisse. » Une chose dont voici les bienfaits est en droit d'être comparé à l'élite de la création qu'est le croyant qui récite le Coran. Et certains pieux prédécesseurs aimaient le regarder en raison de la réjouissance que sa vision apporte.

Cèdre – أَرْزٌ

Il s'agit du pin, et le Prophète (ﷺ) l'a mentionné dans sa parole : «*Le croyant est pareil à la jeune tige d'une céréale que le vent fait tantôt courber et que tantôt il redresse. L'hypocrite est comme le cèdre qui résiste jusqu'au moment où il est déraciné d'un seul coup.* »[1] Ses graines sont chaudes et humides, elles aident à l'équilibre, au relâchement et à la décomposition. Elles ont une amertume qui disparaît quand on les trempe dans l'eau, elles sont difficiles à digérer mais sont très nutritives. Elles sont bonnes contre la toux et pour nettoyer les humidités des poumons, elles augmentent aussi la quantité de sperme; mais donnent des coliques. Leur antidote est le pépin de grenade acidulé.

Céleri – كَرَفْس

Dans un hadith qui n'est pas authentique, il est dit : « Celui qui en mange puis s'endort dormira avec une bonne haleine, préservé de toute douleur aux molaires et aux dents. » Il est faux d'attribuer cela au Messager d'Allah (ﷺ), mais le céleri de jardin donne une très bonne haleine, et si on attache ses racines au cou, elles seront utiles contre les douleurs aux dents.

Il est chaud et sec, on dit également qu'il désobstrue les occlusions du foie et de la rate. Ses feuilles sont humides et utiles à l'estomac et au foie froid, il est diurétique, fait s'écouler les règles et émiette les calculs. Ses graines, ont un effet plus puissant encore. Il est aphrodisiaque et il est utile contre la mauvaise haleine. Ar- Râzî a dit : « Il faut éviter d'en manger si on craint la piqûre des scorpions. »

Chair d'oiseaux – لَحْمُ الطَّيْر

Allah (ﷻ) dit :

وَلَحْمِ طَيْرٍ مِّمَّا يَشْتَهُونَ ﴿٢١﴾

« ***Et toute chair d'oiseau qu'ils désireront*** »[2]

On rapporte que le Prophète (ﷺ) a dit : « Au Paradis, tu regardes un oiseau, tu le désires, et immédiatement il tombe rôti, devant toi. »[3]

---

[1] Al-Bukhârî (5643) et Muslim (2810).
[2] Sourate *Al-Wâqicah*, v.21.
[3] Ibn Kathîr (4/287), qualifié de faible par Al-Arnâ'ûṯ.

Certains sont licites et d'autres illicites comme celui qui possède des serres comme l'épervier, le faucon, et le faucon blanc ; tout oiseau qui se nourrit de cadavres comme l'aigle, le vautour, la cigogne, la pie, le corbeau bigarré, et le corbeau noir et grand ; tout ce qu'il est interdit de chasser comme la huppe et la pie-grièche, ainsi que tout ce qu'on nous a ordonné de tuer comme le milan et le corbeau.

Les oiseaux licites sont de nombreuses espèces, comme **la poule**. Abû Mûsâ (ﷺ) rapporte : « Le Messager d'Allah (ﷺ) a mangé de la chair de poule. »[1] Elle est chaude et humide au premier degré, légère à l'estomac, sa digestion est rapide, son humeur est bonne, elle augmente la capacité du cerveau et la quantité de sperme, épure la voix, embellit le teint, renforce la raison, et donne du bon sang. Elle penche vers l'humide, on dit également qu'en manger constamment engendre la goutte[2], mais cela n'est pas authentique.

La chair du **coq** est d'humeur plus chaude et moins humide. La chair du vieux coq est un remède contre les coliques, l'asthme et les vents lourds, si on la cuit avec l'eau de carthame et de l'aneth. Les testicules du coq sont nutritifs et rapidement digérés. Les poulets aussi sont rapidement digérés, ils sont purgatifs, et le sang qu'ils engendrent est bon.

La chair du **faisan** est chaude au deuxième degré, légère, délicate et rapidement digérée, elle engendre un sang équilibré, si on en mange beaucoup, elle aiguise la vue.

La chair de la **perdrix** donne du bon sang, et sa digestion est rapide.

La chair de l'**oie** est chaude et sèche, peu nutritive si on en consomme régulièrement, et elle ne contient pas beaucoup d'excédents.

La chair du **canard** est chaude et humide, contient beaucoup d'excédents, et elle est difficile à digérer et ne convient pas à l'estomac.

La chair de l'**outarde** : Burayh Ibn ᶜUmar Ibn Safînah rapporte de son père et son grand père : « J'ai mangé de la chair de l'outarde en compagnie du Messager d'Allah (ﷺ). »[3] Elle est chaude et sèche, difficile à digérer, utile aux gens qui pratiquent beaucoup d'exercices physiques et se fatiguent.

La chair de la **grue** est sèche et légère, et il y a une divergence sur sa chaleur et fraîcheur, elle engendre un sang hyponcondrique, elle convient

---

[1] Al-Bukhârî (5517) et Muslim (1649).

[2] Maladie qui cause de grandes douleurs aux articulations, notamment le gros orteil.

[3] Abû Dâwud (3797), la chaîne de transmission de ce hadith est faible.

aux gens qui ressentent peine et fatigue. Après l'avoir égorgée, il convient de la laisser un ou deux jours avant de la manger.

La chair des **passereaux** et **alouettes** : ᶜAbd Allah Ibn ᶜUmar (ﷺ) rapporte : « Le Prophète (ﷺ) a dit : « Pas un homme ne tue sans aucun droit un passereau ou un animal plus grand, sans qu'Allah (ﷻ) ne l'interroge sur cela. » On dit : « Ô Messager d'Allah ! Quel est son droit ? Il répondit : « Tu l'égorges et tu le manges, mais ne coupe pas et ne jette pas sa tête. » »[1]

ᶜAmr Ibn Sharîd rapporte d'après son père : « J'ai entendu le Messager d'Allah (ﷺ) dire : « Celui qui tue un passereau inutilement, celui-ci criera auprès d'Allah : « Ô Seigneur ! Untel m'a tué inutilement et non pour quelque intérêt. »[2] Sa chair est chaude et sèche, constipante, elle est aphrodisiaque. Son bouillon relâche la nature et il est bon pour les articulations. La consommation de leur cerveau avec du gingembre et de l'oignon est aphrodisiaque, et son humeur n'est pas louable.

La chair du **pigeon** est chaude et humide, la chair des pigeons sauvages est moins humide, la chair du pigeonneau est plus humide, et celui qui est domestique et élevé a une chair plus légère et plus nutritive. La chair des mâles est une guérison de la mollesse, l'engourdissement, l'apoplexie, et les tremblements. De même, sentir leur haleine et manger leurs petits aident au rapport charnel, et il est également bon pour les reins, et augmente le sang. On rapporte à ce sujet un hadith faux sans aucun fondement qui est qu'un homme se plaint au Prophète (ﷺ) de sa solitude, et il lui dit : « Prends un couple de pigeons. »[3] Dans un autre hadith meilleur, le Messager d'Allah (ﷺ) vit un homme suivre une pigeonne et dit : « *C'est un diable qui suit une diablesse.* »[4] Et dans ses sermons, ᶜUthmân Ibn ᶜAffân (ﷺ) ordonnait de tuer les chiens et d'égorger les pigeons.

La chair de la **gelinotte** est sèche, engendre la bile- noire, constipe, et compte parmi les plus mauvais aliments, mais elle utile contre l'hydropisie.

La chair de la **grive** est chaude et sèche, utile aux articulations, mais nuisible au foie chaud. On repousse ses méfaits par le vinaigre et le fumeterre. Il faut éviter de manger la chair des oiseaux des bosquets et des lieux fétides. La chair de tous les oiseaux est digérée plus rapidement que celles des bestiaux, et les parties qui se digèrent le plus rapidement mais

---

[1] An-Nasâ'î (7/207), qualifié de faible par Al-Arnâ'ût̲.
[2] Ah̲mad (4/389), qualifié de *h̲asan* par Al-Arnâ'ût̲.
[3] Voir *Al-Manâr Al-Munîf*, p.106.
[4] *S̲ah̲îh̲ Abû Dâwud* (4940). Le Prophète (ﷺ) dit cela car le jeu de cet homme avec ce pigeon n'a éloigné de la mention d'Allah.

sont les moins nutritives sont le cou et les ailes, mais la cervelle d'oiseau est meilleure que celle des bestiaux.

Il ne faut pas trop souvent manger de la viande, car elle engendre des maladies du sang, des maladies de trop plein, et des fièvres aiguës. ᶜUmar Ibn Al-Khaṯṯâb (ﷺ) a dit : « Prenez garde à la viande, car elle est nocive comme le vin, et Allah déteste les habitants d'une maison qui mangent toujours la viande. »[1] Hippocrate a dit : « Ne faites pas de vos entrailles un cimetière de bêtes. »

Chicorée – هِنْدِباء

On rapporte à son sujet trois hadiths qui ne sont pas authentiquement rapportés du Messager d'Allah (ﷺ) et plus encore sont inventés. Le premier : « Mangez de la chicorée et ne l'époussetez pas, car pas un jour ne passe sans que quelques gouttes du Paradis ne tombent sur elle. » Le deuxième : « Celui qui mange de la chicorée, puis s'endort, aucun poison et sort n'aura d'effet sur lui. » Le troisième : « Il n'est pas une feuille de la chicorée sans qu'elle n'est sur elle une goutte du Paradis. »

Ceci dit, son humeur est changeante et variable suivant les saisons de l'année : en hiver elle est froide et humide, en été chaude et sèche, alors qu'au printemps et à l'automne elle est équilibrée. Généralement, elle tend vers la froideur et la sécheresse, elle est constipante et refroidissante, et bonne pour l'estomac. Si on la cuit et qu'on la mange avec du vinaigre, elle constipe, surtout la chicorée sauvage qui est meilleure pour l'estomac et plus constipante.

Si on l'emploie en pansement, elle apaise l'inflammation de l'estomac, elle est utile aussi contre la goutte et les gonflements chauds de l'œil. Si on fait un pansement avec ses feuilles et racines, elle est utile contre la piqûre du scorpion. Elle renforce l'estomac, libère les occlusions du foie, soulage ses douleurs chaudes ou froides, elle libère également les occlusions de la rate, des veines, des entrailles, et elle purifie les canaux des reins.

La plus utile au foie est la plus amère, le jus qu'on en tire est bon pour lutter contre la jaunisse, surtout mélangé avec du jus d'anis vert frais. Si on broie ses feuilles et qu'on les met sur les gonflements chauds, elles les refroidissent et les dissipent, elles évacuent ce qui est dans l'estomac, et éteignent la chaleur du sang et de la bile. Il est meilleur de la consommer sans la laver ni l'épousseter, car si on la lave ou l'époussette, sa force se

---

[1] Al-Muwaṯṯa' (2/935) mais la chaîne de transmission est interrompue.

dissipera. Elle a également une force d'antidote et est utile contre tous les poisons.

Si on applique sur les yeux son jus, elle est utile contre l'héméralopie[1]. Ses feuilles sont considérées comme des antidotes utiles contre la piqûre du scorpion, et soignent de la plupart des poisons. Si on presse son jus et qu'on y ajoute de l'huile, elle délivre des remèdes mortels. Si on presse les racines et qu'on boit le jus elles seront utiles contre les piqûres de vipères, scorpions et guêpes, et le lait de ses racines nettoie la cornée de l'œil.

Coing – سَفَرْجَل

Talhah Ibn cUbayd Allah (ﷺ) rapporte : « Je suis entré chez le Prophète (ﷺ) alors qu'il tenait un coing entre ses mains. Il dit : « Ô Talhah ! Prends-le, il comble le cœur. »[2] On rapporte également d'une autre chaîne de transmission : « Je suis venu chez le Prophète (ﷺ) alors qu'il était en compagnie d'un groupe de ses compagnons, et tenait un coing qu'il retournait dans sa main. Lorsque je me suis assis, il me l'a tendu en disant : « Ô Abû Dharr ! Prends-le, il raffermit le cœur, réjouit et élimine la lourdeur de la poitrine. »[3] On a rapporté d'autres hadiths concernant le coing, mais ils ne sont pas non plus authentiques.

Le coing est froid et sec, il diffère selon son goût, mais tous sont froids et constipants, bons pour l'estomac. Le sucré est moins froid et sec, et penche plus vers l'équilibre ; et celui qui est amer est plus constipant, sec et froid. Tous calment la soif et le vomissement, ils sont diurétiques, constipants, utiles pour soigner les lésions de l'estomac, le crachat de sang, le choléra, la nausée, et ils empêchent l'élévation des vapeurs si ils sont mangés après le repas. Les branches et les feuilles lavées et brûlées ont le même effet que le zinc.

Avant le repas, le coing est constipant, mais après il est purgatif et accélère la descente des lourdeurs. Trop en consommer est nuisible aux nerfs, il cause des coliques et stoppe la bile jaune produite dans l'estomac. Si on le grille, il sera moins aigre et plus léger. Si on l'évide et l'épépine, qu'on y ajoute du miel, qu'on le met dans une pâte puis dans la cendre chaude, il sera bénéfique. Le coing grillé ou cuit avec du miel est meilleur, ses pépins sont bons en cas de maux de gorge, de l'œsophage et bien d'autres maladies. S'en enduire empêche la transpiration et renforce

[1] Difficulté excessive à voir lorsque la luminosité diminue.
[2] Ibn Mâjah (3339), la chaîne de transmission de ce hadith est faible.
[3] An-Nasâ'î, la chaîne de transmission de ce hadith est faible.

l'estomac. Sa confiture renforce l'estomac et le foie, elle raffermit le cœur et réjouit.

Concombre sauvage – قثاء

ᶜAbd Allah Ibn Jaᶜfar rapporte : « J'ai vu le Messager d'Allah (ﷺ) manger des dattes fraîches avec du concombre sauvage. »[1]

Le concombre sauvage est froid et humide du deuxième degré, il éteint la chaleur de l'estomac inflammé, sa putréfaction y est lente, il est bon contre les douleurs de la vessie, et son odeur est utile en cas d'évanouissement, ses pépins sont diurétiques, et ses feuilles employées comme pansement sont utiles contre la morsure du chien. Il est lent à descendre de l'estomac, sa fraîcheur est nuisible à une partie de l'estomac, donc il faut le consommer avec ce qui l'améliore et apaise sa fraîcheur et humidité, comme l'a fait le Prophète (ﷺ) en le mangeant des dattes fraîches. Et si on le mange avec des dattes, des raisins secs ou du miel, il sera également amélioré.

Coran – قُرْآن

Allah (ﷻ) dit :

وَنُنَزِّلُ مِنَ ٱلْقُرْءَانِ مَا هُوَ شِفَآءٌ وَرَحْمَةٌ لِّلْمُؤْمِنِينَ

« ***Nous faisons descendre du Coran, ce qui est une guérison et une miséricorde pour les croyants.*** »[2]

يَٰٓأَيُّهَا ٱلنَّاسُ قَدْ جَآءَتْكُم مَّوْعِظَةٌ مِّن رَّبِّكُمْ وَشِفَآءٌ لِّمَا فِى ٱلصُّدُورِ

« ***Ô gens ! Vous est venue de votre Seigneur une exhortation, une guérison de ce qui est dans les poitrines*** »[3]

Ainsi, le Coran est la guérison parfaite de tous les maux du cœur et du corps, de cette vie et de l'au-delà, mais il n'est pas donné à tout un chacun de se soigner au moyen du Coran. Si le malade sait comment se soigner par lui, et qu'il l'applique sur sa maladie avec sincérité et foi, avec une acceptation et croyance parfaite, et remplissant toutes les conditions demandées, la maladie ne pourra jamais résister. Et comment les maladies

---

1 Al-Bukhârî (5440) et Muslim (2043).
2 Sourate ***Al-Isrâ'***, v.82.
3 Sourate ***Yûnus***, v.57.

pourraient-elles résister aux Paroles du Seigneur de la terre et du ciel qui, si elles avaient été descendues sur une montagne, l'auraient fendue, ou sur une terre, l'auraient coupée. Pas une maladie du cœur ou du corps sans qu'on ne trouve dans le Coran un moyen d'y remédier et de s'en protéger, à celui à qui Allah a accordé une compréhension de son Livre. Nous avons déjà montré, en parlant de la médecine, des indications précieuses du Coran de ses fondements et principes qui sont : la préservation de la santé, l'abstinence, et l'extraction de ce qui est nuisible, ainsi que les preuves attenantes à chacun.

Quant aux remèdes du cœur, le Coran les mentionne en détails, avec leurs causes et leur traitement. Allah (ﷻ) dit :

أَوَلَمْ يَكْفِهِمْ أَنَّآ أَنزَلْنَا عَلَيْكَ ٱلْكِتَٰبَ يُتْلَىٰ عَلَيْهِمْ

« ***Ne leur suffit-il donc point que Nous ayons fait descendre sur toi le Livre et qu'il leur soit récité ?*** »[1]

Et celui qui n'est point guéri par le coran qu'Allah ne le guérisse pas ; et celui à qui le Coran ne suffit pas, qu'Allah ne le préserve pas.

Costus – قُسْط و كُسْت

Anas (ﷺ) rapporte que le Prophète (ﷺ) a dit : « *Les meilleurs de vos remèdes sont Al-Hijâmah, et le costus marin*[2]. »[3]

Umm Qays (ﷺ) rapporte que le Prophète (ﷺ) a dit : « *Utilisez le bois indien, car il est une guérison pour sept maladies, parmi lesquelles la pleurésie.* »[4]

Le costus est de deux sortes : le blanc appelé le marin ; et l'indien qui est plus chaud, alors que le blanc est plus doux, et leurs bienfaits sont très nombreux.

Ils sont chauds et secs de troisième degré, ils dessèchent la pituite et stoppent le rhume. Si on en boit, ils sont utiles contre la faiblesse et la froideur du foie et de l'estomac, contre la fièvre périodique, ils stoppent la douleur de la pleurésie, et sont utiles contre les poisons. Si on en enduit le

---

[1] Sourate *Al-ᶜAnkabût*, v.51.

[2] Costus est en fait le nom désignant une famille de plantes regroupant près de deux cent espèces. Nombreuses parmi elles possèdent des vertus médicinales. Le costus marin, contrairement à ce que son nom pourrait faire croire, ne pousse pas dans la mer, on le nomme aussi costus blanc, par opposition au noir qui est le costus indien.

[3] Al-Bukhârî (5696) et Muslim (1577).

[4] *Sahîh Abû Dâwud* (3877).

visage pétri avec de l'eau et du miel, ils extraient les tâches de l'épiderme. Galien a dit : « Il est utile contre le tétanos et les douleurs des deux côtés, de même qu'il tue les oeufs de teigne. »

Les médecins ignorants ont méconnu son utilité contre les douleurs de la pleurésie, ainsi ils l'ont réprouvé. Mais si cet ignorant avait eu connaissance de cette parole de Galien, il l'aurait considérée comme un Texte (religieux). Comment pourrait-il en être autrement alors que de nombreux anciens médecins ont établi que le costus est utile contre la forme pituitaire, ainsi que l'a rapporté Al-Khattâbî d'après Muhammad Ibn Al-Jahm.

Nous avons déjà mentionné que la médecine des médecins par rapport à la médecine des prophètes est moindre que le rapport des remèdes coutumiers et de grands-mères face à la médecine des médecins. De même, la différence entre ce que l'on reçoit par la Révélation et ce qu'on reçoit par l'expérience et l'analogie est plus grande que la différence entre l'égaré balourd d'un côté et le maître vénérable de l'autre. Si ces ignorants avaient trouvé un remède rapporté de médecins juifs, chrétiens ou polythéistes, ils l'auraient accueilli avec acceptation et soumission et n'auraient cessé de le pratiquer.

Oui, nous ne dénions pas que l'habitude a une influence sur l'effet ou non du remède, et celui qui s'est habitué à prendre un remède et une nourriture, ils seront meilleurs pour lui et plus adéquats que ce à quoi il n'est pas habitué, et plus encore il peut ne tirer aucun bienfait de ce dont il n'a pas l'habitude. Même si les propos des grands médecins sont généraux, ils dépendent des humeurs, des temps, des lieux et des habitudes. Si cette restriction ne dénigre pas leurs paroles et leurs connaissances comment cela pourrait-il dénigrer les propos du véridique et digne de confiance ? Mais les âmes des gens reposent sur l'ignorance et l'injustice, sauf celui qu'Allah a soutenu par l'esprit de la foi, et dont Il a illuminé la clairvoyance par la lumière de la guidée.

Courge – يَقْطِين

Cela désigne les calebasses ou potirons, même si le terme courge (*Yaqtîn*) est plus général, car dans la langue arabe il désigne tout arbre qui n'a pas de tronc comme les pastèques (*Bittîkh*), les concombres sauvages (*Qathâ'*) et les concombres (*Khiyâr*). Et Allah (ﷻ) dit :

وَأَنۢبَتۡنَا عَلَيۡهِ شَجَرَةٗ مِّن يَقۡطِينٖ ﴿١٤٦﴾

« ***Et Nous fîmes pousser au-dessus de lui un plant de courge*** »[1]

Si on objecte : ce qui est dépourvu de tronc est appelée *Najm* (plant ou arbrisseau) et non *Shajarah* (arbre) car cela désigne ce qui est pourvu d'un tronc, comme l'ont mentionné les linguistes. Alors pourquoi Allah dit-Il : « ***plant (Shajarah) de courge*** » ?

Nous répondons : D'un point de vue général le terme *Shajar* désigne toute plante pourvue d'un tronc, mais si le terme est délimité par une chose, il prend cet unique sens. La différence entre ce qui absolu et limité concernant les noms est un sujet très important dans la compréhension et les degrés de la langue.

La courge (*Yaqṯîn*) mentionnée dans le Coran est celle dont les fruits donnent la calebasse (*Dubâ'*) et le potiron (*Qarᶜ*). Anas Ibn Mâlik rapporte : « Un tailleur invita le Prophète (ﷺ) à manger et j'y suis allé avec le Messager d'Allah (ﷺ). Il lui présenta du pain d'orge et une soupe contenant de la calebasse et de la viande séchée. Je vis le Messager d'Allah (ﷺ) chercher les morceaux de citrouille tout autour du plat. Depuis ce jour, je n'ai cessé d'aimer la calebasse. »[2]

Abû Ṯâlût a dit : « J'ai rendu visite à Anas Ibn Mâlik (ﷺ) alors qu'il mangeait du potiron et disait: « Ô arbre, je t'aime car le Messager d'Allah (ﷺ) t'a aimé ! » ᶜÂ'ishah (ﷺ) rapporte que le Messager d'Allah (ﷺ) lui a dit : « Ô ᶜÂ'ishah ! Si vous préparez une marmite, mettez y beaucoup de calebasse, car elle renforce le cœur de l'attristé. »

La courge est froide et humide, légèrement nourrissante, et elle descend rapidement. Si elle n'est pas corrompue avant la digestion, elle produit une humeur louable, et parmi ses propriétés est qu'elle produit une humeur louable correspondant à ce qui l'accompagne : si elle est consommée avec de la moutarde, elle donne une humeur piquante, avec de le sel une humeur salée, avec un constipant une humeur constipante, et si elle est cuite avec le coing, elle est nourrissante.

La citrouille est douce et fluide, elle nourrit de manière humide et pituitaire, elle est utile à ceux qui sont d'humeur chaude, mais ne convient pas à ceux qui sont d'humeur froide ou pituitaire. Son jus désaltère, dissipe le mal de tête causé par la chaleur, si on en boit ou on s'en lave la tête. Quel que soit le mode d'utilisation, elle est purgative, et ceux qui sont d'humeur chaude n'ont pas de meilleur remède, et de moyens plus rapide. Dans tous les cas d'utilisation, elle amollit le ventre.

---

[1] Sourate ***As-Ṣâffât***, v.146).
[2] Al-Bukhârî (5436) et Muslim (2041).

Parmi ses propriétés : si on l'entoure de pâte, grillée au four (*Furn*) ou four à pain (dans la terre : *Tannûr*) et qu'on en extrait le jus et qu'on le boit avec certaines boissons douces, elle abaisse la chaleur de la fièvre intense, désaltère et cela est également très nutritif. Si on en boit avec le cédrat et le coing en confiture, elle facilite l'écoulement de la bile jaune pure. Si on cuit le potiron et qu'on boit de son eau avec un peu de miel et de natron[1] (*Naṯrûn*), cela diminue à la fois la pituite et la bile. Si on la concasse et qu'on en fait un pansement posé sur le sommet de la tête, cela sera utile sur les gonflements chauds du cerveau. Si on presse sa peau et qu'on mélange son jus avec de l'huile de roses et qu'on instille cela dans l'oreille, cela est utile contre les gonflements chauds. Sa peau est également utile contre les gonflements chauds de l'œil et contre la goutte chaude. Elle est aussi très utile aux gens d'humeur chaude et enfiévrés. Si elle rencontre une humeur mauvaise dans l'estomac, elle adopte cette nature et se corrompt en engendrant dans le corps une humeur mauvaise. Le vinaigre et la myrrhe repousse ses torts. En résumé, la courge compte parmi les plus doux des aliments, et les plus rapides d'action. Anas (ﷺ) rapporte que le Messager d'Allah (ﷺ) en consommait beaucoup.

Cresson – حُرْف

Abû H̲anîfah Ad-Dînawarî a dit : « C'est le grain avec lequel on se soigne, et il est ce qui est désigné dans la parole du Prophète (ﷺ) par le terme *Thuqâ'*, on appelle la plante qui donne ces grains *Al-H̲urf* et les gens l'appellent (*H̲ubb*) *Ar-Rashâd* (grains de cresson).

Qays Ibn Râfi[c] Al-Qaysî (ﷺ) rapporte que le Messager d'Allah (ﷺ) a dit : « Quelle guérison y a-t-il dans les deux choses les plus amères? L'aloès et les grains de cresson. »[2]

Il est de troisième degré dans la chaleur et la sécheresse, il réchauffe et relâche le ventre, fait sortir les vers, il dissipe les inflammations de la rate, il est aphrodisiaque, et efface la gale purulente et l'eczéma. Utilisé en pansement avec du miel, il dissipe l'inflammation de la rate. Si on le cuit avec du henné, il évacue les excédents de la poitrine, et en boire est utile contre les morsures et piqûres des bêtes venimeuses. Si on en fait une fumigation en un lieu, cela en éloigne les bêtes venimeuses. Il empêche la chute des cheveux, mélangé à de la farine d'orge et du vinaigre, et appliqué en pansement, il est utile pour guérir de la sciatique, et dissiper les inflammations chaudes à leur fin.

---

[1] Minéral de carbonate de sodium hydraté.

[2] Abû Dâwud dans *Al-Marâsîl*, la chaîne de transmission de ce hadith est faible.

En pansement avec de l'eau et du sel, il soigne les abcès, il est utile contre la mollesse de tout organe, il est aphrodisiaque, augmente l'appétit, il est utile en cas d'asthme, de respiration difficile et de lourdeur de la rate. Il nettoie les poumons, et fait s'écouler les règles, et il est utile contre la sciatique et la douleur du creux de la hanche en raison de ce qu'il extrait comme excédents. Si on en boit ou en lavement, il évacue tout ce qui se trouve dans la poitrine et les poumons comme pituite visqueuse. Si on en boit après en avoir concassé une quantité de cinq dirhams avec de l'eau chaude, il est purgatif, il dissout les gaz, et il est utile pour les douleurs des coliques causées par le froid. Si on l'écrase et qu'on en boit, il est utile contre la lèpre.

Si on le recouvre, ainsi que le vitiligo, de vinaigre, cela sera bénéfique, de même qu'il est utile contre le mal de tête causé par le froid et la pituite. S'il est frit et bu, il constipe, surtout s'il n'est pas broyé, car il perdra sa viscosité avec la friture. Si on nettoie la tête avec son eau, il la nettoie des saletés et des humidités visqueuses. Galien a dit : « Sa force est semblable à celle des grains de moutarde, c'est pourquoi on peut réchauffer par lui les douleurs de la hanche nommées sciatique, les maux de la tête, et tout autre mal qui a besoin d'être réchauffé, de la même manière que chauffent les grains de moutarde. On peut aussi le mélanger avec d'autres remèdes pris par ceux qui souffrent d'asthme, car il est connu qu'il fragmente fortement les humeurs lourdes, tout comme les grains de moutarde, car il leur est semblable en tout point. »

Crème dépilatoire – نُورَة

Umm Salamah (ﷺ) rapporte : « Lorsque le Prophète (ﷺ) appliquait de la crème dépilatoire (*Nûrah*) il commençait par ses parties intimes puis tout son corps. »[1] De nombreux hadiths ont été rapportés à ce sujet, et c'est là le meilleur de ce qui a été rapporté.

On dit que le premier à être entré dans un hammam et avoir utilisé de la crème dépilatoire (*Nûrah*) était Sulaymân Ibn Dâwud. Elle est composée de deux parts de chaux et d'une part d'arsenic, mélangés dans de l'eau puis laissés à chauffer au soleil ou au hammam jusqu'à devenir très bleu. Puis on en enduit le corps, on attend une heure le temps que cela fasse effet, sans toucher d'eau. Ensuite on rince et on s'enduit de henné afin de dissiper la forte chaleur.

---

1 Ibn Mâjah (3751), la chaîne de transmission de ce hadith est interrompue.

Cure-dent - خِلال

On trouve à ce sujet deux hadiths qui ne sont pas authentiques :

Le premier, ce que Ayyûb Al-Ansârî rapporte du Prophète (ﷺ) : «Comme agissent bien ceux qui se curent les dents après le repas ! Car il n'y a rien de plus nuisible à l'ange que les restes de repas dans la bouche. »[1]

Le deuxième, ce que rapporte Ibn cAbbâs : « Le Messager d'Allah (ﷺ) a interdit de se curer les dents avec du roseau et la myrte et dit : ils irriguent les racines de la lèpre. » L'imam Ahmad dit à propos d'un des rapporteurs du hadith : « J'ai vu Muhammad Ibn cAbd Al-Malik, il était aveugle, il inventait des hadiths et mentait. »

Ceci dit, le cure-dent est utile à la gencive et aux dents, préserve leur santé, et il est bénéfique pour modifier l'haleine. Le meilleur cure-dent est celui qui est tiré des ronces, du bois d'olivier et de saule, alors que se curer les dents avec du roseau, du myrte et du basilic est nuisible.

Dattes vertes - بَلَح

cÂ'ishah (رضي الله عنها) rapporte que le Messager d'Allah (ﷺ) a dit : «Mangez des dattes vertes (*Balah*) avec des dattes (*Tamr*) car lorsque Satan voit le fils d'Adam manger des dattes vertes (*Balah*) et des dattes (*Tamr*), il dit : le fils d'Adam a vécu jusqu'à manger ce qui est récent avec ce qui est ancien. »[2] Sous une autre formulation il dit : «Mangez dattes vertes (*Balah*) avec des dattes (*Tamr*) car Satan s'attriste lorsqu'il voit le fils d'Adam manger des dattes vertes (*Balah*) et des dattes (*Tamr*), il dit : le fils d'Adam a vécu jusqu'à manger ce qui est récent avec ce qui est ancien. »

Certains médecins musulmans ont dit : « Le Prophète (ﷺ) a ordonné de manger des dattes vertes (*Balah*) avec des dattes (*Tamr*), mais il n'a pas ordonné de manger des dattes mûres (*Busr*) avec des dattes (*Tamr*) car les dattes vertes (*Balah*) sont froides et sèches, et les dattes (*Tamr*) sont chaudes et humides, et chacune d'elle améliore l'autre. Il n'en est pas de même entre les dattes mûres (*Busr*) et les dattes (*Tamr*) car toutes deux sont chaudes, même si la chaleur des dattes (*Tamr*) est plus grande. D'un point de vue médical, il ne convient pas de rassembler deux choses chaudes ou deux choses froides, comme nous l'avons mentionné plus tôt. Ce hadith montre la vérité du fondement de l'art médical, l'observation de la gestion de ce

---

[1] Ahmad (5/416), qualifié de faible par Al-Arnâ'ût.

[2] Ibn Mâjah (3330), la chaîne de transmission de ce hadith est faible.

qui améliore afin de repousser les natures des aliments et remèdes, les uns par les autres bonne, et l'observation de la règle médicale par laquelle on préserve la santé.

Les dattes vertes (*Balah*) sont froides et sèches, elles sont utiles à la bouche, la gencive et l'estomac, mais elles sont nuisibles à la poitrine et aux poumons en raison de leur acidité. Leur digestion dans l'estomac est lente, et elles sont peu nourrissantes. Ces dattes sont au palmier ce que le raisin aigre est à la vigne, tous deux engendrent flatuosités, borborygmes[1] et renvois, surtout si on boit de l'eau après en avoir consommées. Leur nocivité peut être repoussée par des dattes (*Tamr*) ou du miel avec du beurre

Dattes mûres – بُسْر

Lorsque Abû Al-Haytham Ibn At-Tayhân reçut le Prophète (ﷺ), Abû Bakr et ᶜUmar (ﷺ), il leur apporta un régime – ce qui est l'équivalent de la grappe pour le raisin – de dattes, et il lui dit : « *Pourquoi ne nous as-tu pas choisi des dattes fraîches (Rutab) ?* » Il répondit : « J'ai voulu que vous choisissiez à la fois des dattes mûres (*Busr*) et des dattes fraîches (*Rutab*). »[2]

La datte mûre est chaude et sèche, et sa sécheresse est plus grande que sa chaleur, elle assèche l'humidité, tanne l'estomac et constipe. Elle est aussi utile à la gencive et à la bouche. La plus utile est celle qui est tendre et sucrée, mais en consommer trop, de même que des dattes mûres, provoquent des occlusions dans les entrailles.

Dattes fraîches – رُطَب

Allah (ﷻ) dit à Maryam :

وَهُزِّيٓ إِلَيْكِ بِجِذْعِ ٱلنَّخْلَةِ تُسَٰقِطْ عَلَيْكِ رُطَبًا جَنِيًّا ﴿٢٥﴾ فَكُلِي وَٱشْرَبِي وَقَرِّي عَيْنًاۖ

« Tire vers toi le tronc du palmier : des dattes fraîches et mûres tomberont sur toi. Mange, bois et réjouis-toi ! »[3]

ᶜAbd Allah Ibn Jaᶜfar (ﷺ) rapporte : « J'ai vu le Messager d'Allah (ﷺ) manger des concombres sauvages (*Qithâ'*) avec les dattes fraîches (*Rutab*). »[1]

---

[1] Gargouillements dans l'abdomen.
[2] Muslim (2038).
[3] Sourate *Maryam*, v.25.

Anas (ﷺ) rapporte : « Le Messager d'Allah (ﷺ) rompait le jeûne par quelques dattes fraîches avant d'accomplir la prière. S'il n'y avait pas de dattes fraîches (*Rutab*) il prenait des dattes (*Tamr*) ; et s'il n'y en avait pas non plus, il buvait quelques gorgées d'eau. »[2]

La nature des dattes fraîches est celle de l'eau : chaudes et humides. Elles renforcent l'estomac froid et lui conviennent, elles sont aphrodisiaques, et fertilisent le corps. Elles conviennent aux gens d'humeur froide, et elles sont très nourrissantes. Elles comptent parmi les fruits qui conviennent le plus aux habitants de Médine et aux habitants d'autres contrées dont c'est le fruit, et elles sont parmi les fruits les plus bénéfiques au corps. Pour celui qui n'est pas habitué à en manger, leur putréfaction est rapide dans le corps et elles engendrent un sang qui n'est pas louable. Trop en consommer provoque des maux de tête et de la bile noire, et cela est mauvais pour les dents. On peut les améliorer par l'oxymel[3] ou autre.

Le fait que le Prophète (ﷺ) ait rompu son jeûne avec des dattes fraîches (*Rutab*), des dattes (*Tamr*) ou de l'eau est une gestion très subtile car le jeûne vide l'estomac de nourriture, et le foie n'y trouve rien à attirer et envoyer aux forces et aux organes. Le sucre est ce qui parvient le plus rapidement au foie, et ce qu'il préfère, surtout s'il est humide, et en ce cas il l'acceptera encore mieux. Ainsi, il en profite, de même que les forces. S'il ne trouvait pas de dattes fraîches (*Rutab*), il prenait des dattes (*Tamr*) en raison de leur caractère sucré et nutritif. Et si on n'en trouvait pas, alors quelques gorgées d'eau qui éteignent le feu de l'estomac et la chaleur du jeûne. Ainsi, tu te prépares au repas et tu manges avec appétit.

Dattes – تَمْر

On rapporte authentiquement que le Prophète (ﷺ) a dit : « *Celui qui mange au matin sept dattes [du village] Al-ᶜÂliyah ne sera touché en ce jour ni par le poison ni par la sorcellerie.* »[4] Il dit également : « *Les habitants d'une maison où il n'y a pas de dattes ont faim.* »[5] Et il est authentifié qu'il a mangé des dattes avec du beurre, du pain, ou seules[6].

---

1 Al-Bukhârî (5440) et Muslim (2043).
2 *Sahîh Abû Dâwud* (2356).
3 Préparation à base de miel, d'eau et de vinaigre.
4 Al-Bukhârî (5769) et Muslim (2047).
5 Muslim (2046), le Prophète (ﷺ) désigne dans ce hadith ceux dont la datte est un aliment de base, comme c'était le cas des habitants de Médine.
6 *Sahîh Abû Dâwud* (3838).

Les dattes sont chaudes du deuxième degré, mais on trouve deux avis quant à savoir si elles sont humides ou sèches au premier degré. Les dattes renforcent le foie, sont un purgatif, un aphrodisiaque, surtout avec des graines de pins, et guérissent les maux de gorge. Pour ceux qui n'y sont pas habitués, comme les habitants des pays froids, elles causent des occlusions, nuisent à leurs dents, et provoquent des maux de tête. On peut repousser leur nocivité par des amandes et du pavot. Elles comptent parmi les fruits les plus nourrissants pour le corps, car elles sont de nature chaude et humide. En consommer a jeun, tue les vers, car en plus de leur chaleur, elles contiennent une force d'antidote. Si on s'habitue à en consommer a jeun, elles réduisent la matière des vers, les affaiblissent, les diminuent et les tuent. Elles sont à la fois un fruit, un aliment, un remède, une boisson et une sucrerie.

Dattes Al-ᶜAjwah – الْعَجْوَة

Saᶜd Ibn Abî Waqqâs rapporte que le Messager d'Allah (ﷺ) a dit : « *Celui qui mange au matin sept dattes Al-ᶜAjwah ne sera touché en ce jour ni par le poison ni par la sorcellerie.* »[1]

Jâbir et Abû Saᶜîd (ﷺ) rapportent que le Prophète (ﷺ) a dit : « *Les dattes Al-ᶜAjwah viennent du Paradis, elles sont une guérison contre le poison, et la truffe est la manne (al-kama'ah min al-mann), son jus est une guérison contre le mauvais œil.* »[2]

On dit que cela est spécifique aux dattes *Al-ᶜAjwah* de Médine, qui sont une des variétés qu'on y trouve, et parmi les meilleures dattes de tout le *Hijâz*. C'est une variété noble, succulente, fortifiante pour le corps et la force, parmi les dattes les plus douces et les plus délicieuses. Nous avons déjà mentionné les dattes, leurs natures et propriétés, de même que la propriété de *Al-ᶜAjwah* de repousser le poison et le sort, il n'est donc pas nécessaire de recommencer.

Eau – ماء

Elle est la substance de la vie, la meilleure des boissons et l'un des éléments de base du monde, et plus encore son élément essentiel, car les cieux ont été créés de ses vapeurs, la terre de son écume, et Allah en a tiré toute chose vivante. On a divergé quant à savoir si elle était nutritive, ou si elle faisait uniquement pénétrer la nourriture. On trouve deux grands avis

1 Al-Bukhârî (5768) et Muslim (2047).
2 *Sahîh At-Tirmidhî* (2068).

et nous avons mentionné lequel était le plus juste en rappelant ses arguments.

L'eau est de nature froide et humide, elle domine la chaleur et conserve l'humidité du corps, lui apporte un substitut à ce qui en a été décomposé, elle fluidifie les aliments et les fait pénétrer dans les vaisseaux.

On considère la qualité de l'eau de dix manières :

Premièrement : sa couleur, elle doit être limpide.

Deuxièmement : son odeur, elle doit être inodore.

Troisièmement : son goût, elle doit être bonne et douce comme celle du Nil ou de l'Euphrate.

Quatrièmement : son poids, elle doit être légère et fluide.

Cinquièmement : son cours qui doit être bon.

Sixièmement : sa source qui doit être profonde.

Septièmement : son exposition au soleil et aux vents, de sorte qu'elle ne soit pas cachée sous la terre et que le soleil et le vent ne puissent l'épurer.

Huitièmement : son mouvement qui doit être rapide et agité.

Neuvièmement : son abondance qui amène à pousser les déchets et résidus qui y sont mêlés.

Dixièmement : son déversement qui doit se faire du nord au sud, ou d'ouest en est.

Si tu considères toutes ces caractéristiques, tu ne les trouveras parfaitement présentes qu'en quatre fleuves : le Nil, l'Euphrate, Sayhûn et Jayhûn. Abû Hurayrah (ﷺ) rapporte que le Messager d'Allah (ﷺ) a dit : « *Sayhân Jayhân, le Nil et l'Euphrate sont tous des fleuves du Paradis.* »[1]

La légèreté de l'eau est considérée de trois manières :

La première : son aptitude à être réchauffée ou refroidie rapidement. Hippocrate a dit : « L'eau qui se réchauffe ou se refroidit rapidement est la plus légère. »

La deuxième : par la balance.

---

[1] Muslim (2839).

La troisième : en mouillant deux morceaux de coton de poids équivalents en deux eaux distinctes puis en les séchant totalement, et en les pesant ensuite. Le morceau le plus léger indiquera l'eau la plus légère.

Même si l'eau est à la base froide et humide, sa force se déplace et change lorsque surviennent des causes qui provoquent un changement. L'eau exposée au nord et cachée de toutes les autres directions sera froide, et elle contiendra une sécheresse acquise du vent du nord ; et il en est de même pour les autres directions.

L'eau qui jaillit des minéraux sera sur la nature de ce minéral et aura son effet sur le corps. L'eau douce est utile aux personnes malades et en bonne santé, et celle qui est froide est plus utile et de meilleur goût. Il ne faut pas la boire a jeun, après le rapport charnel, au réveil, après le bain, ou après avoir mangé des fruits, comme cela a été mentionné. Quant au fait d'en boire après le repas, il n'y a pas de mal si on y est contraint, et plus encore cela est nécessaire, mais sans en boire beaucoup, mais en la sirotant doucement. De cette manière, cela ne sera aucunement nuisible, mais au contraire renforcera l'estomac, ouvrira l'appétit et dissipera la soif.

L'eau tiède provoque des gonflements et agit de manière contraire à ce que nous avons mentionné. Celle qu'on a laissée reposer est meilleure que celle bue directement à la source, comme nous l'avons précédemment indiqué. L'eau froide est plus utile à l'intérieur qu'à l'extérieur, et inversement pour l'eau chaude. L'eau froide est utile contre la putréfaction du sang et la montée des vapeurs à la tête, elle chasse les puanteurs, et elle convient aux humeurs, âges, temps et lieux chauds. Elle est nocive en tout cas qui nécessite équilibrage et dissolution comme le rhume et les gonflements. L'eau très froide est nocive pour les dents, et en boire régulièrement provoque saignements, inflammation des muqueuses et douleurs thoraciques.

L'excès d'eau froide ou chaude nuit aux nerfs et à la majorité des organes, car l'une dissout et l'autre condense. L'eau chaude calme la douleur des humeurs chaudes, dissout, consume, évacue les excédents, humidifie et réchauffe. En boire corrompt la digestion, amène les aliments à flotter sur le haut de l'estomac, et le ramollit. Elle ne désaltère pas rapidement, ramollit le corps et conduit à des maladies mauvaises. Elle est nuisible en la plupart des maladies, mais elle est bonne pour les vieillards, les personnes souffrant d'épilepsie, de céphalées froides et de conjonctivite. Elle est meilleure en utilisation externe.

Aucun hadith ni récit des pieux prédécesseurs n'est rapporté authentiquement concernant l'eau réchauffée au soleil, et aucun médecin ancien ne l'a réprouvée ou dénigrée. L'eau très chaude, dissout la graisse des reins, et nous avons déjà parlé de l'eau de pluie[1].

L'eau de neige et de grêle : On rapporte que le Prophète (ﷺ) disait dans l'invocation d'ouverture de la prière, et en d'autres moments : « *Ô Allah ! Lave-moi de mes péchés par l'eau de la neige et de la grêle.* »[2] La neige possède par nature une qualité corrosive et vaporeuse, et son eau est ainsi. Nous avons déjà mentionné la sagesse de la demande du lavage des péchés par son eau, car le cœur en a besoin pour se refroidir, se raffermir et se renforcer. Nous tirons de cela l'essentiel de la médecine du corps et du cœur, et du traitement des maladies par leurs opposés.

L'eau de la grêle est plus douce que celle de la neige. Quand à l'eau gelée qui est la glace, elle dépend de son origine.

La neige acquiert la qualité des montagnes et de la terre sur lesquelles elle tombe, bonne ou mauvaise. Il faut éviter de boire de l'eau congelée après le bain, le rapport charnel, les exercices physiques, et la nourriture chaude. De même que doivent l'éviter les gens souffrant de toux, de douleurs thoraciques de faiblesse du foie, et les gens d'humeur froide.

L'eau des puits et des canaux : Les eaux de puits sont peu douces, alors que l'eau des canaux souterrains est lourde, car la première stagne et n'est pas exemptée de putréfaction, alors que l'autre est cachée de l'air. Il convient de ne pas en boire directement jusqu'à ce qu'elle soit exposée à l'air et qu'elle passe une nuit après avoir été puisée. L'eau la plus mauvaise est celle dont les canaux sont de plomb, ou dont le puits est bouché, surtout si son sol est mauvais, cette eau sera insalubre et nocive.

L'eau de *Zamzam* : C'est la meilleure, la plus noble et la plus illustre des eaux, celle qui est le plus aimé et la plus précieuse pour les gens. Cette eau provient du trou creusé par Jibrîl et par lequel Allah (ﷻ) a abreuvé Ismâᶜîl. On rapporte que le Prophète (ﷺ) dit à Abû Dharr, alors qu'il était resté quarante jours à proximité de la *Kaᶜbah* sans autre nourriture que l'eau de *Zamzam*. Le Prophète (ﷺ) dit : « *Elle est une nourriture qui apporte satiété* »[3] et en d'autres chaînes de transmission, il est ajouté : « *et une guérison de la maladie.* »[4]

---

[1] En raison de l'ordonnancement que nous avons adopté, cela reste à venir.

[2] Al-Bukhârî (744) et Muslim (598).

[3] Muslim (2473).

[4] Sahîh *At-Targhîb wa-t-Tarhîb* (1162).

Jâbir Ibn cAbd Allah rapporte que le Prophète (ﷺ) a dit : « *L'eau de Zamzam est ce pour quoi elle est bue.* »[1] Nous avons rapporté que lorsque cAbd Allah Ibn Al-Mubârak accomplit le pèlerinage, il se rendit à la source de *Zamzam* et dit : « Ô Allah ! Ibn Abî Al-Mawâlî m'a rapporté d'après Muhammad Ibn Al-Munkadir, d'après Jâbir (ﷺ) que le Prophète (ﷺ) a dit : « *L'eau de Zamzam est ce pour quoi elle est bue.* » et moi je la bois pour la soif du Jour de la Résurrection. »

Moi et d'autres avons pu constater les effets curatifs étonnant de l'eau de *Zamzam*, et je me suis soigné par elle de nombreuses maladies et j'ai guéri par la permission d'Allah. J'ai constaté d'une personne qui s'en nourrissait à partir de la deuxième moitié du mois et plus, qu'elle ne ressentait pas la faim et se mélangeait normalement aux gens. Elle m'a informé qu'elle était restée quarante jours en ne se nourrissant que de cette eau, et elle avait la force d'avoir des rapports charnels avec son épouse, de jeûner et d'accomplir plusieurs fois des circonvolutions autour de la *Kacbah.*

L'eau du Nil : C'est un des fleuves du Paradis, sa source se situe derrière les chaînes montagneuses aux confins de l'Abyssinie grâce à des pluies qui s'accumulent là-bas et aux torrents qui se jettent les uns dans les autres et qu'Allah (ﷻ) conduit vers les terres arides, et ainsi en faire sortir une végétation dont mangent les bêtes et les hommes. Vu que la terre vers laquelle Allah conduit ces eaux est imperméable et dure, s'il pleut normalement, elle n'est pas irriguée pas et ne convient pas aux plantes, et s'il pleut plus qu'à l'accoutumée, cela nuit aux demeures et aux habitants, empêchant toute vie et toute réalisation d'intérêt. C'est pourquoi Il a fait pleuvoir sur des pays lointains, et conduit ces pluies jusqu'à cette terre en un grand fleuve. Allah (ﷻ) a donné à ce fleuve une crue en des moments connus, de manière suffisante à l'irrigation du pays, et lorsque tout les terres sont irriguées, Allah (ﷻ) permet la décrue pour la réalisation du bienfait et permettre la culture. L'eau de ce fleuve réunit les dix qualités mentionnées, et elle compte parmi les eaux les plus douces, les plus légères et les plus délicieuses.

L'eau de mer : On rapporte que le Prophète (ﷺ) a dit à propos de l'eau de mer : « *Son eau est un moyen de purification, et les animaux non égorgés qu'elle contient sont licites.* »[2] Allah (ﷻ) l'a créée salée, saumâtre, et amère pour l'intérêt complet de tout ce qui est sur terre comme hommes et bêtes. Elle est stable, stagnante, remplie d'animaux, et quand ceux-ci y meurent, on ne les enterre pas. Si elle avait été douce, elle aurait été fétide en raison

[1] Sahîh *At-Targhîb wa-t-Tarhîb* (116%).
[2] Sahîh *Abû Dâwud* (83).

de sa stabilité et de la mort en elle des animaux. L'air entourant le monde aurait été touché par cette odeur, et ainsi il aurait moisi et croupi et aurait corrompu le monde. La sagesse du Seigneur (ﷻ) l'a rendue pareille à la salière qui, si on y jette toutes les charognes du monde, ses puanteurs et morts, ne changerait pas, et il en est ainsi depuis sa création jusqu'à ce qu'Allah replie le monde. C'est là la finalité pour laquelle elle est salée, quant à la raison matérielle, c'est que son sol est salin.

Ceci dit, l'utiliser pour se laver est utile contre plusieurs maladies de la peau, la boire est nocif extérieurement et intérieurement, car elle relâche le ventre, affaiblit et cause démangeaison, gale, gonflements et soif. Et celui qui est contraint d'en boire a des moyens de repousser sa nocivité, parmi lesquels :

– Mettre l'eau dans une marmite et placer au-dessus quelques roseaux sur lesquels on pose de la laine neuve et cardée. On allume un feu sous la marmite jusqu'à ce que la vapeur s'élève et touche la laine. Lorsque la laine est chargée d'eau, on l'essore, et on agit ainsi jusqu'à obtenir la quantité d'eau désirée. La vapeur élèvera jusqu'à la laine de l'eau douce, et restera dans la marmite l'eau saumâtre.

– Aussi, on peut creuser sur la plage un trou large dans lequel l'eau s'infiltre, un peu plus loin un autre trou vers lequel l'eau du premier trou s'infiltre, puis un troisième, et ce jusqu'à ce que l'eau soit douce. Si la situation le contraint à boire de l'eau trouble, le traitement consiste à mettre dedans des noyaux d'abricot, un bout du bois de teck, une braise enflammée qui s'y éteindra, de la boue d'Arménie, ou de la farine fine de blé, ainsi les dépôts seront précipités au fond.

Écrits – كِتابات

Écrit en cas fièvre : Al-Marwazî rapporte : « Abû ᶜAbd Allah apprit que je souffrais de fièvre, et il m'écrit sur un bout de papier : « Au Nom d'Allah, le Tout Miséricordieux, le Très Miséricordieux. Par Allah, Mu<u>h</u>ammad est le Messager d'Allah.

قُلْنَا يَٰنَارُ كُونِي بَرْدًا وَسَلَٰمًا عَلَىٰٓ إِبْرَٰهِيمَ ﴿٦٩﴾ وَأَرَادُواْ بِهِۦ كَيْدًا فَجَعَلْنَٰهُمُ ٱلْأَخْسَرِينَ

« Nous dîmes : « Ô feu ! Sois pour Abraham une fraîcheur salutaire. » Ils voulaient ruser contre lui, mais Nous en avons fait les plus grands perdants. »[1]

[1] Sourate ***Al-Anbiyâ'***, v.69-70.

Ô Allah ! Seigneur de Jibrîl, Mikâ'îl et Isrâfîl, guéris celui qui possède cet écrit par Ta force, Ta puissance et Ton pouvoir, ô Toi le véritable Dieu. Âmîn. »

Al-Marwazî dit : « Alors que j'entendais, Abû Al-Mundhir ᶜAmr Ibn ben Mujmiᶜ dit à Abû ᶜAbd Allah : « Yûnus Ibn Hibbân m'a rapporté : « J'ai interroge Abû Jaᶜfar Muhammad Ibn ᶜAlî sur le fait d'accrocher des formules de recherche de protection, et il me dit : « Si cela est tiré du Livre d'Allah, ou que c'est une parole du Messager d'Allah (ﷺ), alors accroche-la et soigne-toi par cela autant que tu peux. » Je dis : j'écris ceci pour la fièvre qui revient tous les quatre jours (*Hummâ Ar-Ribᶜ*) : Au Nom d'Allah, le Tout Miséricordieux, le Très Miséricordieux. Par Allah, Muhammad est le Messager d'Allah... Il dit alors : « Oui, cela convient. » »

L'imam Ahmad rapporte d'après ᶜÂ'ishah (ﷺ) et d'autres qu'ils étaient souples sur cette question. Harb dit : « Ahmad Ibn Hanbal n'était pas strict sur ce sujet. » Ahmad dit : « Ibn Masᶜûd le détestait fortement. » Lorsque Ahmad fut interrogé sur le fait d'accrocher des formules de recherche de protection après l'arrivée d'un malheur, il répondit : « Je pense qu'il n'y a pas de mal en cela. » Al-Khallâl dit : « ᶜAbd Allah Ibn Ahmad nous dit : « J'ai vu mon père en train d'écrire des formules de recherche de protection pour la personne qui a peur, et pour la fièvre après l'arrivée du malheur. » »

Écrit en cas d'accouchement difficile : Al-Khallâl dit : « ᶜAbd Allah Ibn Ahmad me dit : « J'ai vu mon père écrire des formules de recherche de protection, pour une femme dont l'accouchement était difficile, sur une coupe blanche ou sur quelque chose de propre et écrire le hadith de Ibn ᶜAbbâs (ﷺ) : « *Point de divinité digne d'adoration qu'Allah, l'Indulgent, le Magnanime. Gloire et pureté à Allah le Seigneur du Trône immense.* »[1] Louange à Allah Seigneur de l'univers :

كَأَنَّهُمْ يَوْمَ يَرَوْنَ مَا يُوعَدُونَ لَمْ يَلْبَثُوٓا۟ إِلَّا سَاعَةً مِّن نَّهَارٍۭ ۚ بَلَٰغٌ

« Le jour où ils verront ce qui leur est promis, il leur semblera qu'ils ne sont restés [sur terre] qu'une heure d'un jour. C'est un message clair. »[2]

كَأَنَّهُمْ يَوْمَ يَرَوْنَهَا لَمْ يَلْبَثُوٓا۟ إِلَّا عَشِيَّةً أَوْ ضُحَىٰهَا ﴿٤٦﴾

« Le jour où ils la verront, il leur semblera n'avoir demeuré sur terre qu'une soirée ou une matinée. »[1]

---

[1] *As-Sahîhah* (2916)
[2] Sourate *Al-Ahqâf*, v.35.

Al-Khallâl dit : « Abû Bakr Al-Marwazî nous a rapporté qu'un homme vint trouver Abû ʿAbd Allah et lui dit : « Ô Abû ʿAbd Allah ! Ecris-tu pour une femme dont l'accouchement est difficile et dure depuis deux jours ? » Il répondit : « Dis- lui d'apporter une coupe large et du safran. » Je l'ai vu aussi écrire pour plusieurs personnes. »

ʿIkrimah rapporte que Ibn ʿAbbâs a dit : « ʿÎsâ (عليه السلام) passa près d'une vache dont le petit s'était retourné dans son ventre. Elle dit : « Ô Parole d'Allah, invoque Allah de me délivrer de ce dont je souffre. » Il dit : « Ô Créateur de l'âme à partir de l'âme, ô Rédempteur de l'âme par l'âme, ô Toi qui fais sortir l'âme de l'âme, délivre-la. » Elle mit bas et se redressa pour sentir son petit. Si la femme a un accouchement difficile écris-lui cela. » Toutes les formules de recherche de protection mentionnées jusqu'ici sont bénéfiques si on les écrit. Un groupe de pieux prédécesseurs a autorisé d'écrire une partie du Coran et d'en boire, et a considéré cela comme une forme de guérison qu'Allah y a mis. On peut également écrire sur un récipient propre :

إِذَا ٱلسَّمَآءُ ٱنشَقَّتۡ ﴿١﴾ وَأَذِنَتۡ لِرَبِّهَا وَحُقَّتۡ ﴿٢﴾ وَإِذَا ٱلۡأَرۡضُ مُدَّتۡ ﴿٣﴾ وَأَلۡقَتۡ مَا فِيهَا وَتَخَلَّتۡ

« ***Lorsque le ciel se déchirera et obéira à son Seigneur comme il se doit de le faire, que la terre sera étendue, qu'elle rejettera les morts qu'elle contient et se videra*** »[2]

La femme enceinte en boit et on en asperge son ventre.

Écrit en cas de saignement de nez : Shaykh Al-Islâm Ibn Taymiyyah écrivait sur son front :

وَقِيلَ يَٰٓأَرۡضُ ٱبۡلَعِي مَآءَكِ وَيَٰسَمَآءُ أَقۡلِعِي وَغِيضَ ٱلۡمَآءُ وَقُضِيَ ٱلۡأَمۡرُ

« ***Il fut dit : « Ô terre, absorbe ton eau ! Et toi, ciel, cesse [de pleuvoir] ! » L'eau baissa, l'ordre fut exécuté*** »[3]

Je l'ai entendu dire : « Je l'ai écrit à plusieurs personnes et elles furent guéries. » Il dit également : « Il n'est pas autorisé de l'écrire avec le sang issu du saignement de nez comme le font les ignorants, car le sang est impur et il n'est pas permis de l'employer pour écrire la Parole d'Allah. »

1 Sourate ***An-Nâziʿât***, v.46.
2 Sourate ***Al-Inshiqâq***, v.1-4.
3 Sourate ***Hûd***, v.44.

Autre écrit : Mûsâ (ﷺ) sortit portant un habit, et lorsqu'il trouva une source, il la boucha avec son habit :

يَمْحُوا۟ ٱللَّهُ مَا يَشَآءُ وَيُثْبِتُ ۖ وَعِندَهُۥٓ أُمُّ ٱلْكِتَٰبِ ﴿٣٩﴾

« ***Allah efface ou confirme ce qu'Il veut, et auprès de Lui est la Mère du Livre.*** »[1]

Écrit contre l'impétigo[2] : On écrit pour cela :

فَأَصَابَهَآ إِعْصَارٌ فِيهِ نَارٌ فَٱحْتَرَقَتْ

« ***Et qu'un tourbillon de feu s'abatte et le brûle*** »[3]

Autre écrit : Au moment où le soleil pâlit, on écrit :

يَٰٓأَيُّهَا ٱلَّذِينَ ءَامَنُوا۟ ٱتَّقُوا۟ ٱللَّهَ وَءَامِنُوا۟ بِرَسُولِهِۦ يُؤْتِكُمْ كِفْلَيْنِ مِن رَّحْمَتِهِۦ وَيَجْعَل لَّكُمْ نُورًا تَمْشُونَ بِهِۦ وَيَغْفِرْ لَكُمْ ۚ وَٱللَّهُ غَفُورٌ رَّحِيمٌ ﴿٢٨﴾

« ***Ô vous les croyants ! Craignez Allah et croyez en Son messager afin qu'Il vous accorde deux parts de Sa miséricorde, qu'Il vous assigne une lumière avec laquelle vous marcherez, et qu'Il vous pardonne, car Allah est Pardonneur et Miséricordieux.*** »[4]

Écrit en cas de fièvre revenant tous les trois jours : On écrit sur trois feuilles fines : Au Nom d'Allah elle s'est enfuit, au Nom d'Allah elle est passée, au Nom d'Allah elle a diminué. » Chaque jour, le malade prend une feuille, la met dans la bouche, puis l'avale avec de l'eau.

Écrit en cas de sciatique : Au nom d'Allah, le Tout Miséricordieux le Très Miséricordieux. Ô Allah, Seigneur de toute chose, Souverain de toute chose, Créateur de toute chose, Tu m'as créé, et tu as créé le nerf sciatique, alors ne lui permet pas de me nuire, et ne m'amène pas à le couper, guéris-moi sans laisser aucune trace de la maladie, car Tu es Celui qui guéris. »

Écrit en cas de veine douloureuse : Ibn ᶜAbbâs (ﷺ) rapporte que le Messager d'Allah (ﷺ) leur enseignait de dire contre la fièvre et toute douleur : Au nom d'Allah le Grand, je cherche protection auprès d'Allah

---

[1] Sourate *Ar-Raᶜd,* v.39.

[2] Infection superficielle de la peau qui se caractérise par l'apparition de pustules qui, après avoir éclaté, forment ensuite des croûtes.

[3] Sourate *Al-Baqarah,* v.266.

[4] Sourate *Al-Hadîd,* v.28.

l'Immense contre le mal d'une veine agitée, et le mal de la chaleur du Feu. »[1]

Écrit en cas de mal de dent : On écrit sur la joue où on sent la douleur : Au nom d'Allah, le Tout Miséricordieux le Très Miséricordieux.

قُلْ هُوَ ٱلَّذِىٓ أَنشَأَكُمْ وَجَعَلَ لَكُمُ ٱلسَّمْعَ وَٱلْأَبْصَٰرَ وَٱلْأَفْـِٔدَةَ ۖ قَلِيلًا مَّا تَشْكُرُونَ ﴿٢٣﴾

« ***Dis : C'est Lui qui vous a crées et vous a donné l'ouïe, la vue et le cœur. » Mais vous êtes peu reconnaissants !*** »[2]

Et on peut également écrire :

وَلَهُۥ مَا سَكَنَ فِى ٱلَّيْلِ وَٱلنَّهَارِ ۚ وَهُوَ ٱلسَّمِيعُ ٱلْعَلِيمُ ﴿١٣﴾

« ***À Lui appartient tout ce qui réside dans la nuit et le jour, et Il est Celui qui entend et sait tout.*** »[3]

Écrit en cas d'abcès : On écrit dessus :

وَيَسْـَٔلُونَكَ عَنِ ٱلْجِبَالِ فَقُلْ يَنسِفُهَا رَبِّى نَسْفًا ﴿١٠٥﴾ فَيَذَرُهَا قَاعًا صَفْصَفًا ﴿١٠٦﴾ لَّا تَرَىٰ
فِيهَا عِوَجًا وَلَآ أَمْتًا ﴿١٠٧﴾

« ***Et ils t'interrogent au sujet des montagnes. Dis : « Mon Seigneur les réduira en poussière, et les laissera comme une plaine dénudée sur laquelle tu ne verras ni tortuosité, ni vallée.*** » »[4]

Fâti<u>h</u>ah – فاتِحَة

Nommée l'Ouverture du Livre (*Fâtihat ul-Kitâb*), la Mère du Coran, les sept versets qui se répètent, la guérison parfaite, le remède utile, la parfaite *Ruqyah*, les clés de la richesse et du succès, celle qui préserve la force, celle qui dissipe l'angoisse, le souci, la peur et la tristesse pour celui qui en connaît la valeur, lui accorde son droit, l'applique correctement sur sa maladie, sait comment se soigner et se traiter par elle , et connaît le secret pour lequel elle est ainsi.

---

1 At-Tirmidhî (2072), la chaîne de transmission de ce hadith est faible.

2 Sourate ***Al-Mulk***, v.23.

3 Sourate ***Al-An***ᶜ***âm***, v.13.

4 Sourate ***<u>T</u>a-Ha***, v.105-107.

Lorsqu'un Compagnon remarqua cela, il la récita sur celui qui fut piqué par un scorpion, et il fut guéri. Le Prophète (ﷺ) lui dit : « *Comment savais-tu qu'elle était une Ruqyah ?* »[1]

Et celui qui est aidé par le succès, et assisté par la lumière de la clairvoyance jusqu'à parvenir aux secrets de cette sourate, ce qu'elle comprend comme Unicité ; connaissance de l'Essence, des Noms, Attributs, et actes ; affirmation de la Législation, du destin, de la résurrection ; spécification de l'Unicité de la Seigneurie et de la Divinité, perfection de la confiance et de l'attribution à Celui qui possède toute chose, toute la louange, et tout bien entre Ses Mains, et vers qui toute chose revient ; l'indigence devant Lui dans la demande de la guidée qui est le fondement du succès dans les deux mondes ; et la connaissance du lien entre ses significations et le gain des intérêts des deux mondes et le repoussement de leurs méfaits. La bonne fin absolue et parfaite et le bienfait complet y sont liés et dépendent de sa réalisation. Elle dispense de nombre de remèdes et *Ruqyah* ; par elle on ouvre les portes du bien, et on repousse les causes du mal.

C'est une chose qui demande d'inventer une autre nature, une autre raison et une autre foi. Par Allah ! Tu ne vois pas une parole corrompue ou une innovation fausse sans que *Al-Fâtihah* ne contienne ce qui la réfute et montre sa caducité de la manière la plus courte, la plus juste et la plus claire. Tu ne trouveras aucune porte des connaissances divines, des actes des cœurs, de leurs remèdes, contre leurs maux et maladies sans que la clé et sa preuve ne se trouvent dans *Al-Fâtihah*. Tu ne trouveras aucune étape de ceux qui cheminent vers le Seigneur de l'univers sans que son commencement et sa fin n'y figurent.

Par Allah ! Son importance est plus grande encore, et elle est au-dessus de tout cela. Pas un serviteur ne la met en pratique, ne s'y attache, ne réalise Qui l'a prononcé et révélé comme une guérison parfaite, une préservation éminente, et une lumière éclatante, et ne la comprend ainsi que ce qu'elle implique, puis tombe dans une innovation, et non un polythéisme, ou n'est atteint par une maladie du cœur, sans que cela ne soit passager et non durable.

C'est la plus grande clé des trésors de la terre, et elle est la clé des trésors du Paradis. Mais il n'est pas donné à tout un chacun d'ouvrir par cette clé. Si ceux qui recherchent les trésors, s'arrêtaient sur le secret de cette sourate, réalisaient ses significations, donnaient à cette clé des dents,

---

[1] Al-Bukhârî (5749) et Muslim (2201).

et ouvraient comme il se doit, ils parviendraient aux trésors sans obstacle ni empêchement.

Nous n'avons pas dit cela avec légèreté ou métaphore, mais en toute vérité. Mais Allah (ﷻ) a une sagesse éminente dans le fait de cacher ce secret à la plupart des gens, de la même manière qu'Il a une sagesse éminente dans le fait de leur cacher les trésors terrestres. Ces trésors sont cachés par des esprits démoniaques et mauvais qui se dressent entre les hommes et ces trésors, et qui ne sont vaincus que par des esprits supérieurs et nobles qui triomphent en raison de leur foi. Ils possèdent des armes auxquelles ne peuvent résister les démons, mais la plupart des gens ne sont pas ainsi et ne peuvent s'opposer et vaincre ces esprits, ni rien obtenir de leurs biens, car « celui qui tue un ennemi (litt : une victime) prend possession de ses biens. »

Fenugrec – حُلْبَة

On rapporte que le Prophète ((ﷺ) rendit visite à Sa^cd Ibn Abî Waqqâs (ﷺ) à la Mecque et dit : « Amenez-lui un médecin. » Et on fit venir Al-Hârith Ibn Kaladah qui le regarda et dit : « Il n'a rien de grave, donnez-lui de la *Farîqah* qui est du fenugrec avec des dattes *Al-cAjwah* fraîches, cuit et but doucement. » On fit cela et il guérit.

La force du fenugrec vient de la chaleur au deuxième degré, et de la sécheresse au premier degré. Si on le cuit dans l'eau, il apaise la gorge, la poitrine et le ventre, de même qu'il calme la toux, l'acidité, l'asthme, et les difficultés respiratoires. Il est aphrodisiaque, bon contre les gaz, la pituite et les hémorroïdes, il élimine les chymes composés dans les intestins, fluidifie la pituite visqueuse de la poitrine. Il est également utile contre les bubons[1] et les maladies des poumons. Pour guérir les maladies des entrailles on l'emploie avec du beurre rance et une chose sucrée.

Si on en boit avec une pesée de cinq dirhams de garance, il fait couler les menstrues, et si on cuit le tout et qu'on en lave les cheveux, ils friseront, et cela débarrassera des pellicules. Sa farine combinée avec du natron et du vinaigre, employée comme pansement, dissipera le gonflement de la rate. La femme peut également s'asseoir dans l'eau où on a cuit le fenugrec, cela sera utile contre les douleurs de l'utérus provoquées par des gonflements. Si on en panse les gonflements durs, peu chauds, cela sera utile et les dissipera. Si on boit son jus, cela soulagera les douleurs des coliques et lubrifiera les intestins. Si on en mange cuit avec des dattes, du miel ou des

[1] Inflammation d'un ganglion.

figues, a jeun, il décompose la pituite visqueuse de la poitrine et de l'estomac, et cela est aussi utile contre la toux chronique. Cela est également utile contre la constipation et relâche le ventre. Si on le met sur l'ongle contracté, il le redressera. Son huile mélangée à de la cire est utile contre les fissures produites par le froid. Et ses bienfaits sont beaucoup plus nombreux ce que nous avons mentionné. Al-Qâsim Ibn ᶜAbd Ar-Rahmân rapporte que le Messager d'Allah (ﷺ) a dit : « Soignez-vous avec le fenugrec. » Et certains médecins ont dit : « Si les gens connaissaient ses bienfaits, ils l'achèteraient contre son poids en or. »

Figues – تِين

Puisque les figues n'existaient pas dans le *Hijâz* et à Médine, car leur sol n'est pas propice au figuier, elles ne furent pas mentionnées dans la Sunna. Mais Allah (ﷻ) a juré par le figuier dans Son Livre, en raison de ses nombreux avantages et bienfaits. Ce qui est authentique est qu'Allah a juré par le figuier connu par les gens.

La figue est chaude, et on trouve deux avis sur son humidité et sécheresse. Les meilleures sont les blanches à la peau mûre, elles dissipent les calculs des reins et de la vessie, et protègent contre les poisons. Elles sont plus nourrissantes que tous les autres fruits, elles sont utiles contre les maux de gorge, de poitrine et d'œsophage, elles nettoient le foie et la rate, et purifient de l'humeur pituiteuse de l'estomac. Elles nourrissent bien le corps, cependant elles donnent des poux si on en mange beaucoup.

Les figues sèches sont nourrissantes et bonnes pour les nerfs, et elles sont louables avec les noix et les amandes. À ce sujet Galien dit : « Si on en mange avec des noix et de la rue[1] avant de prendre un poison mortel, cela sera utile et préservera de tout tort. »

Abû Ad-Dardâ' rapporte : « On a offert au Prophète (ﷺ) un plat de figues, il dit : « Mangez » et en mangea lui-même, et il dit : « Si je devais dire qu'un fruit était descendu du Paradis, je dirais celui-ci, car les fruits du Paradis n'ont pas de noyau. Mangez-en, car elles éliminent les hémorroïdes et sont utiles contre la goutte. » Mais l'authenticité de ce hadith est discutable.

La pulpe est ce qu'elles ont de meilleur, elles donnent soif à ceux qui ont chaud, et apaisent la soif causée par la pituite salée. Elles sont aussi utiles contre la toux chronique, elles sont diurétiques et libèrent les

---

[1] Arbrisseau dont les feuilles ont des vertus aromatiques et médicinales.

occlusions du foie et de la rate, et elles conviennent aux reins et à la vessie. En manger a jeun est étonnement utile pour libérer les canaux de nourritures, surtout avec des amandes et des noix. En manger avec des aliments lourds est très mauvais. Les mûres blanches en sont très proches mais elles sont moins nourrissantes et plus nocives à l'estomac.

Fleur de henné – فاغِيَة

Elle compte parmi les plus agréables des aromates. ᶜAbd Allah Ibn Buraydah rapporte que le Prophète (ﷺ) a dit : « Le maître des aromates en ce bas monde et l'au-delà est la fleur de henné. »[1] Anas Ibn Mâlik (ﷺ) rapporte : « La plante aromatique préférée du Messager d'Allah (ﷺ) était la fleur de henné. » Allah est plus savant quant à l'authenticité de ces deux hadiths, et nous ne témoignons pas pour le Messager d'Allah (ﷺ) de ce dont nous ignorons l'authenticité.

La fleur du henné est équilibrée dans la chaleur et la sécheresse, et elle est un peu constipante. Si on la met dans les plis des vêtements de laine, elle les protège contre les mites. Elle est aussi un composant des pommades contre l'hémiplégie et la dilatation, et son huile relâche les membres et assouplit les nerfs.

Fromage – جُبْن

ᶜAbd Allah Ibn ᶜUmar (ﷺ) rapporte : « À Tabûk, on apporta du fromage au Prophète (ﷺ), il demanda un couteau, prononça le Nom d'Allah et coupa. »[2] Les Compagnons (ﷺ) en ont mangé dans le *Shâm* et en Iraq. Le fromage frais non salé est bon pour l'estomac, facilite l'écoulement dans les organes, augmente la chair, amollit le ventre de façon modérée ; alors que le salé est moins nourrissant que le frais, il est mauvais pour l'estomac et nuisible aux intestins. Le fromage vieilli constipe, de même que le grillé, et il est utile contre les lésions et empêche la diarrhée.

Il est froid et humide, si on l'emploie grillé, il conviendra mieux à son humeur, car le feu l'améliore, l'équilibre, tempère sa nature, et bonifie son goût et son odeur. Le vieilli salé est chaud et sec, et le griller l'améliore également, tempère sa nature, et diminue son acidité, en raison de ce qu'attire le feu comme éléments chauds et secs. Le salé affaiblit et engendre des calculs dans les reins et la vessie. Il est aussi mauvais pour l'estomac.

---

[1] *Al-Majmaᶜ* (5/35), la chaîne de transmission de ce hadith est faible.
[2] *Sahîh Abû Dâwud* (3819).

Le mélanger avec des éléments apaisants est plus mauvais encore car ils le font parvenir à l'estomac.

Gingembre – زَنْجَبِيل

Allah (ﷻ) dit :

﴿ وَيُسْقَوْنَ فِيهَا كَأْسًا كَانَ مِزَاجُهَا زَنجَبِيلًا ﴾ (١٧)

« ***Ils y seront abreuvés d'une coupe dont le mélange sera de gingembre*** »[1]

Abû Nu^c^aym rapporte dans son livre « La médecine prophétique » d'après Abû Sa^c^îd Al-Khudhrî (ﷺ) : « Le roi des Byzantins offrit au Messager d'Allah (ﷺ) une jarre de gingembre, il en donna à chacun une part, ainsi qu'à moi-même. »

Le gingembre est chaud au deuxième degré, humide au premier degré. Il réchauffe, facilite la digestion, relâche le ventre de façon modérée, il est utile en cas d'occlusion du foie causée par le froid et l'humidité, de même en cas d'obscurité du regard causée par l'humidité, par absorption ou application externe. Il est aphrodisiaque, et décompose les gaz lourds présents dans les intestins et l'estomac.

De manière générale, il est bon pour les foies et estomacs d'humeurs froides. Si on en prend avec une quantité de deux dirhams de sucre avec de l'eau chaude il remédiera aux excédents visqueux de salive, et on peut en mettre dans les pâtes qui décomposent la pituite et la fonde.

Le gingembre acidulé est chaud et sec, il est aphrodisiaque et augmente la quantité de sperme, réchauffe l'estomac et le foie, aide à savourer la nourriture, assèche la pituite excédentaire dans le corps, et augmente la capacité de mémorisation. Il convient à la froideur du foie et de l'estomac, dissipe l'humidité provenant de la consommation de fruit, donne bonne haleine, et repousse la nocivité des aliments lourds et froids.

Graisse – شَحْم

Anas (ﷺ) rapporte : « Un juif invita le Messager d'Allah (ﷺ) et lui présenta du pain d'orge et de la graisse fondue rance. »[2]

---

[1] Sourate *Al-Insân*, v.17.
[2] *As-Sahîhah* (164).

ᶜAbd Allah Ibn Mughaffal rapporte : « Le jour de Khaybar, un sac de graisse fut suspendu, je m'y suis collé et j'ai dit : Par Allah ! Je n'en donnerai à personne. Je me suis alors retourné et le Messager d'Allah (ﷺ) riait, et il ne m'a rien dit. »[1]

La meilleure graisse est celle de la bête entière, elle est chaude et humide, mais moins humide que le beurre rance. C'est pourquoi quand on fait fondre la graisse et le beurre rance, la graisse devient plus rapidement solide. Elle est utile contre les maux de gorge, mais elle ramollit et sent. On peut repousser ses inconvénients par le citron salé et le gingembre. La graisse des chèvres est la plus constipante, alors que celle des boucs est celle qui dissout le plus, elle est utile en cas de lésion des intestins, et la graisse des chèvres est plus efficace encore en cela, on l'emploie en lavement contre les maux de ventre et la dysenterie.

Grenade – رُمَّان

Allah (ﷻ) dit :

فِيهِمَا فَٰكِهَةٌ وَنَخْلٌ وَرُمَّانٌ ﴿٦٨﴾

« ***On y trouve des fruits, des palmiers, et des grenadiers.*** »[2]

On rapporte une parole que l'on attribue à la fois à Ibn ᶜAbbâs et au Prophète (ﷺ) : « Pas un de vos grenadiers sans qu'il ne soit fécondé par un grain des grenadiers du Paradis. »[3] Harb et d'autres rapportent que ᶜAlî a dit : « Mangez les grenades avec leur pulpe car elles tannent l'estomac. »

Les grenades sucrées sont chaudes et humides, bonnes pour l'estomac, elles le renforcent en raison de ce qu'elles contiennent comme constipation légère, et elles sont bonnes pour la gorge, la poitrine et les poumons, de même pour la toux. Leur jus relâche le ventre et nourrit bien le corps, elles sont rapidement transformées en raison de leur fluidité et douceur. Elles engendrent une légère chaleur dans l'estomac et une odeur, c'est pourquoi elles sont aphrodisiaques et qu'elles ne conviennent pas à ceux qui souffrent de fièvre. Elles ont une propriété étonnante, quand on les mange avec du pain elles l'empêchent de se corrompre dans l'estomac.

---

[1] Al-Bukhârî (3153) et Muslim (1772).

[2] Sourate ***Ar-Rahmân***, v.68.

[3] Al-Arnâ'ût mentionne que la chaîne de transmission de cette parole comprend un transmetteur qui inventait des hadiths.

Les grenades aigres sont froides et sèches, légèrement constipantes, elles sont utiles à l'estomac irrité, et sont plus diurétiques que les autres grenades. Elles apaisent la bile, stoppent la diarrhée, empêchent le vomissement, fluidifient les excédents, éteignent la chaleur du foie et renforcent les organes. Elles sont utiles contre les palpitations biliaires, les douleurs du cœur et de l'antre du pylore[1], elles renforcent l'estomac et en repoussent les excédents, et éteignent la bile jaune et le sang.

Si on en extrait le jus avec la pulpe et qu'on le cuit avec une petite quantité de miel jusqu'à devenir pareil à une pommade, et qu'on en applique sur l'œil, cela élimine le jaune de l'œil et le purifie des humidités épaisses, et si on en enduit la gencive, cela sera utile contre les infections qui la touchent. Si on en extrait le jus avec la pulpe, cela relâche le ventre et dissipe les humidités biliaires fétides, cela est aussi utile pour lutter contre la fièvre prolongée qui revient tous les trois jours (*Humma Al-Ghibb*).

Quant aux grenades acidulées, elles sont de nature modérée et d'effet médian entre les deux précédents. Elles penchent légèrement vers la douceur de l'acidité. Les grains des grenades avec du miel sont utiles comme enduit en cas de panaris et de lésions mauvaises; alors que les cupules[2] des grenades sont bonnes pour les plaies. On dit que celui qui avale trois fleurs de grenades chaque année sera préservé de la conjonctivite toute l'année.

Grenouille – ضِفْدَع

L'imam Ah̲mad a dit : « La grenouille n'est pas permise dans les remèdes car le Messager d'Allah (ﷺ) a interdit aux gens de la tuer. » Il fait référence au hadith qu'il rapporte d'après ᶜUthmân Ibn ᶜAbd Ar-Rah̲mân, dans lequel un médecin mentionna la grenouille dans un remède en présence du Messager d'Allah (ﷺ) et qu'il lui interdit de la tuer.[3]

L'auteur de *Al-Qânûn* a dit : « Celui qui mange du sang ou du corps d'une grenouille, son corps enflera, sa couleur ternira, et il éjaculera du sperme jusqu'à mourir, c'est pourquoi les médecins ont délaissé son emploi par crainte de ses torts. La grenouille est de deux sortes : aquatique et terrestre, et la consommation de la grenouille terrestre est mortelle. »

---

[1] Partie de l'estomac qui le relie au duodénum qui est la première partie de l'intestin grêle.
[2] Sorte de coupe qui entoure la fleur ou le fruit de certains végétaux.
[3] S̲ah̲îh̲ *Al-Jâmiᶜ As-Saghîr* (6971)

Grillade – شَواء

Allah (ﷻ) dit à propos de l'accueil fait par Ibrâhîm (ﷺ) à ses invités :

فَمَا لَبِثَ أَن جَآءَ بِعِجۡلٍ حَنِيذٖ

« ***Il ne tarda pas à apporter un veau rôti*** »[1]

Et ce qui est rôti (*Hanîdh*) est ce qui est grillé à la pierre chaude.

Umm Salamah (ﷺ) rapporte qu'elle a apporté au Messager d'Allah (ﷺ) un flanc grillé, qu'il en a mangé, puis il est allé accomplir la prière sans faire ses ablutions[2].

ᶜAbd Allah Ibn Al-Hârith rapporte : « Nous avons mangé en compagnie du Messager d'Allah (ﷺ) une grillade dans la mosquée. »[3]

Al-Mughîrah Ibn Shuᶜbah (ﷺ) rapporte : « Une nuit, j'étais convié en compagnie du Messager d'Allah (ﷺ), il ordonna d'apporter un flanc qu'on grilla, puis il prit une lame et m'en découpa un morceau. Puis Bilal vint appeler à la prière; il laissa la lame et dit : « *Qu'a-t-il ? Que ses mains le perdent !* »[4]

La meilleure grillade est celle du mouton âgé d'un an, puis du veau gras et bon, elle est chaude humide et tend vers la sécheresse, elle engendre beaucoup de bile noire, et elle est la nourriture de gens forts, en bonne santé et qui pratiquent de l'exercice physique. La cuire est meilleur et plus léger à l'estomac, plus humide que celle qui est grillée et frit. La plus mauvaise grillade est celle qui est grillée au soleil, celle qui est grillée sur des braises est meilleure que celle qui est grillée sur des flammes, et c'est là le rôti [mentionné dans le verset].

Guède – وَسْمَة

Elle noircit les cheveux, nous avons déjà parlé en évoquant la divergence sur la permission de teindre les cheveux en noir, et ceux qui l'ont pratiqué[5].

---

1 Sourate ***Hûd***, v.69.
2 *Sahîh At-Tirmidhî* (1829).
3 *Sahîh Ibn Mâjah* (3311).
4 *Sahîh Abû Dâwud (188).*
5 En raison de l'ordonnancement que nous avons adopté, cela reste à venir.

Henné - حِنّاء

Nous avons précédemment mentionné les hadiths concernant ses vertus et bienfaits[1], donc il n'est pas nécessaire de recommencer.

Huile - زَيْت

Allah (ﷻ) dit :

يُوقَدُ مِن شَجَرَةٍ مُّبَٰرَكَةٍ زَيْتُونَةٍ لَّا شَرْقِيَّةٍ وَلَا غَرْبِيَّةٍ يَكَادُ زَيْتُهَا يُضِىٓءُ وَلَوْ لَمْ تَمْسَسْهُ نَارٌ

« ***Son combustible vient d'un arbre béni : un olivier qui n'est ni d'Orient ni d'Occident dont l'huile semble éclairer sans même que le feu ne la touche*** »[2]

Abû Hurayrah (ﷺ) rapporte que le Messager d'Allah (ﷺ) a dit : « *Mangez de l'huile, et enduisez-vous en, car elle provient d'un arbre béni.* »[3]

ᶜAbd Allah Ibn ᶜUmar (ﷺ) rapporte que le Messager d'Allah (ﷺ) a dit : « *Accompagnez le pain avec de l'huile, et enduisez-vous en, car elle provient d'un arbre béni.* »[4]

L'huile est chaude et humide, au premier degré, et celui qui dit qu'elle est sèche fait erreur. L'huile dépend des olives. Si celles-ci sont bien mûres, l'huile sera plus équilibrée et meilleure ; et si elles ne sont pas mûres l'huile sera froide et sèche. Celle qui est extraite des olives rouges est entre les deux, et celle qui provient des olives noires réchauffe et hydrate avec modération, elle est utile contre les poisons, relâche le ventre et repousse les vers. L'huile vieillie réchauffe et dissout plus, quant à l'huile extraite par l'eau, elle est moins chaude, plus douce et plus bénéfique. Toutes les sortes adoucissent la peau et retardent le blanchissement des cheveux.

L'eau des olives salées empêche les cloques sur les brûlures causées par le feu, et elle renforce la gencive. Les feuilles des oliviers sont utiles contre l'érysipèle[5], l'eczéma, les lésions infectées et l'urticaire, elles empêchent la transpiration, et leurs bienfaits sont bien plus nombreux que ce que nous avons mentionné.

---

1 Dans le chapitre concernant la migraine.
2 Sourate ***An-Nûr***, v.35.
3 *As-Sahîhah* (379).
4 *As-Sahîhah* (379).
5 Maladie infectieuse et contagieuse où la peau est enflammée et gonflée.

Jeûne - صَوْم

Le jeûne est un bouclier contre les maladies de l'âme, du cœur et du corps, et ses bienfaits sont innombrables. Il a un effet étonnant dans la préservation de la santé, il dissout les excédents et empêche l'âme de consommer ce qui lui nuit, surtout s'il est appliqué avec modération et objectif, aux meilleurs moments religieux, et en fonction du besoin du corps.

Il contient aussi un repos des forces et des organes, de manière à préserver leurs forces. Il possède une propriété qui implique de le préférer est qui est qu'il réjouit le cœur dans ce bas monde et l'au-delà, il est ce qui est de meilleur pour ceux qui ont un tempérament froid et humide, et il a un grand effet dans la préservation de leur santé.

Il est à la fois un remède spirituel et naturel. Si le jeûneur respecte ce qui doit l'être, naturellement et religieusement, le bienfait qu'en tireront son cœur et son corps grandira, et cela lui interdira les matières étrangères et corrompues qu'il désire. En fonction de sa perfection ou imperfection, il élimine les matières mauvaises, et il préserve le jeûneur de ce dont il doit se préserver, et l'aide à accomplir le dessein du jeûne, à comprendre son secret, sa raison et son objectif. Car le but du jeûne est autre que de délaisser la nourriture et la boisson. C'est la raison pour laquelle Allah (ﷻ) se l'est attribué parmi toutes les œuvres, car il est un bouclier entre le serviteur et ce qui nuit à son cœur et son corps, dans ce bas monde et l'au-delà. Allah (ﷻ) dit :

يَٰٓأَيُّهَا ٱلَّذِينَ ءَامَنُواْ كُتِبَ عَلَيۡكُمُ ٱلصِّيَامُ كَمَا كُتِبَ عَلَى ٱلَّذِينَ مِن قَبۡلِكُمۡ لَعَلَّكُمۡ تَتَّقُونَ

« ***Ô vous les croyants ! On vous a prescrit le jeûne comme on l'a prescrit à ceux d'avant vous, afin que vous atteigniez la piété*** »[1]

Donc l'un des deux buts visés par le jeûne est le bouclier et la protection, est c'est une abstinence éminemment bénéfique. Quant à l'autre but, il est de réunir le cœur et la préoccupation vers Allah (ﷻ), et consacrer les forces de l'âme à Son amour et Son obéissance. Et nous avons déjà mentionné certains secrets du jeûne, en évoquant la voie du Prophète (ﷺ) en cela.

---

[1] Sourate *Al-Baqarah*, v.183.

Jonc aromatique – إِذْخِر

Le Prophète (ﷺ) a dit à propos de la Mecque : « *On ne coupe pas ses herbes.* » Al-ᶜAbbâs (ﷺ) lui dit : « Excepté le jonc aromatique, ô Messager d'Allah, car il est utilisé en leurs forges et demeures. » Il répondit : « *Excepté le jonc aromatique.* »[1]

Le jonc aromatique est chaud du deuxième degré, sec du premier, il est doux, et débouche les occlusions et les entrées des vaisseaux, il est diurétique et fait s'écouler les menstrues, il émiette les calculs, dissipe les gonflements durs de l'estomac, du foie et des reins, que ce soit en boisson ou en pansement. Sa racine renforce les racines des dents et l'estomac, il apaise la nausée et constipe.

Jujube – نَبْق

Abû Nuᶜaym rapporte dans son livre « La médecine prophétique » que le Prophète (ﷺ) a dit : « Lorsqu'on fit descendre Âdam sur terre, le premier fruit dont il mangea fut le jujube. » Et le Prophète (ﷺ) a mentionné le jujube dans un hadith unanimement reconnu authentique qui dit que lors de son Voyage Nocturne il vit le jujubier céleste dont les fruits sont pareils aux cruches de la ville de Hajar[2].

Le jujube est le fruit du jujubier, il constipe et il est utile contre la diarrhée, il tanne l'estomac, calme la bile, nourrit le corps, il ouvre l'appétit et produit de la pituite, il est aussi utile contre la sprue[3] biliaire. Sa digestion est lente, sa farine renforce les entrailles et améliore les humeurs biliaires. On repousse sa nocivité par le miel d'abeille toujours muni de sa cire (*Shahd*). On trouve deux avis quant à savoir s'il est humide ou sec, mais l'avis authentique est que frais il est froid et humide, et séché il est froid et sec.

---

1 Al-Bukhârî (1833) et Muslim (1353).
2 Al-Bukhârî (3207) et Muslim (164).
3 Diahrrée graisseuse et abondante.

Kabâth – كَبَاث

Jâbir Ibn cAbd Allah (ﷺ) rapporte : « Nous étions avec le Messager d'Allah (ﷺ) en train de cueillir des *Kabâth* et il dit : « *Prenez les noires, car ce sont les meilleures.* » »[1] C'est le fruit de l'arbre appelé *Arâk*[2] qui pousse dans les pays du Hijâz, il est chaud et sec, ses propriétés sont celles de l'Arak : il renforce l'estomac, facilite la digestion, évacue la pituite, il est utile en cas de mal de dos et de nombreuses maladies. Ibn Juljul a dit : « Si on le boit concassé, il est diurétique, et nettoie la vessie. » Ibn Ridwân a dit : « Il renforce l'estomac et constipe. »

Katam – كَتَم

cUthmân Ibn cAbd Allah Ibn Mawhab (ﷺ) rapporte : « Nous avons rendu visite à Umm Salamah (ﷺ), et elle nous montra des cheveux du Messager d'Allah (ﷺ), et ils étaient teints au henné et *katam*[3]. »[4]

On rapporte également que le Prophète (ﷺ) a dit : « *La meilleure chose par laquelle vous remédiez aux cheveux blancs est le henné et le katam.* »[5]

Anas (ﷺ) rapporte : « Abû Bakr (ﷺ) s'est teint au henné et *katam.* »[6]

Ibn cAbbâs (ﷺ) rapporte : « Un jour, un homme teint au henné passa devant le Prophète (ﷺ) qui dit : « Que cela est bon ! » Un deuxième teint au henné et *katam* passa ensuite, et le Prophète (ﷺ) dit : « Cela est encore meilleur. » Un troisième teint de couleur rougeâtre passa et il dit : « C'est le meilleur de tous. »[7]

Al-Ghâfiqî a dit : « Le *katam* est une plante qui pousse dans les plaines, ses feuilles sont semblables à celles de l'olivier, sa taille est plus haute que celle d'un homme, il donne des fruits de la taille d'un grain de poivre qui ont des noyaux. Si on les broie ils noircissent, et si on presse ses feuilles et qu'on en boit une quantité d'une once, il cause un vomissement sévère, et cela est utile contre la morsure du chien. Si on cuit ses racines avec de l'eau, on en tire une encre qui sert à l'écriture. »

---

1 Al-Bukhârî (5453) et Muslim 52050).
2 Salvadora Persica dont on utilise les racines et le branches comme *siwâk*.
3 Plante dont le nom scientifique est Buxus Dioica.
4 Al-Bukhârî (5897).
5 *Sahîh At-Tirmidhî* (1753).
6 Muslim (2341).
7 Abû Dâwud (4211), la chaîne de transmission de ce hadith est faible.

Al-Kindî a dit : « Si on applique sur les yeux des grains de *katam*, ils dissolvent le liquide qui coule dans l'œil et le guérissent. »

Certains pensent que le *katam* est le guède (*wasmah*), mais c'est n'est qu'une supputation car le guède est différent du *katam*. L'auteur de *As-Sihâh* a dit : « Le *katam* est une plante qu'on mélange avec le guède pour se teindre les cheveux. » On dit aussi que *Al-Wasmah* est une plante aux longues feuilles de couleur bleuâtre plus encore que celles du saule, elles sont semblables aux feuilles du haricot et plus grandes, on l'apporte du Hijâz et du Yémen.

Si on objecte : Il est rapporté authentiquement d'après Anas (ﷺ) : « Le Prophète ne s'est jamais teint. »[1]

Nous répondons que l'imam Ahmad Ibn Hanbal a dit : « D'autres que Anas (ﷺ) ont témoigné que le Prophète (ﷺ) s'est teint, et celui qui a vu est différent de celui qui n'a pas vu. » Ahmad a donc confirmé que le Prophète (ﷺ) s'est teint, et avec lui un groupe de transmetteurs, tandis que Mâlik l'a dénié.

Si on objecte : Est authentifiée l'interdiction de la teinture noire concernant Abû Quhâfah, lorqu'on l'amena et que sa tête et sa barbe étaient aussi blanches que l'arbre *At-Thughâmah*, le Prophète (ﷺ) dit : « *Remédiez à cette blancheur, mais éloignez-vous du noir.* »[2] et le *katam* noircit les cheveux.

Nous répondons de deux points de vue :

Le premier : L'interdiction concerne le noir pur, mais si on ajoute au henné autre chose, comme le *katam* ou autre, il n'y a pas d'inconvénient, car le *katam* et le henné rendent les cheveux rouge- noirâtre, au contraire de la guède qui les rend noir foncé ; et c'est là la plus juste des deux réponses.

Le deuxième : La teinture noire interdite est la teinture qui vise à tromper, comme la teinture des cheveux de l'esclave ou de la vieillarde qui trompe le mari ou le maître, de même la teinture du vieux pour tromper sa femme, c'est de la tricherie et de la fraude. Mais si cela ne contient ni fraude ni tricherie, il est rapporté authentiquement que Al-Hasan et Al-Husayn se teignaient en noir. [Ibn Al-Qayyim mentionna ensuite de nombreux Compagnons et pieux prédécesseurs qui ont rapporté cela.]

---

1 Al-Bukhârî (5895) et Muslim (2341).

2 Muslim (2102).

Lait - لَبَن

Allah (ﷻ) dit :

وَإِنَّ لَكُمْ فِي ٱلْأَنْعَٰمِ لَعِبْرَةً نُّسْقِيكُم مِّمَّا فِي بُطُونِهِۦ مِنۢ بَيْنِ فَرْثٍ وَدَمٍ لَّبَنًا خَالِصًا سَآئِغًا لِّلشَّٰرِبِينَ

« ***Il y a certes un enseignement pour vous dans les bestiaux : Nous vous abreuvons de ce qui est dans leur ventre, d'un produit issu du mélange des excréments intestinaux et du sang - un breuvage pur, délicieux pour les buveurs.*** »[1]

Il dit en évoquant le Paradis :

فِيهَآ أَنْهَٰرٌ مِّن مَّآءٍ غَيْرِ ءَاسِنٍ وَأَنْهَٰرٌ مِّن لَّبَنٍ لَّمْ يَتَغَيَّرْ طَعْمُهُۥ

« ***Il y aura là des ruisseaux d'une eau toujours pure, et des ruisseaux d'un lait au goût inaltérable*** »[2]

On rapporte que le Prophète (ﷺ) a dit : « *Celui à qui Allah accorde une subsistance, qu'il dise : ô Allah ! Bénis [cette nourriture] pour nous et accorde-nous en de meilleures. Et celui qu'Allah abreuve de lait, qu'il dise : Ô Allah ! Bénis [ce lait] pour nous, et permets-nous d'en profiter à nouveau, car je ne connais rien d'autre qui soit à la fois une boisson et un aliment.* »[3]

Bien que le lait soit un aliment simple, il est à l'origine composé naturellement de trois essences : de fromage, de beurre et d'eau. Le fromage est froid, humide et nutritif. Le beurre est de chaleur et de d'humidité modérée et convient au corps humain en bonne santé, et il comporte beaucoup de bienfaits. L'eau est chaude, humide et purgative, et elle hydrate le corps. De manière générale, le lait est plus froid et plus humide que ce qui est équilibré. On dit que sa force, au moment de la traite émane de la chaleur et de l'humidité. On dit aussi qu'il est de chaleur et d'humidité modérées.

Le meilleur lait est celui qui vient d'être trait, puis plus le temps passe, plus sa qualité diminue, car au moment de la traite, il est moins froid et plus humide, contrairement au lait fermenté. On tire le lait quarante jours après la mise à bas [de la vache]. Le meilleur est celui d'une grande blancheur, de bonne odeur, de goût délicieux, légèrement sucré, modérément crémeux, et dont la consistance est modérée entre le liquide et

[1] Sourate ***An-Nahl***, v.66.
[2] Sourate ***Muhammad***, v.15.
[3] *Sahîh Ibn Mâjah* (2699).

l'épais. Il est trait d'une bête jeune et saine, de chair équilibrée, disposant d'un pâturage et d'une boisson louables.

Le lait est bon, il engendre un bon sang, hydrate le corps sec et nourrit bien. Il est utile contre les insufflations, les soucis et les maladies de mélancolie. Si on en boit avec du miel, il nettoie les lésions internes des humeurs putréfiées ; et le boire avec du sucre est très bon pour le teint. Le lait remédie à la nocivité du rapport charnel, il convient à la poitrine et aux poumons, il est aussi très utile aux tuberculeux, mais il est mauvais pour la tête, l'estomac, le foie et la rate. Trop en consommer nuit aux dents et à la gencive, c'est pourquoi il faut, se rincer la bouche après en avoir bu. On rapporte que lorsque le Prophète (ﷺ) but du lait, puis demanda de l'eau et se rinça la bouche, et il dit : « *Il est gras.* »[1]

Le lait est mauvais pour ceux qui souffrent de fièvre et de céphalée, il est mauvais pour le cerveau et la tête faible. En boire constamment affaiblit la vue et l'ouïe, provoque des douleurs des articulations, des occlusions du foie, et des gonflements de l'estomac et des intestins ; et on remédie à cela en prenant du miel, du gingembre confit et d'autres choses semblables. Tout ceci concerne ceux qui n'ont pas l'habitude d'en boire.

Lait de brebis : C'est le plus épais et le plus humide des laits, il contient une graisse et une forte odeur que n'a pas le lait de chèvre et de vache. Il provoque des excédents de pituite, et si on en boit constamment, il provoque des tâches blanches sur la peau, c'est pourquoi il faut mélanger ce lait avec de l'eau afin que ce qui en atteint le corps soit moindre, que sa désaltération soit plus rapide et son refroidissement du corps plus grand.

Lait de chèvre : Il est doux et équilibré, il relâche le ventre, hydrate le corps sec, et il est utile contre les lésions de la gorge, la toux sèche et l'expectoration de sang.

Le lait est la boisson la plus utile au corps humain, car il réunit nutrition et sang, et le corps s'y est habitué dès l'enfance, il convient également à sa nature fondamentale. On rapporte que lors de son Voyage Nocturne, on apporta au Messager d'Allah (ﷺ) une coupe de vin et une autre de lait. Il regarda les deux et prit celle de lait. Jibrîl (عليه السلام) dit : « Louange à Allah qui t'a dirigé vers la saine nature, si tu avais pris la coupe de vin, ta Communauté se serait égarée. »[2] Le lait fermenté est lentement digéré, son humeur est brute, l'estomac chaud le digère et en tire profit.

---

[1] Al-Bukhârî (211) et Muslim (358).
[2] Al-Bukhârî (5576) et Muslim (167).

Lait de vache : Il nourrit et fertilise le corps, relâche le ventre de façon modérée, et il compte parmi les plus équilibrés et les meilleurs des laits, entre le lait de brebis et le lait de chèvre dans la fluidité, l'épaisseur et le gras. ᶜAbd Allah Ibn Masᶜûd (ﷺ) rapporte que le Messager d'Allah (ﷺ) a dit : « *Buvez du lait de vache, car elle broute à tous les arbres.* »[1]

Lait de chamelle : Nous l'avons mentionné en début de chapitre et nous avons rappelé ses bienfaits, il n'est donc pas nécessaire de recommencer.

Lentille - عَدَس

Nombre de hadiths sont rapportés concernant les lentilles, mais ils sont tous faux, et le Messager d'Allah (ﷺ) n'en a jamais rien dit, comme le hadith : « Elles ont été louées par soixante-dix prophètes. » et le hadith : « Elles attendrissent le cœur, augmentent les larmes et constituent la nourriture des pieux. » Ce qui est le plus authentique est que les lentilles sont ce que les juifs ont préféré à la manne et aux cailles. Les lentilles sont proches de l'ail et l'oignon par la masculinité (en arabe) mais leur nature est féminine, froide et sèche. Elles contiennent deux forces opposées : elles constipent et sont purgatives. Leur pellicule est chaude et sèche au troisième degré, âcre et relâche le ventre, et c'est dans la pellicule que repose l'antidote, c'est pourquoi les lentilles entières sont meilleures que les lentilles moulues, plus légères à l'estomac, et moins nocives car la digestion de la pulpe est lente à cause de sa froideur et sa sécheresse. Elles engendrent de la bile noire et nuisent considérablement à la mélancolie, aux nerfs et à la vue.

Elles sont lourdes, et les gens mélancoliques doivent les éviter ; s'ils en mangent beaucoup, cela leur causera de mauvaises maladies, telles que les insufflations, la lèpre et la fièvre qui revient tous les quatre jours. On peut amoindrir leur nocivité en les bouillant, et en les mangeant avec l'épinard et beaucoup de matière grasse. Le plus mauvais est ce qui est mangé avec des escalopes de viande salées et épicées, il faut également éviter d'y mélanger des choses sucrées, car cela entraîne obstruction du foie. En manger régulièrement assombrit la vue en raison de leur forte propriété asséchante, et elles entraînent rétention urinaire, gonflements chauds, et gaz lourds. Les meilleures sont les blanches et grosses qui cuisent rapidement.

Quant à ce que croient les ignorants en disant que c'est le met que l'ami privilégié d'Allah Ibrahim a présenté à ses hôtes, c'est un mensonge, car

---

[1] *As-Sahîhah* (1943).

Allah n'a mentionné que le veau rôti. Al-Bayhaqî a rapporté d'après Is<u>h</u>âq : « On a interrogé Ibn Al-Mubârak à propos du hadith concernant les lentilles disant qu'elles ont été louées par soixante-dix prophètes, il répondit : « Pas même par un seul prophète, elles sont nocives et provoquent des gonflements. Qui vous a rapporté cela ? – Salam Ibn Sâlim – D'après qui ? – D'après toi. – Oh ! D'après moi aussi ?! »[1]

Lézard – ضَبّ

Ibn cAbbâs (ﷺ) rapporte que lorsqu'on présenta au Prophète (ﷺ) un lézard grillé, il n'en mangea pas. On lui demanda : « Cela est-ce illicite ? » Il répondit : « *Non, mais cela ne se trouvait pas dans mon pays, et cela me répugne.* »On le mangea devant lui, sur sa table alors qu'il regardait.[2]

Ibn cUmar (ﷺ) rapporte que le Messager d'Allah (ﷺ) a dit : « *Je ne le permets et ne l'interdis pas.* »[3]

Il est chaud et sec, aphrodisiaque, si on le broie et qu'on le met sur l'endroit de la piqûre, il attirera (le venin).

Melon – بِطِّيخ

On rapporte que le Prophète (ﷺ) mangeait du melon avec des dattes fraîches et disait : « *Nous repoussons la chaleur de celles-ci par la fraîcheur de celui-ci ; et la fraîcheur de celui-ci par la chaleur de celles-ci.* »[4] On rapporte à propos du melon [et des pastèques] de nombreux hadiths dont aucun n'est authentique, si ce n'est cet unique hadith. Ce qui est désigné dans le hadith est le melon[5] (*Al-Bi<u>tt</u>îkh Al-Akh<u>d</u>ar*), il est froid et humide, nettoie et descend plus rapidement dans l'estomac que le concombre sauvage (*Qithâ'*) et le concombre (*Khiyâr*), et il se transforme rapidement en toute humeur rencontrée dans l'estomac. Si celui qui le mange est d'humeur chaude, il sera très utile, et s'il est d'humeur froide, on repoussera sa nocivité par un peu de gingembre ou autre. Il faut en consommer avant ou après manger, sinon il provoque nausées et vomissements. Certains médecins disent : « Avant le repas il nettoie bien le ventre, et dissipe la maladie. »

---

1 *Al-Maw<u>d</u>ûcâ*t (2/295).
2 Al-Bukhârî (5391) et Muslim (1946).
3 Al-Bukhârî (5536).
4 *As-<u>S</u>a<u>h</u>î<u>h</u>ah* (57).
5 Voir l'explication de shaykh Al-Albânî dans *As-<u>S</u>a<u>h</u>î<u>h</u>ah* (1/1/125) où il montre que cela désigne ici le melon et non la pastèque, ce qui est également l'avis de Ibn <u>H</u>ajar dans *Al-Fat<u>h</u>*.

Miel - عَسَل

Nous avons déjà mentionné ses bienfaits. Ibn Jurayj rapporte de Az-Zuhrî : « Prends du miel, car il est bon pour la mémorisation. » Le meilleur est le plus pur, le plus clair, et le moins acide, dont la douceur est la meilleure. Celui que l'on prend des montagnes et des arbres est meilleur que celui qu'on prend des ruches.

Mouche - ذُباب

Nous avons déjà mentionné dans le hadith de Abû Hurayrah (ﷺ) l'ordre du Prophète (ﷺ)de plonger la mouche dans la nourriture, si elle y tombe, pour obtenir la guérison que son aile contient et qui est un antidote pour le poison qui se trouve dans son autre aile, et nous avons également mentionné à ce moment les bienfaits des mouches.

Musc - مِسْك

Abû Sacîd Al-Khudhrî rapporte que le Messager d'Allah (ﷺ) a dit : « *Le meilleur parfum est le musc.* »[1]

cÂ'ishah (ﷺ) rapporte : « Je parfumais le Prophète (ﷺ) avant qu'il ne soit en état de sacralisation, le jour du sacrifice, et avant qu'il n'accomplisse de circonvolutions autour de la *Kacbah* par un parfum qui contenait du musc. »[2]

Le musc est le roi des parfums, le plus noble et le meilleur. Il est un exemple, on compare à lui et rien ne lui est comparé, il compose les dunes du Paradis. Il est chaud et sec au deuxième degré. Il réjouit l'âme et la renforce, de même que tous les organes internes, qu'il soit bu ou senti. Appliqué sur la peau, il est utile aux gens âgés et d'humeurs froides, surtout en hiver. Il est bon en cas d'évanouissement, de palpitations, et de faiblesse, car il vivifie la chaleur naturelle. Il nettoie la cornée de l'œil, dessèche ses humidités, et en chasse l'air, ainsi que de tous les organes. Il annule l'effet des poisons et il est utile contre la morsure des vipères. Ses bienfaits sont très nombreux, et il compte parmi les choses qui égaient le plus.

[1] Muslim (2252).
[2] Al-Bukhârî (1539) et Muslim 1189).

Narcisse – نَرْجِس

Il existe à ce sujet un hadith qui n'est pas authentique : « Sentez le narcisse, car dans le cœur se trouve la graine de la folie et de la lèpre que rien ne détruit si ce n'est le fait de sentir le narcisse. » Il est chaud et sec au deuxième degré, ses racines cicatrisent les plaies profondes qui atteignent les nerfs, elles ont une force de lavage, de purification et d'extraction. Si on le cuit et qu'on boit son eau, ou si on le mange bouilli, il fait vomir et extrait l'humidité du fond de l'estomac. Si on le cuit avec de l'ervilier et du miel, cela nettoie les souillures des lésions et perce les boutons durs.

Sa fleur est de chaleur tempéré, douce, elle est utile pour lutter contre le rhume froid, car elle contient une forte capacité de décomposition, elle ouvre les occlusions du cerveau et des narines, et elles est aussi utile contre la céphalée humide et hypocondrique. Mais elle provoque des maux aux têtes d'humeur chaude. Si on fend son bulbe en croix et qu'on le plante il se multipliera. Celui qui le sent régulièrement en hiver sera préservé contre la pleurésie ; en été il est aussi bon contre les maux de tête causé par la pituite et la bile noire. Son parfum renforce le cœur et le cerveau, et il est utile contre nombre de leurs maladies. L'auteur de *At-Taysîr* a dit : « Le sentir fait disparaître l'épilepsie chez les enfants. »

Neige – ثَلْج

On rapporte que le Prophète (ﷺ) a dit : « *Ô Allah ! Lave-moi de mes péchés par l'eau de la neige et de la grêle.* »[1] On peut tirer de ce hadith, que la maladie est traitée par son opposé, et que les péchés contiennent une chaleur et un embrasement qui ont pour opposés la neige, la grêle et l'eau froide. Mais on ne dit pas que l'eau chaude nettoie mieux la saleté que l'eau froide, car l'eau froide fortifie et renforce le corps d'une manière qu'on ne trouve pas dans l'eau chaude. Les péchés produisent deux effets : la souillure et la mollesse. Il est donc nécessaire de les traiter par ce qui épure le cœur et le fortifie, et la mention de l'eau froide, de la neige et de la grêle indique ces deux choses.

Ceci dit, la neige, selon l'avis le plus juste, est froide, et celui qui dit qu'elle est chaude fait erreur car il tire cela du fait du fait que les bêtes y naissent, mais cela n'indique pas qu'elle soit chaude, car les bêtes naissent aussi dans les fruits froids, et même dans le vinaigre. Quant au fait qu'elle

---

[1] Al-Bukhârî (744) et Muslim (598).

donne soif, cela est dû au fait qu'elle excite la chaleur et non en raison de sa propre chaleur. Elle est nocive à l'estomac et aux nerfs, et si une douleur des dents naît d'une chaleur excessive, elle l'apaise.

Graine de Nigelle – حَبَّةُ السَّوْدَة

Abû Salamah et Abû Hurayrah (ﷺ) rapporte que le Prophète (ﷺ) a dit : « *Prenez cette graine de nigelle [litt : graine noire] car elle contient une guérison pour toute maladie, sauf la mort.* »[1]

La graine noire est la nigelle (*As-Shûnîz*) dans la langue des perses, le cumin noir, on la nomme également cumin indien. Al-Harbî rapporte d'après Al-Hasan que cela désigne la moutarde. Quant à Al-Haraway, il mentionne qu'il s'agit de la graine verte du fruit du térébinthe ; mais ce ne sont que deux prétentions, et ce qui est juste est qu'il s'agit de la nigelle. Elle comporte de très nombreux bienfaits et sa parole : « *elle contient une guérison pour toute maladie* » est semblable à la Parole d'Allah (ﷻ) :

تُدَمِّرُ كُلَّ شَيْءٍ بِأَمْرِ رَبِّهَا

« ***Détruisant tout, par ordre de son Seigneur*** »[2]

C'est à dire toute chose pouvant être détruite, et ses semblables. Elle est utile contre toutes les maladies froides, et aussi les maladies chaudes et sèches en amenant les forces des remèdes froids et humides, en raison de son absorption rapide si on en prend une petite quantité. L'auteur *Al-Qânûn* et d'autres ont mentionné le safran dans un cachet de camphre en raison de sa pénétration rapide et de l'apport de sa force, et il a des semblables que connaissent les experts du domaine. On ne peut exclure l'utilité du chaud sur les maladies chaudes par nature, et tu trouves cela en de nombreux remèdes, tel que la sarcocolle et tout ce qu'on y ajoute en remède contre la conjonctivite, comme le sucre ou autre parmi les éléments simples et chauds. La conjonctivite est un gonflement chaud à l'unanimité des médecins ; de même le souffre très chaud est utile contre la gale.

La nigelle est chaude et sèche au troisième degré, elle élimine les gonflements, fait sortir les teignes, elle est utile contre la lèpre et la fièvre qui revient tous les quatre jours et la fièvre pituitaire, elle libère les occlusions, décompose les gaz, et assèche la moiteur et l'humidité de l'estomac. Si on la broie, qu'on la pétrit avec du miel, et qu'on la boit avec de l'eau chaude, elle dissout les calculs dans les reins et la vessie, elle est

[1] Al-Bukhârî (5688) et Muslim (2215).
[2] Sourate ***Al-Ahqâf***, v.25.

diurétique, fait s'écouler les règles et le lait si on la boit plusieurs jours. Si on la chauffe avec du vinaigre et qu'on l'enduit sur le ventre, elle élimine les boutons causés par la teigne. Si on la pétrit avec l'eau de coloquinte fraîche ou cuite, son efficacité à extraire les vers sera plus grande, elle évacue, découpe, dissout et guérit du rhume froid, si on la broie, qu'on l'enveloppe d'un bout de tissu et qu'on la respire continuellement.

Son huile est utile contre les piqûres du serpent, les verrues, et les grains de beauté. Si on en boit un *Mithqâl* avec de l'eau, elle est efficace contre l'essoufflement et la gêne respiratoire. En pansement, elle est utile contre la céphalée froide. Si on en trempe sept grains dans le lait d'une femme, qu'instille ensuite le malade atteint de jaunisse, cela sera très utile.

Si on la cuit avec du vinaigre et qu'on s'en gargarise, elle calme la douleur des dents causée par le froid ; et si on l'instille broyée par le nez, elle est utile pour évacuer le liquide accumulé dans l'œil. Appliquée en pansement avec du vinaigre, elle élimine les pustules, la gale suintante, et dissout les gonflements pituitaires chroniques, ainsi que les gonflements durs. Elle est également utile pour traiter la paralysie faciale, si on instille par le nez son huile ; et si on en boit d'un demi à un *Mithqâl*, elle est utile contre la piqûre de la tarentule. Si on la broie finement et qu'on la mélange avec l'huile de la graine verte et qu'on en met trois gouttes dans l'oreille, elle sera utile contre ce qu'on peut y trouver comme froid, air et occlusion.

Grillée et broyée finement, puis trempée dans l'huile et instillée dans le nez, à une dose de trois ou quatre gouttes, elle sera utile contre le rhume qui s'accompagne de nombreux éternuements. Brûlée et mélangée avec de la cire fondue avec de l'huile d'iris ou de henné, si on s'en enduit, elle est utile et élimine les lésions apparaissant sur les jambes préalablement lavées avec du vinaigre. Broyée avec du vinaigre, si on s'en enduit, elle est utile et guérit la lèpre, le vitiligo noir, et l'impétigo profond. Si on la broie finement et qu'on en avale une quantité de deux dirhams par jour avec de l'eau froide, cela sera très utile à celui qui est mordu par un chien enragé, avant que l'eau ne soit finie, et le malade sera préservé de la perte. Si on instille son huile, elle sera utile contre l'hémiplégie et le tétanos en éliminant leurs matières. Si on en fait des fumigations, elle chasse les bêtes venimeuses. Si on dissout le sarcocolle dans l'eau et qu'on en applique dans l'anus, puis qu'on saupoudre de nigelle, ce sera une très bonne poudre contre les hémorroïdes.

Ses bienfaits sont beaucoup plus nombreux encore que ce que nous avons mentionnés. Si on en boit il faut seulement en prendre une quantité de deux dirhams, et certains ont prétendu que trop en consommer était mortel.

Œuf - بَيْض

Al-Bayhaqî mentionne dans *Shu^c^ab Al-Îmân* un récit attribué au Prophète (ﷺ) disant qu'un prophète se plaignit à Allah (ﷻ) de faiblesse et qu'Il lui commanda de manger des œufs. Son authenticité est contestable. On préfère les œufs récents aux anciens, de même que les œufs de poule parmi ceux des oiseaux. L'œuf est d'humeur équilibrée, penchant légèrement vers la froideur.

L'auteur de *Al-Qânûn* a dit : « Son jaune est chaud et humide, il engendre un bon sang louable, il nourrit légèrement, et s'il est mou, il descend rapidement de l'estomac vers les intestins. » Un autre dit : «Le jaune d'œuf apaise la douleur, lubrifie la gorge et la trachée, il est bon pour la gorge, la toux, les lésions des poumons, des reins et de la vessie, il dissipe l'âcreté surtout si on en prend avec de l'huile d'amande douce. Il consume et ramollit ce que contient la poitrine, et il évacue l'âcreté de la gorge. Son blanc employé comme collyre dans l'œil souffrant d'un gonflement le refroidira et apaisera la douleur. Si on l'enduit sur une brûlure causée par le feu, cela empêchera l'apparition de cloques. Si on en enduit le visage, il est utile contre la brûlure provoquée par le soleil. Si on le mélange avec de l'oliban et qu'on en enduit le front, cela est utile contre la bronchite. »

L'auteur de *Al-Qânûn* le mentionne parmi les remèdes du coeur puis il dit : « Même si ce n'est pas un remède absolu, il renforce beaucoup le cœur, je veux parler du jaune (d'œuf), qui rassemble trois qualités : Il se transforme rapidement en sang, il contient peu d'excédents, et le sang qu'il engendre est analogue au sang qui nourrit le cœur, léger et poussé rapidement vers lui. C'est la raison pour laquelle il est le remède qui convient le mieux contre les maladies qui décomposent l'essence de l'âme. »

Oignon – بَصَل

On interrogea ᶜÂ'ishah (ﷺ) sur l'oignon et elle répondit : « Le dernier plat mangé par le Prophète (ﷺ) contenait de l'oignon. »[1] On rapporte également que le Prophète (ﷺ) a interdit à celui qui en mangeait d'entrer dans la mosquée[2].

L'oignon est chaud au troisième degré, il contient un excédent d'humidité, il est utile contre la transformation de l'eau, repousse l'odeur des venins, donne de l'appétit, renforce l'estomac, est aphrodisiaque, augmente le sperme, embellit le teint, stoppe la pituite et nettoie l'estomac. Ses graines dissipent le vitiligo et sont également utiles si on les frotte autour de l'impétigo. Mélangé au sel, il fait tomber les verrues. Si celui qui prend un remède purgatif le sent, cela chassera nausées et vomissements, et il fera disparaître l'odeur du remède. Si on l'instille avec son eau, cela purifie la tête, et on peut en mettre quelques gouttes dans l'oreille en cas de mauvaise audition, de bourdonnement, de pus et de liquide apparaissant dans l'oreille. Il est aussi utile contre le liquide qui coule de l'œil, en application sur l'œil avec ses graines mélangé avec du miel pour rendre sa blancheur à la cornée. L'oignon cuit est très nourrissant, et il est bon contre la jaunisse, la toux, et l'âcreté de la poitrine ; il est aussi diurétique, purgatif, et il est bon en cas de morsure de chien non enragé, si on presse dessus son jus avec du sel et de la rue. Si le malade le supporte, il ouvre l'orifice des hémorroïdes.

Quant à ses inconvénients, il engendre migraines et maux de tête, produit des gaz, et assombrit la vue. Sa consommation excessive provoque oubli, corrompt la raison, change l'odeur et l'haleine de la bouche et nuit au compagnon et aux anges, on met fin à son odeur si on le cuit, et ainsi il perdra sa nocivité. On rapporte que le Prophète (ﷺ) a ordonné à celui qui consomme l'oignon et l'ail de tuer leur odeur en les cuisant[3]. On peut également faire disparaître sont odeur en mastiquant des feuilles de rue.

Oliban – لُبان

On rapporte que le Prophète (ﷺ) a dit : « Encensez vos maisons avec l'oliban et le thym. » mais cela n'est pas authentique. On rapporte que ᶜAlî dit à un homme qui se plaignait d'oubli : « Utilise l'oliban car il renforce le

---

[1] Abû Dâwud (3829), la chaîne de transmission de ce hadith est faible.
[2] Al-Bukhârî (5452) et Muslim (564).
[3] Muslim (567).

cœur et fait disparaître l'oubli. » On rapporte de Ibn ᶜAbbâs (ﷺ) que le fait d'en boire avec du sucre a jeun est bon pour l'urine et l'oubli. On rapporte de Anas (ﷺ) qu'un homme se plaint à lui d'oubli et il lui dit : « Utilise de l'oliban, fais le tremper dans la nuit, et au matin prends-en une gorgée a jeun, car cela est utile contre l'oubli. »

Cela a une cause naturelle évidente car l'oubli est une conséquence d'une mauvaise humeur froide et humide qui domine le cerveau qui ne mémorise pas ce qui s'y imprime. L'oliban est bon en cela, et si l'oubli est le résultat de la domination d'une chose nouvelle, on peut l'éliminer rapidement par des matières rafraîchissantes. La différence entre les deux est que l'humeur sèche amène vigilance et mémorisation des choses passées mais pas les évènements présents ; alors que l'humeur humide agit inversement.

L'oubli peut aussi provenir d'autres choses comme la pratique de *Al-Hijâmah* sur l'occiput, la consommation régulière de fumeterre humide et de pommes acides, la multitude des angoisses et soucis, le fait de regarder dans l'eau stagnante et d'y uriner, de regarder les croix et la lecture nombreuse des plaques funéraires, marcher entre deux chameaux tractés, jeter des poux dans les bassins, manger ce qui a été touché par les rats, et la plupart de ces choses sont connues par l'expérience[1].

L'essentiel est que l'oliban réchauffe au deuxième degré, et assèche légèrement au premier, il est légèrement constipant, et il comporte beaucoup de bienfaits et peu d'inconvénients. Parmi ses bienfaits est qu'il est bon en cas de saignement et d'hémorragie, de douleur de l'estomac et de diarrhée. Il digère les aliments, chasse les gaz, nettoie les lésions de l'œil, fait se développer la chair dans toutes les lésions, renforce l'estomac faible, et le réchauffe, dessèche la pituite et toutes les humidités de la poitrine, il dissipe l'obscurité de la vue, et empêche les lésions mauvaises de se propager. Si on le mâche seul ou avec du thym, il extrait la pituite, il est bon contre le mutisme, et développe l'intelligence. Si on en fait des fumigations, il est bon en cas d'épidémie, et il donne une bonne odeur.

---

[1] Al-Arnâ'ût dit : « Cela fait partie de la médecine des sorciers qui se propage parmi les gens, et leurs supputations sont tellement ancrées qu'ils pensent que c'est là l'expérience. Qu'Allah fasse miséricorde à l'auteur qui a tant mis en garde contre cela. » Ce passage ne repose donc sur rien, ni Texte ni raison saine.

Or – ذَهَب

Il est authentifié que le Prophète (ﷺ) a permis à ᶜArfajah Ibn Asᶜad, dont le nez fut coupé le jour de la bataille de *Al-Kulâb* et qui mit un nez en argent qui provoqua une infection, de le remplacer par un nez en or[1].

L'or est la parure de ce bas monde, le secret de l'existence, la réjouissance des âmes, le fortifiant de la constitution, et le secret d'Allah sur terre. Son humeur est de toutes les natures, il contient une chaleur douce qui participe à toutes les pommades douces et toutes les réjouissances. Il est le plus équilibré et plus noble des métaux.

Parmi ses propriétés est que s'il est enterré, la terre ne le corrompt pas et ne le diminue en rien. Sa limaille mélangée aux remèdes est utile contre la faiblesse du cœur et les frissons provoqués par l'humeur noire. Il est utile en cas d'insufflation, de tristesse, de souci, de terreur et de passion illicite, il engraisse le corps et le renforce, il chasse la pâleur et embellit le teint, il est également utile contre la lèpre et toutes les douleurs et maladies causées par l'humeur noire. Il est, en particulier un composant des remèdes contre l'alopécie, soit en le buvant ou en s'en enduisant, il nettoie et renforce l'œil, il est utile contre beaucoup de ses maladies, et il renforce tous les organes.

Le garder en bouche élimine la mauvaise haleine. Celui qui doit être cautérisé et l'est par l'or n'aura pas de cloques à cet endroit et cicatrisera rapidement. Si on en fait une aiguille pour appliquer le khôl, il renforce et nettoie l'œil. Si on en fait un sceau dont le chaton est aussi d'or, qu'on le chauffe et qu'on cautérise les rémiges[2] des ailes des pigeons, ils s'habituent à leur pigeonnier et ne le quittent pas. Il a aussi une propriété étonnante dans le renforcement des âmes, c'est pourquoi on l'a permis pour la guerre et les armes. Buraydah Al-ᶜAsarî (ﷺ) rapporte : « Le Messager d'Allah (ﷺ) est entré à la Mecque le jour de sa libération, et sur son épée figuraient de l'or et de l'argent. »[3]

Il est désiré par les âmes qui, lorsqu'elles l'obtiennent, il leur suffit face aux autres choses aimées de ce monde. Allah (ﷻ) dit :

زُيِّنَ لِلنَّاسِ حُبُّ ٱلشَّهَوَٰتِ مِنَ ٱلنِّسَآءِ وَٱلْبَنِينَ وَٱلْقَنَٰطِيرِ ٱلْمُقَنطَرَةِ مِنَ ٱلذَّهَبِ

وَٱلْفِضَّةِ وَٱلْخَيْلِ ٱلْمُسَوَّمَةِ وَٱلْأَنْعَٰمِ وَٱلْحَرْثِ

---

1 *Sahîh At-Tirmidhî* (1770).

2 Longue plume des ailes des oiseaux.

3 At-Tirmidhî (1690), la chaîne de transmission de ce hadith est faible.

« ***On a embelli aux gens l'amour de leurs passions comme les femmes, les enfants, les trésors thésaurisés d'or et d'argent, les chevaux marqués, le bétail et les cultures*** »[1]

On rapporte que le Prophète (ﷺ) a dit : « *Si le fils d'Adam possédait une vallée d'or, il en désirerait une deuxième, et s'il en avait une deuxième, il en désirerait une troisième, et rien ne remplit les entrailles du fils d'Adam que la terre, et Allah pardonne à celui qui se repent.* »[2]

L'or est le plus grand obstacle entre les créatures et le grand succès, le Jour de la Résurrection ; et il est la plus grande chose pour laquelle on a désobéi à Allah. À cause de lui, les liens de parenté ont été rompus, le sang versé, l'illicite permis, les droits non respectés, et l'injustice commise entre les serviteurs. C'est lui qui appelle les gens à la vie présente et immédiate, et les encourage à délaisser l'au-delà et ce qu'Allah a préparé à Ses alliés. Combien de droits ont été abattus, de faussetés vivifiées, d'injustes secourus, et d'opprimés dominés [pour l'or]. Comme est bon ce qu'a dit Al-Harîrî :

Que périsse le trompeur, fourbe
Jaune, à double face comme l'hypocrite.
Il montre deux qualités à celui qui le regarde
Une parure désirée et une couleur aguichante
L'amour pour lui chez les gens qui ont des droits
Invite à commettre ce qui courrouce le Créateur.
Sans lui, on n'aurait pas coupé la main droite du voleur
Et aucune injustice de pervers n'aurait existé
Aucun avare n'aurait répugné un mendiant
Et aucun créancier ne se serait plaint du retard de celui qui est empêché
On n'aurait pas cherché protection contre l'envieux
Et le mal qu'il contient vient des créatures
N'est-ce pas que dans la difficulté
Il te fuit comme l'esclave fugitif

Orge – شَعِير

ᶜÂ'ishah (رضي الله عنها) rapporte : « Lorsque quelqu'un de sa famille était souffrant, le Messager d'Allah (ﷺ) ordonnait de préparer une soupe d'orge. Après sa préparation, il ordonnait de la faire boire doucement et disait : « Elle réconforte le cœur de l'attristé et nettoie le cœur du malade, comme vous nettoyez la saleté de vos visages par l'eau. »[3]

[1] Sourate ***Âl-ᶜImrân***, v.14.
[2] Al-Bukhârî (6439) et Muslim (1048).
[3] Ibn Mâjah (3445), la chaîne de transmission de ce hadith est faible.

Nous avons mentionné qu'il s'agit de la soupe d'orge bouillie qui est plus nourrissante que sa farine fine. Elle est bonne pour la toux, l'âcreté de la gorge, mais aussi pour dissiper l'acidité des excédents, elle est diurétique, évacue ce qui se trouve dans l'estomac, désaltère, et éteint la chaleur. Elle a une force par laquelle elle évacue, assouplit et décompose.

Sa préparation consiste à prendre un volume d'orge concassée, cinq volumes d'eau douce et claire, placer le tout dans une marmite propre, et cuire à feu doux jusqu'à ce qu'il n'en reste que les deux cinquième. Ensuite on la filtre et on l'emploie autant que nécessaire, sucrée.

Origan – مَرْزَنْجُوش

On rapporte à ce sujet un hadith dont nous ne connaissons pas l'authenticité : « Prenez de l'origan car il est bon pour le rhume. »[1] Il est chaud de troisième degré, sec de deuxième ; le respirer est bon contre la céphalée froide et celle provoquée par la pituite, la bile, le rhume, les gaz lourds, et cela ouvre les occlusions de la tête et des narines, et il dissipe la plupart des gonflements froids. Il est bon contre la majorité des gonflements et des douleurs froides et humides. Si on le supporte, il fait s'écouler les menstrues et aide à la grossesse. Si l'on broie ses feuilles sèches et qu'on en fait des pansements, il dissipe les cernes ; et en pansement avec du vinaigre, il est utile en cas de piqûre du scorpion.

Son huile est utile en cas de douleurs du dos et des genoux, et il dissipe la fatigue. Celui qui le respire régulièrement, le liquide ne s'écoulera pas dans ses yeux, et si on instille par le nez son extrait avec de l'huile d'amande amère, cela ouvre les obstructions des narines et est utile contre l'air qui y stagne, ainsi que dans la tête.

Pain – خُبْز

On rapporte que le Prophète (ﷺ) a dit : « *Au Jour de la Résurrection, la terre ne sera qu'un seul pain que le Tout-puissant pétrira de Sa Main comme l'un de vous pétrit son pain en provision de son voyage, et qui sera la nourriture des habitants du Paradis.* »[2]

Ibn ᶜAbbâs (ﷺ) rapporte : « Le plat préféré du Messager d'Allah (ﷺ) était *At-Tharîd* de pain, et *At-Tharîd* de H̲ays[3]. »

---

[1] Qualifié de faible par Al-Arnâ'ût̲.

[2] Al-Bukhârî (6520) et Muslim (2792).

[3] Dattes et beurre rance.

Ibn ᶜUmar (ﷺ) rapporte que le Messager d'Allah (ﷺ) dit : « J'aimerais avoir du pain blanc fait de blé brun accompagné de beurre rance et de lait. » Un homme se leva et le ramena. Il dit alors : « Dans quel récipient était ce beurre rance ? » L'homme répondit : « Dans un beurrier fait de peau de lézard. » Le Prophète (ﷺ) dit alors : « Enlève-le. »[1]

ᶜÂ'ishah rapporte que le Prophète (ﷺ) a dit : « Respectez le pain, et son respect implique de ne pas attendre le condiment avec lui. »[2] Il est plus probable que ce soit la parole du Compagnon, et il n'est pas authentique de l'attribuer au Prophète (ﷺ), de même que le hadith précédent.

Quant au hadith de l'interdiction de couper le pain au couteau, il est faux et n'a aucun fondement dans les propos du Messager d'Allah (ﷺ). Tout ce qui est rapporté est l'interdiction de couper la viande au couteau, et cela n'est pas non plus authentique.

Muhannâ dit : « J'ai interrogé Ahmad à propos du hadith : « Ne coupez pas la viande au couteau car c'est la pratique des non arabes. »[3] Il répondit : « Ce n'est pas authentique et pas connu. » Le hadith de ᶜAmr Ibn Umayyah montre le contraire et il dit que le Prophète (ﷺ) taillait de la viande de l'agneau[4]. De même que le hadith de Al-Mughîrah qui rapporte que lorsqu'il l'invita, il ordonna qu'on apporte un flanc qu'on fit griller, puis il prit une lame et commença à découper[5].

La meilleur des pains est celui qui est le mieux fermenté et pétri, puis celui qui est cuit dans *At-Tannûr* (four à pain dans la terre), puis dans le four et enfin, en troisième position celui qui est cuit sur des cendres chaudes. Le meilleur pain aussi est le pain fait de la farine de blé récente.

Le pain le plus nutritif est celui de blé concassé dont la digestion est la plus lente en raison du peu de fibres qu'il contient, puis le pain blanc, puis le pain de farine grossière.

Le meilleur moment pour le manger est la fin de journée lors de laquelle il a été fait. Le tendre est plus amollissant, plus nutritif, plus hydratant, et plus rapidement digéré ; le sec est à l'opposé.

---

1 Abû Dâwud (3818), la chaîne de transmission de ce hadith est faible.
2 Al-Arnâ'ût dit : « Ce hadith n'est pas authentique. »
3 Abû Dâwud (3738), la chaîne de transmission de ce hadith est faible.
4 Al-Bukhârî (5408) et Muslim (355)
5 *Sahîh Abû Dâwud* (188).

L'humeur du pain de blé est chaud au milieu du deuxième degré, et il est proche de l'équilibre dans l'humidité et la sécheresse, mais le sec domine sur ce que le feu a asséché, et l'humidité règne sur son opposé.

Le pain du froment[1] a une propriété qui est qu'il engraisse rapidement, alors que le pain d'amarante engendre des humeurs lourdes. Le pain émietté donne des gonflements et il est lentement digéré. Le pain travaillé avec du lait provoque des occlusions, il est très nutritif, et descend lentement dans l'estomac. Le pain d'orge est froid et sec du premier degré, et il est moins nutritif que le pain de froment.

Palmier – نَخْل

Il est mentionné en de nombreux endroits du Coran, et Ibn ᶜUmar (ﷺ) rapporte : « Alors que nous étions chez le Messager d'Allah (ﷺ), on a apporté un cœur de palmier et le Prophète (ﷺ) dit : « *Il y a un arbre semblable au musulman, dont les feuilles ne tombent pas, dites-moi quel est-il ?* » Les gens mentionnèrent les arbres du désert mais moi je me disais que c'était le palmier. Je voulais dire : « C'est le palmier » mais j'ai vu que j'étais le plus jeune de l'assistance, donc je me suis tu. Le Messager d'Allah (ﷺ) dit : « *C'est le palmier.* » J'ai raconté cela à ᶜUmar et il me dit : « Si tu l'avais dit, cela m'aurait été préférable à ceci et cela. » »[2]

Ce hadith montre que :

– Le savant peut poser des questions à ses compagnons, les exercer et tester leurs connaissances.

– L'utilisation d'exemples et de comparaisons.

– La pudeur et le respect des Compagnons face à leurs aînés, et le fait qu'ils s'abstenaient de prendre la parole devant eux.

– La joie de l'homme dont le fils voit juste.

– Il n'est pas détestable que le fils donne une réponse exacte, en présence de son père même si ce dernier ne la connaît pas, ce n'est absolument pas une impolitesse.

– La comparaison du musulman au palmier en raison de ses nombreux bienfaits, de son ombre constante, de ses bons fruits, et de leur existence permanente.

---

[1] Terme qui désigne la meilleure qualité de blé.
[2] Al-Bukhârî (5448) et Muslim (2811).

– Ses fruits peuvent être mangés frais, séchés, verts et mûrs. Ils sont un aliment, un remède, une subsistance, une douceur, une boisson, et un fruit. Son tronc sert à la construction, aux outils et ustensiles. Ses palmes s'emploient pour fabriquer des nattes, des ustensiles, des éventails et autres. De ses fibres on fait des cordes, des matelas et autres. Et enfin ses noyaux sont un fourrage pour les chameaux et comptent parmi les remèdes et les fards. La beauté de son fruit et de son arbre, sa belle apparence, la réjouissance à sa vue, la beauté de la superposition de ses fruits, sa force et sa beauté, la réjouissance des âmes à sa vue car elle leur rappelle leur Créateur, la beauté de Sa création, la perfection de Sa puissance et de Sa sagesse. Rien n'est plus semblable au croyant, car il n'est que bien et utilité, extérieurement et intérieurement.

Le palmier est l'arbre dont le tronc gémit devant le Messager d'Allah (ﷺ) quand il le quitta, car il espérait être proche de lui et entendre ses paroles. Il est aussi l'arbre sous lequel se mit Maryam lorsqu'elle accoucha de ᶜÎsâ (عليه السلام). On rapporte dans un hadith dont la chaîne de transmission est discutable : « Honorez votre tante le palmier[1] car il a été créé de la boue dont Âdam fut créé. »[2]

Les gens ont divergé en deux avis concernant sa supériorité sur la vigne, et Allah les a liés en de nombreux endroits de Son Livre. Si chacun d'eux est à sa place et au lieu qui lui convient, il est meilleur et plus utile.

Parfum – طِيب

On rapporte que le Messager d'Allah (ﷺ) a dit : « *On m'a fait aimer en votre monde les femmes et le parfum, et on a mis ma réjouissance dans la prière.* »[3] Le Messager d'Allah (ﷺ) se parfumait beaucoup, et les mauvaises odeurs lui étaient insupportables. Le parfum est la nourriture de l'esprit, la monture des forces qui se multiplient et augmentent grâce au parfum, tout comme elles augmentent par la nourriture et la boisson, l'aisance et la joie, la fréquentation des bien-aimés, la survenue de choses agréables, et l'absence de celui dont l'absence réjouit, et dont la vue est pénible à l'âme, comme les gens lourds et détestés, car leur fréquentation amoindrit les forces, et engendre angoisse et souci. Elle est pour l'âme pareille à la fièvre et la mauvaise odeur pour le corps, c'est pourquoi Allah (ﷻ) a fait détester aux Compagnons le fait d'adopter ce comportement avec le Messager d'Allah (ﷺ), car cela lui nuisait, et Il dit :

---

[1] En arabe *Nakhlah* qui est un féminin.

[2] Al-Arnâ'ûṯ dit : « Ce hadith n'est pas authentique. »

[3] Aẖmad (3/128) qualifié d'authentique par Al-Arnâ'ûṯ.

إِذَا دُعِيتُمْ فَٱدْخُلُوا۟ فَإِذَا طَعِمْتُمْ فَٱنتَشِرُوا۟ وَلَا مُسْتَـْٔنِسِينَ لِحَدِيثٍ ۚ إِنَّ ذَٰلِكُمْ كَانَ يُؤْذِى ٱلنَّبِىَّ فَيَسْتَحْىِۦ مِنكُمْ ۖ وَٱللَّهُ لَا يَسْتَحْىِۦ مِنَ ٱلْحَقِّ ۚ

« ***Lorsqu'on vous appelle alors entrez. Puis, quand vous aurez mangé, dispersez-vous, sans vous laisser aller aux plaisirs de la conversation. Cela peinait le Prophète, mais il se gênait de vous congédier, alors qu'Allah ne se gêne pas de montrer la vérité*** »[1]

L'essentiel est que le parfum comptait parmi les choses préférées du Messager d'Allah (ﷺ), et il a un effet dans la préservation de la santé, le repoussement de nombre de douleurs et de leurs causes, en raison du renforcement de la nature qu'il provoque.

Patience – صَبْر

La patience est la moitié de la foi qui est composée de patience (*Sabr*) et de reconnaissance (*Shukr*), comme l'ont dit certains pieux prédécesseurs : « La foi est formée de deux moitiés : l'une est la patience et l'autre est la reconnaissance. » Et Allah (ﷻ) dit :

إِنَّ فِى ذَٰلِكَ لَءَايَـٰتٍ لِّكُلِّ صَبَّارٍ شَكُورٍ

« ***Il y a en cela des signes pour toute personne patiente et reconnaissante*** »[2]

La patience est à la foi ce que la tête est au corps, et elle est de trois types :

1 – La patience sur les obligations d'Allah, sans les abandonner.

2 – La patience sur les interdits d'Allah, sans les commettre.

3 – La patience sur le décret et la prédestination d'Allah, sans s'en courroucer.

Celui qui obtient ces trois degrés obtient la patience, la délectation de ce bas monde et l'au-delà et ses délices, le succès et la réussite car personne n'y parvient qu'en empruntant le pont de patience, de même que personne ne parvient au Paradis qu'en empruntant *As-Sirât* (le Pont jeté au-dessus de l'Enfer).

---

[1] Sourate ***Al-Ahzâb***, v.53.
[2] Sourate ***Ibrâhîm***, v.5.

ᶜUmar Ibn Al-Khaṯṯâb (ﷺ) a dit : « La meilleure vie que nous avons obtenue, le fut par la patience. » Si tu médites les degrés de la perfection obtenue dans ce monde, tu constateras qu'ils sont tous liés à la patience, et si tu médites les manquements pour lesquels on blâme l'homme, bien que cela entre dans ses capacités, tu constateras que cela est dû à l'impatience. Le courage et la chasteté, la générosité et la préférence donnée à autrui sont toutes une patience d'un moment. Un poète a dit :

La patience est l'énigme menant au trésor de notre amour
Celui qui résout cette énigme obtiendra son trésor

La plupart des maladies du corps et du cœur proviennent de l'impatience. On n'a pas préservé la santé des corps, des cœurs et des âmes par une chose meilleure que la patience, elle est la plus grande distinction, et le meilleur des antidotes. Suffit qu'Allah soit avec les patients et les aime, car Allah aime les patients, et les secourt, car le secours vient avec la patience, et c'est un bien pour qui la possède :

وَلَئِن صَبَرْتُمْ لَهُوَ خَيْرٌ لِّلصَّـٰبِرِينَ

« ***Et si vous patientez, cela est meilleur pour les endurants*** »[1]

Elle est aussi la cause de la réussite :

يَـٰٓأَيُّهَا ٱلَّذِينَ ءَامَنُوا۟ ٱصْبِرُوا۟ وَصَابِرُوا۟ وَرَابِطُوا۟ وَٱتَّقُوا۟ ٱللَّهَ لَعَلَّكُمْ تُفْلِحُونَ ﴿٢٠٠﴾

« ***Ô vous les croyants ! Soyez patients, incitez-vous à l'endurance, luttez constamment (contre l'ennemi) et craignez Allah, afin que vous réussissiez !*** »[2]

Plante aromatique – رَيْحان

Allah (ﷻ) dit :

فَأَمَّآ إِن كَانَ مِنَ ٱلْمُقَرَّبِينَ ﴿٨٨﴾ فَرَوْحٌ وَرَيْحَانٌ وَجَنَّتُ نَعِيمٍ ﴿٨٩﴾

« ***Si celui-ci est du nombre des rapprochés (d'Allah), il aura alors un repos éternel, des bienfaits (Rayẖân) et un Jardin de délices*** »[3]

وَٱلْحَبُّ ذُو ٱلْعَصْفِ وَٱلرَّيْحَانُ ﴿١٢﴾

[1] Sourate *An-Naẖl*, v.126.
[2] Sourate *Âl ᶜImrân*, v.200.
[3] Sourate *Al-Wâqiᶜah*, v.88-89.

« ***Des grains enveloppés et des plantes aromatiques*** (*Rayhân*)»[1]

On rapporte que le Prophète (ﷺ) a dit : « *Celui à qui on offre une plante aromatique ne doit pas la repousser car elle est légère à porter et de bonne odeur.* »[2]

Usâmah (ﷺ) rapporte que le Prophète (ﷺ) a dit : « Qui se préparera pour le Paradis, car le Paradis ne contient aucun danger. Par le Seigneur de la Kacbah, le Paradis est une lumière étincelante, une plante aromatique qui s'agite, un palais élevé, une rivière d'un flot continu, un fruit bien mûr, une épouse gracieuse et belle, des habits en un lieu éternel, dans la joie et l'aisance, en une demeure élevée et resplendissante. » On dit : « Oui, ô Messager d'Allah ! Nous nous préparons pour lui. » Il dit : « Si Allah le veut. » Et les gens dirent : « Si Allah le veut. »[3]

Ar-Rayhân (plante aromatique) désigne toute plante qui a une odeur agréable, et cela diffère d'un pays à l'autre : les gens de l'Est attribuent cela au myrte, et c'est ce que les arabes connaissent sous le terme de *Rayhân* ; alors qu'en Irak et dans le *Shâm*, les gens désignent ainsi le basilic.

Concernant le myrte, son humeur est froide au premier degré, sec au deuxième, et malgré tout il est composé de forces opposées. Sa nature dominante est terrestre et froide, et il contient un peu de chaleur et douceur. Il dessèche fortement, ses différentes parties ont des forces proches qui sont constipantes, en usage interne et externe.

Il stoppe la diarrhée biliaire, et chasse la vapeur chaude et humide. Si on le sent, il réjouit fortement le cœur et empêche la contamination par l'épidémie, de même que le fait d'en répandre dans la maison.

Il guérit les inflammations des canaux urètres si on l'applique dessus. Si on broie ses feuilles fraîches et qu'on les mélange avec du vinaigre puis qu'on met cela sur la tête, cela stoppe le saignement de nez. Si on broie ses feuilles sèches, et qu'on en répand sur les lésions humides, cela sera utile. Il renforce les organes fatigués si on les panse avec ce mélange, il est aussi bon contre le panaris. Si on en répand sur les pustules et lésions sur les mains et les pieds, cela sera également utile. Si on en masse le corps, il stoppe la sueur et l'humidité excédentaire, il dissipe la puanteur de l'aisselle. Si on s'assoit dans le myrte cuit, il est bon contre la descente du postérieur ou de l'utérus, et contre la mollesse des articulations ; et versé sur les fractures des os non soudés, cela sera aussi utile. Il fait disparaître

[1] Sourate ***Ar-Rahmân***, v.12.
[2] Muslim (2253).
[3] Ibn Mâjah (4332), la chaîne de transmission de ce hadith est faible.

les pellicules, les lésions humides et les pustules de la tête, il stoppe la chute des cheveux et les noircit. Ses feuilles broyées et imbibées d'un peu d'eau puis mélangées avec de l'huile ou de l'huile de roses appliquées en pansement conviendront aux lésions humides, l'eczéma, les rougeurs, les gonflements chauds, l'urticaire et les hémorroïdes.

Ses pépins sont utiles pour guérir l'expectoration de sang de la poitrine et des poumons, ils tannent l'estomac, et ne nuisent pas à la poitrine et aux poumons car ils évacuent. Ils ont pour propriété d'être bon contre la diarrhée accompagnée de toux, et cela est rare parmi les remèdes. Ils sont diurétiques, utiles contre la brûlure de la vessie, de la morsure de la tarentule et de la piqûre du scorpion. Mais se curer les dents avec ses racines est nuisible, on doit donc y prendre garde.

Quant à la plante aromatique (*Rayhân*) de Perse nommée basilic, elle est chaude selon un des deux avis. Le sentir est utile contre la céphalée chaude si on l'asperge d'eau, il refroidit et humidifie. Selon l'autre avis, il est froid. Mais est- il humide ou sec ? On trouve deux avis, mais ce qui est juste est qu'il est des quatre natures et il amène le sommeil. Ses grains stoppent la diarrhée biliaire et apaisent la colique ; ils renforcent le cœur et sont bons contre les maladies provoquées par la l'humeur noire.

Pluie bienfaisante – غَيْث

Elle est mentionnée en plusieurs endroits du Coran. Son nom est agréable à l'oreille, au corps et l'esprit. L'oreille se réjouit lorsqu'on la mentionne, et le cœur est heureux lorsqu'elle arrive. Son eau est la meilleure, la plus douce, utile, et bénie, surtout si elle tombe de nuages tonnants et s'accumule dans les étangs des montagnes. Elle humidifie plus que les autres eaux car elle ne reste pas longtemps sur terre, prenant ainsi de sa sécheresse, et elle ne s'est pas non plus mélangée à une nature sèche. C'est la raison pour laquelle elle change et prend rapidement une odeur fétide, en raison de sa douceur et de la rapidité de sa réaction.

La pluie bienfaisante printanière est-elle plus douce que celle d'hiver, ou inversement ? On trouve à ce sujet deux avis. Celui qui opte pour celle d'hiver dit que la chaleur du soleil est moins ardente, donc elle n'attire de la mer que l'eau la plus douce, l'air est clair démuni de vapeurs et de poussières se mêlant à l'eau. Tout cela amène sa douceur, sa limpidité et son exemption de tout mélange. Et celui qui opte pour celle du printemps dit que la chaleur décompose les vapeurs épaisses, et amène la légèreté et la douceur de l'air, et ainsi l'eau devient plus légère, et ses éléments terrestres diminuent, et cela correspond au moment de la vie des plantes, des arbres et de l'air parfumé.

As-Shâfi'î (ﷺ) rapporte que Anas Ibn Mâlik a dit : « Nous étions en compagnie du Messager d'Allah (ﷺ) et la pluie tomba. Le Messager d'Allah (ﷺ) découvrit son vêtement et dit : « *Elle a été récemment créée par son Seigneur.* » »[1] Nous avons déjà mentionné sa manière d'agir dans le chapitre de la demande de la pluie, et comment il en demandait la bénédiction lorsqu'elle commençait à tomber.

Poireau - كُراث

Il existe à ce sujet un hadith qui n'est pas rapporté authentiquement du Messager d'Allah (ﷺ), mais qui est faux et inventé : « Celui qui mange du poireau puis s'endort sera protégé du vent des hémorroïdes, et l'ange s'éloignera de lui en raison de la fétidité de son haleine jusqu'au matin. »

Il est de deux types : celui qui vient de la région de Nabatène[2] et l'autre du *Shâm*. Le premier est le légume que l'on sert, quant au deuxième, il a de grosses têtes. Le poireau est chaud et sec, et il cause des maux de tête. Si on le cuit et qu'on en mange, ou si on boit de son eau, il est utile contre les hémorroïdes froides ; et si on broie ses grains et qu'on en fait une pâte avec de la résine, puis qu'on en fait des fumigations sur les dents qui contiennent des vers, il les éliminera, les fera sortir et apaisera la douleur. Si on fait une fumigation de ses grains sur le postérieur, les hémorroïdes diminueront. Tout cela concerne le poireau de Nabatène. Cependant, il nuit aux dents et à la gencive, cause des maux de tête, de mauvais rêves, il obscurcit la vue et donne une haleine fétide. Il est diurétique et fait s'écouler les menstrues. Il est aphrodisiaque, mais sa digestion est lente.

Poisson - سَمَك

On rapporte que le Prophète (ﷺ) a dit : « *On nous a permis deux morts et deux sangs : le poisson et la sauterelle, le foie et la rate.* »[3]

Il existe de nombreuses espèces de poissons, le meilleur est celui qui a un bon goût, une bonne odeur, de taille moyenne, à la peau fine, dont la chair n'est ni dure ni sèche, qui vit dans l'eau douce sur un fond de gravier et se nourrit de plantes et non d'ordures. Le meilleur endroit pour le

[1] Muslim (898).

[2] Région entre la Syrie et l'Arabie, entre la mer rouge et l'Euphrate.

[3] *As-Sahîhah* (1118).

poisson est le cours de bonne eau qui conduit à des lieux rocheux, puis sableux ; de même que les eaux courantes et douces, qui ne sont pas souillées par les ordures ou la vase, agitées et ondulantes et exposées au soleil et aux vents.

Le poisson de mer est bon, louable et doux, s'il est frais, il est froid humide, dur à digérer, et produit beaucoup de pituite, et le poisson de mer et ses semblables produit une humeur louable. Il fertilise le corps, augmente le sperme et améliore les humeurs chaudes.

Quant au poisson salé, le meilleur est celui qui est salé récemment. Il est chaud et sec, et plus on le conserve longtemps, plus sa chaleur et sa sécheresse augmentent. L'anguille est très visqueuse, et les juifs n'en mangent pas. Si on le mange frais, il relâche le ventre; si on le sale et on le laisse longtemps, il nettoie la trachée artère, et améliore la voix. Si on le broie et qu'on en fait une application externe, il aide à extraire le placenta et les excédents du fond du corps, car il a une propriété attractive.

L'eau de l'anguille salée convient à celui qui a une lésion intestinale, s'il s'y assoit au début de la maladie, car elle attirera les substances à l'extérieur du corps. En lavement, cela guérira la sciatique.

La meilleure partie du poisson est celle qui est proche de sa queue, ce qui est frais et gras, que ce soit la chair ou la graisse, fertilise le corps. Jâbir Ibn ᶜAbd Allah (ﷺ) rapporte : « Le Prophète (ﷺ) nous a envoyé avec trois cent cavaliers et ᶜUbaydah Ibn Al- Jarrâh était notre émir. Nous sommes arrivés au bord de la mer, et nous avions si faim que nous avons mangé les feuilles d'arbres tombées au sol, soudain la mer nous a offert un poisson nommé ambre gris (*ᶜAnbar*) nous en avons mangé pendant quinze jours, et nous avons pris de sa graisse comme condiment jusqu'à regagner des forces. Abû ᶜUbaydah prit une de ses côtes, mit un homme sur son chameau, redressa la côte sous laquelle passa l'homme monté sur le chameau. »[1]

Poudre parfumée – ذَرِيرَة

ᶜÂ'ishah (ﷺ) rapporte : « J'ai parfumé le Messager d'Allah (ﷺ) de mes deux mains avec de la poudre parfumée (*Ad-Dharîrah*) au moment de se mettre en état de sacralisation, et en le quittant. »[2] Nous avons déjà parlé de Ad-Dharîrah, de ses bienfaits et de son essence, donc il n'est pas nécessaire de recommencer.

---

[1] Al-Bukhârî (5494) et Muslim (1935).
[2] Al-Bukhârî (5930) et Muslim (1189).

Prière – صلاة

Allah (ﷻ) dit :

وَٱسْتَعِينُوا۟ بِٱلصَّبْرِ وَٱلصَّلَوٰةِ ۚ وَإِنَّهَا لَكَبِيرَةٌ إِلَّا عَلَى ٱلْخَٰشِعِينَ ﴿٤٥﴾

« ***Et cherchez secours dans la patience et la prière : certes, la prière est une lourde obligation, sauf pour les humbles*** »[1]

يَٰٓأَيُّهَا ٱلَّذِينَ ءَامَنُوا۟ ٱسْتَعِينُوا۟ بِٱلصَّبْرِ وَٱلصَّلَوٰةِ ۚ إِنَّ ٱللَّهَ مَعَ ٱلصَّٰبِرِينَ ﴿١٥٣﴾

« ***Ô vous les croyants ! Cherchez secours dans la patience et la prière, car Allah est avec les patients*** »[2]

وَأْمُرْ أَهْلَكَ بِٱلصَّلَوٰةِ وَٱصْطَبِرْ عَلَيْهَا ۖ لَا نَسْـَٔلُكَ رِزْقًا ۖ نَّحْنُ نَرْزُقُكَ ۗ وَٱلْعَٰقِبَةُ لِلتَّقْوَىٰ

« ***Ordonne à ta famille la prière, et accomplis-la avec persévérance. Nous ne te demandons point de subsistance ; c'est à Nous de te nourrir. Et la bonne fin est pour la piété.*** »[3]

On rapporte que lorsqu'une chose peinait le Prophète (ﷺ) il se précipitait vers la prière[4]. Nous avons déjà mentionné la recherche de la guérison par la prière contre toutes les douleurs, avant qu'elles ne s'installent.

La prière est un moyen d'amener la subsistance, préserver la santé, repousser les préjudices, dissiper les maux, renforcer le cœur, blanchir le visage, réjouir l'âme, dissiper la paresse, activer les membres, augmenter les forces, élargir la poitrine, nourrir l'esprit, illuminer le cœur, préserver le bienfait, repousser la vengeance, apporter la bénédiction, éloigner Satan et rapprocher du Tout Miséricordieux.

De manière générale, elle a un effet étonnant dans la préservation de la santé du corps et du cœur, leur renforcement et le repoussement des matières mauvaises. Si deux hommes sont atteints d'une infirmité, d'une maladie, d'une épreuve ou d'une catastrophe, la part de celui qui prie sera moindre et sa fin sera meilleure.

---

1 Sourate *Al-Baqarah*, v.45.
2 Sourate *Al-Baqarah*, v.153.
3 Sourate *Ta-Ha*, v.132.
4 *Sahîh Abû Dâwud* (1319).

La prière a un effet étonnant dans le repoussement des maux de ce bas monde, surtout si on lui accorde son droit et qu'on l'accomplit parfaitement, extérieurement et intérieurement. On n'a pas éloigné de maux de la vie présente et de l'au-delà, et apporté de leurs bienfaits par une chose meilleure que la prière. Le secret en est que la prière est un lien avec Allah (ﷻ), et c'est en fonction du lien du serviteur avec son Seigneur (ﷻ) que les portes des bienfaits s'ouvriront devant lui, que les causes des maux cesseront, et que les substances de la réussite venant de son Seigneur (ﷻ) seront abondantes, de même que la préservation et la santé, le gain et la richesse, le repos et la félicité, les joies et les agréments. Tout cela sera devant lui et viendra vers lui.

Raisin – عِنَب

Ibn cAbbâs (ﷺ) rapporte : « J'ai vu le Messager d'Allah (ﷺ) manger les raisins, tout en les cueillant. » Abû Jacfar Al-cAqîlî a dit : « Ce Hadith n'a aucun fondement. » Je dis : La chaîne de transmission contient Dâwud Ibn cAbd Al-Jabbâr Abû Salîm Al-Kûfî duquel Yahyâ Ibn Macîn dit qu'il mentait.

On rapporte que le Messager d'Allah (ﷺ) aimait le raisin et la pastèque. Allah (ﷻ) a mentionné le raisin en six endroits de Son Livre parmi les bienfaits qu'Il a accordés à Ses serviteurs dans ce bas monde et au Paradis. Il compte parmi les meilleurs et les plus utiles des fruits, on le mange frais et sec, vert et mûr. C'est un fruit, un aliment, un accompagnement, un remède et une boisson. Sa nature est celle des pépins : chaud et humide. Le meilleur est le grand et juteux, et le blanc est plus louable que le noir, s'ils sont tout aussi sucrés. Le raisin qu'on laisse deux ou trois jours après la cueillette est plus louable que le raisin cueilli le jour même, car ce dernier fait gonfler et relâche le ventre. Le raisin suspendu jusqu'à sécher est bon pour la nourriture, il renforce le corps, il est nourrissant comme les figues et les raisins secs. Si on l'épépine, il sera plus amollissant pour les selles, mais trop en consommer provoque des maux de tête. On repousse sa nocivité en consommant des grenades acidulées.

Parmi les bienfaits du raisin est qu'il facilite les besoins naturels, il fait grossir, le bon raisin nourrit bien, et il est un des trois fruits rois que sont également les dattes fraîches (*Rutab*) et les figues (*Tîn*).

Raisin sec – زبيب

Le raisin sec est mentionné dans deux hadiths qui ne sont pas authentiques :

Le premier : « Quelle excellente nourriture est le raisin sec : il parfume l'haleine, et dissout la pituite. »

Le deuxième : « Quelle excellente nourriture est le raisin sec : il dissipe la fatigue, renforce les nerfs, éteint la colère, purifie le teint et parfume l'haleine. » Rien de cela n'est rapporté authentiquement du Messager d'Allah (ﷺ).

Ceci dit, le meilleur raisin sec est celui de grande taille, avec beaucoup de pulpe, à la peau fine, démuni de pépins et aux graines fines. Le corps du raisin sec est chaud et humide du premier degré, ses pépins sont froids et secs. Il est comme le raisin dont il provient. Celui qui est sucré est chaud, et celui qui est acide est constipant et froid, et le blanc est plus constipant que d'autre. La consommation de sa pulpe convient à la trachée artère, et elle est utile pour guérir la toux, la douleur du rein et de la vessie, elle renforce l'estomac et relâche le ventre.

Le raisin sec à la pulpe sucrée est plus nutritif que le raisin mais moins que les figues sèches. Il a une force de consumation et de digestion, il est constipant et dissout avec modération. De manière générale, il renforce l'estomac, le foie et la rate. Il est utile contre les maux de gorge, de poitrine, des poumons, des reins et de la vessie. Le meilleur est de le manger sans pépins. Il nourrit bien et ne cause pas d'occlusion comme les dattes. Si on en mange avec les pépins, cela est plus utile à l'estomac, au foie et à la rate. Si on colle sa pulpe sur les ongles décollés, elle accélère leur décollement. Celui qui est sucré et sans pépin est utile aux gens qui souffrent d'humidité et de pituite, il nourrit le foie et lui est bénéfique en raison de ses propriétés. Il est aussi bon pour la mémorisation, Az-Zuhrî a dit : « Celui qui veut mémoriser le hadith doit manger du raisin sec. » Al- Mansûr rapportait de son grand père ᶜAbd Allah Ibn ᶜAbbâs : « Ses pépins sont une maladie, et sa pulpe est un remède. »

Riz – أرُز

On rapporte à ce sujet deux hadiths faux et inventés :

Le premier : « S'il était un homme, il aurait été clément. »

Le deuxième : « Tout ce qui sort de la terre contient une maladie et un remède, sauf le riz qui est une guérison sans aucune maladie. » Nous les avons mentionnés afin d'avertir contre le fait de les attribuer au Prophète (ﷺ).

Ceci dit, le riz est chaud et sec, il est la plus nourrissante des céréales, après le blé, et celle qui donne l'humeur la plus louable. Il constipe légèrement, renforce l'estomac, le tanne et y reste. Les médecins d'Inde prétendent qu'il est le plus louable et le plus utile des aliments si on le cuit avec du lait de vache, et qu'il a un effet sur la fertilité du corps, l'augmentation de la quantité de sperme, l'abondance de la nutrition et la purification du teint.

Sauterelle – جَرَاد

ᶜAbd Allah Ibn Abî Awfâ rapporte : « Nous avons participé avec le Messager d'Allah (ﷺ) à sept expéditions pendant lesquelles nous mangions des sauterelles. »[1]

On rapporte que le Prophète (ﷺ) a dit : « *On nous a permis deux morts*[2] *et deux sangs : le poisson et la sauterelle, le foie et la rate.* »[3]

Les sauterelles sont chaudes et sèches, peu nutritives, et si on en consomme régulièrement elles amaigrissent. En fumigation, cela est utile contre l'incontinence et les difficultés à uriner, surtout pour les femmes, et cela est également utile contre les hémorroïdes.

Les sauterelles grasses, grillées et mangées sont utiles pour soulager les piqûres de scorpion. Elles sont nuisibles à ceux qui souffrent d'épilepsie et leur humeur est mauvaise. Concernant la permission de manger les sauterelles mortes sans aucune cause, on trouve deux avis : la majorité des savants est d'avis que cela est permis, alors que Mâlik l'a interdit. Mais il n'y a pas de divergence sur la permission de manger celle qui est morte en raison d'une cause comme la compression, l'embrasement ou autre.

Sel – مِلْح

Anas (ﷺ rapporte que le Messager d'Allah (ﷺ) a dit : « Le maître de vos condiments est le sel. » Et le maître d'une chose est celui qui l'améliore et ce sur quoi elle repose. La plupart des condiments sont améliorés en utilisant

[1] Al-Bukhârî (5495) et Muslim (1952).
[2] *Al-Maytah* désigne la bête morte sans être égorgée.
[3] *As-Sahîhah* (1118).

du sel. On rapporte que le Prophète (ﷺ) a dit : « Peu s'en faut que vous ne soyez parmi les gens comme le sel dans le plat, et on n'améliore le plat que par le sel. »[1]

Al-Baghawî mentionne dans son exégèse d'après ᶜAbd Allah Ibn ᶜUmar (ﷺ) que le Messager d'Allah (ﷺ) a dit : « Allah a fait descendre sur terre quatre bénédictions du ciel: le fer, le feu, l'eau et le sel. » Mais il est plus vraisemblable que ce soit les propos du Compagnon.

Le sel améliore le corps et la nourriture des hommes, ainsi que toute chose à laquelle il se mélange, même l'or et l'argent, car il possède une force qui rend l'or plus jaune et l'argent plus blanc. Il nettoie et décompose, il dissipe les humidités épaisses et les dessèche, il renforce les corps et empêche leur putréfaction et corruption, et enfin il est utile contre la gale ulcérée.

Si on l'emploie comme collyre, il retire la chair excédentaire de l'œil et l'épaississement provoqué par la conjonctivite. Le sel très blanc est plus efficace encore en cela, il empêche les mauvaises lésions de se répandre, et fait descendre les selles. Si on en masse le ventre des gens atteints d'hydropisie, cela leur sera utile, il nettoie les dents et en repousse la fétidité, il renforce et raffermit la gencive, et ses bienfaits sont très nombreux.

Séné – سَنا أو سَنُّت

Nous l'avons précédemment évoqué et on trouve à ce sujet sept avis, on dit que *As-Sanâ* est :

1 – Le miel.

2 – L'extrait de beurre rance qui sort en bandes noires.

3 – Un grain semblable au cumin mais n'est pas du cumin.

4 – Le carvi.

5 – L'aneth odorant.

6 – La datte.

7 – L'anis vert.

[1] *Al-Majmaᶜ* (10/18).

Siwâk – سِوَاك

On rapporte que le Prophète (ﷺ) a dit : « *Si je ne craignais d'imposer une difficulté à ma Communauté, je leur aurais ordonné l'usage du Siwâk pour chaque prière.* »[1]

On rapporte également que lorsqu'il se levait la nuit, il nettoyait sa bouche avec un *Siwâk*[2].

Il dit aussi : « *Le Siwâk nettoie la bouche et amène la satisfaction du Seigneur.* »[3]

On rapporte que lorsque le Prophète rentrait chez lui, il commençait par utiliser le *Siwâk*[4]. Et on trouve de nombreux hadiths à ce sujet. Il est authentifié qu'avant de mourir il utilisa le *Siwâk* de ᶜAbd Ar-Rahmân Ibn Abî Bakr[5] et qu'il dit : « *Je vous ai beaucoup parlé du Siwâk.* »[6]

Le meilleur *Siwâk* est celui de bois d'*Arâk*[7] ou d'autre semblable. Il ne faut pas en prendre d'un arbre inconnu qui peut être un poison. Il faut également l'utiliser avec modération, car si on exagère dans son utilisation, cela peut dissiper la beauté et l'éclat des dents, et les rendre aptes à recevoir les vapeurs et saletés qui remontent de l'estomac. Si on l'utilise avec modération, il nettoie les dents, renforce les racines, libère la langue, empêche la carie, rafraîchit l'haleine, purifie le cerveau et donne de l'appétit. Le meilleur est celui qui est imbibé d'eau de roses, et parmi les plus bénéfiques, celui qui est tiré des racines de noyers. L'auteur de *At-Taysîr* a dit : « On prétend que celui qui l'utilise tous les cinq jours, cela nettoie la tête, affine les sens et affûte l'esprit. »

Le *Siwâk* compte de multiple bienfaits : il parfume la bouche, renforce la gencive, stoppe la pituite, clarifie la vue, empêche la carie, assainit l'estomac, purifie la voix, aide à la digestion des aliments, facilite la parole, encourage la lecture, l'invocation et la prière, repousse le sommeil, satisfait le Seigneur, étonne les anges et multiplie les bonnes actions.

---

[1] Al-Bukhârî (887) et Muslim (252).
[2] Al-Bukhârî (889) et Muslim (255).
[3] Sahîh *At-Targhîb wa-t-Tarhîb* (209).
[4] Muslim (253).
[5] Al-Bukhârî (4438).
[6] Al-Bukhârî (888).
[7] Salvadora Persica dont on utilise les racines et le branches comme *siwâk*.

Il est recommandé à tout moment, surtout pour la prière, les ablutions, le réveil, et lorsque l'haleine change. Il est recommandé à celui qui jeûne ou non, à tout moment en raison de la globalité des hadiths à ce sujet et du besoin qu'en éprouve le jeûneur, et parce qu'il amène l'agrément du Seigneur, et Son agrément est plus encore demandé pendant le jeûne ; de même qu'il purifie la bouche, et la purification pour le jeûneur compte parmi les meilleurs des actes.

ᶜÂmir Ibn Rabîᶜah (ﷺ) rapporte : « J'ai vu le Messager d'Allah (ﷺ) d'innombrables fois utiliser le *Siwâk* alors qu'il jeûnait. »[1] Al-Bukhârî rapporte d'après Ibn ᶜUmar qu'il utilisait le *Siwâk* en début et fin de journée. Les gens sont unanimes pour dire qu'il est obligatoire et recommandé au jeûneur de se rincer la bouche [pendant les ablutions], et cela est plus appuyé que l'utilisation du *Siwâk* et Allah ne veut pas qu'on se rapproche de Lui par une mauvaise odeur, ce n'est pas une forme d'adoration légiférée. Au contraire, on a mentionné la bonne haleine auprès d'Allah au Jour de la Résurrection pour encourager au jeûne, et non pour laisser cette odeur, ainsi le jeûneur a plus besoin du *Siwâk* que celui qui ne jeûne pas. Aussi, la satisfaction d'Allah est plus grande que Son appréciation de l'odeur de la bouche du jeûneur ; et Son amour pour le *Siwâk* est plus grand que Son amour de la persistance de l'haleine du jeûneur.

Le *Siwâk* n'empêche pas la bonne haleine qu'on trouvera auprès d'Allah au Jour de la Résurrection. Au contraire, le jeûneur viendra ce jour avec une haleine meilleure que le musc, en signe de son jeûne, même s'il la fait disparaître par l'usage du *Siwâk*. De même que le blessé viendra et sa blessure aura la couleur du sang, et son odeur sera celle du musc bien qu'on lui ordonne de l'enlever en ce bas monde. D'autre part, l'haleine ne disparaît pas avec le *Siwâk* car sa cause demeure et elle est l'absence d'aliments dans l'estomac, seuls disparaissent ses traces qui sont ce qui s'est accroché aux dents et à la gencive.

Le Prophète (ﷺ) a enseigné à sa Communauté ce qui leur est recommandé et réprouvé pendant le jeûne, et il n'a pas considéré le *Siwâk* comme faisant partie de ce qui est réprouvé, et il savait qu'ils l'utilisaient, et plus encore il les y a encouragés par des paroles générales et globales. Ils l'ont vu d'innombrables fois utiliser le Siwâk alors qu'il jeûnait, et lui savait qu'ils le prenaient comme exemple. Pas un seul jour il ne leur a dit : n'utilisez pas le *Siwâk* après le zénith. Et il n'est pas possible que l'exposé

[1] Abû Dâwud (2364), la chaîne de transmission de ce hadith est faible.

d'une chose soit retardé au moment où cela survient. Et Allah est plus savant.

Soie – حَرِير

Nous avons précédemment mentionné que le Prophète (ﷺ) a permis à Az-Zubayr et cAbd Ar-Rahmân Ibn cAwf de porter des habits de soie, parce qu'ils souffraient de démangeaisons. De même que nous avons mentionné ses bienfaits et son humeur, il n'est donc pas nécessaire de nous répéter.

Spadice – طَلْع

Allah (ﷻ) dit :

وَٱلنَّخْلَ بَاسِقَٰتٍ لَّهَا طَلْعٌ نَّضِيدٌ ﴿١٠﴾

« ***Ainsi que de hauts palmiers aux spadices superposés*** »[1]

وَزُرُوعٍ وَنَخْلٍ طَلْعُهَا هَضِيمٌ ﴿١٤٨﴾

« ***Des palmiers dont les spadices sont liés*** »[2]

C'est ce qui apparaît en premier lieu du fruit, on nomme la feuille qui l'entoure spathe. Tant que les spadices sont dans les spathes, on dit qu'ils sont superposés (*Nadîd*) et liés (*Hadîm*).

Les spadices sont de deux types : male et femelle, et la fécondation consiste à prendre du pollen male semblable à de la farine de blé, et le mettre sur la femelle, et c'est là la pollinisation, à la manière de la fécondation entre l'homme et la femme. Talhah Ibn cUbayd Allah (ﷺ) rapporte : « Je suis passé, en compagnie du Messager d'Allah (ﷺ) dans une palmeraie, et il vit des gens féconder les palmiers. Il dit : « Que font-ils ? » On lui répondit : ils prennent du male et le mette sur la femelle. Il dit : « Je ne crois pas que cela soit utile. » On leur transmit cela et ils délaissèrent la fécondation, mais cela ne donna rien. Le Prophète (ﷺ) dit alors : « C'est une opinion. Si cela est utile, faites-le, car je suis un homme comme vous, et l'opinion peut être fausse ou juste. Mais ce que je vous transmet d'Allah (ﷻ) [prenez-le] et je ne mentirai jamais sur Allah. »[3]

---

[1] Sourate *Qâf*, v.10.
[2] Sourate *As-Shucarâ'*, v.148.
[3] Muslim (2361).

Le spadice des palmiers est aphrodisiaque, et augmente la fréquence des rapports. L'utilisation de sa farine par la femme avant le rapport charnel aide fortement à la grossesse. Il est froid et sec, au deuxième degré, il renforce l'estomac et le dessèche, il apaise l'agitation du sang et ralentit la digestion. Seuls les gens d'humeur chaude le supportent. Et celui qui en prend beaucoup, doit prendre un peu d'électuaire chaud[1]. Il constipe, renforce les entrailles, et la palmite a les mêmes effets, de même que les dattes vertes (*Balah̠*) et les dattes mûres (*Busr*). Trop en consommer est nuisible à l'estomac et à la poitrine, et cela peut donner des coliques ; on l'améliore par le beurre rance ou par ce qui a été précédemment mentionné.

Palmite – جُمّار

C'est le cœur du palmier. Ibn ᶜUmar (ﷺ) rapporte : « Alors que nous étions chez le Messager d'Allah (ﷺ), on a apporté un cœur de palmier et le Prophète (ﷺ) dit : « *Il y a un arbre semblable au musulman, dont les feuilles ne tombent pas, dites-moi quel est-il ?* » Les gens mentionnèrent les arbres du désert mais moi je me disais que c'était le palmier. Je voulais dire : « C'est le palmier » mais j'ai vu que j'étais le plus jeune de l'assistance, donc je me suis tu. Le Messager d'Allah (ﷺ) dit : « *C'est le palmier.* » J'ai raconté cela à ᶜUmar et il me dit : « Si tu l'avais dit, cela m'aurait été préférable à ceci et cela. » »[2]

Le palmite est froid et sec au premier degré, il cicatrise les lésions, et il est utile contre l'expectoration de sang, la diarrhée, l'abondance de la bile jaune et l'agitation du sang. Son chyme n'est pas mauvais, légèrement nourrissant et lent à digérer. Son arbre n'est que bienfaits, c'est la raison pour laquelle le Prophète (ﷺ) l'a comparé au musulman, en raison de ses nombreux bienfaits et utilités.

Stibine – إِثْمِد

Il d'agit de la pierre de khôl noir apporté d'Ispahan, qui est le meilleur, on l'apporte également de l'ouest, et le meilleur est celui qui s'émiette rapidement, dont les paillettes étincellent, et dont l'intérieur est pur, sans aucune saleté.

[1] Remède fait de poudres composées et aussi de pulpes et d'extraits, avec des sirops à base de sucre ou de miel.

[2] Al-Bukhârî (5448) et Muslim (2811).

Son humeur est froide et sèche, elle est utile à l'œil et le renforce, de même que ses nerfs et elle préserve sa santé. Elle dissipe l'excédent de chair des lésions, les cicatrise, les purifie des saletés et les nettoie. Si on en enduit l'œil avec du miel liquide, cela guérit la céphalée. Si on la broie et qu'on la mêle avec des graisses fraîches et qu'on en enduit la brûlure causée par le feu, il n'y aura aucune escarre, et cela est également utile contre les ampoules que la brûlure provoque. Elle est le meilleur des khôls, surtout pour les vieillards dont la vue a baissé, si on la mélange avec un peu du musc.

Talbînah – تَلْبِينَة

Nous avons précédemment mentionné qu'il s'agissait d'une soupe d'orge broyé, de même que nous avons rappelé ses bienfaits et le fait qu'elle soit plus bénéfique aux habitants du Hijâz que la soupe d'orge entier.

Tharîd – ثَرِيد

On rapporte que le Prophète (ﷺ) a dit : « *Le mérite de ʿÂ'ishah comparée aux autres femmes est semblable au mérite du Tharîd sur tous les autres plats.* »[1]

At-Tharîd, même s'il est composé, l'est de pain et de viande, et le pain est le meilleur des aliments, et la viande le meilleur des accompagnements, et si on les réunit, ils forment le fin du fin.

Les gens ont divergé quant à savoir lequel était le meilleur ? Ce qui est juste est que le besoin de pain est plus grand et plus large ; quant à la viande elle est plus illustre et meilleure car elle est plus semblable à l'essence du corps que toute autre chose, elle est la nourriture des habitants du Paradis, et Allah (ﷻ) dit à ceux qui ont demandé des légumes, des courges, de l'ail (ou blé : *Fûm*), des lentilles et des oignons :

أَتَسْتَبْدِلُونَ ٱلَّذِى هُوَ أَدْنَىٰ بِٱلَّذِى هُوَ خَيْرٌ

« ***Voulez-vous échanger ce qui est meilleur pour ce qui est moins bon ?*** »[2]

Beaucoup de pieux prédécesseurs sont d'avis que *Fûm* désigne le blé, et ainsi ce verset indiquerait que la viande est meilleure que le blé.

---

1 Al-Bukhârî (3770) et Muslim (2446).
2 Sourate ***Al-Baqarah***, v.61.

Truffe – كَمْأة

Il est confirmé que le Prophète (ﷺ) a dit : « *La truffe est une forme de manne, et son suc est une guérison pour l'œil.* »[1]

La truffe pousse sous le sol sans être semée, et on l'appelle en arabe (*Kam'ah*) à cause de sa dissimulation, de la même manière qu'on dit de quelqu'un qui dissimule un témoignage : *Kama'a As-Shahâdah.* La truffe est cachée sous le sol, démunie de feuilles et de tronc. Sa substance est d'une essence terrestre et vaporeuse congestionnée dans le sol, près de la surface, par le froid hivernal. Les pluies printanières la font grossir, ensuite elle naît et surgit à la surface du sol de manière connue, c'est pourquoi on dit qu'elle est la variole de la terre, à l'instar de la maladie de la variole, sous sa forme et sa matière qui est humide et sanguine, et qui apparaît souvent pendant la croissance, au début de la domination de la chaleur, dans le développement de la force.

On la trouve au printemps, on la mange crue ou cuite, et les arabes la surnomment : la plante du tonnerre, car elle abonde lorsqu'il se multiplie et que le sol se fend afin qu'elle apparaisse. Elle est un des aliments des gens du désert, et elle est abondante sur les terres arabes. La meilleure truffe est celle qui apparaît dans un sol sablonneux peu humide, et elle est de plusieurs types dont l'un est mortel et qui est de couleur rougeâtre et provoque étouffement.

Elle est froide et humide du troisième degré, nuisible à l'estomac, sa digestion est lente. Si on en mange souvent, elle provoque coliques, apoplexie, hémiplégie, douleurs de l'estomac, et difficultés à uriner. La truffe fraîche est moins nocive que la sèche, et celui qui désire en manger, qu'il l'enterre dans la boue humide, puis la fasse bouillir dans de l'eau salée et du thym, et la mange avec de l'huile et des condiments chauds, car sa nature est terrestre et épaisse, sa nutrition est mauvaise, mais elle contient une nature aquatique douce qui montre sa légèreté. Si on en enduit les yeux, elle est utile contre l'obscurité de la vue, et contre la conjonctivite chaude. Les grands médecins ont admis que son suc nettoie la vue, parmi lesquels Al-Masîhî, l'auteur de *Al-Qânûn* et d'autres.

Concernant la parole du Prophète (ﷺ) : « *La truffe est une forme de manne.*» on trouve deux avis :

[1] Al-Bukhârî (5708) et Muslim (2049).

Le premier est que la manne envoyée aux fils d'Israël n'était pas seulement cette manne douce, mais de nombreuses choses dont Allah leur a fait don parmi les plantes qui poussent spontanément sans effort, sans soin et sans labour, car le mot manne signifie don. Ainsi, tout ce qu'Allah accorde au serviteur spontanément, sans effort ou soin, est un pur don. Même si tous les bienfaits d'Allah sont des dons faits aux serviteurs, Il a attribué spécifiquement le terme manne aux bienfaits qui ne nécessitent ni effort ni travail, c'est un don sans l'intermédiaire du serviteur. Il a fait de leur nourriture dans le désert la truffe qui remplace le pain, et Il a fait de la caille leur accompagnement qui remplace la viande, et Il a fait de la rosée qui tombe sur les arbres ce qui remplace la boisson, et ainsi Il a complété leur subsistance.

Médite sur la parole du Prophète (ﷺ) : « *La truffe est une forme de manne envoyée aux Enfants d'Israël.* » Il a considéré qu'elle en faisait partie, de même que la rosée qui tombe sur les arbres, et c'est par dérivation qu'elle en a pris le nom.

Le deuxième est qu'il a comparé la truffe à la manne envoyée du ciel, car on la cueille sans aucun effort ou coût, sans même la semer ou l'irriguer.

Si tu dis : si telle est la truffe, pourquoi contient-elle cette nocivité et d'où cela vient-il ? Sache qu'Allah (ﷻ) a créé parfaitement toute chose, elle est donc au départ de sa création vide de tous maux et défauts, et parfaitement bénéfique pour ce quoi elle a été préparée et créée. Ce n'est qu'ensuite que les maux l'atteignent par le voisinage, le mélange ou d'autres causes qui provoquent sa corruption. Si on la laissait sur son état premier de création, sans aucune cause de corruption, elle ne se corromprait pas.

Celui qui connaît les états de l'univers et ses débuts, sait que toute corruption de son atmosphère, ses plantes, ses animaux, et de l'état de ses habitants est apparue après sa création, en raison de causes qui l'ont provoquée. Les actes des fils d'Adam et leur opposition aux messagers n'ont cessé d'amener des corruptions générales et spécifiques qui provoquent douleurs, maladies, fléaux, pestes, sécheresses, aridités, pertes ou diminution des bénédictions de la terre, de ses fruits et de ses plantes, de manière successive. Si ta science ne te permet pas de saisir cela, alors contente-toi de la Parole d'Allah (ﷻ) :

ظَهَرَ ٱلْفَسَادُ فِى ٱلْبَرِّ وَٱلْبَحْرِ بِمَا كَسَبَتْ أَيْدِى ٱلنَّاسِ

« ***Le désordre est apparu sur la terre et dans la mer à cause de ce que les gens ont commis de leurs propres mains*** »[1]

Applique ce verset à l'état de l'univers, compare entre la réalité et ce verset, et tu verras comment se produisent les maux et défauts à tout moment dans les fruits, les plantes et les animaux, et comment cela engendre successivement d'autres maux. Chaque fois que les gens commettent injustice et débauche, leur Seigneur leur envoie des maux et défauts dans leurs aliments, leurs fruits, leurs eaux, leur air, leur corps, leur comportement, leur forme, leur apparence et leurs caractères, tout cela en raison de leurs actes, leur injustice et leur turpitude.

Les grains de céréales, comme le blé et autre, étaient plus gros qu'ils ne le sont de nos jours, de même que leur bénédiction était plus grande. L'imam Aḥmad rapporte qu'on a trouvé, dans une caisse d'un homme de l'époque des Omeyyades, un paquet contenant du blé dont le grain était aussi gros qu'un noyau de datte, et sur lequel était écrit : « Ce qui poussait pendant la période de justice. » Il mentionna cela dans son *Musnad*[2].

La plupart de ces maux et fléaux généraux n'est que le résidu d'un châtiment subi par des communautés passées, et dont n'est restée qu'une part pour celui qui agit comme eux, d'un jugement équitable. Et le Prophète (ﷺ) a fait allusion à cela en parlant de la peste : « *Elle est le résidu d'un tourment ou d'un châtiment envoyé aux Enfants d'Israël.* » De même, Allah (ﷻ) a envoyé un vent contre un peuple, durant sept nuits et huit jours, puis Il a laissé en ce monde un résidu de ces jours ou des jours pareils, comme une exhortation et une leçon.

Allah (ﷻ) a fait en sorte que les œuvres de l'homme pieux et du débauché aient des conséquences en ce monde, de manière inévitable. Ainsi, le refus de la bienfaisance, de la Zakat et de l'aumône empêche la pluie de tomber du ciel, et entraînent sécheresse et aridité. Il a fait aussi de l'injustice envers les pauvres, du fait de léser dans les mesures et les poids, de la transgression du fort sur le faible une cause de l'oppression des rois et des gouverneurs qui n'ont ni miséricorde si on la leur demande, ni bienveillance si on la leur sollicite. En réalité, ils sont les œuvres des sujets incarnées dans leurs gouverneurs, car Allah (ﷻ),par Sa sagesse et Son équité, montre aux gens leurs œuvres sous des formes et figures qui leur conviennent : tantôt la sécheresse et l'aridité, tantôt l'ennemi, tantôt les gouverneurs injustes, tantôt les épidémies, tantôt les angoisses, douleurs et soucis dont ils ne peuvent se détacher, tantôt la privation des bénédictions

---

[1] Sourate ***Ar-Rûm***, v.41.
[2] 2/292.

célestes et terrestres, et tantôt par la domination sur eux des démons qui les incitent à commettre ce qui les conduira au châtiment, afin que la Parole se réalise et que chacun aille vers ce pour quoi il a été créé. L'homme sensé est celui qui contemple le monde et voit les lieux de l'équité et de la sagesse d'Allah, à ce moment il lui apparaît que les Messagers et leurs adeptes sont sur la voie du salut, et que le reste de la création chemine sur la voie de la perte et parviendra à la demeure de la ruine. Allah réalisera Son ordre, et personne ne peut s'opposer à Son jugement ou repousser Son ordre, et c'est Allah qui accorde le succès.

Concernant la parole du Prophète (ﷺ) concernant la truffe : « *Son suc est une guérison pour l'œil.* » on trouve trois avis :

Le premier est que son suc se combine avec les remèdes utilisés pour le traitement de l'œil, mais il n'est pas utilisé seul, comme cela est mentionné par Abû ᶜUbayd.

Le deuxième est qu'on l'utilise seul, après avoir cuit la truffe extrait son suc, car le feu l'adoucit, la fait mûrir, et fait fondre ses excédents et humidités nuisibles, en ne laissant que ce qui est utile.

Le troisième est que son suc (litt : son eau) désigne l'eau que la truffe emmagasine de la pluie, c'est à dire les premières gouttes tombant à terre. Ainsi, le hadith ferait simplement le lien entre deux choses et ne signifierait pas que l'une est partie de l'autre. Cela est mentionné par Ibn Al-Jawzî, et c'est le plus faible des avis.

On dit qu'on emploie son suc pour refroidir ce qui est dans l'œil, et que ce suc à lui seul est une guérison. Et si c'est pour autre chose, on le mélange avec un autre remède. Al-Ghâfiqî a dit : « Le suc de la truffe est le meilleur remède pour l'œil si on la pétrit avec de la stibine et qu'on l'applique sur l'œil. Cela renforce les paupières et donne à la vision force et précision, de même que cela empêche la descente de liquide. »

Viande – لَحْم

Allah (ﷻ) dit :

وَأَمْدَدْنَٰهُم بِفَٰكِهَةٍ وَلَحْمٍ مِّمَّا يَشْتَهُونَ ﴿٢٢﴾

« ***Nous leur accorderons en abondance des fruits et des viandes qu'ils désireront.*** »[1]

---

[1] Sourate *At-Ṯûr*, v.22.

وَلَحْمِ طَيْرٍ مِّمَّا يَشْتَهُونَ ﴿٢١﴾

« *Et toute chair d'oiseau qu'ils désireront* »[1]

Abû Ad-Dardâ' (ﷺ) rapporte que le Messager d'Allah (ﷺ) a dit : «Le maître des plats des habitants de ce bas monde et du Paradis est la viande. »[2] De même Buraydah rapporte que le Prophète (ﷺ) a dit : « Le meilleur des accompagnements, en ce bas monde et l'au-delà, est la viande. »[3] Le Messager d'Allah (ﷺ) a dit : « *Le mérite de ᶜÂ'ishah comparée aux autres femmes est semblable au mérite du Tharîd sur tous les autres plats.* »[4] *At-Tharîd* désigne le plat composé de pain et de viande. Un poète a dit :

Si tu accompagnes le pain de la viande.
C'est là, par Allah, At-Tharîd

Az-Zuhrî a dit : « Manger de la viande augmente soixante-dix forces. » Muhammad Ibn Wâsiᶜ a dit : « La viande renforce la vue. » On rapporte que ᶜAlî Ibn Abî Tâlib (ﷺ) a dit : « Mangez de la viande, elle purifie le teint, vide le ventre et améliore le comportement. » Nâfiᶜ a dit : « Pendant Ramadan, Ibn ᶜUmar ne manquait jamais de viande, ni même en voyage. » On rapporte que ᶜAlî a dit : « Celui qui la délaisse quarante jours aura un mauvais comportement. »

Quant au hadith de ᶜÂ'ishah (ﷺ) : « Ne coupez pas la viande au couteau car c'est la pratique des non arabes, mais mordez-y, car cela est meilleur et plus savoureux. »[5] L'imam Ahmad l'a rejeté par les hadiths authentiques mentionnant qu'il a coupé la viande au couteau, comme cela a été mentionné.

La viande est de plusieurs types et elle diffère en fonction de son origine et de sa nature. Nous allons mentionner chaque type, sa nature, ses bienfaits et méfaits.

La viande d'agneau est chaude au deuxième degré, humide au premier. La meilleure est celle de celui qui est âgé d'un an. Car elle engendre un sang louable et renforce celui qui la digère bien, elle est également bonne pour les gens d'humeur froide et équilibrée, pour ceux qui pratiquent des exercices physiques complets, dans les saisons et les endroits froids, pour ceux qui ont de la bile noire, et elle renforce l'esprit et la mémorisation.

---

1 Sourate *Al-Wâqiᶜah*, v.21.

2 Ibn Mâjah (3305), la chaîne de transmission de ce hadith est faible.

3 Al-Arnâ'ût qualifie ce hadith de faible.

4 Al-Bukhârî (3770) et Muslim (2446).

5 Abû Dâwud (3738), la chaîne de transmission de ce hadith est faible.

La viande du mouton sénile ou chétif est mauvaise, de même que la viande de brebis. La meilleure viande est celle du mâle noir qui est plus légère, plus exquise et plus utile. La viande de mouton castré est plus utile et meilleure, et la viande rouge de la bête grasse est plus légère et plus nutritive. La viande du petit de la chèvre est moins nutritive et flotte sur l'estomac.

La meilleure viande est celle qui vient avec l'os, et le côté droit est plus léger et meilleur que le gauche, de même que l'avant plutôt que l'arrière, et la partie avant de l'agneau était la partie préférée du Messager d'Allah (ﷺ). Toute la partie haute, à l'exception de la tête, est plus légère et meilleure que la partie basse. Al-Farzadaq dit à un homme qui devait lui acheter de la viande : « Prends la partie avant, mais prends garde à la tête et au ventre, car ils contiennent la maladie. » La viande du cou est bonne et exquise, facile à digérer et légère. La viande de la patte est la plus légère, la plus exquise, la plus délicate et la plus éloignée de toute nuisance, et celle qui est digérée le plus rapidement. On rapporte que cela plaisait au Messager d'Allah (ﷺ). La viande du dos est très nutritive et donne un sang louable. On rapporte que le Prophète (ﷺ) a dit : « La meilleure viande est celle du dos. »[1]

La viande de chèvre est faiblement chaude et sèche, et l'humeur qu'elle engendre n'est ni vertueuse ni bonne à digérer, et elle ne nourrit pas bien. La viande de bouc est totalement mauvaise, très sèche, difficile à digérer et elle engendre une humeur composée de bile noire. Al-Jâhidh rapporte : « Un grand médecin m'a dit : « Ô Abû ᶜUthmân, prends garde à la viande de chèvre, car elle amène les soucis, incite la bile noire, cause l'oubli et corrompt le sang, et par Allah, elle rend fous les enfants. »

Un médecin a dit : « Celle qui est blâmée est celle qui est vieille, surtout pour les personnes âgées, mais elle n'est pas mauvaise si on a l'habitude d'en consommer. » Galien considérait la chèvre âgée d'un an parmi les nourritures équilibrées et qui équilibraient le chyme, et les femelles sont plus utiles que les mâles. On rapporte que le Prophète (ﷺ) a dit : « Soyez bons avec les chèvres, épargnez- leur le mal, car elles comptent parmi les bêtes du Paradis. » mais l'authenticité de ce hadith est discutable. Les médecins la juge nuisible, de manière partielle et non globale, car cela dépend de l'estomac faible, et de l'humeur faible qui n'a pas l'habitude d'en manger, et a plutôt l'habitude de manger les aliments délicats. Ce sont là les habitants des villes qui vivent dans l'aisance, et ils sont peu nombreux.

---

[1] Ibn Mâjah (3308).

La viande de chevreau est proche de l'équilibre, surtout tant qu'il tète, et qu'il n'est pas né trop récemment. Elle est très rapide à la digestion car elle contient la force du lait, elle assouplit la nature, elle convient à la majorité des gens, dans la plupart des cas. Elle est plus délicate que celle du chameau, et le sang qu'elle engendre est équilibré.

La viande de bœuf est froide et sèche, difficile à digérer, lente à la descente, elle engendre un sang d'humeur noire, et elle ne convient qu'à ceux qui se donnent grande peine et fatigue. En consommer régulièrement entraîne des maladies d'humeur noire, comme le vitiligo, la gale, l'eczéma, la lèpre, l'éléphantiasis, des gonflements de la gorge, des insufflations, une fièvre revenant tous les quatre jours, et de nombreux gonflements. Tout ceci pour celui qui n'y est pas habitué, ou celui qui ne repousse pas sa nocivité par le poivre, l'ail, la cannelle, le gingembre et autres. Le mâle est moins froid, alors que la femelle est moins sèche.

La viande de veau, surtout la grasse, compte parmi les aliments les plus équilibrés, les meilleurs, les plus exquis et les plus louables. Elle est chaude et humide, et après digestion, elle est très nutritive.

La viande de cheval : Asmâ' (ﷺ) rapporte : « À l'époque du Messager d'Allah (ﷺ) nous avons sacrifié un cheval. »[1] On rapporte aussi authentiquement qu'il a permis de consommer de la viande de cheval, mais qu'il a interdit la viande des ânes[2]. Et à ce sujet, le hadith de Al-Miqdâm Ibn Ma^c^dî (ﷺ) disant qu'il l'a interdite n'est pas authentique, comme cela a été mentionné par Abû Dâwud et d'autres savants du hadith.

Le fait que dans le Coran il soit mentionné avec les mulets et les ânes n'est pas une preuve que sa viande porte le même jugement que celle des autres, de quelque manière que ce soit, de la même manière que cela n'indique pas qu'ils aient la même valeur que le cheval dans le partage du butin. Parfois, Allah (ﷻ) lie deux équivalents, et parfois deux choses différentes ou opposées. Ainsi, Sa Parole :

وَالْخَيْلَ وَالْبِغَالَ وَالْحَمِيرَ لِتَرْكَبُوهَا وَزِينَةً

« ***Et les chevaux, les mulets et les ânes, pour que vous les montiez, que vous contempliez leur beauté.*** »[3]

---

[1] Al-Bukhârî (5519) et Muslim (1942).
[2] Al-Bukhârî (5520) et Muslim (1941).
[3] Sourate *An-Nahl*, v.8.

N'interdit pas de les manger, de la même manière que cela ne montre pas l'interdiction d'en profiter autrement qu'en les montant. Mais Il a mentionné la plus grande utilité qui est de les monter, et les deux hadiths qui montrent la permission d'en consommer sont authentiques, sans aucune contestation. Ceci dit, sa viande est chaude, sèche, épaisse, d'humeur noire, nuisible, et ne convient pas aux corps délicats.

La viande de chameau est une distinction entre *Ar-Rawâfid* et *Ahl As-Sunnah,* de même qu'elle est une des distinctions entre les juifs et les musulmans, car les juifs et *Ar-Rawâfid* la blâment et n'en mangent pas. Il est connu de la religion d'islam qu'elle elle permise, puisque le Messager d'Allah (ﷺ) et ses Compagnons en ont mangé, qu'ils aient été résidents ou en voyage.

La viande du chameau sevré est parmi les plus exquises, les meilleures et les plus nutritives des viandes. Pour celui qui a l'habitude d'en manger, elle est au rang de la viande d'agneau, et ne leur nuit en aucun cas et ne leur cause aucune maladie. Certains médecins ne l'ont blâmée que pour les gens qui vivent dans l'aisance parmi les gens sédentaires qui n'y sont pas habitués, car elle contient une chaleur et une sécheresse, elle engendre de la bile noire, et elle est également difficile à digérer. Elle contient aussi une force non louable, c'est pourquoi le Prophète (ﷺ) a ordonné d'accomplir ses ablutions après en avoir consommé, dans deux hadiths authentiques sans aucune contestation. Il n'est pas juste de les interpréter par le lavage des mains, car cela est contraire à ce que désigne d'habitude le terme ablution dans ses paroles. De plus, il a distingué cette viande de celle des ovins pour laquelle il a laissé le choix entre le fait de renouveler ses ablutions ou ne pas le faire, alors qu'il a imposé les ablutions après la consommation de viande de chameau. Si on explique le terme ablution par le lavage des mains, il faudra également interpréter de la même manière ses paroles : « *Que celui qui touche son sexe accomplisse ses ablutions.* » Aussi, celui qui en mange peut ne pas la toucher de sa main, mais on peut la lui mettre dans la bouche, et ainsi si cela désignait le lavage des mains, cela serait sans sens, et il n'est pas juste d'expliquer les paroles du Législateur contrairement à ce qui est connu et établi. On ne peut non plus l'opposer au hadith: « La dernière des choses que le Prophète (ﷺ) ordonnait est de délaisser le renouvellement des ablutions après avoir consommé de ce que le feu a touché. »[1] Ceci de plusieurs points de vue :

Le premier : C'est une chose générale, et l'ordre de renouveler les ablutions est spécifique.

---

[1] *Sahîh* ***Abû Dâwud*** (192).

Le deuxième : Les visées sont opposées. L'ordre de renouveler les ablutions concerne la viande de chameau, qu'elle soit crue, cuite ou salée, et le feu n'a aucune influence sur les ablutions. Quant à l'abandon des ablutions après avoir consommé ce qui a été touché par le feu, cela montre que le fait que le feu touche une chose n'est pas un motif pour renouveler ses ablutions. Alors en quoi l'un concerne l'autre ? L'un affirme le motif des ablutions qui est que ce soit de la viande de chameau ; et l'autre est une négation du motif des ablutions qui est que cette chose soit touchée par le feu. Il n'y a donc aucune opposition entre les deux.

Le troisième : On ne rapporte pas une parole générale du Législateur, mais une information concernant un acte en deux situations, dont l'une est antérieure à l'autre, comme cela est exposé dans le même hadith qui dit qu'on a présenté au Prophète (ﷺ) de la viande, et il en a mangé. Puis l'heure de la prière arriva, il accomplit ses ablutions et pria. Puis, on lui présenta de nouveau de la viande dont il mangea, puis il accomplit la prière sans renouveler ses ablutions. La dernière fois, il a donc délaissé les ablutions après avoir consommé ce qui a été touché par le feu. C'est ainsi que cela est mentionné dans le hadith, et le narrateur l'a abrégé pour faciliter la compréhension. Qu'est-ce qui en cela abroge l'ordre de renouveler ses ablutions si on en mange ? Même si ces paroles étaient générales, postérieures et opposées, il n'y aurait pas d'abrogation, et il aurait été obligatoire de donner préférence à ce qui est spécifique, comme cela apparaît clairement.

La chair de lézard : Nous avons déjà mentionné qu'elle était licite. Sa chair est chaude, sèche, et aphrodisiaque.

La viande de gazelle : La gazelle est le meilleur gibier, celui dont la viande est la plus louable, elle est chaude et sèche. On dit qu'elle est très équilibrée, utile aux corps équilibrés et en bonne santé. Le faon est le meilleur.

La viande d'antilope est chaude et sèche au premier degré, elle dessèche le corps, et elle est bonne pour les corps humides. L'auteur de *Al-Qânûn* a dit : « La meilleure viande des bêtes sauvages est celle de l'antilope, bien qu'elle tende vers la bile noire. »

La viande de lapin est de chaleur et sécheresse modérée, la meilleure partie est la cuisse, et il est meilleur de consommer sa viande rôtie. Elle constipe, elle est aussi diurétique et dissout les calculs. Manger de la tête est utile contre les tremblements.

La viande d'onagre : Abû Qatâdah (ﷺ) rapporte qu'ils étaient avec le Messager d'Allah (ﷺ) lors d'une *ᶜUmrah* et qu'il a chassé un onagre. Le Prophète leur ordonna d'en manger, alors qu'ils étaient en état de sacralisation. Quant à Abû Qatâdah, il n'était pas en état de sacralisation[1].

Jâbir (ﷺ) rapporte : « Le jour de la bataille de *Khaybar*, nous avons mangé des chevaux et des onagres. »[2]

Sa viande est chaude et sèche, très nutritive, elle engendre du sang épais et d'humeur noire, mais sa graisse mélangée à de l'huile de Costus est utile pour les maux de dos, et le gaz épais qui amollit les reins ; et sa graisse est également utile, en application externe, contre les tâches sur la peau. De manière générale, la viande des bêtes sauvages engendre un sang épais et d'humeur noire. La viande la plus louable des bêtes sauvages est celle de la gazelle, puis celle du lapin.

La chair du petit animal dans le ventre de sa mère n'est pas louable, car le sang y est congestionné, mais elle n'est pas illicite, car le Prophète (ﷺ) a dit : « *Le sacrifice de l'embryon se fait par le sacrifice de sa mère.* »[3] Les gens d'Iraq ont interdit d'en manger, sauf si on le trouve vivant puis qu'on l'égorge. Ils ont interprété le hadith en disant qu'il devait être égorgé comme sa mère, et ils ont dit qu'il était une preuve de l'interdiction. Mais c'est une mauvaise interprétation, car au début du hadith on a demandé au Messager d'Allah (ﷺ) : « Ô Messager d'Allah ! Parfois nous égorgeons une brebis et nous trouvons dans son ventre un embryon. Pouvons-nous en manger ? » Il répondit : « *Mangez-en si vous voulez, car le sacrifice de l'embryon se fait par le sacrifice de sa mère.* »

De plus, l'analogie implique qu'il soit licite, car tant qu'il est embryon, il est une partie de la mère, et la sacrifier est un sacrifice de toutes ses parties, et c'est ce qu'a indiqué le Législateur en disant : «*Le sacrifice de l'embryon se fait par le sacrifice de sa mère.* » donc son sacrifice est un sacrifice de toutes ses parties. Même si la Sunna claire n'indique pas qu'on puisse le manger, l'analogie authentique l'implique.

La viande séchée : Thawbân (ﷺ) rapporte : « J'ai sacrifié pour le Messager d'Allah (ﷺ) un agneau alors que nous étions en voyage. Il me dit : « *Bonifie sa viande* » Et je n'ai cessé de lui en donner à manger jusqu'à notre arrivée à Médine. »[4]

---

1 Al-Bukhârî (5492) et Muslim (1196).
2 *Sahîh Ibn Mâjah* (3191).
3 *Sahîh Abû Dâwud* (2827).
4 Muslim (1975).

La viande séchée est meilleure que la viande salée, elle renforce le corps, mais provoque des démangeaisons. Pour repousser ses préjudices, on a souvent recours aux aromates froids humides, elle améliore les humeurs chaudes, mais la viande salée est chaude, sèche, et desséchante. La meilleure est la grasse et humide, mais elle provoque des coliques. On repousse ses préjudices en la faisant cuire avec du lait et de la graisse, et elle convient aux humeurs chaudes et humides.

Vigne – كَرْم

C'est l'arbrisseau du raisin, nommé également Habalah. Il est détestable de l'appeler *Karm* (générosité), car le Prophète (ﷺ) a dit : «*Qu'aucun de vous n'appelle le raisin Karm, car Al-Karm est le musulman.* »[1] et sous une autre formulation : « *Al-Karm est le cœur du croyant.* »[2] et sous une autre formulation encore : « *Ne dites pas Al-Karm, mais raisin et Habalah.* »[3] Il y a en cela deux significations :

La première est que les Arabes nommaient l'arbrisseau du raisin, *Al-Karm* en raison de ses multiples avantages et bienfaits. Le Prophète (ﷺ) a réprouvé le fait de la nommer par un terme qui pousse les âmes à l'aimer et à aimer ce qu'on en extrait comme boisson enivrante. La vigne est la Mère des turpitudes, il a donc réprouvé qu'on nomme son origine par le meilleur des noms, et celui qui rassemble le plus de biens.

La deuxième est semblable à sa parole : « *L'homme fort n'est pas celui qui terrasse les gens.* »[4] et « *Le pauvre n'est pas celui qui tourne parmi les gens.* »[5] Ce qui signifie que vous nommez l'arbrisseau du raisin *Karm* (générosité) pour ses multiples bienfaits, alors que le cœur du croyant ou le musulman est plus digne de ce nom, car le croyant n'est que bien et profit. Ceci pour attirer l'attention et définir ce que contient le cœur du croyant comme bien, générosité, foi, lumière, guidée, piété et les qualités qui le rendent plus digne de ce nom que la vigne.

Ceci dit, la force de la vigne est froide et sèche. Ses feuilles, pétioles et treillis sont refroidissant à la fin du premier degré. Si on les broie et qu'on les applique en pansement contre la céphalée, cela l'apaisera, de même contre les gonflements chauds et les inflammations du ventre. Si on boit le jus de ses tiges, cela calme les vomissements et constipe, de même si on

[1] Muslim (2247).
[2] Al-Bukhârî (6183).
[3] Muslim (2248).
[4] Al-Bukhârî (6114) et Muslim (2609).
[5] Muslim (1039).

mâche leur pulpe humide. Quant au jus des feuilles, il est bon pour les lésions intestinales, l'expectoration ou le vomissement de sang, et la douleur de l'estomac. Si on boit la sève de l'arbrisseau qui se trouve dans les tiges, comme de la colle, cela extrait les calculs, et si on s'en enduit, cela guérira l'eczéma, la gale ulcéreuse et autre. Avant emploi il faut laver le membre avec de l'eau et du natron[1] (*Natrûn*). Si on en applique sur le membre avec de l'huile, cela épile les poils, et la cendre des tiges employée avec du vinaigre, de l'huile de rose et de la rue, appliquée en pansement, sera utile pour soulager l'inflammation de la rate. La force de l'huile des fleurs de vigne est constipante, semblable à celle de l'huile de roses, ses bienfaits sont nombreux et proches de ceux du palmier.

Vinaigre – خَلّ

Jâbir Ibn ᶜAbd Allah (ﷺ) rapporte que le Prophète (ﷺ) demanda à ses épouses : « *Avez- vous un condiment ?* » On lui répondit : « Nous n'avons que du vinaigre. » Et il dit : « *Quel bon condiment est le vinaigre !* »[2]

Umm Saᶜd (ﷺ) rapporte que le Prophète (ﷺ) a dit : « Quel bon condiment est le vinaigre. Ô Allah, bénis le vinaigre car il était le condiment des prophètes avant moi, et aucune maison ne manquait de vinaigre. »[3]

Le vinaigre est une combinaison de chaleur, mais la froideur le domine, il est sec au troisième degré, il dessèche fortement, empêche les substances de s'écouler, et assouplit la nature. Le vinaigre de vin est utile contre les inflammations de l'estomac, il stoppe la bile jaune, élimine la nocivité des remèdes dangereux, et dissout le lait et le sang s'ils se congestionnent dans les entrailles. Il est également utile à la rate, tanne l'estomac, constipe, désaltère, empêche l'apparition des gonflements, aide à la digestion, s'oppose à la pituite, assouplit les aliments épais, et fluidifie le sang. Bu avec du sel, il est utile contre les champignons mortels. Si on le sirote, il coupe ce qui est suspendu au palais. En gargarisme, chaud, il est bon pour les douleurs de dents et renforcer la gencive. Il est utile contre le panaris, et si on s'en enduit, il est utile contre l'eczéma, les gonflements chauds et les brûlures causées par le feu. Il ouvre aussi l'appétit, parfume l'estomac, convient aux jeunes, et en été aux habitants des pays chauds.

---

[1] Minéral de carbonate de sodium hydraté.

[2] Muslim (2052).

[3] Ibn Mâjah (3318).

Zilla Spinoza – شُبْرُم

Asmâ' Bint cUmays rapporte que le Messager d'Allah (ﷺ) lui dit : « *Par quoi te relâchais-tu ?* – En utilisant *As-Shubrum*[1]. – *Il est très chaud*[2]. »[3]

As-Shubrum est un arbre, petit et grand, qui a la taille d'un homme ou un peu plus, il a des tiges rouges entourées de blancheurs, au bout de ses tiges une touffe de feuilles, il a des petites fleurs jaunes blanchâtres dont les pétales tombent, laissant de petits bouts contenants des petits grains pareils aux grains de térébinthe en taille, de couleur rouge, et des branches dotés d'écorce rouge. Ce qu'on utilise de cet arbre est l'écorce de ses branches et la sève de ses tiges. Il est chaud et sec de quatrième degré, il facilite la bile noire, les chymes épais, la bile jaune et la pituite, et il suscite anxiété et nausée. Trop en consommer est mortel, et si on l'utilise, il faut le tremper dans le lait durant un jour et une nuit, et il faut changer le lait deux ou trois fois. Ensuite, on le sèche à l'ombre, et on le mélange avec des roses et de la gomme d'astragale, on le boit avec du miel ou du jus de raisins et chaque gorgée sera d'une quantité de quatre à deux *Dâniq* (1/6 de dirham) selon la disposition du corps. H̲unayn a dit : «Quant au lait du *Shubrum*, il ne contient aucun bien, et je ne conseille en aucun cas d'en boire, car par lui les médecins des rues ont tué beaucoup de gens. »

Conseils généraux pour préserver la santé

Il m'a semblé bon de conclure ce chapitre par une partie concise de grande utilité, contenant des avertissements et des conseils généraux et bénéfiques afin de compléter le bienfait de ce livre. Ibn Mâsawayh a consacré un chapitre dans son livre *Al-Mah̲âdhir* que je cite ici en ses termes. Il dit :

Celui qui mange de l'oignon quarante jours et se voit couvert de tâches ne doit blâmer que sa personne.

Celui qui pratique une saignée (*Fas̲d*) et mange un aliment salé, puis se voit atteint de vitiligo ou de gale, ne doit blâmer que sa personne.

[1] Zilla spinoza, dont le nom commun est pois chiche sauvage.

[2] Selon les versions du hadith, le sens est soit : « *Il est très chaud* » ou « *Il est chaud et c'est un laxatif puissant.* » Voir le commentaire de ce hadith dans *Tuhfat ul-Ah̲wadhî Bi Sharh̲ Jâmic At-Tirmidhî.*

[3] At-Tirmidhî (2081). Al-Arnâ'ût explique que la chaîne de transmission de ce hadith est faible mais que son sens est confirmé par le hadith suivant.

Celui qui rassemble dans son estomac œuf et poisson et se voit frappé d'hémiplégie ou de paralysie faciale, ne doit blâmer que sa personne.

Celui qui entre au hammam le ventre plein et se voit frappé d'hémiplégie ne doit blâmer que sa personne.

Celui qui rassemble dans son estomac lait et poisson, et se voit atteint de lèpre ou de goutte, ne doit blâmer que sa personne.

Celui qui rassemble dans son estomac le lait et jus alcoolisé (*Nabîdh*) et se voit atteint de lèpre ou de goutte, ne doit blâmer que sa personne.

Celui qui a une éjaculation nocturne et n'accomplit pas de lavage (*Ghusl*) jusqu'à avoir un rapport charnel avec son épouse, et que naît un enfant fou ou infirme, ne doit blâmer que sa personne.

Celui qui mange des œufs durs et froids, et s'en remplit le ventre, puis se voit atteint d'asthme, ne doit blâmer que sa personne.

Celui qui a un rapport charnel et n'attend pas d'évacuer tout le sperme, puis se voit atteint de calculs, ne doit blâmer que sa personne.

Celui qui se regarde dans un miroir la nuit et se voit atteint de paralysie faciale ou d'une maladie, ne doit blâmer que sa personne.

Ibn Bakhtayshû^{c} a dit : Prends garde de réunir œuf et poisson car cela donne des coliques, des gaz, des hémorroïdes, et des maux de dents.

Manger régulièrement des œufs donne des plaques sur le visage.

Manger des aliments salés avec du poisson salé, et pratiquer une saignée après le hammam, provoque vitiligo et gale.

Manger régulièrement les reins d'ovins irrite la vessie.

Se laver avec de l'eau froide, après avoir mangé du poisson frais, provoque l'hémiplégie.

Avoir un rapport charnel avec une femme en état de menstrues provoque la lèpre, et le rapport charnel sans éjaculation amène des calculs.

Hippocrate a dit : « Peu de ce qui est nuisible est meilleur que l'abondance de ce qui est utile. » Il dit aussi : « Préservez votre santé en délaissant la paresse face à la fatigue, et en délaissant la satiété de nourriture et de boisson. »

Un sage a dit : « Celui qui veut être en bonne santé, qu'il choisisse une bonne nourriture, mange au besoin, boive quand il a soif, boive peu d'eau, s'allonge après le déjeuner, marche après le dîner, et n'aille pas dormir sans aller aux toilettes, et qu'il prenne garde d'entrer au hammam en étant repu. Une fois en été est meilleure que dix fois en hiver, manger de la viande salée et sèche pendant la nuit aide à la disparition, avoir des rapports charnels avec les vieilles femmes vieillit et rend malade. On rapporte cela de ᶜAlî, mais ce n'est pas rapporté authentiquement, ce ne sont que les propos de Al-H̲ârith Ibn Kaladah, le médecin des arabes, ainsi que d'autres.

Al-H̲ârith a dit : « Celui qui se réjouit de rester en vie doit déjeuner tôt, dîner tôt, s'habiller légèrement, et avoir peu de rapports charnels avec les femmes. » Il dit également : « Quatre choses détruisent le corps : le rapport charnel après la satiété, entrer au hammam en étant repu, manger la viande séchée, et avoir des rapports charnels avec la vieille femme. »

Au moment de l'agonie de Al-H̲ârith, les gens vinrent à lui et dirent : « Donne-nous un ordre que nous réaliserons après ta disparition. » Il dit : « N'épousez que les jeunes filles, ne mangez les fruits que lorsqu'ils sont mûrs, qu'aucun d'entre vous ne se soigne tant que son corps peut supporter la maladie, nettoyez l'estomac une fois par mois, car cela dissout la pituite, détruit la bile, et fait croître la chair. Si l'un de vous déjeune, qu'il se couche ensuite une heure, et après le dîner, qu'il marche quarante pas. »

Un roi demanda à son médecin : Peut-être, ne seras-tu pas toujours à mes côtés, alors prescris-moi un remède. Il dit : « N'épouse qu'une jeune fille, ne mange que la viande des jeunes bêtes, ne prends de remède que pour une maladie, ne mange de fruits que lorsqu'ils sont mûrs, mâche bien la nourriture, si tu manges dans la journée, il n'y a pas d'inconvénient à dormir, et si tu manges dans la nuit, ne dors pas jusqu'à marcher au moins cinquante pas, ne mange que si tu as faim, ne réprouve pas le rapport charnel, ne retiens pas l'urine, ne mange pas alors que tu as de la nourriture dans l'estomac, prends garde de manger ce que tes dents ne peuvent mâcher et que ton estomac ne pourra digérer. Vomis une fois par semaine pour purifier ton corps. Quel excellent trésor que le sang dans ton corps, donc ne l'extrais que si cela est nécessaire, et entre au hammam, car il évacue des matières que les remèdes ne parviennent pas à évacuer.

As-Shâfiᶜî a dit : « Quatre choses renforcent le corps : manger de la viande, sentir une bonne odeur, se laver beaucoup, même sans rapport charnel, et porter du lin. Quatre choses affaiblissent le corps : la multitude des rapports charnels, les nombreux soucis, boire de l'eau a jeun, et manger beaucoup d'aliments aigres. Quatre choses renforcent la vue : s'asseoir en direction de la *Kaᶜbah*, mettre du khôl avant de dormir, regarder la verdure et nettoyer le lieu où on s'assoit. Quatre choses affaiblissent la vue :

regarder la saleté, le crucifié, le sexe de la femme, et s'asseoir tournant le dos à la *Qiblah.* Quatre choses accroissent le désir du rapport charnel : manger des passereaux, du ményanthe, des pistaches et du caroube. Quatre choses développent la raison : délaisser l'excès de paroles, l'utilisation du *Siwâk*, fréquenter les gens pieux et les savants. »

Platon a dit : « Cinq choses amollissent le corps et peuvent être mortelles : la limitation des moyens, la séparation des êtres aimés, contenir sa rage, refuser le conseil, et la moquerie des ignorants vis-à-vis des gens sensés. »

Le médecin de Al-Ma'mûn a dit : « Attache-toi à des qualités, celui qui les suit ne subira aucun mal, sauf la mort : ne mange pas alors que ton estomac contient de la nourriture, prends garde de manger ce qui fatigue tes dents dans la mastication et que ton estomac sera incapable de digérer, prends garde de multiplier les rapports charnels car cela éteint la lumière de la vie, prends garde au rapport charnel avec la femme âgée car cela aboutit à une mort subite, ne pratique la saignée (*Fasd*) que si besoin est, et vomis en été. »

Parmi les paroles globales d'Hippocrate : « Toute excès est contraire à la nature. »

On a dit à Galien : « Pourquoi ne tombes-tu pas malade ? Il répondit : « Parce que je ne rassemble pas deux aliments mauvais, je ne consomme pas un aliment après un autre, et je ne mange aucun aliment qui nuit mon estomac. »

Quatre choses rendent le corps malade : trop parler, trop dormir, trop manger, et trop de rapports charnels.

- Trop parler diminue et affaiblit la moelle du cerveau, et accélère le blanchiment des cheveux.

- Trop dormir jaunit le teint, aveugle le cœur, irrite l'œil, engendre la paresse et des humidités dans le corps.

- Trop manger corrompt l'entrée de l'estomac, affaiblit le corps et engendre des gaz lourds et maladies difficiles.

- Trop de rapports charnels détruit le corps, diminue les forces, dessèche les humidités du corps, relâche les nerfs, produit des occlusions, et sa nocivité atteint tout les corps, notamment le cerveau en raison de ce qui s'en dissout d'esprit. Son affaiblissement est plus important que tout ce qui est évacué, et on perd beaucoup de l'essence de l'esprit.

Ce qui est le plus utile au rapport charnel est un désir franc d'une belle apparence, jeune et licite, la chaleur et l'humidité de l'humeur, l'absence dans le cœur des préoccupation psychologiques, sans exagération, sans que cela ne soit lié à ce qu'il convient de délaisser comme la satiété excessive, la vacuité, l'évacuation, l'exercice physique complet, la chaleur ou la froideur excessive. Si on considère ces dix choses, cela sera très utile, et si l'une vient à manquer, un mal surviendra en fonction du manque, et si toutes ou la plupart viennent à manquer, c'est là la perte précipitée.

La diète exagérée est semblable au mélange dans la maladie, quant à la diète modérée, elle est bénéfique.

Galien dit à ses compagnons : « Si vous évitez trois choses et vous attachez à quatre autres, vous n'aurez plus besoin de médecin. Évitez la poussière, la fumée et l'odeur fétide. Et attachez-vous au gras, au parfum, aux choses sucrées et au hammam. Ne mangez pas plus que satiété, ne nettoyez pas les dents avec du basilic et des plantes aromatiques, et ne consommez pas de noix au soir. Celui qui est enrhumé ne doit pas dormir sur le dos, celui qui est soucieux ne doit pas manger d'aliment aigre, celui qui a pratiqué une saignée (*Fasd*) ne doit pas marcher vite car il risque la mort, celui qui a mal à l'œil ne doit pas vomir, en été ne mangez pas beaucoup de viande, celui qui souffre de fièvre froide ne doit pas dormir au soleil, évitez les aubergines vieilles et exposées, celui qui, en hiver, boit chaque jour une coupe d'eau chaude, sera préservé des maladies, celui qui, au hammam, frotte son corps avec de l'écorce de grenades sera préservé de la gale et des démangeaisons, celui qui mange cinq iris avec un peu de lentisque, de l'agalloche brute et du musc, toute sa vie son estomac ne faiblira pas et ne se corrompra pas. Et celui qui mange les pépins de pastèque avec du sucre, cela nettoie son estomac des calculs et dissipe les infections urinaires.

Quatre choses détruisent le corps : l'angoisse, la tristesse, la faim et l'insomnie.

Quatre choses réjouissent : regarder la verdure, regarder l'eau qui coule, regarder l'être aimé, regarder les fruits.

Quatre choses obscurcissent la vue : marcher pied nu, rencontrer matin et soir le visage détesté, lourd et ennemi, pleurer beaucoup, et regarder longtemps le trait fin.

Quatre choses renforcent le corps : porter un habit fin, entrer au hammam de température modérée, manger une nourriture sucrée et grasse, et sentir de bons parfums.

Quatre choses raidissent le visage, l'assèchent et lui font perdre son éclat : le mensonge, la désinvolture, l'abondance de questions sans science, et l'excès de turpitude.

Quatre choses intensifient l'hydratation et l'éclat du visage : la bienséance, la loyauté, la générosité, et la piété.

Quatre choses engendrent la haine et l'aversion : l'orgueil, la jalousie, le mensonge, et la calomnie.

Quatre choses apportent la subsistance : prier la nuit, multiplier les demandes de pardon à l'aube, s'accoutumer à donner l'aumône, et mentionner Allah au début et en fin de journée.

Quatre choses privent de subsistance : dormir le matin, peu prier, la paresse, et la traîtrise.

Quatre choses nuisent à la compréhension et à l'intelligence : manger régulièrement des aliments aigres et des fruits, dormir sur le dos, les angoisses et les soucis.

Quatre choses augmentent la compréhension : vider le cœur, peu se repaître de nourriture et de boisson, bien gérer les aliments sucrés et les graisses, et évacuer les excédents qui alourdissent le corps.

Parmi ce qui nuit à la raison : manger régulièrement de l'oignon, des fèves, des olives et des aubergines, la multiplication des rapports charnels, la solitude, l'inquiétude, l'ivresse, l'excès de rires, et les soucis.

Un homme clairvoyant a dit : « J'ai été dominé dans les débats pendant trois assises et je n'ai trouvé à cela aucune cause si ce n'est que lors d'un de ces trois jours j'ai mangé trop d'aubergines, dans l'autre des olives et pour le troisième des fèves.

Nous avons parcouru une partie bénéfique des parties de la médecine, théorique et pratique, que celui qui consulte les livres ne trouvera bien souvent que dans ce livre. Nous t'avons montré la proximité entre elle et la Législation, et que la médecine des naturalistes en comparaison de la médecine prophétique est comparable aux remèdes de grand-mères vis-à-vis de leur médecine, voire plus encore que ce que nous avons mentionné et décrit. Ce que nous avons décrit est une légère mise en avant de ce qui est au-delà, mais celui à qui Allah n'a pas accordé la capacité d'entrer dans les détails sache quelle est la différence entre la force appuyée par la Révélation venant d'Allah, les sciences qu'Allah (ﷻ) a accordées aux prophètes, la raison et la clairvoyance dont Il leur a fait don, et ce que possèdent d'autres qu'eux.

Quelqu'un pourrait objecter : quel est le rapport entre la voie du Prophète (ﷺ) et ce chapitre, la mention de la force des remèdes, des règles du traitement et de la gestion de la santé ?

Cela provient de la faible compréhension de cet individu de ce qu'a apporté le Prophète (ﷺ). Ceci et plus encore compte parmi la compréhension de ce qu'il a apporté, ce vers quoi il a orienté et indiqué. La bonne compréhension de qu'ont visé Allah et Son Messager (ﷺ) est un don qu'Allah fait à qui Il veut parmi Ses serviteurs.

Nous t'avons exposé les trois fondements de la médecine dans le Coran, et la manière dont la Législation de l'Envoyé avec la rectitude en ce bas monde et dans l'au-delà englobe la rectitude des corps, de la même manière qu'elle englobe la rectitude des cœurs. Elle oriente vers la préservation de la santé et le repoussement des maux par des voies générales dont le détail a été confié à la raison saine et la nature saine, à travers l'analogie, la remarque, le signal, comme cela est le cas en de nombreuses questions des subdivisions du *Fiqh*. Donc ne sois pas de ceux qui, lorsqu'ils ignorent une chose, la rejettent. Si Allah (ﷻ) accorde au serviteur une science profonde du Livre d'Allah et de la Sunna de Son Messager, et une compréhension parfaite des Textes et de leurs implications, cela le dispense de toute autre parole, et il peut en déduire l'ensemble des sciences authentiques, car l'ensemble des sciences gravite autour de la connaissance d'Allah, de Son ordre et de Sa création, et cela est confié aux messagers, qu'Allah les couvre d'éloges et les salue. Ils sont les plus savantes des créatures concernant Allah, Son ordre, Sa création, et Sa sagesse en Sa création et Son ordre.

La médecine de leurs adeptes est plus juste et bénéfique que celle d'autres, et la médecine des adeptes de leur sceau, maître et imam, Muhammad Ibn ᶜAbd Allah (ﷺ) est la plus parfaite, la plus authentique et la plus bénéfique des médecines. Ne sait cela que celui qui connaît la médecine des autres hommes et leur médecine, puis les compare, et ainsi il constate les différences. Ils sont la communauté dont la raison et la nature sont les plus authentiques, ceux dont la science est la plus éminente, ceux qui en toute chose sont les plus proches de la vérité, car ils sont la meilleure communauté d'Allah, de la même manière que leur Messager est le meilleur des Messagers. La science qu'ils possèdent, la clémence, et la sagesse sont une chose en laquelle personne ne peut les approcher. On rapporte que le Prophète (ﷺ) a dit : « *Vous complétez soixante-dix communautés, et vous êtes la meilleure et la plus noble auprès d'Allah.* »[1] Les

[1] *Sahîh At-Tirmidhî* (3001).

traces de sa noblesse auprès d'Allah sont apparues dans leur science et leur raison, leurs rêves et leurs natures, ils sont ceux à qui on a présenté les sciences, la raison, les actes et les degrés de toutes les communautés précédentes, et ils ont ajouté à cela science, clémence et raison à ce qu'Allah (ﷻ) leur a accordé de Sa science et de Sa clémence. C'est pourquoi la nature sanguine est leur, la nature biliaire aux juifs et la nature pituitaire aux chrétiens ; ainsi ont dominé les chrétiens la lourdeur et le manque de compréhension et de perspicacité ; ont dominé les juifs la tristesse, les angoisses, les soucis, et la mesquinerie ; et ont dominé les musulmans la raison, le courage, la compréhension, la bravoure, la joie et le bonheur. Ce sont là des secrets et réalités dont ne connaît le rang que celui qui est doté d'une bonne compréhension, d'un esprit subtil, d'une science abondante, et sait ce que possèdent les gens. Et c'est Allah qui accorde le succès.

تم بحمد الله

Sommaire